Wir machen dieses Social Media

Wir machen dieses Social Media

Dr. Annika Busse
& Malina Kruse-Wiegand

Mit Beiträgen von:
Annabelle Atchison (Microsoft) • Anja Beckmann (Red Mod Communications)
Benjamin Borgerding (Greenpeace) • Silke von Brockhausen (UNDP)
Tobias Bürger (Payback) • Annika Busse (beliya) • Sandra Coy (Tchibo)
Christin von Dahlen (sonsttags) • Ulrike Dittloff (Lykkelig)
Carl-Christoph Fellinger (Beiersdorf) • Volker Gaßner (Greenpeace)
Florian Hießl (Siemens) • Thomas Knüwer (kpunktnull, Indiskretion Ehrensache)
Sachar Kriwoj (E-Plus) • Malina Kruse-Wiegand (Tchibo) • Mirco Lange (Edeka)
Alexander Lengen (Opel) • Meike Leopold (Salesforce) • Susanne Liedtke (bonprix)
Vivian Pein • Martin Radtke (SBB Cargo) • Jessika Maria Rauch (Villeroy & Boch)
Martina Rohr • Jan-Paul Schmidt (Scout24) • Jessica Seis
Jürgen Sievers (KiteWorldWide) • Daniel Streuber (Jack Wolfskin)
Robindro Ullah (Deutsche Bahn) • Sara Urbainczyk (Bauer Media Group)
Harriet Weiler (Tom Tailor) • Cai-Nicolas Ziegler (Payback)
Thomas Zimmerling (Jack Wolfskin)

O'REILLY®
Beijing • Cambridge • Farnham • Köln • Sebastopol • Tokyo

Die Informationen in diesem Buch wurden mit größter Sorgfalt erarbeitet. Dennoch können Fehler nicht vollständig ausgeschlossen werden. Verlag, Autoren und Übersetzer übernehmen keine juristische Verantwortung oder irgendeine Haftung für eventuell verbliebene Fehler und deren Folgen.

Alle Warennamen werden ohne Gewährleistung der freien Verwendbarkeit benutzt und sind möglicherweise eingetragene Warenzeichen. Der Verlag richtet sich im wesentlichen nach den Schreibweisen der Hersteller. Das Werk einschließlich aller seiner Teile ist urheberrechtlich geschützt. Alle Rechte vorbehalten einschließlich der Vervielfältigung, Übersetzung, Mikroverfilmung sowie Einspeicherung und Verarbeitung in elektronischen Systemen. Kommentare und Fragen können Sie gerne an uns richten:

O'Reilly Verlag
Balthasarstr. 81
50670 Köln
E-Mail: kommentar@oreilly.de

Copyright:
© 2013 by O'Reilly Verlag GmbH & Co. KG
1. Auflage 2013

Bibliografische Information Der Deutschen Nationalbibliothek
Die Deutsche Nationalbibliothek verzeichnet diese Publikation in der Deutschen Nationalbibliografie; detaillierte bibliografische Daten sind im Internet über http://dnb.d-nb.de abrufbar.

Lektorat: Susanne Gerbert, Köln
Korrektorat: Friederike Daenecke, Zülpich
Umschlaggestaltung: Michael Oreal, Köln
Produktion: Karin Driesen, Köln
Satz: III-satz, www.drei-satz.de
Belichtung, Druck und buchbinderische Verarbeitung:
Himmer AG, Augsburg

ISBN 978-3-86899-976-1

Dieses Buch ist auf 100% chlorfrei gebleichtem Papier gedruckt.

Inhalt

Vorwort	XVII
Von Katharina Borchert, Spiegel Online	
Einleitung	XIX
Kommen Sie mit uns an den Stammtisch	XIX
Von Praktikern: Aufbau des Buches	XX
Für Praktiker: Kleine Leseanleitung	XXII
Kein geschlossener Zirkel	XXIII
Wir sagen Danke	XXIII
Letzte Worte zum Konzept	XXIV

Teil I: Social-Media-Strategie und -Organisation

1	**Ohne Moos was los! Markenaufbau eines Startups in 6 Monaten**	**3**
	Von Dr. Annika Busse, beliya	
	Social Media als initialer Marketingweg	3
	Fokussiert starten aufgrund von limitierten finanziellen und personellen Ressourcen	5
	Die Zielgruppe bestimmt die Strategie und die Kanäle	6
	Fragen zur Bestimmung der Kanäle	6
	Die beliya-Social-Media-Kanäle zum Verkaufsstart	7
	Schritt 1: Fokus auf Facebook	7
	Schritt 2: Aktuelles im beliya-Blog	11
	Schritt 4: YouTube-Kanal mit dem Weihnachtsgruß	16
	Schritt 5: Google+, Pinterest, Twitter & Co.	17

	Probleme und unsere Lösungen	17
	Ständig fehlt die Zeit	17
	Social Media – wer macht's, wer kann's?	18
	Fazit nach sechs Monaten	19
	Tipps für eine Social-Media-Strategie im Start-up	20

2 Interne Organisation und Social Media Governance — 23
Von Annabelle Atchison, Microsoft Deutschland

Auseinandersetzung mit Social Media	23
Mitmach-Kultur	24
Unsere besten Botschafter	26
Instrumente zur Social Media Governance	27
Social-Media-Verteiler, Social Advisories und jede Menge Trainings	29
Unser Universum und der ROI	30
Was würden wir heute anders machen?	32

3 Digitale Kommunikation im Traditionsunternehmen verankern — 35
Von Malina Kruse-Wiegand, Tchibo

Aller Anfang ist anders	35
Vorweg: Was heißt hier eigentlich »Social-Media-Strategie«?	37
Hintergrund: Ausgangslage bei Tchibo 2007	37
Herausforderung: Bedenken gegenüber dem Web 2.0	38
Zielsetzung: Alle an einem Strang	39
Die wichtigsten Schritte zur Strategie	39
1. Finden Sie Ihre Mitstreiter	39
2. Überzeugen Sie Ihre Stakeholder	40
3. Vernetzen Sie sich	43
4. Schreiben Sie Ihre Detail-Strategie	44
5. Binden Sie Ihre Mitarbeiter ein	46
6. Fangen Sie endlich an	47
Learnings: Was würden wir heute anders machen?	48

4 Social Media international – von lokaler Markterprobung zum globalen Roll-Out — 51
Von Susanne Liedtke, bonprix

Erste Schritte ins Social Web: Kundenbewertungen	51
Strategie: Communities, Commerce, Content	52
Learning Nr. 1: Fokussierung ist zwingend notwendig	53
Learning Nr. 2: Act Glocal	54
Learning Nr. 3: Feiert die Unterschiede	57
Learning Nr. 4: Multiplikation ist machbar	58

	Learning Nr. 5: Das Potenzial von Social Media sollte in der Organisation immer wieder kommuniziert werden.	61
	Learning Nr. 6: Automatisierung hat Grenzen	62
	Es bleibt spannend!	62

5 Was heißt PR 2.0? Neuausrichtung der Pressearbeit — 65
Von Jessika Maria Rauch, Villeroy & Boch

Interne Herausforderungen	66
Startschuss für Social Media	67
Ziele der V&B-Facebook-Seite	70
Aufgabenverteilung und Verantwortlichkeiten rund um das Social Web	70
Wer führt den Dialog mit der Community?	73
Herausforderungen im Social Web	75
Alte neue Zielgruppe für PR-Manager – Chancen für die PR	75
Blogger	77
Blogger-Relations: Erfolg messen	81
Bespielung der neuen Kanäle	82
Beispiele für PR-Themen im Social Web	83
Mitarbeiter für die neuen Aufgaben fit machen	88
Kollegiales vs. professionelles Coaching	88
Allgemeine Tipps für PR-Manager in der digitalen Welt	91

6 Aufbau eines Corporate Blogs in 50 Tagen — 93
Von Meike Leopold, salesforce.com

Gute Aussichten für Unternehmensblogs	93
Bloggen kostet Zeit und Ressourcen	94
Ohne Unterstützung von oben geht es nicht	96
Gutes Veränderungsmanagement ist das A und O	97

7 Digital Gutes tun – Social Media bei den Vereinten Nationen — 105
Von Silke von Brockhausen, UNDP (Entwicklungsprogramm der Vereinten Nationen)

10 Tipps für strategisches soziales Netzwerken weltweit	105
1. Setzen Sie klare Ziele	107
2. Hören Sie aufmerksam zu	108
3. Treten Sie in einen Dialog	109
4. Finden Sie das richtige Publikum	112
5. Passen Sie Ihre Inhalte an	114
6. Sprechen Sie die Sprache Ihrer Nutzer	116
7. Fördern Sie Social-Media-Champions	117

	8. Sichern Sie ein einheitliches Erscheinungsbild	119
	9. Leiten Sie globale Kampagnen	121
	10. Messen Sie den qualitativen Erfolg	125
	Weitere Tipps für den Ausbau einer (globalen) digitalen Fan-Gemeinschaft.	129

8 Hintergrund: Social Media in der Marketing- und Kommunikationsstrategie 135
Von Martina Rohr

Kommunikation »social« planen, statt auf Facebook zu verlängern. 136
Der Prozess der strategischen Kommunikationsplanung 136
    Markt-, Wettbewerbs- und Zielgruppenanalyse: wertvolle Erkenntnisse
    über Konsumenten und Kommunikationsdynamiken. 138
    Consumer Journey und Interaction Insights: Kommunikationswege
    im Social Web nachvollziehen 138
    Strategische Plattform: »Social Media« im Kern von konsumentenzentrierten
    Kommunikationsstrategien 140
    Konzeption und Distribution: Neue Rolle für Medienproduzenten
    und Werbung. 141
    Erfolgsmessung: »Engagement« ist kein Marketingziel 143
Fazit und Ausblick: Professionalisierung und Integration in den Mediamix 144

9 Hintergrund: Social-Media-Erfolgsmessung – aus Gezwitscher Erkenntnisse gewinnen 145
Von Jessica Seis

Wichtige Grundlagen der Erfolgsmessung im Bereich Social Media 146
Die verschiedenen Social-Media-Daten: Von der Social-Media-Landschaft
zum einzelnen Fan 148
    Informationen zur Social-Media-Landschaft 148
    Marken- und Zielgruppeninformationen. 150
    Informationen auf Fan- und Post-Ebene 155
Fazit. 161

10 Fazit und Erfolgsfaktoren aus Teil 1: Social-Media-Strategie und -Organisation 163
Wo anfangen und wie organisieren?. 163
Was geht gar nicht?. 164
Was geht gut?. 166
Und wie geht's weiter?. 168

Teil II: Social-Media-Kanäle und -Kampagnen

11 Gemeinsam gegen giftige Kleidung: Die Detox-Kampagne **173**
    Von Volker Gaßner, Greenpeace
  Riesige Textilfabriken und schäumende Flüsse 174
  Entwicklung der Kampagnenkommunikation 174
    Die Zielgruppenanalyse 175
    Leitfragen der Greenpeace-Kommunikationsstrategie 176
    Botschaften zuspitzen 177
  Kampagnenmittel für eine starke Bildsprache: 178
    Der Meinungssturm als taktisches Kampagnenmittel 178
    Blogger Relations 179
    Crowdsourcing: Die kollaborative Entwicklung von Ideen 183
    Aktionen auf der Straße 185
  Reaktionen der Hersteller 187
    Erfolge 189
  Die Kampagne in Zahlen 190
    Twitter 190
    Facebook 190
    Flickr und YouTube 191
    Klassische Medien 192
  Fazit 192

12 Der Einsatz von Twitterwalls als Protestmittel **195**
    Von Benjamin Borgerding, Greenpeace
  Vom Netz auf die Straße 195
    Twitterwall: Neuzeitliches Forum 196
    Twitter als Protestkanal 197
  Zu Besuch bei Nestlé 199
  Die Story ist König 201
    Sichtbarkeit erster und zweiter Ordnung 202
    Nächste Schritte 203
  Checkliste Twitterwall 206
  Erfolg dank Twitterwall? 208

13 Online trifft Offline – digitale Event-Kommunikation **211**
    Von Sachar Kriwoj, E-Plus Gruppe
  Ausgangspunkt 211
  Was wir erreicht haben 212
  Warum überhaupt Events? 213

Inhaltliche Konzeption	214
Die Vorberichterstattung	215
Die Live-Berichterstattung	217
Die Nachberichterstattung	218
Fazit	220

14 Fashion Blogger Relations: Tools, Dos and Don'ts ... 223
Von Harriet Weiler, TOM TAILOR GROUP

Blogger Relations als Teil der Social-Media-Strategie	223
Auswahl der relevanten Fashion Blogs	224
Die erste Kontaktaufnahme	226
Die Krux mit dem persönlichen Engagement	229
Synergien im Unternehmen nutzen	232
Budget – was kostet das?	234
Tracking und Evaluation	234
Welche Stolperfallen es zu umgehen gilt	235
Ausblick	236

15 Auf schmalem Grad – Krisenkommunikation im Social Web ... 239
Von Daniel Streuber und Thomas Zimmerling, Jack Wolfskin

Rückblick DaWanda – Paradebeispiel für einen Social Storm	239
DaWanda und die Innensicht	240
DaWanda und die unmittelbaren Folgen	241
Das Unternehmen als lernender Organismus	242
Projekt »Krisenkommunikation«	243
Projekt »Technische Infrastruktur«	244
Projekt »Community«	246
Projekt »Interne Kommunikation«	248
Krisenkommunikation im Social Web	249
Wie Social Media die Krisenkommunikation verändern	249
Erfahrungen und Herausforderungen seit 2011	250

16 Von Cupcakes bis Kaffee – den Corporate Blog effektiv einsetzen ... 253
Von Sandra Coy, Tchibo

Wozu Corporate Blogs?	253
Steckbrief des Tchibo Blogs	254
Wie erreiche ich die Vernetzung mit Blogs? Via Blogparade!	256
Was ist eine Blogparade?	257
Von Cupcakes, Ringelshirts und Keksen	258
Einbeziehung der Leser via Online-Voting	258
Virale Effekte in der Netzgemeinde nutzen	260
Die 10 Schritte zur erfolgreichen Blogparade	261

17 »Einer für alle« auf YouTube **263**
    Von Florian Hießl, Siemens
    Warum Siemens bei YouTube alles auf einen Kanal setzt 263
    Hintergrund, Ziele, Struktur 264
        Der Weg zur »One-Channel-Strategie« 265
        Struktur und Aufbau des Kanals – Highlights 266
    Prozesse, Implementierung, Evaluierung 268
        Der Upload-Prozess 269
        Das Reporting 270
    Erfolge, Erfahrungen, Ausblick 270
        Die aus unserer Sicht besonders kritischen Erfolgsfaktoren 271
        Vom Video-Kanal zum inhaltlichen Qualitätsprogramm 272
    5 Lektionen aus dem Siemens Brand Channel auf YouTube 273
    Literatur und Links 274

18 Wir leben Autos – und Community-Management **275**
    Von Alexander Lengen, Opel
    Virales Marketing: Die Königsdisziplin 275
    Viralität am Beispiel »Franzi Do« 278
    Der Bahlsen-Keks 280
    Integration des Customer Service 281

19 Gaming auf Facebook in der Likes Lounge **285**
    Von PD Dr. Cai-Nicolas Ziegler und Dr. Tobias Bürger, PAYBACK
    PAYBACK in Social Media 285
        Von null auf Social Media 286
    Die Likes Lounge wird geboren 288
        Von der Idee zum Konzept 289
        ... und vom Konzept zur Umsetzung 292
    Erste Gehversuche und Erfolge 293
        Aller Anfang ist leicht 294
        Spielerisch und sozial 294
        Die »Glorreichen Sieben« und der Status 295
        Die Partner kommen an Bord 296
    Neuland mit dem Platzhirsch 297
    Wohin die Reise geht 297

20 Gestern noch belächelt, heute voll integriert: Recruiting via Twitter **301**
    Von Robindro Ullah, Deutsche Bahn
    Ins Social Web gestolpert 302
    Twitter – was sonst? 302

Erst denken, dann handeln	303
Motivation	304
Persönlichkeit	304
Stringenz	305
Struktur	305
Monitoring	306
Zwei Jahre später die Nr. 1	307
Nachfolgeplanung	307
Auf einem Bein steht es sich schlecht	308
Twitter	308
Facebook	309
YouTube	310
Fazit	311
Und was bringt's nun?	311
Content is King	312
Wo stehen wir heute?	312

21 Spezial-Reiseveranstalter als Facebook-Experiment   315
Von Jürgen Sievers, KiteWorldWide

Die Founding Story	316
Kitesurfen und die Kitesurfer	317
Unser Magnet: Facebook	318
Relevant Content is King!	319
Fans sind wichtig – aktive Fans sind wichtiger	320
Ausblick – Differenzierung	321
Aktive Zielgruppenansprache durch Word-of-Mouth und Facebook-Anzeigen	322
Aufwand und Manpower	324
Social-Media-Manager – intern oder extern?	324
Die Fans als »Reason why«	325
Lohnt sich Facebook-Marketing für Unternehmen?	327
Meine persönlichen Tipps	328

22 Per Social-Media-Crowdsourcing zum neuen Eis   331
Von Mirco Lange, EDEKA

Fünf Stufen bis zur Eiszeit – Projekt-Phasen und Erkenntnisse	331
Vorbereitung und Rahmenbedingungen	332
Phase I – Motivation, Information, Konfiguration	333
Phase II – Das Voting und der virale Effekt	335
Phase III – Wenn aus etwas Virtuellem etwas ganz Reales wird	336
Phase IV – Reif für die Produktion, reif für den Markt	338
Erfahrungen und Tipps für vergleichbare Projekte	340

23 Social-Media-Nischennetzwerke – gleich und gleich gesellt sich gern 343
Von Sara Urbainczyk, Bauer Media Group

Einleitung. 343
Warum ich mich mit Nischennetzwerken beschäftige?. 344
    Der Wunsch nach mehr 345
    Die spezielle Zielgruppe 346
Warum Nischennetzwerke die Nähe zu Facebook suchen sollten 347
Wie macht man ein Nischennetzwerk durch Marketingmaßnahmen bekannt? 349
    Die Facebook-Fanpage 349
    Weitere Social-Media-Auftritte. 351
    Kooperation mit Food-Bloggern 352
Fazit zu Nischennetzwerken 353
Fazit zu »foodboard«. 354

24 Fazit und Erfolgsfaktoren aus Teil 2: Social-Media-Kanäle und Kampagnen 355
Von Twitterwalls bei Greenpeace bis zum neuen Edeka-Eis
per Crowdsourcing 355
Was geht gar nicht? 356
Was geht gut? 358
Und wie geht's weiter? 360

Teil III: Job-Profile im Social Web

25 »Wir neuen Markenbotschafter« – der Spagat zwischen Unternehmens- und Privatperson 363
Von Jan-Paul Schmidt, Scout 24-Gruppe

Was sind Markenbotschafter? 363
Markenbotschafter und Markenbotschafter 364
In soziale Netzwerke gehört nichts Privates, nur Persönliches 365
Die Grenzen verschwimmen 367
Was ist der wichtigste Kanal für Markenbotschafter? 368
Exkurs: Analyse privat vs. geschäftlich 369
Fazit und Erkenntnisse 377

26 Mit dem persönlichen Facebook-Profil im Recruiting-Einsatz 379
Von Carl-Christoph Fellinger, Beiersdorf

Facebook-Karriere-Fanpages vs. Facebook-Profil 379
Vom Wert des Persönlichen im Recruiting 380
    Die Gretchenfrage: Wie trennen Sie Privates und Berufliches? 381
    Soziales Netzwerk heißt Kontaktpflege 383

Wo kommen die Inhalte her?	388
Wieviel Persönliches gehört dabei zum Beruflichen?	391
Mit Interviews überzeugen	392
Erreichbarkeit: 24/7 oder feste Öffnungszeiten?	393
Die neuen Anforderungen an Personaler	394

27 Community-Manager: Social-Media-Rockstars   397
Von Vivian Pein

Kommunikation und Social Media aus Leidenschaft	397
Eine vielseitige Ausbildung	398
Pionierarbeit	399
Blicke über den Tellerrand	400
Berufsbild: Was ist ein Community-Manager?	401
Tipps rund ums Community-Management	403
Social Media ist Dialog, nicht Marketing	403
Inhalte nach Plan	403
Keine Textbausteine!	404
Die dünne Linie zwischen Zensur und gerechtfertigter Löschung	404
Trainieren Sie sich ein dickes Fell an	404
Privatleben vs. Beruf	405
Zeitmanagement	405
Seien Sie Sie selbst	406
Was macht einen guten Community-Manager aus?	406

28 Berufsbild Crossmedia-Redakteur: Jagen, Sammeln und Verwerten   407
Von Martin Radtke, SBB Cargo

Informationen statt Büffel	408
Einblick in den Alltag	408
Crossmedial arbeiten	409
Was braucht es für diesen Beruf?	412
Fähigkeiten	413
Fertigkeiten	414
Organisation von Crossmedia bei SBB Cargo	416
Zusammenarbeit zwischen Beratung und Crossmedia	417
Grundsätze des Crossmedia-Teams	417
Aufgabenteilung im Alltag	418
Was die Zukunft bringt	420

29 Fit für Social Media? Mitarbeitertraining beim UNO-Entwicklungsprogramm 423
Von Silke von Brockhausen, UNDP (Entwicklungsprogramm der Vereinten Nationen)
Schlüsselqualifikation für Mitarbeiter im digitalen Zeitalter 423
Von der Strategie zur Trainings-Praxis 425
Was braucht die Social-Media-Referentin einer global operierenden Organisation? 428

30 Alltag eines Social-Media-Managers: Aufgaben, Tools und Zeitmanagement 431
Von Anja Beckmann, Red Mod Communications
Aus dem Arbeitsalltag einer Social-Media-Managerin 431
    Mein Weg zum Social-Media-Manager 435
    Zeitmanagement: 24/7 im Einsatz? 436
    Social-Media-Manager benötigen Handlungsspielraum 437
    Beschwerde- und Krisenmanagement 438
    Vermarktung der Social-Media-Kanäle 438
Hilfreiche Tools für das Social-Media-Management 438
Recherchequellen 439
Social-Media-Manager vernetzt 441
Zeitmanagement in der digitalen Ära 442
Zusammenfassung: 5 Tipps für Social-Media-Manager 442

31 Vernetzen statt bewerben 445
Von Thomas Knüwer, kpunktnull, indiskretion ehrensache
Die verlorene Generation 445
    1. Die Ex-Technologie-Nation 446
    2. Keine Nachwuchsförderung 446
    3. Die skeptische Generation 447
Nicht für die Uni, sondern für das Leben 447
    1. Eintauchen 448
    2. Aufsaugen 448
    3. Mitreden 448
    4. Vernetzen 448
Geld sparen mit Social-Media-Recruiting 449
Die Jagd nach den Köpfen 450

32 Wir lieben Bloggen! Food, Interior, Crafting, Travel – Lifestyle zum Mitlesen 453
Von Christin von Dahlen, sonsttags und Ulrike Dittloff, Lykkelig
Warum bloggt ihr eigentlich? Impulse und Motive 454

	Wie alles begann: Vom Leser zum Blogger	456
	Bloghosting: Auf welcher Plattform ist mein Blog zu Hause?	457
	Willkommen im Bloggeralltag: Von Ideen, Posts und Kooperationen	458
	Gut vernetzt: alle Kanäle nutzen	460
	Bloggerfreunde: online meets offline	462
	Die eigene Erfolgskurve: Eine ganz individuelle Formel	463
	Unser Rezept, damit das Bloggen langfristig Spaß macht	463
33	**Fazit und Erfolgsfaktoren aus Teil 3: Job-Profile im Social-Web**	**465**
	Berufsbild Social-Media-Manager & Co	465
	Was geht gar nicht?	466
	Was geht gut?	468
	Und wie geht's weiter?	469
Index		**471**

Vorwort

Von Katharina Borchert
Spiegel Online

Als ich im Sommer 2004 die Tür zu dem Café an der Hamburger Alster öffnete und acht Männer und eine Frau an Laptops rund um einen Tisch sitzen sah, wusste ich, dass ich hier richtig war zum ersten deutschen Bloggertreffen. Social Media hieß damals noch Web-ZweiPunktNull und Bloggen war in Anlehnung an das berüchtigte Zitat eines US-amerikanischen Medienmanagers eine Randgruppensportart für Menschen im Pyjama mit zuviel Tagesfreizeit und überhöhtem Mitteilungsdrang. Wir hofften zwar, dass Bloggen mal so ein großes Ding werden könnte wie in den USA, aber unser Enthusiasmus sollte unseren tatsächlichen Wirkungsgrad deutlich übersteigen.

Vielleicht haben Blogs hier nie so Fuß gefasst wie wir damals geglaubt hatten, aber eine so vielfältige Social-Media-Landschaft wie wir sie heute, nur neun Jahre später, haben, hätten wir uns auch nach dem zehnten Espresso nachts um zwei nicht ausgemalt. Und die neue Kommunikation, von der wir träumten, zwischen Unternehmen und Kunden, zwischen Politik und Wähler auf Augenhöhe, direkt und ungefiltert, diese Kommunikation entwickelt sich jetzt eben doch vor unseren Augen. Wir können live dabei sein, wie die Deutsche Bahn, die auf dem Bahnsteig bis heute nicht vernünftig über Verspätungen informieren kann, auf Twitter plötzlich Charme und Selbstironie entwickelt und so langsam womöglich einen digitalen Imagewandel einleitet.

Social Media hat uns aber nicht nur die eine oder andere späte Genugtuung beschert, sondern auch eine Vielzahl völlig neuer und hochspannender Berufe und Aufgabenfelder mit sich gebracht, deren Entwicklung noch längst nicht abgeschlossen ist. Bis zu diesem Buch konnte man aber meist nur *über* diese neuen Berufe lesen, vom Corporate Blogger bis zum Social-Media-Manager, man hat jedoch viel zu selten von den Akteuren selbst gehört.

Statt dessen erzählten sehr viele Berater mal mehr, mal weniger kluge Dinge, die viel zu oft nur sehr wenig mit der unglamourösen Praxis in typischen mittelständischen Unternehmen zu tun hatten und häufig schon in frühen Umsetzungsphasen an Unternehmenskultur und Ressourcenfragen scheitern mussten. (Erinnert sich noch jemand an die Phase, in der alle plötzlich ganz dringend zu einer Dependance in Second Life rieten und die Menschen »an der Front« alle Hände voll damit zu tun hatten, diese Bestrebungen entweder gleich wieder im digitalen Keim zu ersticken oder täglich zwei verirrte Avatare zu bespaßen?) Die wenigsten farbenfrohen amerikanischen »Case Studies« lassen sich so einfach eins zu eins auf jedes andere Projekt übertragen. Nicht jedes Tool, nicht jeder Kanal taugt automatisch für jede Firma. Und längst nicht jedem Entscheider ist gleich klar, dass die eigentliche operative Arbeit erst beginnt, wenn die Facebook-Seite erstellt und der Berater mit seiner Arbeit fertig ist.

Umso wichtiger, dass es endlich mal ein Buch gibt, in dem die tatsächlich operativ Verantwortlichen aus ihrem Alltag berichten. In dem sie ungeschminkt und sehr sympathisch von Schwierigkeiten und Fehlern berichten und den interessierten Leser hinter die Kulisse blicken lassen. Hier wird gelebt, geschwitzt und gearbeitet. Der Lerneffekt für den Leser ist ungleich höher als bei der x-ten Präsentation mit tollen KPIs und passenden Diagrammen.

Ich hätte mir genau so ein Buch dringend gewünscht, als ich 2006 mit dem Kopf voller Ideen zu lokalen Leserblogs und »Location-based-Services« bei der WAZ auflief und all das in einem Konzernkontext umsetzen sollte. Mein Enthusiasmus wäre nicht geringer gewesen, meine Lernkurve sicher nicht weniger steil, aber ich wäre auf manche Probleme besser vorbereitet gewesen und hätte mir vielleicht den einen oder anderen Umweg erspart.

Ich hoffe, dass einige der Leser ganz ähnlich von der Lektüre profitieren, und sei es nur durch die Erkenntnis, dass auch im Social Web nur mit Wasser gekocht wird und wir alle immer wieder vor ähnlichen Herausforderungen stehen (und ähnliche Fehler machen) – egal, ob 3-Personen-Startup oder Weltkonzern. Und ich möchte mich ausdrücklich bei den Herausgebern und den einzelnen Autoren für dieses längst überfällige Buch bedanken!

Einleitung

Kommen Sie mit uns an den Stammtisch

Social Media ist 2013 endgültig in der Unternehmens-Praxis angekommen. Die Facebook-Fanpage gehört zum Marketing-Mix genauso wie ein entsprechendes Monitoring und Guidelines für Mitarbeiter.

Parallel dazu ist in den letzten drei Jahren der Fundus an Handbüchern und Beraterliteratur zum Web 2.0 stetig gewachsen. Für fast jede Branche, jede Unternehmensgröße und jeden Kanal wird Hilfestellung geboten – unter anderem durch »Klassiker« wie die Fachbücher *PR im Social Web (Schindler/Liller)* oder *Social Media Marketing (Weinberg/Pahrmann/Ladwig)* aus dem O'Reilly Verlag.

Unserer Erfahrung nach sind Branchen-Treffs, Tagungen und »Stammtische« rund um das Thema Social Media ganz besonders spannend, da sie den direkten Austausch mit Referenten und anderen Teilnehmern ermöglichen. Hier bekommen Sie praxistaugliche Tipps, können Detail-Fragen offen und ehrlich klären oder vielleicht einfach nur von den Fehlern der anderen lernen. Diese Hilfestellung und Inspiration wollen wir auch mit dem vor Ihnen liegenden Buch bieten: Mit 34 Praxis-Berichten von Social-Media-Professionals aus großen und kleinen Unternehmen und Organisationen.

Wie wichtig dieser Austausch ist, haben auch wir, die Autorinnen dieses Buchs, auf unserem (Social-Media-)Karriereweg immer wieder erfahren. Und so haben wir uns auch kennengelernt: Beide haben wir im Jahr 2010 das Thema »Web 2.0« betreut, Annika Busse bei Beiersdorf, Malina Kruse-Wiegand bei Tchibo. Dort haben wir uns vernetzt und schnell festgestellt, dass wir auf einer Wellenlänge ticken und die Faszination für »dieses Social Media« teilen.

Wir haben uns dann kontinuierlich bei einem kleinen, persönlichen Social-Media-Stammtisch ausgetauscht – und sehr viel gelernt. (Wir freuen uns übrigens sehr, dass einige der damaligen Teilnehmerinnen auch einen Beitrag zu diesem Buch beigesteuert haben.) Diese positive Erfahrung zu teilen, war auch unser Ansatz, als wir 2012 die Idee für dieses Buch entwickelten und uns aufmachten, Kollegen zu gewinnen, bei diesem Projekt dabei zu sein.

Das Ergebnis liegt vor Ihnen. Jetzt wollen wir Sie einladen: Kommen Sie mit uns an den Social-Media-Stammtisch.

Von Praktikern: Aufbau des Buches

Mit wem machen Sie nun Bekanntschaft bei unserem Social-Media-Zirkel? Die Autorinnen und Autoren[1] sind Praktiker aus Technologie-Unternehmen wie Microsoft, aus Firmen mit langer Geschichte wie Villeroy & Boch, aus kleinen Startups wie KiteWorldWide, die nur durch Facebook bekannt und groß wurden, aus Agenturen sowie aus Nonprofit-Organisationen wie den Vereinten Nationen oder Greenpeace. Diese Experten haben dort in den letzten Jahren »dieses Social Media« gemacht. Sie haben Facebook-Fanpages betreut, Social-Media-Strategien entwickelt, einen Twitter-Account aufgesetzt. Sie haben mit Geschäftsführern über Budgets verhandelt. Sie waren als Corporate Blogger hautnah mit der Frage konfrontiert, wie öffentlich durch einen solchen Job das eigene Leben wird.

Strategie und Organisation

Der erste Teil dieses Buches widmet sich dem Themenbereich Social-Media-Strategie und -Organisation. Hier versammeln sich die Autoren, die sich mit dem erfolgreichen (Neu-)Start im Social Web und dem Aufbau einer entsprechenden Infrastruktur beschäftigen.

Annika Busse (beliya) berichtet mit ganz vielen Praxistipps und Kurz-Anleitungen, wie man als kleines Unternehmen von Anfang an Facebook und Co. gewinnbringend einsetzen kann. *Annabelle Atchison (Microsoft Deutschland)* und *Malina Kruse-Wiegand (Tchibo)* geben

---

1 Wenn im Folgenden nur die männliche Form verwendet wird, sind natürlich immer Männer und Frauen gleichermaßen gemeint.

Einblicke in den strategischen Aufbau von Social Media und die interne Organisation im Großunternehmen – mit sehr unterschiedlichen kulturellen Voraussetzungen in der Organisation. *Susanne Liedtke (bonprix)* und *Silke von Brockhausen (UNDP)* beleuchten unter anderem, was wichtig ist, wenn Social Communications international ausgerollt werden. *Meike Leopold (salesforce.com)* geht auf die strategische Bedeutung eines Corporate Blogs ein, der auch Ansatzpunkte für eine Neu-Ausrichtung der Pressearbeit bietet, wie *Jessika Maria Rauch (Villeroy & Boch)* weiß.

Wir freuen uns sehr, dass wir außerdem noch *Jessica Seis (Universal McCann)* und *Martina Rohr (Vizeum Deutschland)* gewinnen konnten, die die Praxis-Beispiele um übergreifendes Hintergrundwissen aus der Mediaplanung zu den Themen »Erfolgsmessung« und »Aufbau einer Kommunikationsinfrastruktur« ergänzen – beides essenzielle Bausteine einer Kommunikationsstrategie.

Kanäle und Kampagnen

Im zweiten Teil treffen Sie Praktiker, die ihre Erfahrungen bei der Betreuung von einzelnen Kanälen oder Kampagnen mit Ihnen teilen. Genau richtig also, wenn Sie gerade selbst »mitten drin« stecken und auf der Suche nach Inspirationen für Ihr Unternehmen oder Ihre Organisation sind.

Vom Einsatz von Social Media bei Greenpeace berichten *Volker Gaßner* und *Benjamin Borgerding*. *Sachar Kriwoj (E-Plus-Gruppe)* erzählt, wie sein Team und er das »Base Camp« als Plattform für den Austausch zu digitalen Themen etabliert haben, und gibt Tipps, wie auch Ihr Event online erfolgreich verlängert wird. Um Blogs und die Kontaktpflege zu Bloggern dreht es sich bei *Sandra Coy (Tchibo)* und *Harriet Weiler (Tom Tailor Group)*. *Daniel Streuber* und *Thomas Zimmerling (Jack Wolfskin)* berichten, wie man mit Krisen und Social Storms im Web umgeht. Wer seine Kenntnisse zu Facebook vertiefen möchte, dem empfehlen wir die Beiträge von *Alexander Lengen (Opel)*, *Tobias Bürger* und *Cai-Nicolas Ziegler (Payback)* sowie *Jürgen Sievers (KiteWorldWide)*. *Mirco Lange (Edeka)* berichtet von einer Crowdfunding-Kampagne zum neuen Eis. *Sara Urbainczyk (Bauer Media Group)* zeigt auf, warum die Nische auch erfolgreich sein kann. Wer wissen will, wie es ist, im Großkonzern YouTube- *(Siemens)* bzw. Twitter-Kanäle *(Deutsche Bahn)* aufzubauen, kann dies in den Beiträgen von Robindro Ullah und Florian Hießl erfahren.

Job-Profile im Social Web

Der letzte Teil schließlich bündelt persönliche Berichte über die neuen Berufsbilder in und rund um Social Media und die damit verbundenen Anforderungen im Arbeitsumfeld. Wenn Sie also gerade überlegen, ob Ihre berufliche Zukunft in diesem Bereich liegen könnte, oder wenn Sie auf der Suche nach Unterstützung für Ihr Team sind, finden Sie hier sicherlich Anregung.

So erzählt *Jan-Paul Schmidt (Scout 24)* wie er als Markenbotschafter mit »Privatheit« umgeht. Außerdem werden neue Berufsfelder umfassend vorgestellt: *Vivian Pein* schreibt, was Community Manager zu Rockstars macht, *Christoph Fellinger (Beiersdorf)* zeigt wie Social Media für Recruiting eingesetzt werden kann, *Anja Beckmann (Red Mod Communications)* berichtet aus dem Arbeitsalltag einer Social-Media-Beraterin und *Martin Radtke (SBB)* erklärt, was ein Cross-Media-Redakteur können muss. Wie man sein Hobby zum Blog macht, erzählen zum Mund wässerig machen die Lifestyle-Bloggerinnen *Christin von Dahlen (sonsttags)* und *Ulrike Dittloff (Lykkelig)*. *Silke von Brockhausen (UNDP)* steuert einen Artikel dazu bei, wie man Mitarbeiter systematisch in Social Media weiterbilden kann. Und *Thomas Knüwer (kpunktnull und indeskretionehrensache)* erklärt, wie man sich eher *nicht* bewerben sollte, falls man Social-Media-Manager werden möchte.

Für Praktiker: Kleine Leseanleitung

Wann ist unser »Stammtisch« für Sie das richtige? Dieses Buch richtet sich an PR- und Marketing-Professionals in Unternehmen, Organisationen und Agenturen, die entweder strategisch und übergreifend für das Thema Marketing oder Kommunikation verantwortlich sind oder selbst operativ »dieses Social Media« machen oder machen wollen.

Unsere Autoren geben Beispiele aus dem persönlichen Arbeitsalltag, ohne den einen, goldenen Weg zu propagieren. Vielmehr sensibilisieren sie mit ihren vielfältigen Berichten für die Besonderheiten innerhalb einzelner Markenwelten und verschiedenartiger Organisationen. Dies kann auch für Studenten und Lehrende in den Bereichen Marketing und Kommunikation spannend sein.

Wie Sie dieses Buch lesen, bleibt natürlich Ihnen überlassen. Sie können Sich einfach zurücklehnen – und nach und nach den Beiträgen unserer Autoren lauschen; Kapitel für Kapitel. Wenn Sie sich zunächst nur einen kurzen Überblick verschaffen wollen, greifen Sie auf die Zusammenfassungen von Annika Busse und Malina Kruse-Wiegand am Ende jedes Teils zurück.

Sie können auch mit ganz konkreten Alltags-Fragestellungen an die Mitglieder unseres »Stammtischs« herantreten. Sie wollen Ihre Facebook-Strategie international aufstellen? Bestimmt finden Sie Hilfestellung im Beitrag von bonprix. Sie wollen beim nächsten Event Twitterwalls einsetzen? Suchen Sie nach Inspirationen in den entsprechenden Beiträgen von Greenpeace und der E-Plus Gruppe. Beim Filtern der Beiträge hilft neben dem Inhaltsverzeichnis auch der Index.

Kein geschlossener Zirkel

Wir wollen kein geschlossener Zirkel sein, sondern freuen uns über Anregungen, Kritik oder Interessierte, die mit uns in die Diskussion einsteigen wollen.

Kontaktieren Sie uns gern via Xing, Facebook, Google+ oder ganz klassisch per E-Mail. Wir laden Sie dann gern in eine der virtuellen Arbeitsgruppen ein, in denen wir uns aktuell aktiv austauschen.

Malina Kruse-Wiegand: malina_wiegand@hotmail.com

Annika Busse: busse@beliya.de

Übrigens: Die meisten unserer Autoren haben am Anfang ihrer Beiträge auf mindestens eins ihrer Social-Media-Profile verwiesen. Dort kann man ihnen über dieses Buch hinaus lauschen.

Wir sagen Danke

Dieses Buch konnte nur entstehen, da wir so viele engagierte und hoch-professionelle Autoren gewinnen konnten. Sie haben sich zusätzlich zu ihren eigentlichen Aufgaben die Zeit genommen, ihre Erfahrungen zu verschriftlichen, um diese mit Ihnen – unseren Lesern – zu teilen. Ihnen danken wir daher natürlich ganz besonders!

Außerdem hat uns die fortlaufende Unterstützung unserer Lektorin Susanne Gerbert und des ganzen O'Reilly-Teams bei kleinen und großen Problemen immer wieder in die richtige Richtung navigiert. Besondere Motivation für den Endspurt haben wir aus dem inspirierenden Vorwort von Katharina Borchert geschöpft.

Und natürlich danken wir vor allem unseren Familien und Männern, die in den letzten Wochen vor Veröffentlichung die Dreifach-Belastung Job-Kind-gestresste Frau ertragen haben. Ohne euch hätten wir es nicht geschafft.

Letzte Worte zum Konzept

Dieses Buch hat nicht den Anspruch, einen vollständigen Überblick über die bestehende Social-Media-Landschaft zu geben. Hier bestimmte auch die Agenda das, was »gerade Thema« bei den von uns angefragten Autoren ist. So geht es zum Beispiel noch viel um Facebook und noch wenig um Google+. »Rising Stars« wie Instagram werden nur am Rande gestreift. Über das Thema »Monetarisierung« und »Erfolgsmessung« hätten wir gern noch mehr erfahren, hier basteln aber gerade die meisten noch an ihren Modellen – vielleicht sind diese im kommenden Jahr spruchreif und vielleicht werden sie dann auch am »Buch-Stammtisch« diskutiert.

Aber jetzt erstmal: Viel Spaß beim Lesen!

Teil I:
Social-Media-Strategie und -Organisation

- Kapitel 1: Ohne Moos was los! Markenaufbau eines Startups in 6 Monaten
- Kapitel 2: Interne Organisation und Social Media Governance
- Kapitel 3: Digitale Kommunikation im Traditionsunternehmen verankern
- Kapitel 4: Social Media international – von lokaler Markterprobung zum globalen Roll-Out
- Kapitel 5: Was heißt PR 2.0? Neuausrichtung der Pressearbeit
- Kapitel 6: Aufbau eines Corporate Blogs in 50 Tagen
- Kapitel 7: Digital Gutes tun – Social Media bei den Vereinten Nationen
- Kapitel 8: Hintergrund: Social Media in der Marketing- und Kommunikationsstrategie
- Kapitel 9: Hintergrund: Social-Media-Erfolgsmessung – aus Gezwitscher Erkenntnisse gewinnen
- Kapitel 10: Fazit und Erfolgsfaktoren aus Teil 1: Social-Media-Strategie und -Organisation

Ohne Moos was los! Markenaufbau eines Startups in 6 Monaten

In diesem Kapitel:
- Social Media als initialer Marketingweg
- Fokussiert starten aufgrund von limitierten finanziellen und personellen Ressourcen
- Die beliya-Social-Media-Kanäle zum Verkaufsstart
- Probleme und unsere Lösungen
- Tipps für eine Social-Media-Strategie im Start-up

Von Dr. Annika Busse
beliya

Zusammenfassung: Ich baue unser neues Charity-Handtaschenlabel beliya im Social Web fast ohne Budget und mit internen Ressourcen auf. Unsere Zielgruppe, Mode- und Charity-affine Frauen im Alter 20+, erreichen wir auf Facebook, unserem Blog, über Mode-Blogger und YouTube. Uns fehlt oft die Zeit für Social Media. Wie dennoch innerhalb von sechs Monaten 12 % der Besucher von Facebook auf die Website kommen und wie wir es schafften, dass die erste Google-Ergebnisseite ausschließlich Links zu beliya-Taschen enthält, das berichte ich in diesem Artikel.

Website: *www.beliya.de*

Facebook: *www.facebook.com/beliyaTaschen*

Blog: *www.beliya.de/blog.html*

Social Media als initialer Marketingweg

Im Sommer 2012 stand fest, dass beliya im September 2012 mit dem Online-Verkauf der Taschen und Accessoires starten konnte.

Primäre Zielsetzung war es, bis Weihnachten 2012 so viel Aufmerksamkeit für unser neues Taschenlabel und Online-Shop zu kreieren, dass wir die erste Kollektion von Taschen und Accessoires bis Dezember zu 50 % verkauft haben würden. In den ersten Monaten ging es außerdem darum, eine Fan-Basis aufzubauen, wichtige Multiplikatoren für uns zu gewinnen und Feedback zu unseren Taschen zu generieren. Und all das, ohne unsere Kapitalbasis zu sehr zu belasten. Für Social Media gab es eigentlich kein Budget bei beliya außer einigen Euros für gesponserte Posts auf Facebook, aber dazu später mehr.

Aufgrund des fehlenden Marketingbudgets entschieden wir uns für den Einsatz von Social Media. Im Gegensatz zu klassischen Medien bieten uns diese Kanäle weitgehend kostenfrei die Möglichkeit, Aufmerksamkeit für unsere Geschäftsidee zu erregen. Des Weiteren erhalten wir direkte Rückmeldungen von Kunden. Durch »Gefällt mir« oder Kommentare auf Facebook erfahren auch Freunde unserer Fans etwas über beliya. Da eine Facebook-Seite oder ein Blog relativ schnell aufgesetzt sind, konnten wir diese Maßnahmen kurzfristig und ohne Hilfe einer Agentur oder eines Programmierers einrichten. Denn wir wollten, dass bereits mehrere Wochen vor Verkaufsbeginn möglichst viele Fans mit uns auf den Start von beliya hinfiebern würden. Sehr wichtig war für uns von Anfang an, Freunde, Bekannte, Familie, Kollegen und alle anderen Wegbegleiter als Botschafter einzubinden. Diese Menschen im eigenen Umfeld sind für beliya und vermutlich für jede Neugründung sehr wichtige Multiplikatoren. Sie sind häufig die ersten Käufer, und ihre Empfehlung ist authentisch – online wie im realen Leben.

Für Leute mit wenig Zeit: Podcasts zum Thema Social Media

Es gibt zahlreiche kostenlose Podcasts, die man sich zum Thema Social Media Marketing anhören kann. Ich persönlich höre diese beim Sport oder auf dem Weg zur Arbeit und zu Terminen:

- *www.forimmediaterelease.biz* – Shel Holtz (USA) und Neville Hobsons (UK) wöchentlicher englischsprachiger Podcast zu neuesten Kampagnen, Technologien und Themen im Social Web
- *http://wissen.dradio.de/online-talk.125.de.html* – Daniel Fiene und Herr Pähler sprechen etwa monatlich mit Gästen zu Themen aus dem Netz, z.B. »Instagram & Co: Das Netz verändert die Fotografie«.

◀ **Abbildung 1-1**
beliya-Website mit Facebook-Verlinkung

Fokussiert starten aufgrund von limitierten finanziellen und personellen Ressourcen

Unser Team bestand aus meiner Mit-Gründerin Andrea Noelle und mir. Nach vier Monaten stellten wir unsere erste Praktikantin ein. Daher waren, wie bei den meisten Start-ups, nicht nur finanzielle Ressourcen knapp, sondern auch unsere Zeit. Alle Aufgaben – von Pakete packen über Webshop-Pflege bis zur Kollektionsplanung, aber auch die Buchhaltung – mussten von uns selbst erledigt werden. Priorisieren und fokussieren war von Beginn an entscheidend. Denn: Social Media ist zwar günstig bzw. teils kostenfrei, jedoch benötigt man für die professionelle Betreuung der Kanäle Zeit. Somit fragten wir uns kritisch, welche Social-Media-Kanäle von größtem Nutzen für beliya sein würden.

Die Zielgruppe bestimmt die Strategie und die Kanäle

Unsere Zielgruppe sind mode-affine Frauen im Alter von 20+, die online einkaufen. Sie tragen täglich ihre Handtasche. Pro Jahr kaufen sie eine oder mehrere Handtaschen und Accessoires. Des Weiteren hat unsere Zielgruppe einen Bezug zu Charity-Produkten.

Im Vorfeld unserer Gründung hatten wir bereits zwei Marktforschungen durchgeführt. Zum einen nutzten wir den Dienst *Surveymonkey* für eine Online-Befragung mit ca. 100 Frauen. Wir fragten nach dem Online-Kaufverhalten, nach Kaufgewohnheiten und -kriterien für Handtaschen, nach der Nutzung von Social Media und nach Meinungen zu unserer konkreten Idee. Dadurch erfuhren wir, wo sich unsere Kundinnen im Social Web bewegen und welche Inhalte bzw. Themen sie interessieren, z.B. Informationen zu ihrem Taschenpatenkind. Zum anderen führten wir eine Diskussionsrunde mit 10 Frauen unserer Kernzielgruppe durch, um herauszufinden, welche Aspekte an einer Handtasche für den Kauf entscheidend sind und welchen Einfluss unsere Spende pro Produkt auf das Kaufverhalten haben würde. Nicht zuletzt nutzten wir diese Befragung auch, um unser Wissen zum Taschen- und Online-Kaufverhalten zu vertiefen.

Link-Tipp   www.surveymonkey.com ist ein kostenloser Internetdienst, mit dem man in wenigen Schritten eine Online-Befragung erstellen kann.

Fragen zur Bestimmung der Kanäle

Um zu identifizieren, welche Social-Media-Kanäle wir im ersten Schritt nutzen wollten, stellten wir uns zur Findung unserer Social-Media-Strategie folgende Fragen:

- Welche Social-Media-Kanäle nutzt unsere Zielgruppe?
- Welcher Kanal hat die meisten Nutzer innerhalb unserer Zielgruppe?

- Welche Inhalte/Themen stehen uns zur Verfügung, z. B. Fotos, Videos, Präsentationen?
- Wo erreichen wir Meinungsführerinnen im Bereich Mode, Taschen und Accessoires?
- Welche Kanäle wirken sich positiv auf die Suchmaschinenoptimierung unserer Website aus?

Die beliya-Social-Media-Kanäle zum Verkaufsstart

Schritt 1: Fokus auf Facebook

Facebook ist das größte soziale Netzwerk in Deutschland und weltweit. Hierzulande sind Nutzer zu gleichen Teilen Männer und Frauen. Weltweit nutzen Frauen Facebook intensiver: Laut einer Untersuchung von *mashable* aktualisieren sie ihren Status häufiger und teilen bzw. kommentieren mehr als Männer. Da unsere Marktforschung auch ergeben hatte, dass 60 % der Frauen unserer Zielgruppe Facebook intensiv nutzten, bauten wir bereits 6 Wochen vor dem Verkaufsstart unsere beliya-Facebook-Seite auf. Folgende Regeln und Tipps befolgten wir dafür:

Link-Tipp *www.mashable.com* ist die führende Website für News im Social-Media-Bereich.

- 2 bis 3 Posts pro Woche nach dem Motto KISS – *keep it short and simple* – und im Facebook-Stil, das heißt: locker und eher wie man spricht.
- In ausgewählte wichtige Posts explizite Aufrufe zum Handeln der Fans einbauen, z. B. »Klickt ›Gefällt mir‹«, damit die Interaktion mit unserer Seite und unseren Posts hoch ist. (Das erhöht die Sichtbarkeit von nicht gesponserten Posts.)
- Abwechslungsreiche Themen: Taschen, Schulkinder, Presseabdrucke, Blogger-Empfehlungen, Stylings, Scheckübergabe, Hintergünde zu »beliya & Team«, Fotos etc.
- Andere Facebook-Seiten in unseren Posts und Personen in unseren Fotos taggen, um unsere Reichweite zu erhöhen

- Innerhalb von 24 Stunden auf alle Posts und Nachrichten von Fans und anderen Interessierten ehrlich und transparent antworten. Was sonst passieren kann, erfahren Sie im folgenden Infokasten.

▶▶ **Link-Tipp** Auf *www.allfacebook.de* finden Sie zahlreiche Tipps und Möglichkeiten auf Facebook. *www.bitcom.org* und *www.t3n.de* bieten viele Informationen zu verschiedenen Social-Media-Kanälen.

Warum müssen Sie im Social Web schnell reagieren?

Nach einem Beitrag im NDR-Fernsehen über beliya bekamen wir morgens am Sonntag, den 20.1.2013, einen Kommentar mit einer Frage auf der Wall unserer Facebook-Seite (siehe Abbildung 1-2). An diesem Tag waren wir mit dem Vorbereiten von Bestellungen beschäftigt, die nach dem Fernsehbeitrag zahlreich eingegangen waren. Außerdem starteten wir mittags am selben Tag zu einer bereits lange geplanten Reise zu unserer Produktion in Ungarn. Kurz vor dem Abflug gegen 13 Uhr formulierten wir noch am Flughafen in Hamburg eine Antwort auf den Facebook-Kommentar, klickten »Gefällt mir« und versuchten, die Antwort zu posten. (Wir klicken grundsätzlich »Gefällt mir« bei allen Kommentaren oder Beiträgen, ob kritisch oder nicht, denn wir begrüßen Feedback und den Dialog mit unseren Kunden und Fans.) Wir kamen gegen 21 Uhr im Hotel an und bereiteten von dort aus bis spät in die Nacht weiter die Bestellungen für die Versandabwicklung in Hamburg vor, damit sie direkt am Montag ausliefern konnten.

Am nächsten Morgen gegen 7 Uhr sahen wir dann über den Dienst *Hyper Alerts*, dass sich unter diesem Kommentar eine Diskussion entwickelt hatte. Denn anscheinend war am Flughafen ein Fehler bei der Übertragung unserer Antwort passiert. Jedenfalls war unsere Antwort nicht online, und wir hatten den Post nur geliked. Wie man in Abbildung 1-2 sieht, interpretierten die Fans unseren »Gefällt mir«-Klick und die Tatsache, dass wir keine Antwort geschrieben hatten, so, dass uns nicht daran läge, ihnen zu antworten. So schrieben wir direkt um 7 Uhr am Montag, den 21.1.2013, unsere Antwort erneut und entschuldigten uns für die Verspätung unserer Reaktion. Damit beendeten wir die Diskussion.

▶▶ **Link-Tipp** *www.hyperalerts.no* ist ein kostenloser E-Mail-Service, der die Abonnenten über Aktivitäten auf Facebook-Seiten informiert.

Wir haben daraus gelernt, dass man bei Facebook sehr schnell auf Kommentare antworten muss, um solche Reaktionen zu vermeiden. Nutzer haben vergleichsweise wenig Geduld. Sie erwarten eine Antwort innerhalb von ca. 24 Stunden oder sogar noch schneller. Wir haben auch gelernt, dass wir genauer prüfen, ob unsere Posts wirklich online sind.

→

▲ **Abbildung 1-2**
Ungewollte Diskussion auf Facebook

6 Monate auf Facebook – Was haben wir gelernt?

Unsere wichtigsten Erkenntnisse für die Aktionsplanung:

- Nach dem Start *eigene Freunde* über »Publikum erweitern/Build Audience« gezielt einladen und auch per E-Mail bzw. persönlich dazu auffordern. Jeden neuen Kontakt auf Facebook befreunden und dann zur Facebook-Seite einladen. Mit dieser Methode bekamen wir anfangs die meisten Fans.
- Oft wird empfohlen, *Fans Fragen zu stellen*. Dies funktioniert nicht so gut bei beliya bzw. bei unserer noch nicht so hohen Fan-Anzahl. Unserer Erfahrung nach ist es wesentlich schwieriger, Kommentare von Fans zu bekommen als »Gefällt mir«-Klicks.
- Die besten *Zeitpunkte für Facebook-Posts* sind unserer Erfahrung nach morgens von 7 bis 9.30 Uhr, z. B. auf dem Weg zur Arbeit, mittags von 12 bis 14 Uhr und abends zum Feierabend ab 18 Uhr (am Freitag gern auch etwas früher). Zu späte Posts (gegen 21:30 oder 22 Uhr) verpuffen. Am Wochenende posten wir meist vormittags, so ist die Sichtbarkeit am jeweiligen Tag länger.

→

- Die *Themen*, die bei beliya am besten funktionieren, kommen aus den Bereichen Hintergrundgeschichten, z.B. »Unsere neue Praktikantin Marie«, »Schulkinder« oder »Schauspielerin Nina Bott, neue beliya Taschenbotschafterin«. Nicht so gut funktionieren lokale Themen wie »Verkauf in Hamburg«, Themenwiederholungen »ROCKY Star trägt Clutch« und reine Produktinfos »Neue Farben Handytasche« (siehe Abbildung 1-3).
- Posts mit *Fotos/Videos* funktionieren besser als ohne.
- *Gewinnspiele:* Zu Weihnachten nahmen wir an einer Adventskalender-Gewinnspiel-Aktion teil. Es schlossen sich ca. 90 Facebook-Seiten zusammen und machten gegenseitig füreinander Werbung. Wir gewannen 40 neue Fans und erreichten 1000 Fans der Aktion. Gewinnspiele funktionieren gut auf Facebook und sind generell sehr beliebt. Allerdings muss man die Facebook-Gewinnspiel-Regeln beachten. Zum Beispiel darf das Gewinnspiel nicht auf der Facebook-Seite selbst durchgeführt werden.
- Ca. 100 neue Fans gewannen wir durch die Verlinkung von den Facebook-Seiten von ROCKY Musical (ca. 6.000 Fans) und Greenpeace Deutschland (ca. 75.000 Fans; zu Greenpeace siehe Abbildung 1-3).
- Vor dem »Knacken« bestimmter Fanmarken, z.B. 100 oder 500 Fans, die eigene Community dazu aufrufen, die eigenen Freunde zu mobilisieren, Fan zu werden und den Post zu teilen. So gewannen wir von einem auf den anderen Tag mehr als 20 neue Fans hinzu.

Abbildung 1-3 ▼
Greenpeace Deutschland verlinkt beliya auf eigener Facebook-Seite.

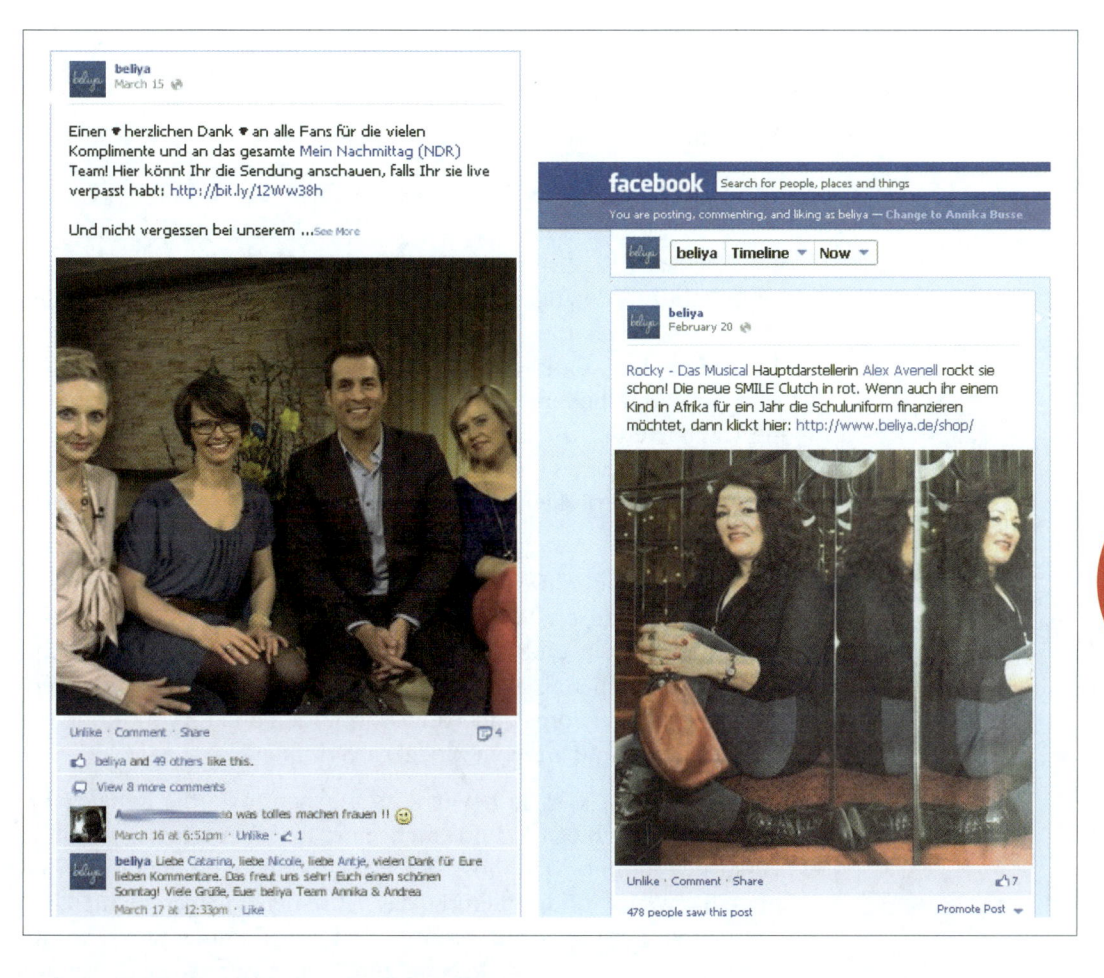

▲ Abbildung 1-4
Unser erfolgreichster Facebook-Post (nicht gesponsert) und unser erfolgloseste Post

Schritt 2: Aktuelles im beliya-Blog

Bereits ein Jahr vor dem Verkaufsstart im September 2012 hatten wir in einem Tag einen Blog mit *WordPress* erstellt. Allerdings hatten wir keine Strategie, geschweige denn einen Redaktionsplan. Der Blog hieß *lajolia*, da wir unser Unternehmen etwa ein halbes Jahr vor dem Start umbenennen mussten (»lajolia« bzw. »lajolie« war bereits im deutschen Markenregister von einem anderen Unternehmen als Marke eingetragen). Gleichzeitig hatten wir unter dem alten Namen ein Twitter-Konto und eine Facebook-Seite gestartet, auf denen nichts passierte. Wir haben gelernt, dass es sich nicht lohnt, diese Kanäle ohne Plan und Inhalte aufzubauen, denn dies irritiert Besucher. Wenn man einen Blog oder eine Facebook-Seite findet, auf der monatelang nichts passiert, glaubt man ja eher, dass das Label eingestellt wurde. Und das Gegenteil war bei uns der Fall.

> **Link-Tipp** WordPress (*www.wpde.org*) ist ein kostenloses System für die einfache Erstellung von Blogs mit vielen Designvorlagen. Einen vergleichbaren Dienst bietet Google auf *www.blogger.com* an.

Im August 2012, also sechs Wochen vor Verkaufsstart und gleichzeitig mit dem Beginn unserer Facebook-Seite, reaktivierten wir den Blog, benannten ihn in *beliya* um und optimierten das Layout. Unser Ziel war, dass wir unsere Geschichte der Taschen, die Kindern in Afrika helfen, ausführlich vor dem Start erzählen konnten und auch Raum für längere Texte (z. B. Hintergrund-Informationen) und Interviews hatten. Gleichzeitig konnten wir von Facebook auf den Blog verlinken, wenn die Inhalte für einen Post zu komplex waren.

Anfang September integrierten wir den Blog inklusive aller vorherigen Artikel in unsere Website. Denn der Blog gibt uns die Möglichkeit, Geschichten und Neuigkeiten rund um unsere Taschen und Kinder zu erzählen. Unser Unternehmen wird anfassbar und lebendig. Wir können Fotos und Videos einbinden und uns mit Kooperationspartnern und anderen Bloggern verlinken.

Sehr wichtig ist es, sich bewusst zu machen, dass die Redaktionsplanung eines Blogs – und auch einer Facebook-Seite – Zeit in Anspruch nimmt. Man muss sich ehrlich fragen, ob man diese Zeit auch hat. Denn für die Planung, das Schreiben von Geschichten, die Erstellung von Fotos, das Beantworten von Kommentaren etc. auf Facebook und im Blog sollte man mindestens vier bis sechs Stunden Zeit in der Woche einplanen. Und Zeit ist ein sehr rares Gut in einem Start-up mit vielen Prioritäten, die meist gleich wichtig und zeitkritisch sind.

In Zahlen belegt der beliya-Blog mit 1.100 Besuchern innerhalb von sechs Monaten Rang 7 der meistbesuchten Seiten auf unserer Website. Die Verweildauer beträgt im Schnitt fast 2 Minuten und ist damit doppelt so hoch wie auf den anderen Seiten. Von daher ist der Blog ein sehr wichtiger Teil unserer Social-Media-Strategie, um aktuelle Inhalte und News ausführlicher erläutern zu können. Sicherlich ist die Reichweite noch ausbaufähig, und wir planen, dies mittelfristig u. a. über die Vernetzung mit anderen Bloggern und Blogparaden zu vergrößern.

▲ Abbildung 1-5
Der beliya-Blog

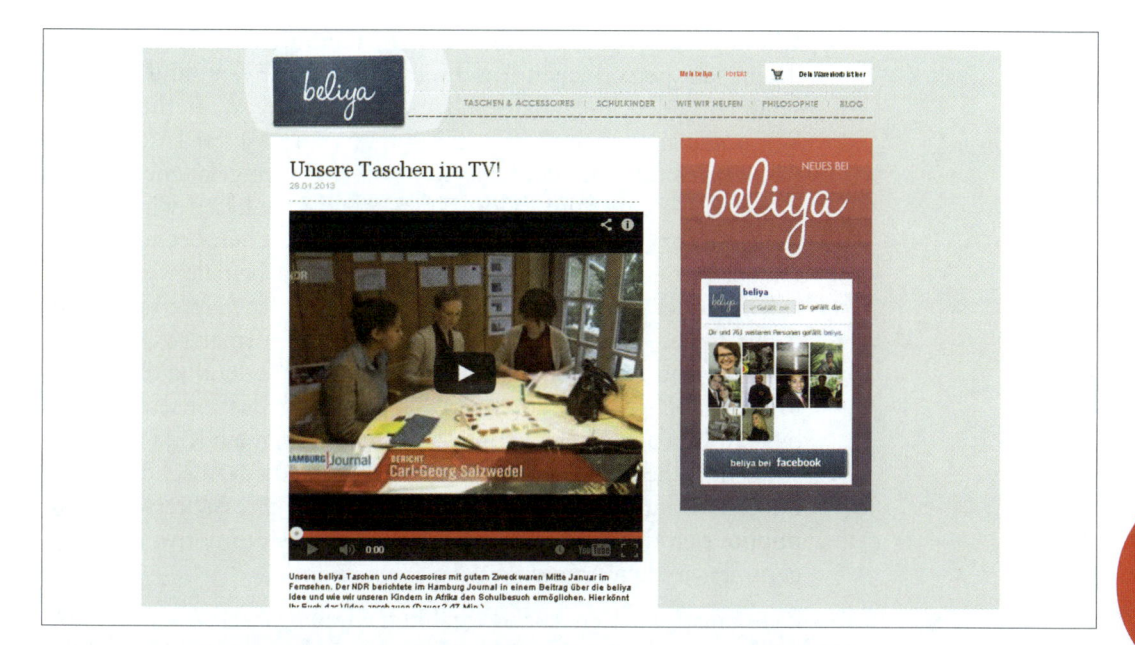

Schritt 3: Social Media Buzz durch Mode-Bloggerinnen

Im Oktober 2012 sprachen wir erstmals deutschlandweit Mode-Bloggerinnen und -Blogger an, um beliya bei diesen Meinungsführerinnen und ihren Lesern bekannt zu machen. Gleichzeitig war es unser Ziel, Backlinks zu unserer Website zu generieren, um unsere Suchmaschinenplatzierung und die Suchergebnisse zu beliya zu verbessern. Wir schrieben ca. 50 Blogs teils sehr persönlich und teils nicht personalisiert an. Sehr persönlich und individuell schrieben wir die für uns relevanten Blogs an, z. B. die mit den meisten Facebook-Fans oder Twitter-Followern. Des Weiteren achteten wir darauf, dass beliya in das Umfeld des Blogs passt und die Blogs ab und zu Taschen und Accessoires vorstellen. Insgesamt berichteten 10 Blogs über beliya. Das individuelle Anschreiben können wir sehr empfehlen, da es einen aus der Masse der Mails hervorhebt, die Blogger mittlerweile bekommen. Aber es ist auch keine Garantie für einen Bericht.

Das erste beliya-Mode-Blogger-Event fand im November 2012 statt. Im Vorfeld schauten wir uns regelmäßig die Mode-Blogs der meist jungen Frauen und Männer im Alter von 16 bis 40 an, um Anregungen zu bekommen, wie wir unser Event interessant gestalten konnten. Denn (Mode-)Bloggerinnen bekommen mittlerweile viele Einladungen und Geschenke. Um aus der Masse herauszustechen, gaben wir uns mit diesem Event sehr viel Mühe.

Wir luden alle Mode-Bloggerinnen in Hamburg und Umgebung mit einem sehr persönlichen Anschreiben ein. Das Event fand in einem schönen Laden, Porzellanfräullein, in Hamburg Winterhude statt. Wir organisierten ein Buffet und sorgten mit unseren Taschen und Accessoires für eine schöne Deko. Von ca. 30 eingeladenen Gästen kamen 13 – eine gute Quote. Im Vorfeld gestalteten wir für jede Bloggerin bzw. jeden Blogger einen personalisierten Becher in dem Laden, in dem man normalerweise Porzellan bemalen kann. Auf jeden Becher stempelten wir den Vornamen, ein Herz und unser beliya-Logo. Wir verschenken von beliya normalerweise keine Taschen und Accessoires, weil wir mit deren Verkauf ja die Kinder fördern möchten. Außerdem ist es uns wichtig, dass unsere Kunden das Produkt aus Überzeugung selbst kaufen, um ein Kind zu unterstützen. Daher sollte statt eines beliya-Produkts der Becher als eine hübsche Erinnerung an den Abend dienen. Interessanterweise entpuppte sich der Becher als eines der Lieblingsfotomotive der Bloggerinnen an dem Abend.

Zum Einstieg in den Abend erzählten wir den Gästen, worum es bei beliya geht. Im Anschluss berichtete unser Ehrengast Marcus Luft, Fashion Director der Zeitschrift Gala, warum Blogs für ihn eine Inspirationsquelle sind. Wir baten dann die Bloggerinnen, sich mit ihrer Lieblingstasche von beliya von unserem Fotografen ablichten zu lassen. So sicherten wir uns Fotos mit den Bloggerinnen und unseren Taschen. Diese verschickten wir nach dem Event auch an die Gäste. Die Fotos wurden für die Berichte über unsere Veranstaltung auf vielen Blogs genutzt. Insgesamt berichteten 7 von den 13 Gästen über beliya bzw. den Abend. Zwei Blogs schrieben sogar mehrfach Artikel.

Insgesamt verzeichnen wir seit dem Start von beliya ca. 700 Besucher von Mode-Blogs auf unserer Website. Zum Vergleich: Von Facebook kamen im gleichen Zeitraum etwa 1.400. Damit kommen 20 % aller Besucher über Verweise/Links von Blogs.

Aktuell sprechen wir gezielt mit Bloggerinnen und Bloggern, damit diese Taschenstylings für uns fotografieren. Das heißt, wir bitten die Bloggerinnen, ihr perfektes Outfit zu einer beliya-Tasche zu kreieren und ein Foto von sich zu machen. Wir nutzen dies dann in unseren Medien, z. B. im Blog, im Newsletter und auf Facebook, für eine neue Rubrik: »das Taschen-Styling des Monats«. Da wir in dieser Rubrik auch Werbung für die Bloggerinnen machen, haben alle Beteiligten einen Mehrwert. Des Weiteren planen wir weitere Mode-Blogger-Events und -Aussendungen.

◀ **Abbildung 1-6**
Eine der führenden Mode-Bloggerin Deutschlands, Sylvia Haghjoo, stylt auf ihrem Blog www.hug-you.com die LOVE Clutch.

Schritt 4: YouTube-Kanal mit dem Weihnachtsgruß

Seit Dezember 2012 gibt es einen beliya-YouTube-Kanal. Wir starteten den Video-Kanal ad hoc für unseren Weihnachtsgruß mit den ROCKY-Musical-Stars und für eine Spendenaktion. Anlass war eine Taschenparty mit den ROCKY-Musical-Stars, die große Fans unserer Taschen und Accessoires für Schulkinder in Afrika sind. Die Darstellerinnen sangen für uns und unsere Kinder »Jingle Bells«. Pro Klick auf das Video im Zeitraum vom 14. bis 31. Dezember 2012 spendeten wir 0,10 € für ein neues Waisenhaus unserer Schulkinder in Namibia. Auf die Aktion machten wir per Facebook und Newsletter aufmerksam. Des Weiteren berichtete DIE WELT Hamburg, allerdings ohne Link zum YouTube-Kanal. Über diese Aktivitäten erreichten wir ca. 200 Aufrufe des Videos. Nach 5 Tagen teilte die ROCKY-Musical-Facebook-Seite mit ca. 6.000 Fans den Link zur Aktion, und damit kam das Video auf über 1.200 Aufrufe. Allerdings war das Video an sich auch recht simpel. Wir haben gelernt, dass das Video interessanter und/oder lustiger sein muss, um eine bessere Reichweite zu erzielen.

Aktuell haben wir keine weiteren Videos. Ein beliya-Imagefilm ist in Arbeit. Im Moment hat der Kanal keine Priorität bei uns. Wir müssten regelmäßig interessante Videos liefern und gezielt darauf aufmerksam machen, um den Kanal aufzubauen.

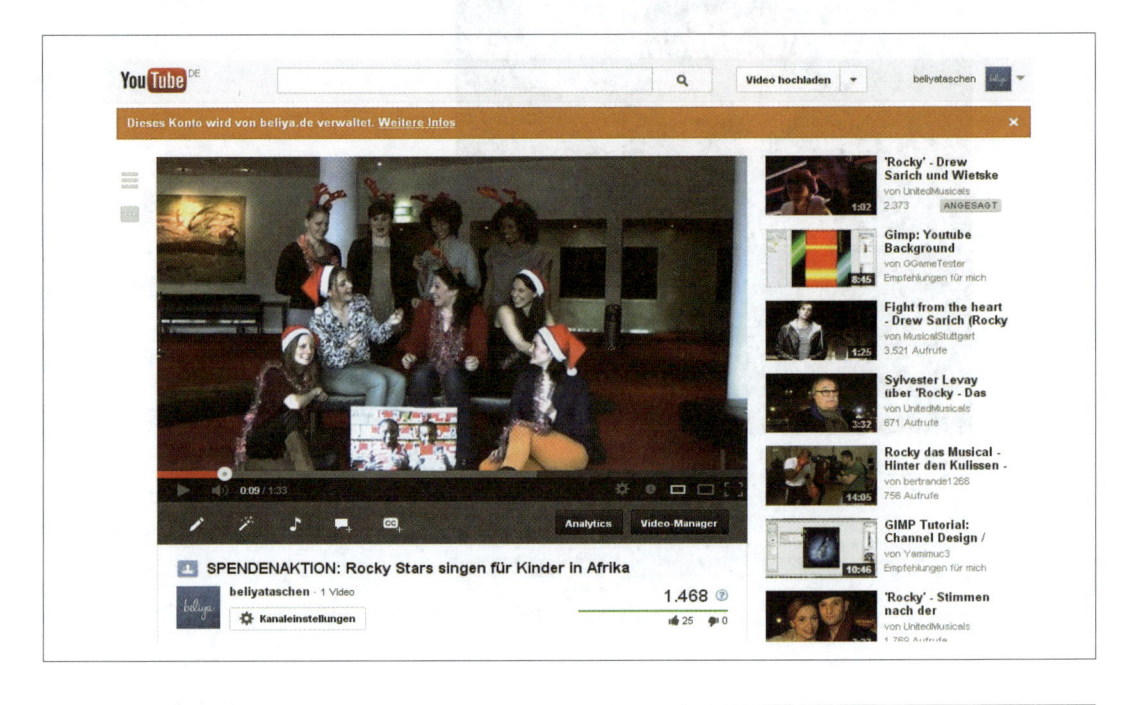

Abbildung 1-7 ▼
ROCKY-Musical-Stars singen auf YouTube für beliya.

Schritt 5: Google+, Pinterest, Twitter & Co.

Was ist mit den anderen Möglichkeiten in Social Media? Eine Google+-Markenpräsenz bauten wir im November 2012 zur Verbesserung der Suchergebnisse bei Eingabe von »beliya« bei Google auf. Seit Dezember posten wir die wichtigsten Facebook-Posts meist 1:1 auch auf Google+. Die Frequenz ist seltener als auf Facebook. Bisher haben wir sehr wenige Follower (<100). Unsere Erfahrung zeigt, dass man sich Zeit für jeden Kanal nehmen muss, um dort eine Community aufzubauen. Diese Zeit fehlt uns momentan. Daher folgen wir erfolgreichen Google+ Seiten, z. B. denen von H&M, Glamour oder Cadbury, um zu erfahren, welche Inhalte, Fotos und Themen gut funktionieren. Im nächsten Schritt planen wir eine Präsenz auf Pinterest und Instagram, weil dort hauptsächlich weibliche Nutzer aktiv sind. Twitter sowie soziale Business-Netzwerke wie Xing oder LinkedIn nutzen wir bis auf Weiteres nicht, höchstens mit unseren privaten Profilen.

Probleme und unsere Lösungen

Ständig fehlt die Zeit

Wenn man Social-Media-Kanäle komplett intern im Unternehmen betreut, dann kostet dies Zeit. Der Aufbau der eigenen Präsenzen inklusive Bilder, Infos, Fotoalben, Impressum etc. ist zeitaufwendig. In der laufenden Betreuung der Kanäle bedarf es meist pro Kanal einer guten und abwechslungsreichen Themenvielfalt, damit diese erfolgreich sind. Daher kommt es auf eine gute Ressourcenplanung an. Dafür müssen gute Texte geschrieben, Fotos gemacht und bearbeitet sowie ggf. auch Videos produziert werden. Die Inhalte müssen online gestellt werden, und nicht zuletzt ist es wichtig, alle Auftritte zu beobachten und auf alle Anfragen, Kommentare etc. innerhalb von kürzester Zeit, möglichst innerhalb von 24 Stunden, zu reagieren.

Folgenden Zeitaufwand haben wir in der Regel:

- Facebook: 2 bis 4 Stunden pro Woche – 2 bis 3 Posts pro Woche
- Blog: 1 Stunde pro Woche bei 1 Post pro Woche
- Mode-Blogger: personalisierte Aussendung an ca. 40 Blogger – 1 Tag

- YouTube und Google+: sehr gering aufgrund der geringen Nutzerzahlen

Wenn man mit diesen Aufgaben eine Agentur beauftragt, ist der eigene Zeitaufwand natürlich geringer.

Social Media – wer macht's, wer kann's?

Bei Social Media ist es entscheidend, dass der Verantwortliche die Kanäle gut kennt und auch privat nutzt. Denn nur, wenn man dort aktiv ist, bekommt man ein Gefühl dafür bzw. lernt, was gut funktioniert und was nicht. Natürlich hilft es auch, sich mit Menschen auszutauschen, die diese Aufgabe (z.B. Betreuung der Facebook-Seite) bei einem anderen Unternehmen haben. Ich hole mir regelmäßig Tipps, wie man Fans gewinnt, wie ein Post geschrieben sein sollte, welche Fotos funktionieren etc. Natürlich hilft es auch, gewisse Blogs, Websites oder auch Podcasts zu abonnieren. Es gibt auch zahlreiche Social-Media-Akademien, bei denen man den Beruf des Social-Media-Managers lernen kann.

Link-Tipp Die *www.socialmediaakademie.de* bietet Online-Kurse zum Social-Media-Manager an. Diese eignen sich für Anfänger, weniger für Experten.

Social-Media-Agenturen – was zahlt man?

Natürlich kann es auch sinnvoll sein, Social Media extern von einer Agentur betreuen zu lassen, wenn man zum einen intern niemanden mit dem nötigen Know-how hat und zum anderen über genug Budget verfügt, um den Social-Media-Auftritt extern betreuen zu lassen. Die Kosten dafür variieren erheblich, je nachdem, ob man einen Studenten, einen Freiberufler bzw. kleine oder große namhafte Agenturen beauftragt. In jedem Fall muss es auch intern einen Ansprechpartner geben, der sich um alle Social-Media-Fragen und Themen kümmert, z.B. darum, dass die Inhalte korrekt sind und die Fragen der Fans schnell beantwortet werden. (Dies können Agenturen meist nicht, zumindest nicht auf Anhieb.) Die Kosten für kleine bis mittelgroße Agenturen bewegen sich meiner Erfahrung nach in Deutschland im folgenden Bereich:

- Strategie: ca. 500 bis 2000 € einmalig
- Grafiken, Header, Banner, Fotos: 40 bis 80 €/Stunde (1 bis 4 Elemente pro Stunde, je nach Aufwand)
- Redaktionsbetreuung: ca. 40 bis 100 €/Stunde

Tipp In der Zeitschrift *Internet World* werden regelmäßig Agenturen empfohlen und Listen mit Agenturen und ihren Schwerpunkten erstellt. Des Weiteren kann man andere Unternehmen fragen, wen sie beauftragen, oder auch beim Verband der Agenturen (*www.bvdw.de*) recherchieren.

Bei beliya betreue ich hauptverantwortlich alle Social-Media-Kanäle. Unsere Praktikantin unterstützt mich dabei. Ich gebe die Aufgabe sehr bewusst nicht vollständig ab, denn dies kann nicht automatisch jeder Facebook-Nutzer, nur weil er eventuell im richtigen Alter ist. Im Prinzip ist Social-Media-Manager genauso wie Marketing-Manager oder Außendienstmitarbeiter ein Berufsbild, das einem liegt oder nicht. So kann den Beruf des Außendienstmitarbeiters ja auch nicht jeder ausüben, der ein Auto besitzt und einmal etwas auf dem Flohmarkt verkauft hat.

Wenn man Social Media hauptsächlich intern betreut, ist es vor allem wichtig, dass man auch Fotos machen kann. Denn da man z. B. bei Facebook idealerweise für jeden Post ein Foto hat, ist dies eine wichtige Basis für Inhalte. Des Weiteren sollte die Person, die die Kanäle betreut, auch Grafikprogramme bedienen können und grafisch begabt sein. Denn jede Social-Media-Plattform hat andere Maße für Bilder und Hintergrundbilder.

Fazit nach sechs Monaten

Den Erfolg unserer Social-Media-Aktivitäten messen wir anhand von verschiedenen Kennzahlen:

- **Besucher von Facebook auf unserer Website:** Aktuell kommen etwa 40% der Besucher unserer Website über Verweise auf Facebook. Dies macht ca. 12% unseres Gesamt-Traffics aus. Diesen Anteil wollen wir kontinuierlich steigern.
- **Besucher von Blogs auf unserer Website:** Aktuell kommen etwa 20% der Besucher über Verweise auf unsere Website von Blogs. Damit machen die Blogs aktuell ca. 6% der Gesamt-Besucher aus. Dies wollen wir auf 10% steigern.
- **Facebook-Kennzahlen:** Pro Post: »Gefällt mir« und Views. Die »Gefällt mir«-Klicks sollten sich im Schnitt bei 5% der Gesamtanzahl der Fans bewegen. Aktuell haben wir dies bei etwa ¾ unserer Posts geschafft. Zukünftig sollen alle Posts diesen Wert erreichen. Wir sprechen von guten View-Ergebnissen, wenn nichtgesponserte Postings fast so viele Menschen wie die Gesamtanzahl an Fans erreichen. Des Weiteren ist die Kennzahl »Sprechen darüber« sehr wichtig bei Facebook. Da wir eine sehr engagierte Fan-Community haben, liegt diese Kennzahl aktuell bei 20%. Normal sind in etwa 10%. Wir denken, das liegt daran, dass wir Familie, Freunde und Bekannte mobilisiert haben, die wir regelmäßig dazu anhalten, uns auf Facebook

aktiv mit »Gefällt mir«s und Kommentaren zu unterstützen. Sicherlich ist dies auch so, weil unsere »Idee« sehr emotional ist und Nutzer Fotos von Kindern und schönen Dingen bei Facebook gern liken.

Blog-Verweise: Aktuell (Stand Februar 2013) gibt es unseres Wissens nach ca. 25 Artikel auf Blogs über beliya. Davon sind 10 Blogs für uns besonders wichtig, weil sie am besten zu uns passen oder die größte Reichweite haben. In den nächsten 6 Monaten möchten wir die Anzahl an Blog-Posts über beliya verdoppeln.

Suchmaschinenergebnisse: Anfangs war beliya nicht auf Platz 1 der Google-Suche in Deutschland. Es gab nur 1 bis 2 Ergebnisse auf der ersten Seite recht weit unten. Durch die zahlreichen Blogposts und die dadurch generierten Backlinks verweisen mittlerweile alle Ergebnisse der ersten Ergebnisseite auf unsere beliya-Taschen. Auf Seite 2 sind es noch drei weitere Ergebnisse. Unser Ziel ist, dass wir auch auf Seite 2 und 3 dieser Google-Suche beliya-Taschen finden. Des Weiteren möchten wir bei generischen Suchbegriffen (wie z. B. »Handtasche rot«) in die vorderen Ergebnisseiten aufrücken.

Käufe: In Zukunft ist es entscheidend für uns, dass wir Käufe von Social-Media-Präsenzen und aus dem Blog identifizieren können, um so zu messen, welche Maßnahmen, Blogs etc. wirklich zu Kaufentscheidungen von Neukunden und Wiederkäufern führen.

Tipps für eine Social-Media-Strategie im Start-up

- Fragen Sie sich ehrlich und ergebnisoffen: Macht Social Media für Ihr Unternehmen Sinn? Wer ist Ihre Zielgruppe, und nutzt diese Social Media? Wenn ja, was nutzt sie genau? Im Zweifel befragen Sie 10–20 Kunden, was sie nutzen, wie lange, wann, wozu etc.
- Priorisieren Sie Ihre wichtigsten Kanäle für Ihre Zielgruppe. Anschließend beobachten und schauen Sie, was andere bzw. die Konkurrenz macht: Was funktioniert gut, was nicht?
- Machen Sie eine Aufstellung der verfügbaren Ressourcen für Social Media, und gleichen Sie diese mit den geplanten Kanälen ab. Beginnen Sie lieber erst mal mit einer Maßnahme, und beobachten Sie, wie diese anläuft. Wenn sie erfolgreich ist,

starten Sie die nächste. Schauen Sie immer wieder, ob noch genug Zeit, Geld und Personal für die nächste Plattform vorhanden ist.

- Involvieren Sie Mitarbeiter, Kollegen, Freunde und Familie, und gewinnen Sie sie als Fans, Follower und engagierte Community. Dies führt zu den ersten Erfolgserlebnissen.
- Planen Sie feste Tage für die Pflege von Ihren Social-Media-Kanälen: z. B. 1-mal pro Woche im Blog posten oder 2-mal pro Woche auf Facebook posten. Denn wenn man vor der Wahl steht, Kundenbestellungen abzuarbeiten oder sich um die Produktion von Produkten zu kümmern, stehen Blogposts und Facebook-Updates oft hinten an. Wir posten daher meist gegen Ende der Woche oder am Wochenende. So weiß ich, dass wir uns spätestens am Donnerstag um das nächste Update/Post kümmern müssen.
- Vernetzen Sie sich mit anderen Marken, Geschäftspartnern und Social-Media-Experten bzw. Meinungsführern, sodass diese die Ihre Präsenzen verlinken und empfehlen.
- Fragen Sie Experten und engagierte Fans nach Feedback: »Was gefällt euch an unseren Inhalten, was nicht?«
- Legen Sie von Beginn an Kennzahlen fest. Behalten Sie diese kontinuierlich im Auge, und lernen Sie, was Ihre Community interessiert. Machen Sie sich auch bewusst, was nicht funktioniert, und lernen Sie daraus.

Zur Autorin

Annika Busse studierte Betriebswirtschaftslehre in Hamburg, Lüneburg und Frankreich. Nach Aufenthalten in Brüssel und Washington, DC, schloss sie ihre Doktorarbeit in Entwicklungspolitik ab. Gleichzeitig arbeitete sie mehrere Jahre in den internationalen Kosmetikkonzernen *Beiersdorf* und *Henkel & Schwarzkopf Professional*. Dort war sie u. a. für die Digitalstrategie und Social Media verantwortlich. 2012 gründete sie mit Andrea Noelle das Taschenlabel *beliya*.

Über beliya

beliya ist ein Social Enterprise, das Taschen und Accessoires online vertreibt. Mit jedem verkauften Produkt wird einem Kind in Afrika ein Jahr lang der Schulbesuch finanziert.

Alle Modelle bestehen aus sogenannten Upcycling-Materialien: Sofaleder-Retouren und Überschüssen von Designerstoffen.

Interne Organisation und Social Media Governance

In diesem Kapitel:
- Auseinandersetzung mit Social Media
- Unsere besten Botschafter
- Instrumente zur Social Media Governance
- Unser Universum und der ROI
- Was würden wir heute anders machen?

Von Annabelle Atchison
Microsoft Deutschland

Zusammenfassung: Um Social Media erfolgreich im Unternehmen einzusetzen, braucht es vor allem eins: die passende Unternehmenskultur. In meiner Rolle als Social-Media-Managerin bei Microsoft Deutschland habe ich schnell gemerkt, dass wir klare Strukturen und Prozesse einführen müssen, um eine positive Kultur rund um das Thema Social Media aufzubauen. Im folgenden Beitrag gebe ich einen Überblick über diese Social-Media-Governance-Prozesse.

Website: *www.annabelleatchison.com*

Twitter: *www.twitter.com/mrsatoz* (persönlich) und *www.twitter.com/MicrosoftPresse*

Facebook: *www.facebook.com/MicrosoftDE*

Auseinandersetzung mit Social Media

Glücklicherweise sind die Zeiten vorbei, in denen man vor lauter Hype um Social Media kopflos irgendwelche Kanäle oder Aktionen aufgesetzt hat. Ich schreibe bewusst »*irgendwelche* Kanäle oder Aktionen«, weil es oftmals so schien, als wäre es wichtiger, bei Social Media »dabei zu sein«, als die neuen Kanäle sinnvoll für das Wohl des Unternehmens einzusetzen.

Es hat sein Gutes, dass der Hype abflaut und Platz macht für die tatsächliche Auseinandersetzung mit dem Einsatz und Aufbau von

Social Media und dass Unternehmen sich klar werden müssen, wie sie Social Media als ebenbürtige Kommunikationsdisziplin neben dem traditionellen Marketing verankern können. Außerdem müssen sie sich bewusst machen, welche Auswirkungen diese neue Art der Kommunikation auf die eigene Unternehmens- und Arbeitskultur haben wird. Viele Unternehmen fürchten immer noch das Stichwort »Kontrollverlust«. Aber wenn wir eines in den vergangenen Jahren gelernt haben, dann, dass es mehr als schwierig ist, Social Media extern wirklich gewinnbringend einzusetzen, wenn man intern noch nicht so weit ist.

Wir bei Microsoft sehen das Thema Social Media daher nicht als eine exklusive Domäne der externen Kommunikation, sondern leben einen ganzheitlichen Ansatz, den ich im Folgenden vorstellen möchte.

Mitmach-Kultur

Eigentlich fängt bei der Kultur alles an. Das Social Web wurde lange Zeit auch das »Mitmach-Web« genannt, weil es den Usern unkompliziert und schnell ermöglicht, sich an der allgemeinen Kommunikation zu beteiligen – und zwar ohne Hierarchien und Zensoren, dafür aber mit Eigenverantwortung. Der damit einhergehende vermeintliche Kontrollverlust macht sicher viele Unternehmen nervös, wenn sie daran gehen, sich für Social Media zu öffnen.

Wir bei Microsoft haben hier Glück: Unsere Unternehmenskultur fördert seit jeher die Initiative und das Engagement des Einzelnen für das große Ganze und stellt dabei Fachwissen und Leidenschaft vor die jeweilige Position. Wir haben auch Glück, weil wir in der täglichen Zusammenarbeit schon sehr viele der Social-Media-Mechanismen durch unsere Produkte nutzen und unsere Mitarbeiter sie so in einem sicheren Umfeld kennenlernen und ausprobieren konnten. Als Beispiel sei hier SharePoint genannt, das es unseren Mitarbeitern ermöglicht, für ihre Projekte im Intranet sehr einfach eigene Blogs oder Wikis zu erstellen.

Am schönsten illustriert aber unsere interne Kommunikation unsere Haltung zu Social Media. Hinter dem Reiter »Social Media« auf unserem Intranet – dem Herzstück der internen Kommunikation – verbergen sich nicht nur die offiziellen Guidelines und Ansprechpartner, sondern auch die internen Blogs unserer Geschäftsleitung.

▲ Abbildung 2-1
Das MSGY-Web

Getreu dem Motto »Mit gutem Beispiel vorangehen« haben sich verschiedene Mitglieder der deutschen Geschäftsleitung eigene interne Blogs angelegt und befüllen diese auch selbstständig – teils regelmäßig zu aktuellen Themen oder unregelmäßig als offizielle »Berichterstatter« von wichtigen internen internationalen Veranstaltungen. Wir legen Wert darauf, dass die Blogposts auch wirklich vom Management selbst geschrieben werden, dass sie authentisch sind und den Charakter des Autors durchblicken lassen. Am prominentesten ist der wöchentliche Videoblog unseres Deutschland-Chefs, den er, auch wenn er unterwegs ist, mit einer kleinen Digitalkamera aufnimmt. Diese Art der Kommunikation wird von den Mitarbeitern außerordentlich gut angenommen. Sie sorgt dafür, dass der Grundgedanke von Social Media jeden Tag aufs Neue im Unternehmen vorgelebt wird und dass auf diese Weise eine offene Kommunikationskultur mit flachen Hierarchien entsteht.

Als weiteren Social-Media-Kanal haben wir unseren internen Microblogging-Dienst *OfficeTalk* direkt auf der Intranet-Startseite eingebunden. Hier werden alle Posts mit dem Hashtag *#msgy* (Microsoft Germany) automatisch angezeigt – ohne vorherige Freigabe. So ermöglichen wir es zum einen allen Kollegen, die Neuigkeiten oder Anliegen aus ihren Bereichen unkompliziert auf unsere wichtigste interne Plattform zu stellen. Zum anderen entlasten wir damit die Ressourcen der internen Kommunikation. Wir tragen damit auch der Veränderung der Kommunikationsgewohnheit Rechnung, die unsere Mitarbeiter privat leben und auch für den Arbeitsalltag erwarten. Die interne Kommunikation wird zunehmend mehr zum Bereitsteller einer für jeden Mitarbeiter anpassbaren Kommunikationsplattform und moderiert diese. Die Mitarbeiter entscheiden somit selbst, wie sie ihre wichtigen Informationen zusammenstellen. Ausschließlich auf »Top-Down«-Kommunikation zu setzen ist passé. Das zeigt auch der Trend hin zu Tools wie *Yammer*, die die Zusammenarbeit innerhalb eines Unternehmens noch mehr auf »social« ausrichten.

Hinweis *Yammer*, *Communote* oder *Status.net* sind interne Microblogging-Dienste, die den schnellen Austausch mit Kollegen ermöglichen. Diese können z.B. in das Firmen-Intranet integriert werden.

Unsere besten Botschafter

Wir haben eine ganz einfache Philosophie: Unsere Mitarbeiter sind unsere besten Botschafter. Und das wollen sie natürlich auch sein. Deswegen hatten sie schon sehr früh eigene Blogs (Microsoft hat zwei eigene Blogging-Plattformen: MSDN und TechNet), Twitter-Accounts, Facebook-Seiten und Xing-Gruppen: teils als semi-private Kanäle unter eigenem Namen, teils als offizielle Microsoft-Kanäle unter dem Produktnamen. Als Aktivitäten dieser Art vor rund vier Jahren unter dem Begriff *Social Media* subsumiert wurden und es klar wurde, dass es für Unternehmen wichtig ist, sich damit auseinanderzusetzen, gab es bei Microsoft in Deutschland also schon eine blühende Social-Media-Landschaft.

Wir haben erkannt, dass genau dieser persönliche und engagierte Ansatz – mit unseren Mitarbeitern als Ansprechpartnern im Netz – zu uns und zum Social Web passt und auch den Erfolg der Kanäle ausmacht. Also haben wir unsere gesamte interne *Social Media Governance*, also unsere Steuerungsmechanismen, darauf ausgerichtet. Unser großes Ziel hieß und heißt noch immer »Professionalisierung«: Wir wollen also einen für Microsoft sinnvollen Rahmen für die bereits bestehenden und neu hinzukommenden Social-Media-Aktivitäten – intern wie extern – finden und Social Media als Kommunikationsdisziplin ausbauen, mit Marketing und PR gleichberechtigt ist.

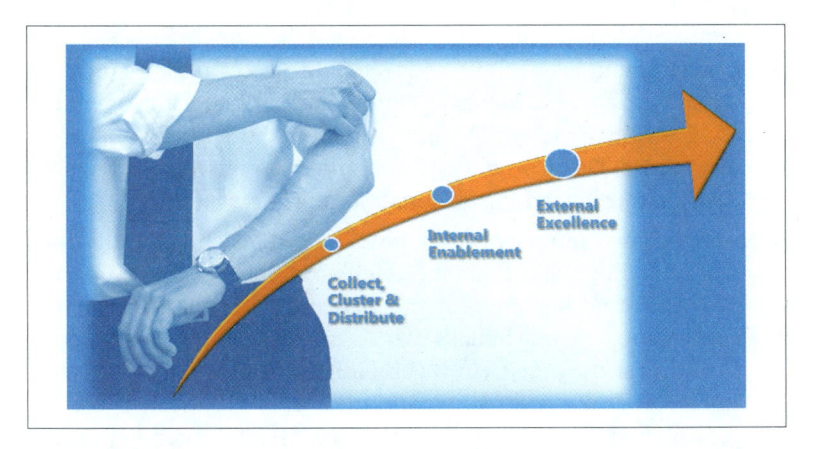

◀ **Abbildung 2-2**
Social-Media-Strategie:
Professionalisierung

Wir haben drei Bereiche identifiziert, die wir zur Erreichung dieses Ziels meistern wollen:

- »Collect, Cluster and Distribute«
- »Internal Enablement«
- »External Excellence«

Vereinfacht gesagt bedeuten diese drei Punkte: Wir wollen erst die bereits vorhandenen Social-Media-Aktivitäten sammeln, organisieren und orchestrieren und dann die Social-Media-Kompetenz der Mitarbeiter und die Professionalität der einzelnen Aktionen erhöhen, um einen guten und dem Unternehmen Gewinn bringenden Einsatz von Social Media – extern wie intern – sicherzustellen. Jedes Unternehmen muss für sich entscheiden, wie es die verschiedenen Schritte umsetzt. Aber es gibt gewisse Aktivitäten, Gremien und Prozesse, die unbedingt zum professionellen Umgang mit Social Media gehören. Subsumiert wird das unter dem Begriff *Social Media Governance*, der je nach Unternehmen verschiedene Aspekte beinhaltet. Im Folgenden beschreibe ich den Ansatz bei Microsoft.

Instrumente zur Social Media Governance

Social Media Council: Als Entscheidungsinstanz für diesen Professionalisierungsprozess – und als eine der Aktivitäten rund um den Punkt »Collect, Cluster und Distribute« – haben wir als ersten Schritt das Social Media Council gegründet. Dieses Gremium, das gemeinsam von PR und Marketing geleitet wird, besteht aus den Entscheidungsverantwortlichen der verschiedenen Bereiche, die von Social Media berührt werden: also PR, Marketing, HR, unsere Developer-, Public Sector- und Services-Bereiche sowie dem Kundensupport. Außerdem sind hier auch Kollegen aus Österreich und der Schweiz vertreten. In dieser Runde werden die vom Social-Media-Manager vorbereiteten Strategiethemen für die gesamte Microsoft Deutschland GmbH besprochen und verabschiedet. Das Council hat sich zu einem unserer wichtigsten Instrumente bei der Professionalisierung entwickelt.

Monitoring: Webmonitoring ist eine weitere wichtige Funktion, die in keinem Unternehmen fehlen sollte. Ob es nun mit öffentlich und kostenlos zugänglichen oder mit kostenpflichtigen Werkzeugen gemacht wird, ist dabei nicht so wichtig. Wichtig ist nur, dass ein regelmäßiges Monitoring stattfindet. Jedes Unternehmen sollte zumindest als Basis wissen wollen, was über die eigenen Produkte oder das Unternehmen allgemein im Netz gesagt wird. Wir nutzen ein Webmonitoring-Tool, das uns über das konstante Monitoring verschiedener Themenstränge hinaus noch zusätzlich Alerts bei kritischen Themen anzeigt. Damit werden das Krisenmanagement und das Kampagnenmonitoring unterstützt. Was besonders geholfen hat, Social Media im Unternehmen zu etablieren, war der Webradar. Der Webradar ist eine dreimal wöchentlich erscheinende E-Mail-Zusammenstellung der aktuell im Netz diskutierten Themen und Issues rund um Microsoft. Die Top-Drei-Themen inklusive der Diskussion dazu werden kurz angerissen, und mit einem Ampelsystem wird die Tonalität signalisiert. Obwohl oder wahrscheinlich gerade weil das Konzept hinter dem Webradar so simpel ist, hat er es in weniger als zwei Jahren von 50 Abonnenten auf inzwischen mehr als 650 gebracht. Er ist eine unverzichtbare Informationsquelle für all die Mitarbeiter, die nicht die Zeit zur täglichen Eigenrecherche im Web haben, und trägt die Stimmungen, Probleme und Sichtweisen der Netzgemeinde ins Unternehmen hinein.

Spielregeln: Ein Socia-Media-Leitfaden ist natürlich ein MUSS für jedes Unternehmen. Zum einen, weil es die Verantwortlichen dazu zwingt, sich wirklich mit Social Media für die eigene Firma auseinanderzusetzen. Zum anderen, weil es für die Mitarbeiter und zu ihrem Schutz wichtig ist, klare Spielregeln für ihr Verhalten als Repräsentanten des Unternehmens im Social Web zu haben. Allerdings bin ich kein großer Verfechter von einem Social-Media-Leitfaden, der »nur« die klassische Netiquette enthält. Auch bei uns findet sich eine Auflistung der Verhaltensregeln: »Seien Sie authentisch«, »sagen Sie, dass Sie bei Microsoft arbeiten«, »stehen Sie zu Ihren Fehlern« usw. Viel wichtiger ist aber, den Mitarbeitern auch einen inhaltlichen Rahmen für ihre tägliche Arbeit zu geben. Deswegen haben wir unseren Social-Media-Leitfaden als internes Wiki aufgebaut und liefern zusätzlich zur Netiquette aktuelle Tipps und Tricks rund um Facebook und Co., Reporting-Strukturen, zentrale Kontakte, einen Hinweis auf die rechtlichen Gegebenheiten und Best- sowie Worst-Case-Materialien. Unser Anspruch ist Professionalisierung von Social-Media-Kommunikation, und dem wollen wir in allen Bereichen gerecht werden.

Social-Media-Verteiler, Social Advisories und jede Menge Trainings

Unter die Kategorie »Internal Enablement« fällt eine Reihe von Projekten. Wir haben einen E-Mail-Verteiler aufgesetzt, den alle Mitarbeiter, die für Microsoft Social-Media-Kanäle betreuen, abonnieren müssen. Das sind aktuell mehr als 240 Personen. Über diesen Verteiler kommunizieren wir aktuelle Neuigkeiten, wichtige Änderungen und unsere Weiterbildungsangebote. Ein gut funktionierendes Format sind die *Social Advisories:* standardisierte E-Mails, die den Kollegen entweder das Weiterverbreiten von Aktionen erleichtern (»Please Share« in Grün) oder ihnen ganz klar die nach außen zu vertretende Haltung zu einem heiklen Thema vermitteln (»Do not comment« in Rot). Die Kollegen aus den einzelnen Bereichen füllen einfach das Formular mit Tweet- und Facebook-Vorlagen aus, ich als Social-Media-Manager überprüfe noch einmal auf Social-Media-Tauglichkeit und verschicke dann koordiniert mit der PR-Abteilung den Aufruf an den Verteiler. Die Rückmeldung der Kollegen zu diesem Format sind äußerst positiv: Sie werden proaktiv zu Themen informiert, die für die Firma wichtig sind, und können diese dann auf ihren eigenen Kanälen integrieren. Noch dankbarer sind die Kollegen bei den »roten« Advisories, weil sie hier nicht Gefahr laufen, etwas Falsches im Netz zu veröffentlichen.

Natürlich gehören zum Bereich »Internal Enablement« auch Trainings und Weiterbildungen. Wir bieten zwei Formate regelmäßig an. Zum einen wöchentliche Trainings exklusiv für das PR-Team, da die Pressesprecher das Wissen in ihre diversen Projekte integrieren und so an weitere Kollegen vermitteln sollen. Zum anderen gibt es monatliche »Social Media Learning Opportunities«, die offen für alle Kollegen sind. Auch hier wird der Social-Media-Grundgedanke weitergeführt: Bei den Treffen präsentieren jeweils Kollegen für Kollegen – und nicht immer sind das nur die ausgewiesenen Social-Media-Experten. Themen, die in diesen Veranstaltungen behandelt werden, sind zum Beispiel »Die neue Facebook Timeline«, »Social Media ROI«, »Social Redaktionsmanagement« und »Kritik- und Krisenmanagement im Social Web« – und die Veranstaltungen werden in der Regel gut besucht und positiv bewertet.

Unser Universum und der ROI

Inzwischen gibt es bei Microsoft in Deutschland eine ganze Reihe an erfolgreichen Social-Media-Kanälen. Es gibt Kanäle zu Produkten, zu Initiativen, für bestimmte Zielgruppen oder persönlich gehaltene Kanäle, die jedoch auch Microsoft-Themen behandeln. Um hier Zahlen ins Spiel zu bringen: Es gibt rund dreißig offizielle Facebook-Seiten, mit denen wir mehr als eine Million Fans erreichen, acht YouTube-Kanäle mit rund 2 Millionen Video-Views pro Quartal, rund 50 Blogs und genau so viele Accounts und Gruppen auf Twitter, Flickr, LinkedIn, Xing etc. Alles in allem haben wir mehr als 130 Social-Media-Präsenzen. Eines haben alle unsere Kanäle gemeinsam: Unsere Mitarbeiter treten hier als unsere Botschafter auf und sind persönlich ansprechbar. Wir nutzen unsere Social-Media-Kanäle primär, um nachhaltige Kommunikationswege mit unseren Zielgruppen und eine Gemeinschaft rund um das jeweilige Thema aufzubauen. Inhaltlich geprägt werden diese Kanäle natürlich zu einem großen Teil von Kampagnen, die zusätzlich zu den traditionellen Marketingbausteinen (wie Kampagnen-Websites oder Bannerwerbung) nun auch verstärkt auf Social-Media-Plattformen stattfinden. Doch auch, wenn wir wissen, dass Erfolg in Social Media mit Vertrauen zu tun hat und oftmals eher über das etwas schwammige »Return on Engagement« gesprochen wird, steht die Frage nach dem tatsächlichen Return on Investment im Raum. Zu Recht.

Um Social Media wirklich zu professionalisieren und es als gleichwertige Kommunikationsdisziplin neben Owned und Paid Media zu etablieren, muss es sich mit diesen beiden Bereichen vergleichen lassen. Deswegen haben wir für die Erfolgsmessung von Social-Media-Kommunikation die bestehenden Marketing-ROI-Kriterien adaptiert und uns im Social Media Council auf die drei Zielkategorien »Exposure – Reichweite«, »Engagement – Interaktion« und »Conversion – Umsetzung« geeinigt. Alle unsere Kommunikationsaktivitäten verfolgen eines dieser Ziele. Dabei ist das Ziel »Conversion« für jedes Projekt unterschiedlich: mal sind Downloads das gewünschte Ergebnis einer Aktion, mal ist es die Neukundengewinnung. Deshalb kann man Conversion schlecht zentral und automatisiert abbilden. Für die beiden anderen Kategorien funktioniert dies aber sehr gut.

◄ **Abbildung 2-3**
Microsoft Deutschland
»Social Media Universum«

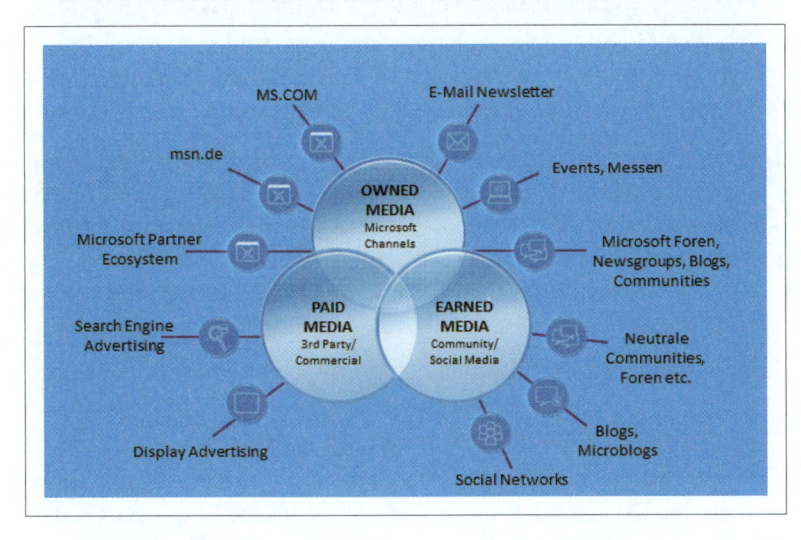

◄ **Abbildung 2-4**
Digital Marketing-2.0-Modell

In einem eigens gebauten Social Dashboard beziehen – wir nach Exposure und Engagement aufgeteilt – die Daten der einzelnen Facebook-, YouTube- sowie in Teilen der Twitter-Kanäle. Durch die zentrale, einfache und standardisierte Übersicht können wir unsere Kommunikationsaktivitäten auf den einzelnen Kanälen optimieren. Durch den Vergleich dieser Zahlen mit traditionellen Marketingkampagnen können wir herausfinden, wie wir künftig am sinnvollsten unsere Gelder investieren sollten. Wir wissen also, wie viel uns zum Beispiel ein Like oder ein Kommentar auf Facebook kostet im Vergleich zu den Kosten für einen Klick auf ein Online-Banner und wie viel wir für eine bestimmte Reichweite auf Facebook und mit traditionellen Marketingmaßnahmen ausgeben müssen.

Den tatsächlichen Return on Investment, also welchen Betrag Social Media konkret zum Umsatz beiträgt, können wir aktuell noch nicht zufriedenstellend beziffern. Wir testen momentan allerdings Social-Commerce-Modelle, um uns dem Thema anzunähern.

Social Media ist bei Microsoft Deutschland nicht mehr wegzudenken – sei es in der internen Zusammenarbeit, in der Kommunikation, im Marketing oder im Kundensupport. Wir haben wichtige Schritte unternommen, um diese Veränderungen fest im Unternehmen zu verankern. Um hier erfolgreich zu sein, muss vor allem die Unternehmenskultur »stimmen«.

Was würden wir heute anders machen?

Wir haben heute ein für uns gut funktionierendes Social-Governance-Modell. Aber der Weg dahin war nicht immer einfach, und wir haben eine Menge gelernt.

Das wichtigste Learning: Die Technologie ist das eine – ihre dauerhafte und gewinnbringende Nutzung nochmal etwas ganz anderes. Und um das hinzubekommen braucht es, wie bei der Einführung von anderen Neuheiten auch, klare Strukturen und Prozesse. Die Zauberwörter heißen hier im Englischen »Enablement« und »Comparability«.

Enablement: Es den Mitarbeitern so einfach wie möglich machen, die neuen Kommunikationskanäle zu nutzen und sie kontinuierlich zur Nutzung motivieren.

Comparability: Diese neue Art der Kommunikation via Social Media von Anfang an genauso professionell anzugehen und dadurch vergleichbar zu machen, wie das bei den bereits bestehenden Kommunikationsdisziplinen PR und Marketing der Fall ist.

Wir merkten außerdem schnell, dass Social Media sich nicht nur auf die klassischen Kommunikationsfunktionen innerhalb des Unternehmens beschränkt, sondern alle Bereiche betrifft. Deswegen haben wir das Social Media Council für alle Unternehmensbereiche geöffnet und treffen heute Entscheidungen rund um Social Media, die wirklich von allen Perspektiven beleuchtet und von allen Bereichen getragen werden.

Zur Autorin

Annabelle Atchison ist Social-Media-Manager der Microsoft Deutschland GmbH. Nach dem Bachelor in Kommunikationswissenschaft an der Ludwig-Maximilians-Universität München kam sie 2009 zu Microsoft Deutschland, wo sie im Public-Relations-Team für den Aufbau und die Betreuung der Social-Media-Aktivitäten zuständig war (Strategie, Struktur, Umsetzung). Seit 2010 leitet sie als Social-Media-Managerin den Bereich in allen Facetten. Sie ist aktives Mitglied in verschiedenen Arbeitskreisen und Komitees, zum Beispiel im BITKOM-Arbeitskreis »Social Media« oder im Social Media Excellence Circle. Zudem ist Atchison Jury-Mitglied bei den European Digital Communications Awards.

Über die Microsoft Deutschland GmbH

Die Microsoft Deutschland GmbH ist die zweitgrößte Auslandstochter der Microsoft Corporation. Sie ist für Marketing der Produkte und für Kunden- und Partnerbetreuung in Deutschland zuständig und kooperiert dazu mit rund 37.000 lokalen Partnerunternehmen. Neben der Zentrale in Unterschleißheim bei München ist die Microsoft Deutschland GmbH bundesweit mit sechs Geschäftsstellen vertreten. Darüber hinaus wurde im Mai 2003 mit den Advanced Technology Labs (ATL) Europe (ehemals »European Microsoft Innovation Center« (EMIC)) ein Labor für angewandte Industrieforschung in Aachen eröffnet.

Digitale Kommunikation im Traditionsunternehmen verankern

In diesem Kapitel:
- Aller Anfang ist anders
- Vorweg: Was heißt hier eigentlich »Social-Media-Strategie«?
- Hintergrund: Ausgangslage bei Tchibo 2007
- Die wichtigsten Schritte zur Strategie
- Learnings: Was würden wir heute anders machen?

Von Malina Kruse-Wiegand
Tchibo

Zusammenfassung: Ich berichte, wie wir den Boden für den erfolgreichen Start ins Social Web bereitet haben. Was waren die wichtigsten Schritte zur Implementierung einer übergreifenden Strategie? Welche internen Stakeholder wurden wie und warum eingebunden? Was war wichtig für die Überzeugungsarbeit? Und was würde ich aus heutiger Sicht anders machen? Antworten auf diese Fragen finden Sie in meinem Beitrag.

Website: *www.tchibo.de*

Disclaimer: Dieser Beitrag spiegelt die persönliche Meinung und die persönlichen Eindrücke von Malina Kruse-Wiegand wider. Diese entsprechen nicht unbedingt in allen Punkten den Positionen der Tchibo GmbH.

Aller Anfang ist anders

Tchibo war zunächst kein First Mover in Sachen Social Media. Heute, im Sommer 2013, bedient das Unternehmen den Großteil der bekannten Social-Media-Plattformen (siehe die Übersicht am Ende dieses Kapitels). Es gibt ein eigenes Team, das sich um das digitale Marketing kümmert, und darüber hinaus Social-Media-Verantwortliche in vielen Fachbereichen (u. a. Personal, Corporate Communications). Die Aktivitäten werden weitgehend integriert und vernetzt geplant und sind fest in der Kommunikationsstrategie des Unternehmens verankert.

Wer tiefer einsteigen will: Über den Unternehmens-Blog und wie wir ihn für die Kontaktpflege zu Bloggern einsetzen, berichtet später noch meine Kollegin Sandra Coy in Teil 2 dieses Buches.

Abbildung 3-1 ▶
Die Tchibo-Facebook-Seite im Sommer 2013

Vorweg: Was heißt hier eigentlich »Social-Media-Strategie«?

Da im Marketing und im Kommunikationsbereich inflationär und oft wenig spezifisch mit dem Begriff »Strategie« umgegangen wird, erläutere ich hier noch einmal ihre wichtigsten Eigenschaften (siehe u.a. *http://de.wikipedia.org/wiki/Marketingstrategie*, siehe auch: Marie-Christine Schindler & Tapio Liller (2012): *PR im Web 2.0*, S. 32.). Diese sehr praxisorientierte Definition liegt auch meinem Kapitel zugrunde.

Eine Marketing-Strategie (der sich die Social-Media-Strategie unterordnet),

- ist langfristig ausgerichtet, kann dabei kurz- und mittelfristige Teil-Ziele enthalten.
- beschreibt ein planvolles Vorgehen zur Erreichung von (klar definierten) Zielen.
- Strategien erfordern für ihre erfolgreiche Umsetzung die Formulierung von Maßnahmeplänen.
- Der Erfolg dieser Maßnahmen ist überprüfbar (z.B. über vorher festgelegte KPIs).
- Eine Strategie ist ein »Prozess«, kann also sich verändernden Bedingungen angepasst werden.

Hintergrund: Ausgangslage bei Tchibo 2007

Tchibo ist ein Pionier in Sachen Internet. Als der Online-Shop *www.tchibo.de* 2001 an den Start ging, gehörte das Unternehmen zu den ersten deutschen Händlern, die den erfolgreichen Schritt ins Web machten.

Im Frühjahr 2007 kam ich zu Tchibo als Projektmanagerin in die Pressabteilung. Das Unternehmen war zu diesem Zeitpunkt bereits im Bereich Social Media aufgefallen. Über die Ideenplattform *www.tchibo-ideas.de* experimentierte das Unternehmen mit »Crowdsourcing« (für viele die Social-Media-Königsklasse). Allerdings geschah das als isoliertes Projekt. Das Unternehmen war noch nicht bei Twitter aktiv, hatte keinen eigenen Unternehmensblog und wagte noch keine ersten Schritte in das damals gerade erst aufsteigende Netzwerk Facebook.

> **Was ist Crowdsourcing?**
>
> Crowdsourcing bezeichnet die Auslagerung traditionell interner Teilaufgaben an eine Gruppe freiwilliger Außenstehender, z.B. über das Internet. Diese Bezeichnung ist an den Begriff *Outsourcing* angelehnt, die Auslagerung von Unternehmensaufgaben und -strukturen an Dritte *(frei zitiert nach Wikipedia 2013).*

Herausforderung: Bedenken gegenüber dem Web 2.0

Einzelne Abteilungen hatten den Auftrag vom Management erhalten, sich mit Web-2.0-Tools oder -Technologien, wie z.B. »Blog«, »Kommentarfunktionen« oder »Produktbewertungen«, zu beschäftigen. Allerdings gab es keine übergreifende, langfristig ausgerichtete Bestrebung oder Briefings für die Konzeption einer unternehmensweiten Social-Media-Strategie. Die Gründe kennt sicherlich der ein oder andere Leser aus der eigenen Organisation:

Öffentlicher Diskurs: generelle Skepsis gegenüber neuen Medien – auch im Hinblick auf den damals gerade wieder sinkenden Stern des Netzwerks Second Life

Praktisch: Bedenken bzgl. möglicher Social Storms auf den eigenen Plattformen. (In Anlehnung an die Kollegen von Jack Wolfskin – siehe Teil 2 dieses Buches – bezeichne ich diese nicht als »Shitstorms«.) Darüber hinaus war der personelle und finanzielle Aufwand für das Betreiben der Plattformen schwer abschätzbar.

Kulturell: eine in der Tchibo-Unternehmems-DNA verankerte kaufmännische Zurückhaltung in der Unternehmenskommunikation

Organisatorisch: keine einfache klare Zuweisung der Kompetenzen für Social Media in der Organisation möglich. (Hier denke ich immer gern an ein Zitat meines damaligen Chefs Arnd Liedtke: »Social Media hält sich eben nicht an Abteilungsgrenzen.«)

Meine Überzeugung war, dass trotz aller berechtigten Bedenken die Vorteile des Schritts in die sozialen Medien überwiegen. Ich stieß dabei beim Director Corporate Communications Arnd Liedtke auf offene Ohren.

Zielsetzung: Alle an einem Strang

War ich die Einzige im Unternehmen, die 2007 versuchte, die Vorgesetzten von den Vorteilen des Schritts ins Social Web zu bewegen? Natürlich nicht.

Entscheidend war: Auch vom Senior Management und inhaberseitig wurde parallel das Thema mit hoher Priorität auf die Agenda der Kommunikationsbereiche gesetzt.

Darüber hinaus gab es an verschiedenen Stellen (insbesondere im E-Commerce und Marketing) Ideen, meist getrieben von Mitarbeitern vom unteren und mittleren Management. Übrigens: Mit vielen von ihnen arbeite ich jetzt zusammen im Digital Marketing.

Die Herausforderung war es also, die Aktivitäten zu bündeln und eine allgemeine, übergreifende Strategie für den Umgang mit und den Weg von Tchibo ins Social Web zu formulieren und mit entsprechenden Maßnahmen zu hinterlegen. Dabei mussten im Vorfeld die organisatorischen, kulturellen und vor allem praktischen Probleme gelöst werden, um möglichst alle wichtigen Stakeholder im Unternehmen einzubinden.

Die wichtigsten Schritte zur Strategie

Der Weg von der ersten Idee bis hin zum Launch der ersten Plattformen hat dann ein gutes Jahr in Anspruch genommen.

Tipp Ich empfehle allen, die im Prozess der Strategie-Findung sind, eine möglichst klare Definition für die zu entwickelnde Strategie heranzuziehen und von Anfang an zu kommunzieren. Nur dann kann gegenüber dem Management klar platziert werden, welche Erwartungen in das Projekt gesetzt werden können und was der »Output« (zum Beispiel ein Maßnahmenplan oder Guidelines) der Strategie ist.

1. Finden Sie Ihre Mitstreiter

Als Erstes geht es darum, Mitarbeiter und bereits bestehende Ideen an einen Tisch zu bringen. Gerade bei innovativen – und damit strittigen – Themen ist es wichtig, möglichst viele Kollegen »auf seiner Seite« zu haben. Diese Mitstreiter haben wir bei Tchibo vor allem darüber gefunden, dass wir jedem, der es hören wollte (oder auch nicht), von unseren Ideen zu Social Media und Tchibo erzählt haben: in Meetings, beim Plausch in der Kaffee-Ecke, als kleine Randnotiz in E-Mails.

Die erste, wichtigste Allianz bildeten wir mit dem Bereich Business Developement – aus dem auch später das Digital Marketing hervorging.

Davon ausgehend haben wir weitere Mitstreiter gesucht und gefunden. Hier sind einige Tipps für die erfolgreiche Rekrutierung – sofern es bei Ihnen noch keinen Social-Media-Manager gibt oder Sie Unterstützung aus anderen Abteilungen benötigen:

- Mitstreiter sind selbst interessiert an neuen Medien und sehr aktiv im Social Web. Wir sind z. B. auf einen Kollegen gestoßen, der privat einen der weltweit erfolgreichsten Skateboard-Blogs hat. Von ihm konnten wir viel lernen.
- Mitstreiter zeichnen sich z. B. im Intranet dadurch aus, dass sie viel kommentieren oder sogar eigene Beiträge schreiben.
- Mitstreiter sind motiviert, können mit Rückschlägen umgehen und haben »einen langen Atem«.
- Besonders wichtig: Mitstreiter haben die Kapazitäten und das Verständnis ihrer Vorgesetzten für das Thema. Auch wenn gerade viele Berater immer betonen, dass Social Media am Anfang halt mehr »Ressourcen« nötig mache – es sich nach einiger Zeit aber einpendeln würde. In der Praxis hilft es jedoch nicht, wenn die Mitarbeiter dafür andere Projekte vernachlässigen oder sich aufreiben. Denn zunächst ist Social Media nur eine Spielwiese – wenn dadurch fürs Kerngeschäft wichtige Projekte vernachlässigt werden, zieht man eher die Missgunst des Managements auf sich.

Tipp Nutzen Sie Ihre Mitarbeitermedien, um Interessierte zu finden. Ein Aufruf im internen Newsletter oder Intranet macht häufig auf verborgene Talente aufmerksam.

Nachdem alle an Bord waren, haben wir eine Projektgruppe gegründet, in der sich Mitarbeiter aus den Bereichen Corporate Communications, E-Commerce, Marketing und Personal dem Thema widmeten – später auch die Rechts- und IT-Abteilung.

2. Überzeugen Sie Ihre Stakeholder

Als Nächstes wurden die wichtigsten Entscheider eingebunden.

Hierfür wurde zunächst ein Social Media Monitoring aufgesetzt und ein wöchentlicher bzw. monatlicher Report an die Kollegen verschickt.

Tipp Auf der an Wikipedia angelehnten Seite von *www.medienbewachen.de* finden Sie eine stets aktuelle Übersicht von (kostenpflichtigen) Monitoring Tools.[1]

Da über Tchibo aufgrund der vielfältigen Produkte und Themen sehr viel im Netz gesprochen wird, konnten wir schnell verdeutlichen, wie relevant das Thema ist und wie wichtig es ist, in die Diskussion einzusteigen. Wir haben hierfür zusammen mit einem Monitoring-Dienstleister ein umfassendes Screening aufgesetzt. In kleineren Unternehmen oder bei spitzeren Zielgruppen kann es ausreichen, zunächst einfach selbst 1–2 Tage in eine gezielte Recherche zu stecken.

Monitoring selbstgemacht

Wie wird über meine Marke / mein Produkt im Web gesprochen? Die folgenden Tools helfen – neben den relevanten Suchmaschinen – bei der Recherche und liefern schnell plakative Ergebnisse.

Was sind meine Schlagworte? Vor der Recherche sollen Sie einmal definieren, was neben Marken- oder Produktname relevante Begriffe sind, wie z. B. Kaffee, Coffee Bar. Denken Sie auch an falsche Schreibweisen des Unternehmensnamens (zum Beispiel Tschibo).

- *Twitter: twitter.com/search.* Hier finden Sie heraus, ob brandaktuell – quasi in dieser Minute – über Ihre Schlagworte gesprochen wird und ob andererseits wichtige Kontakte (z.B. Journalisten/Blogger) den Microblog-Dienst nutzen.

- *Blogsuchmaschinen:* Google Blogsearch, Twingly, Icerocket (bietet auch den Search innerhalb von Twitter und Facebook an). Die besten Erfahrungen habe ich hier mit dem Google-Dienst gemacht. Vollständige Ergebnisse bietet meiner Meinung nach leider keiner der Dienste.

- *Foren:* Für einen ersten Check kann es reichen, zunächst *gutefrage.net* oder *werweiss-was.de* nach relevanten Schlagworten zu durchsuchen.

- *Facebook, Google+ und Co:* Die Netzwerke bieten eine interne Suche an. Bei Facebook sind die Ergebnisse oft sehr vereinzelt, da ich nur die Inhalte von Nutzern finde, die ihre Privatssphäre-Einstellungen nicht gepflegt haben. Dennoch stößt man hier immer wieder auf aussagekräftige Dialoge.

Unseren ersten Ansatz für eine Social-Media-Strategie präsentierten wir dann vor einem Gremium aus den Bereichsleitern der Bereiche Corporate Communications, Corporate Responsibility, Marketing und E-Commerce/IT.

---

1 Siehe auch: Liller, Schindler (2012): PR im Social Web, S. 143f.

Kern für die Implementierung war dabei ein 3-stufiges Vorgehen:

1. Zuhören
2. Reagieren/mitreden
3. Aktivieren

Tabelle 3-1 ▶
3-stufiges Vorgehen für den Social-Media-Start

Handlungsfeld	Leitfragen
Zuhören	Evaluation: Was wird über die Marke bereits gesprochen? Welche Handlungsfelder ergeben sich?
Reagieren	Auf welchen Plattformen wird bereits über meine Marke gesprochen? Wo tummeln sich wichtige Multiplikatoren? Wo kann ich mit wenig Aufwand in den Dialog einsteigen?
Aktivieren	Mit welchen Gruppen will ich proaktiv kommunizieren? Welche Kanäle brauche ich dafür? Wie will ich aktivieren?

Diese inhaltlichen Argumente haben dann die oben genannten Bedenken ausgeräumt:

Öffentlicher Diskurs: Die große mediale Aufmerksamkeit für Facebook, Twitter und Co 2009/2010 spielte uns in die Karten. Die Notwendigkeit einer Beschäftigung mit dem Thema stand daher nicht mehr infrage. Aktuelle Debatten (2013) zeigen ein eher nüchternes Bild von den »Erfolgen«, die mit Social Media erzielt werden können. Umso wichtiger ist es für alle, die jetzt loslegen oder ihr Engagement im Social Web überdenken, pragmatisch vorzugehen und von Anfang an KPIs zu definieren.

Praktisch: Alle Prozesse für die Beantwortung von Kunden-Fragen wurden von uns genau definiert. Dabei haben wir auf gelernte Abläufe (u. a. mit dem Kundenservice) gesetzt. Dies bot uns Sicherheit und wappnete für den Krisenfall.

Kulturell: Dass wir die Marke Tchibo nicht »verbiegen« mussten und uns selbst treu bleiben konnten, war ein zentraler Punkt in unserer Herleitung. Wir haben keinen »First-Mover«-Ansatz präsentiert, sondern einen schrittweisen Einstieg mit Augenmaß.

Überzeugt hat außerdem ein Rückblick in die Unternehmensgeschichte. Tchibo hat über Facebook, Blog und Co die Möglichkeit, die Tradition als sehr nahbares Unternehmen fortzuführen. In den 50er-Jahren hatte schon Gründer Max Herz persönlich Briefe an Kunden geschrieben, in denen er z.B. die Entwicklung des Kaffeepreises erklärte. Genau das führen wir jetzt – zum Beispiel im Tchibo Blog – fort.

Organisatorisch: Wir haben bereits zu Beginn die Hauptverantwortlichkeiten entlang der Kanäle festgelegt (z. B. Corporate Communications für Blog und Twitter, Personal für Xing, Digital Marketing für Facebok, YouTube etc.). Hier waren wir uns relativ schnell einig, da wir mit Blog und Twitter vor allem Blogger, Journalisten und andere Multiplikatoren erreichen wollten – was bei uns eine Aufgabe der Presseabteilung ist. Facebook und YouTube wollten wir hingegen für die Endkundenkommunikation einsetzen, und konnten sie somit im Marketing mit Schnittstelle zum Kundenservice verorten.

Außerdem gab es bereits während der Konzeptionsphase einen wöchentlichen Jour fixe mit allen beteiligten Mitarbeitern aus den entsprechenden Abteilungen. Dieser war für uns wichtig, um sicherzustellen, dass keine Arbeit doppelt geleistet wird, und um uns gegenseitig über unsere Arbeitsstände zu informieren. Darüber hinaus stimmten wir uns hier über übergreifende, nicht kanal-spezifische Themen wie Guidelines oder Monitoring ab.

Und: Wir haben alle (Abstimmungs-)Prozesse einmal dezidiert beschrieben, um auch an dieser Stelle Sicherheit zu schaffen.

3. Vernetzen Sie sich

Ob (neue) Agentur, Berater, Kollegen aus anderen Organisationen – wie auch von vielen Mit-Autoren beschrieben war die Vernetzung über die Unternehmensgrenzen hinaus meiner Ansicht nach mitentscheidend für unseren Erfolg. Durch den Austausch im Vorfeld haben wir viel gelernt, Fehler anderer vermieden, wichtige Multiplikatoren kennengelernt und uns insbesondere ein Netzwerk aufgebaut, in dem wir uns noch heute offen und ehrlich austauschen können.

Gute Erfahrungen habe ich oder haben Kollegen gemacht mit:

Social Media Excellence Initiative: Dient zum Austausch von Unternehmensvertretern aus Marketing und PR. (*www.social-media-excellence.de*)

Communication Tank: Dient zum Austausch über (Corporate) Online-Themen, bei unregelmäßigen Treffen und online in der entsprechenden Facebook-Gruppe. (Ansprechpartnerin für die Aufnahme in die Zirkel ist Christina Jakob von der Agentur OmaPR: *christina.jakob@oma-pr.de*).

Social Media Women (vor allem bei Facebook organisiert): Die Community beantwortet schnell vor allem praktische Fragen, z. B. zu neuen Funktionalitäten auf Facebook, Google+ oder Pinterest (siehe hierzu auch den Beitrag von Anja Beckmann, Kapitel 30)

Barcamps: Teilnahme an Barcamps (siehe hierzu auch den Beitrag meiner Kollegin Vivian Pein, Kapitel 27)

re:publica & Co: Der Klassiker unter den Social-Media-Veranstaltung ist die re:publica, die alljährlich im Frühjahr in Berlin stattfindet. Die Qualität der Vorträge variiert, die Stimmung und das Publikum sind dafür immer interessant.

4. Schreiben Sie Ihre Detail-Strategie

»Macht da doch mal was auf Facebook!« Jedem, der mit dieser Aussage konfrontiert ist, empfehle ich, zunächst ein »Warum?« zurückzuschicken. Diese Frage immer zu stellen, mussten auch wir uns von Anfang an »antrainieren«. Geholfen hat, im Rahmen der Strategiebildung Zielgruppen, Kanäle und Zielsetzung zu definieren.

Entlang folgender Leitfragen haben wir die Eckpunkte der Tchibo-Strategie festgezurrt:

- Was sind die mittel- und langfristigen Unternehmensziele?
- Und wie wollen wir diese (oder einige davon) durch unsere Kommunikationsaktivitäten unterstützen? (Dies impliziert dann auch schon die Frage nach den Zielgruppen.)
- Was passt kulturell zu uns als Unternehmen (siehe oben)?
- Welche KPIs wollen wir nutzen, um den Erfolg der Aktivitäten zu messen?
- Welche Rolle nehmen die Social-Media-Plattformen in unserer übergreifenden Kommunikationsstrategie ein?

Aus den oben genannten Fragen lassen sich folgende strategische Eckdaten ableiten:

- *Welche Kanäle und Plattformen werden mit welcher Zielsetzung eingesetzt?*

Beispiele:

Mit dem Tchibo Blog wollen wir vor allem Multiplikatoren und andere Interessierte erreichen, mit dem Ziel, Aufmerksamkeit für das Unternehmen zu schaffen und Hintergrundinformationen zu bieten. Gemessen wird dies an den Visits auf dem Blog, der Interaktionsrate (Kommentare) sowie an der Vernetzung mit anderen Blogs (externe Links).

Auf Facebook wollen wir mit Fans und Kunden in den Dialog treten, unsere Marketing-Kampagnen verlängern und auf Angebote im Online-Shop verweisen. Wie gut uns dies gelingt, messen wir u. a. an der Interaktionsrate (wie viel Prozent unserer Fans reagieren auf Posts von uns mit *Like*, *Comment* oder *Share*?), an dem Fanzuwachs, aber auch am Traffic, der von der Plattform auf den Online-Shop weitergeleitet wird.

- *Welche Trends/Plattformen sind für uns von Bedeutung?*

Beispiel: Ich muss gestehen, dass in unserem ersten Strategiepapier Facebook quasi noch nicht vorkam (zu klein, zu spitze Zielgruppe). Es war trotzdem gut, dass wir das Netzwerk beobachtet haben und hier schnell »nachlegen« konnten. Jetzt ist es mit mehr als 500.000 Fans, die rege diskutieren, unsere zentrale Plattform für den Kundendialog.

- *Wie organisieren wir uns, und welche Schnittstellen brauchen wir?*

Beispiel: Bei Tchibo haben wir die Kanäle immer Abteilungen zugeordnet. Hier sind die Grenzen jedoch fließend. Unsere Facebook-Redaktion ist z. B. im Marketing, da wir in dem Netzwerk Markenkommunikation betreiben und unsere Fans vor allem über unsere vielfältigen Themenwelten und Produkte informieren. Dennoch bekommen wir hier natürlich Service-Anfragen, die wir auch beantworten. Eine Schnittstelle zum Kundenservice ist daher unerlässlich.

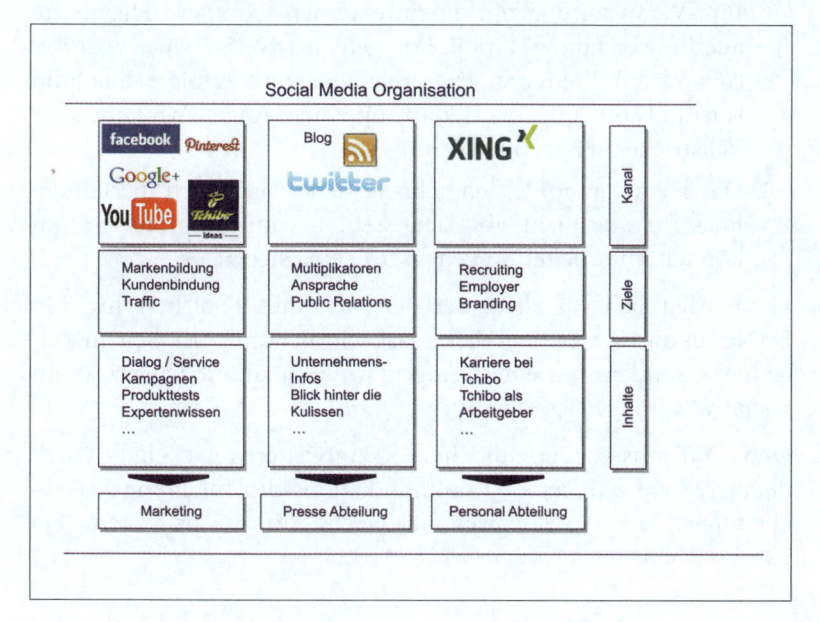

◀ **Abbildung 3-2**
Interne Organisation der Tchibo-Kanäle

5. Binden Sie Ihre Mitarbeiter ein

Die Strategie wurde abgesegnet – jetzt konnte es losgehen. Fast hätten wir unsere wichtigsten Markenbotschafter und Tchibo Kulturgestalter, die Mitarbeiter, nicht eingebunden. Was sehr schade gewesen wäre, denn die Kollegen waren die allerersten Fans und sind heute zum Beispiel begeisterte Blog-Leser.

Noch vor dem Launch haben wir daher unsere Kollegen über den geplanten »Go live« aufgeklärt, um sie für unser Projekt zu begeistern.

Zusätzlich war es wichtig, sie für mögliche Gefahren und Chancen im Social Web zu sensibilisieren. Natürlich geschah dies in Rücksprache mit dem Betriebsrat und der Personalabteilung. Dafür haben wir einen Stufenplan entwickelt:

1. Die Basis bildet unser bereits vorliegender »Code of Conduct«, der bekannt und für alle Mitarbeiter ohnehin verpflichtend ist. Hier ist z.B. geregelt, wie mit Unternehmensinterna umgegangen wird und was Betriebsgeheimnisse sind (was natürlich auch online z.B. in Diskussionsforen gilt).
2. Darüber hinaus geben schriftliche Kommunikationsregeln und Q&As eine Orientierungshilfe.
3. Um zusätzlich für das Thema zu sensibilisieren, gab es eine Info-Veranstaltung mit einem externen Experten. Hier hatte auch unser Film »Herr Bohne geht ins Netz« (*www.youtube.com/tchibo*) Premiere. Dieser auch extern erfolgreiche Film (mehr als 60.000 Views) klärt mit einem Augenzwinkern über Fallstricke im Social Web auf.
4. Das Netz verändert sich schnell, daher sind auch die Guidelines für uns nicht abgeschlossen. In einem Intranet-Forum können Mitarbeiter Fragen zum Thema stellen.

Hierbei hat sich vor allem der Film als gutes Tool bewährt. Ein Erfolgsfaktor ist hier sicherlich, dass wir nicht mit erhobenem Zeigefinger, sondern mit einem Augenzwinkern auf die Fallstricke im Social Web hingewiesen haben.

Und: Wir müssen die Guidelines stetig weiterentwickeln. Aktuell definieren wir z.B. gerade Kommunikationsleitplanken für die Filialleitungen, die jetzt verstärkt auch eigene Auftritte als »Places« bei Facebook einstellen wollen.

◀ **Abbildung 3-3**
Abbildung: Video zu den Social Media Guidelines

Link-Tipp   Hintergründe zu den Guidelines bei Tchibo und unsere internen Q&As finden Sie unter *http://tinyurl.com/bzlcvwu*.

6. Fangen Sie endlich an

Der Strategie-Prozess hat bei Tchibo mit gut 13 Monaten relativ lange gedauert. So lange, dass die ersten Einträge auf unserer Facebook-Wall von den eigenen Mitarbeitern u. a. lauteten: »Endlich sind wir auch da!« (Dies war übrigens direkt eine nette Anekdote im Rahmen der Sensibilisierung für unsere Social Media Guidelines.)

Da auch die beste Strategie immer ein Prozess ist, hier mein Tipp an alle: Habt einen langen Atem, aber – wenn möglich – fangt auch an, wenn noch nicht alles perfekt durchgeplant ist! Denn nur, wer Social Media macht, kann Erfahrungen sammeln und lernen.

Kanal	Fans / Follower/ Abonnenten[a]	Inhalte (Auswahl)
Tchibo Blog	ca. 65.000 Leser pro Monat	Hintergrundwissen rund um Tchibo und Tchibo-Produkte, Karriere bei Tchibo
Facebook	483.639 Fans	Kampagnen, Dialog, Gewinnspiele, Kundenservice, Verlängerung von Blog-Posts

◀ **Tabelle 3-2**
Tchibo Social-Media-Kanäle 2013 im Überblick

Kanal	Fans / Follower/ Abonnenten[a]	Inhalte (Auswahl)
Google+	1820 +	Hintergrundwissen rund um Kaffee, Verweis auf die Tchibo-Themenwelten, Verlängerung von Blogposts
Pinterest	565 Follower	Kampagnen, Tchibo-Bildwelten
YouTube	381 Abonnenten	Kaffeewissen, Karriere bei Tchibo, Produkte u.v.m.
Twitter	3.602 Follower	Verlängerung von Presseinfos, Blogbeiträgen, Videos und Co. Dialog, Kontakt mit Bloggern
Xing	k.A.	Tchibo als Arbeitgeber, Stellen-Anzeigen
Tchibo Ideas	k.A.	Community, Produkttests, Umfragen, Kooperationen

[a] Die Zahlen sind vom 03. Juni 2013.

Abbildung 3-4 ▶
Unsere allerersten Blogposts

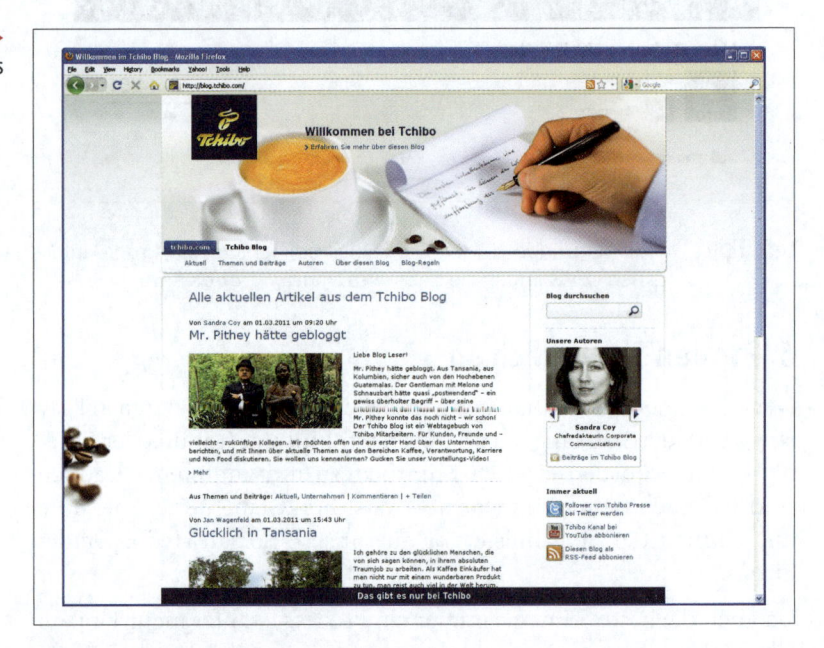

Learnings: Was würden wir heute anders machen?

In den letzten Jahren haben wir Erfahrungen gesammelt und vor allem unendlich viel gelernt.

Social Media macht alles neu und wirft die Kommunikation, wie sie mal war, über den Haufen? Bedingt. Eine wichtige Erkenntnis ist für mich, dass eine Social-Media-Strategie nicht losgelöst von anderen Kommunikationsaktivitäten geplant werden kann. Sie ist meiner Ansicht nach immer als ein Teil der allgemeinen Marketing-Strategie anzugehen. Der Fokus sollte nicht ausschließlich darauf liegen, was Social Media Neues leisten kann, sondern man sollte auch betrachten, wie bestehende Planungen im Marketing, Kundenservice, E-Commerce oder Personal sinnvoll durch den Einsatz ergänzt werden können. In die Strategie-Findung wäre daher miteinzubeziehen:

- Welche Rolle nehmen die sozialen Medien in meinem Media-Mix ein?
- Wie kann bzw. soll Social Media meine Vertriebskanäle ergänzen bzw. unterstützen?
- Welche KPIs (die bereits im Unternehmen eingesetzt werden und gelernt sind) nutze ich, um den Erfolg meiner Maßnahmen zu messen?

Unterschätzt habe ich außerdem, wie wichtig es ist, die richtigen technischen Plattformen zu wählen und die IT von Beginn an in alle Prozesse einzubinden. Ein WordPress-Blog ist schnell aufgesetzt, aber passt die Entscheidung für eine Open-Source-Software zur Unternehmens-IT-Strategie? Und wer leistet Support, wenn das System Fehler aufweist? Mein Appell: Beim ersten Strategie-Meeting sollte eine IT-Kollegin oder ein IT-Kollege mit am Tisch sitzen.

Die vielen Bedenken, die von Kollegen im Rahmen des Strategie-Prozesses geäußert wurden, haben uns nach vorne gebracht. Es hilft dort, wo es möglich ist, auf gelernte Prozesse zurückzugreifen (z. B. vom Kundenservice oder aus der Presseabteilung). Dies schafft Verständnis bei den Kollegen, die häufig zunächst mit Mehrarbeit konfrontiert sind.

Und daher ist am allerwichtigsten: Social Media macht viel Spaß! Es lohnt sich, am Ball zu bleiben – Erfolge kommen manchmal erst nach einigen Monaten.

Zur Autorin

Malina Kruse-Wiegand, Jahrgang 1982, ist Head of Social Media bei der Tchibo GmbH. Bevor sie 2009 in das Unternehmen kam, arbeitete die Kulturwissenschaftlerin (Studium in Bremen und Avignon) drei Jahre in der internationalen PR-Agentur Edelman.

Über Tchibo

Tchibo steht für ein einzigartiges Geschäftsmodell. In acht Ländern betreibt Tchibo mehr als 1.000 Filialen, rund 30.000 Depots im Einzelhandel sowie nationale Online-Shops. Über dieses Multichannel-Vertriebssystem bietet das Unternehmen neben Kaffee und dem Einzelportionssystem Cafissimo die wöchentlich wechselnden Non-Food-Sortimente und Dienstleistungen, wie Reisen, Mobilfunk oder Grüne Energie an. Tchibo erzielte 2012 mit international rund 12.300 Mitarbeitern 3,6 Milliarden Euro Umsatz. Tchibo ist Röstkaffee-Marktführer in Deutschland, Österreich, Polen und Tschechien und gehört zu den führenden E-Commerce Firmen in Europa.

Für seine nachhaltige Geschäftspolitik wurde das 1949 in Hamburg gegründete Familienunternehmen mehrfach ausgezeichnet: 2012 mit dem Preis für Unternehmensethik und dem Umweltpreis Logistik sowie 2013 mit dem CSR-Preis der Bundesregierung.

Social Media international – von lokaler Markterprobung zum globalen Roll-Out

In diesem Kapitel:
- Erste Schritte ins Social Web: Kundenbewertungen
- Strategie: Communities, Commerce, Content
- Es bleibt spannend!

Von Susanne Liedtke
bonprix

Zusammenfassung: Wie baut man die Social-Media-Aktivitäten eines international agierenden Modehändlers auf? Wonach priorisiert man Länder, Kanäle und Maßnahmen? Wie stellt man den Betrieb sicher? Und was sind nach 2,5 Jahren internationalem Social-Media-Management die größten Learnings? Antworten auf diese Fragen finden Sie in diesem Kapitel.

Erste Schritte ins Social Web: Kundenbewertungen

bonprix hat Ende 2010 mit der Umsetzung der Social-Media-Strategie begonnen. Lange zuvor – nämlich 2006 – wurden allerdings bereits erste Erfahrungen mit Social Media gemacht. Nur hatte man das damals noch nicht so genannt. Damals wurde die Möglichkeit eingeführt, dass Kunden die Produkte im Onlineshop bewerten konnten. Die Kundenbewertungen wurden über die Jahre nicht nur international ausgerollt, sondern auch immer weiter differenziert. Heute erreichen bonprix jeden Monat Kundenbewertungen im sechsstelligen Bereich. Sie sind für einen E-Commerce-Händler eine der stärksten Möglichkeiten, Social Commerce zum gegenseitigen Nutzen von Kunden und Unternehmen zu betreiben. Die Einführung des öffentlich sichtbaren Rückkanals hat auch bedeutet, dass sich die Organisation damit vertraut machen konnte, nicht alles, was über sie gesprochen wird, kontrollieren zu können. Negative Bewertungen wurden und werden ja ebenso veröffentlicht wie die überwiegend positiven Bewertungen. Außerdem wird bei den kritischen Bewertungen eine Stellungnahme der verantwortlichen Einkäufer veröffentlicht. Diese positiven Erfahrungen mit öffentlich sichtbaren Kundeninteraktionen bildeten eine gute Grundlage, um Ende 2010 die Social-Media-Aktivitäten zu starten. Der Formulierung der Social-Media-Strategie ging eine Phase des Zuhörens voraus: Wer spricht wo wie über unsere Marke oder unsere Wettbewerber? Wo halten sich unsere überwiegend weiblichen Kunden im Social Web auf? Welche Kommunikationsregeln gelten im Social Web? Welche Unterschiede hinsichtlich der Affinität zu Social Media gibt es in unseren – überwiegend europäischen – Märkten?

Strategie: Communities, Commerce, Content

Bei der Formulierung der Social-Media-Strategie haben wir uns dann auf drei strategische Handlungsfelder konzentriert: Communities, Commerce, Content. Das bedeutete erstens, dass wir dort präsent sein wollten, wo unsere Kundinnen sich bereits aufhielten (Communities).

Wir wollten unseren Webshop mit einem »Social Layer« versehen, der uns zusätzliche Möglichkeiten der Personalisierung als Mehrwert für unsere Kunden geben sollte (Commerce).

Außerdem haben wir die zunehmende Bedeutung von relevantem Content auf unseren eigenen Seiten, aber auch auf externen Seiten für uns als Modehändler erkannt und wollen diesen für die Kunden erschließen (Content).

Alle drei Handlungsfelder gleichzeitig zu bestreiten, wäre jedoch ohne Hinzunahme vieler externer Ressourcen nicht machbar gewesen und hätte ggf. die Organisation überfordert. Von daher haben wir uns Ende 2010 zunächst auf das Erschließen der Communities fokussiert. Unsere Kundinnen waren ja bereits lange vor uns im Social Web unterwegs, am meisten auf *Facebook*. Nur in Russland und der Ukraine war und ist (!) *VKontakte* beliebter, in den Niederlanden wurde (!) *Hyves* bevorzugt und in Polen *Nasza-klasa*. Wir hatten uns dennoch entschieden, zunächst in allen Ländern jeweils eine Facebook-Seite einzurichten und Teams für den Betrieb der Seiten zu schulen. Wir entschieden uns auch, in allen Ländern gleichzeitig zu beginnen – dies allerdings mit entsprechender Steuerung durch ein zentrales Social-Media-Management. Die in den jeweiligen Ländern gemachten Erfahrungen konnten so jeweils wieder in das Social-Media-Team hineingetragen werden. Erfolge konnten und können bis heute schnell multipliziert werden. Man hätte sich damals auch zunächst auf einige Kernmärkte konzentrieren können.

Doch hätten wir dann vor folgender Frage gestanden: Beginnen wir in den Social-Media-affinen Märkten (wie Schweden, der Türkei, Russland und Brasilien) oder aber in den für den Unternehmenserfolg wichtigsten Märkten (wie Deutschland, Frankreich und Russland)? Der Vorteil davon, in allen Märkten gleichzeitig zu beginnen, war, dass innerhalb der Organisation ein breites Know-how für Social Media erworben werden konnte. Demgegenüber stand und steht der Nachteil, dass wir in der Spitze schon hätten weiter sein können. Wir hatten aber auch definiert, dass bestimmte Kanäle wie YouTube, Flickr, später noch Pinterest und Instagram international gemanagt werden sollten. Das heißt, hier sollte es keine lokalen Präsenzen geben – auch damit die jeweiligen Community-Manager sich zunächst voll und ganz auf die relevanteste Community fokussieren konnten.

Learning Nr. 1: Fokussierung ist zwingend notwendig

Bei den vielen Möglichkeiten, die Social Media bietet, ist die Identifizierung und Priorisierung der strategischen Handlungsfelder vor einem Tätigwerden zwingend notwendig. Ansonsten verliert man sich leicht in den Weiten des Social Webs ohne Relevanz für das Geschäft. In Russland haben wir beispielsweise – obwohl wir wussten, dass die Platzhirsche VKontakte und Odnoklassniki reichweitenstärkere Netzwerke sind – zunächst den Aufbau einer Community auf Facebook vorgezogen. Der zentrale Aufbau der damals 16 Facebook-Seiten mit dem entsprechenden Betrieb ließ den parallelen Aufbau anderer, lokaler Communities bei gegebenen Ressourcen nicht zu. Erst ein paar Monate später, nachdem der Betrieb der Facebook-Seiten eine gewisse Routine erreicht hatte, haben wir für die Ukraine und für Russland jeweils eine eigene Gruppe auf VKontakte aufgebaut. Mit den Erfahrungen, die sie auf Facebook gemacht hatten, konnten nun die Kundenservice-Mitarbeiterinnen direkt professionell auf Fan-Anfragen reagieren. Das Reagieren im öffentlichen Raum war inzwischen weitestgehend gelernt, nur ein paar Funktionalitäten bei VKontakte waren neu. Wir sind in Russland bis heute nicht auf Odnoklassniki, einfach um uns auf das für unsere Kundinnen relevanteste Netzwerk fokussieren zu können. Wir haben den Anspruch, bei Präsenz in einem weiteren Netzwerk auch entsprechend anderen Content zu liefern. Doch dazu war es damals noch zu früh, und heute erscheint es uns nicht mehr zwingend notwendig, auf einem dritten Netzwerk vertreten zu sein. Die russische VKontakte-Gruppe ist international unsere größte Community. Sie ist zugleich die größte Gruppe der Top10 E-Commerce-Händler in Russland. Täglich erreichen uns dort Hunderte von Kommentaren und sehr viele Fotos von Fans. Wer einmal Muße hat, dem empfehle ich, sich die vielen Fotos der bonprix-Fans anzuschauen *(http://vk. com/bonprixru)*. Sie geben auch einen interessanten Einblick in das Leben der Frauen in Russland.

Learning Nr. 2: Act Glocal

Wir hatten von Anfang an definiert, dass die Social-Media-Aktivitäten global gemanagt und lokal umgesetzt werden sollten. Dazu wurde die Position des Social-Media-Verantwortlichen geschaffen, um die Maßnahmen aufzubauen, zu steuern und die Länderaktivitäten zu orchestrieren. Diese Position wurde von mir besetzt. Außerdem setzten wir auf das Know-how einer auf Social Media spezialisierten Agentur. Das Community-Management der Länder mit einem Hauptverantwortlichen für das Marketing und ihm zur Seite stehenden Kollegen für den Kundenservice sollte in-house besetzt werden. Zum einen war es uns wichtig, das Social-Media-Knowhow innerhalb der Organisation aufzubauen und sehr nah an den Fans zu sein; zum anderen ist in-house das Wissen um die Marke bonprix und unsere Geschäftsprozesse bereits vorhanden und muss nicht erst an einen Dienstleister weitergegeben werden. Ein möglicher Nachteil ist, dass es ggf. länger dauert, bis alles reibungslos läuft. Öffentlich Dialoge zu führen, in Echtzeit zu agieren und zu reagieren musste erst gelernt werden. Arbeits- und Bereitschaftszeiten mussten neu definiert werden. Der Vorteil ist, dass unsere Community-Manager ihren jeweiligen Markt mit den Kundinnen sowie die geplanten Marketing-Maßnahmen sehr genau kennen. Auch ist das Social-Media-Wissen nun breit in der Organisation vorhanden. Wir sind unabhängiger von einem Dienstleister, und wir können unsere Social-Media-Agentur für andere Zwecke nutzen.

Es gibt am Markt genügend erfolgreiche Beispiele sowohl für die Inhouse-Bearbeitung als auch für die Vergabe an einen Dienstleister (in-house: bonprix, Stylefruits, Tchibo, und auch Nike hat gerade entschieden, die Tätigkeiten in-house zu betreuen[1]; extern: kinder

---

1 *http://www.marketingweek.co.uk/opinion/nikes-decision-to-bring-social-media-inhouse-is-a-sign-of-things-to-come/4005259.article*

nutella Deutschland durch TLGG[2], Mercedes Deutschland durch Elbkind[3]). In jedem Fall ist es wichtig, dass die Community-Manager eng mit dem zentralen Social-Media-Team zusammenarbeiten und sehr kurze Kommunikationswege nutzen, unabhängig davon, wo und in welchem Bereich der tatsächliche Arbeitsplatz ist.

»Act glocal« bedeutet für uns bei bonprix, dass bestimmte Aufgaben wie Social-Media-Strategie, Technologie, Infrastruktur, Analytics und bestimmter Content zentral bearbeitet werden. Immer dort, wo aber lokales Know-how gefragt ist, gilt, dass der lokale Community-Manager die Aufgaben besser lösen kann.

Der Community-Manager hat das Ohr am Markt, er weiß, was die Menschen gerade am meisten beschäftigt und wie beispielsweise auch das Wetter in dem jeweiligen Land ist. Er kennt die Bräuche, Feiertage und – auf das Geschäft bezogen – lokale Produktvorlieben. Er hat den Kontakt zum Kundenservice des Marktes und tauscht sich regelmäßig aus. Der enge Austausch zwischen Community-Manager und den Mitarbeitern im Kundenservice im jeweiligen Markt ist einer der Erfolgsfaktoren für gutes Community-Management.

Das klingt profan, bedeutet aber in der Umsetzung, dass neue Kommunikationswege zu einzelnen Kundenservice-Mitarbeitern, die es vorher so nicht gab, erst einmal aufgebaut und gepflegt werden müssen. Das sollte so weit gehen, dass als Prävention für Krisen auch Handy-Nummern im Team ausgetauscht werden oder alternativ WhatsApp- oder Facebook-Gruppen gegründet werden, um schnell auch außerhalb der normalen Bürozeiten miteinander kommunizieren zu können.

Ist ein Community-Manager nicht vor Ort im jeweiligen Markt, sondern arbeitet er oder sie von der Unternehmenszentrale aus, so sollte eine enge Beziehung zum Land bestehen. Die in dem Markt gesprochene Sprache sollte Muttersprache sein, und sie sollte tatsächlich gesprochen und geschrieben werden. Letzteres gilt auch für Übersetzer. Wir haben die Erfahrung gemacht, dass Übersetzer, die schon lange nicht mehr in dem jeweiligen Land leben, die tatsächlich gesprochene Sprache mit all ihren Feinheiten nicht mehr sprechen. Für die Fans kann so mancher Post zwar grammatikalisch korrekt und verständlich sein, aber trotzdem hölzern wirken. Hier kann das im Land tätige Kundencenter wichtiges Feedback geben. Wir holen

---

2   http://www.tlgg.de/kunden/nutella/
3   http://elbkind.de/arbeiten/mercedes-benz-vertrieb-deutschland-social-media/

uns häufig auch für das richtige Wording der Posts Feedback von den Mitarbeitern im Kundencenter. Die Mitarbeiter dort sind am nächsten dran an den Kunden und können am besten antizipieren, wie die eine oder andere Wortwahl bei den Fans ankommt.

Heute haben wir in den meisten Märkten speziell für Social Media ausgebildete Kundenservice-Mitarbeiter. Einige von ihnen haben unter den Fans bereits eine eigene Fanbase: So erhalten Sanne und Britta von der deutschen bonprix-Facebook-Seite immer mal wieder Post von Fans, die einfach nur mal »Danke« sagen wollen für den guten Service. Wie wichtig im Community-Management sehr gut ausgebildete Kundenservice-Mitarbeiter sind, hat uns auch noch einmal ein Beschwerdefall auf der schwedischen Facebook-Seite von bonprix aufgezeigt. Dort hatte ein Fankommentar in wenigen Tagen eine ungeahnte Viralität erreicht und zu weiteren Beschwerden geführt. Dieser Case wird heute zu Trainingszwecken der Community-Manager und Mitarbeiter im Kundenservice immer mal wieder herangezogen. Er zeigt auf, mit welcher Wucht eine Marke von einer Social-Media-Welle getroffen werden kann.

Abbildung 4-1 ▶
Postkarte eines Fans an das Facebook-Team von bonprix Deutschland

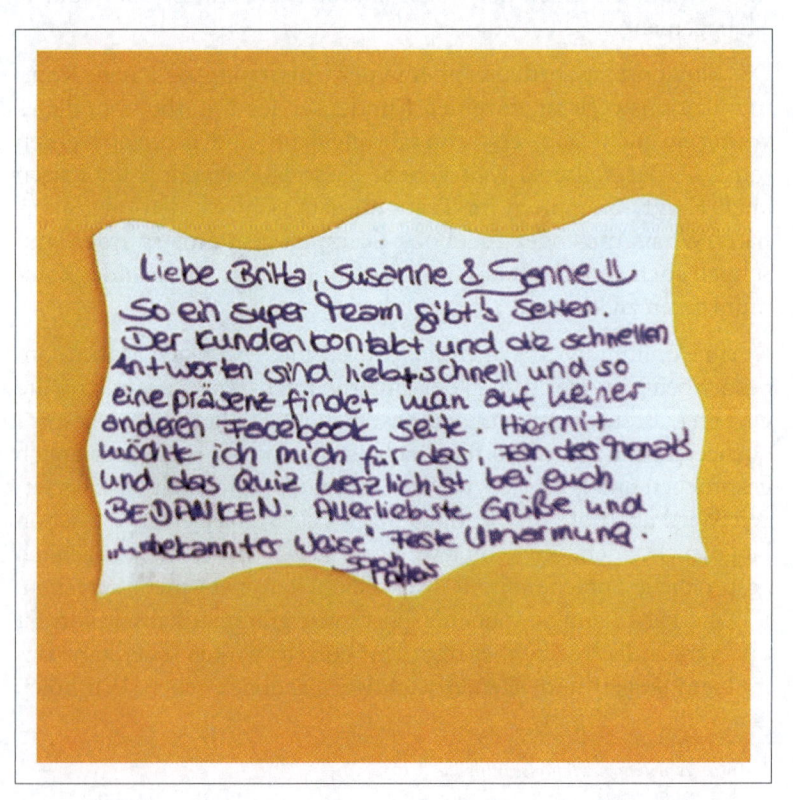

Learning Nr. 3: Feiert die Unterschiede

In den ersten Monaten haben wir viel verschiedenen Post-Content ausprobiert. Und natürlich haben auch wir gelernt, dass Posts umso besser funktionieren, je näher sie am Alltag der Fans sind. Das ist nicht immer im Sinne der Marke, weil es austauschbar ist; wir lassen aber trotzdem auf unseren Seiten einen geringen Anteil von 10% sogenannter »Alltagsposts« zu. Diese greifen die Fußball-Europameisterschaft ebenso auf wie das Wetter, und natürlich sollte auch Weihnachten nicht fehlen. Grundsätzlich arbeiten wir so oft wie möglich nach dem COPE-Prinzip: *create once, publish everywhere*. Das heißt, Posts werden von einem zentralen Redaktionsteam beschlossen, übersetzt bzw. noch von den Community-Managern adaptiert und dann zu für die Länder jeweils optimalen Zeitpunkten veröffentlicht.

Im guten Glauben, alles mal eben so multiplizieren zu können, hatte ich im ersten Jahr den Community-Managern beispielsweise als Post für Weihnachten ein Bild von einem Weihnachtsmann, wie man ihn in Deutschland kennt, zur Verfügung gestellt. Sehr schnell kam dann unterschiedlichstes Feedback: Die türkische Kollegin klärte mich auf, dass Weihnachten in der Türkei nicht gefeiert wird; die niederländische Kollegin mahnte zur Eile und erzählte mir, dass der Nikolaus in den Niederlanden viel wichtiger sei als der Weihnachtsmann und dass sie eiligst ein Bild mit Möhren und Nüssen bräuchte; die für Russland Verantwortliche verlangte nach einem Bild von einem Weihnachtsmann mit blauem Mantel und einem Schneeflöckchen an seiner Seite, und die schwedische Kollegin erzählte, dass bei ihnen Tomte Tummetott die Geschenke bringen würde ... alle anderen waren aber zufrieden.

Multiplikation von Content ist auf den Facebook-Seiten grundsätzlich möglich, allerdings eben nicht immer oder nicht immer 1:1. Und hier liegt auch die Chance der Social-Media-Auftritte: Während die Webshops für alle Länder stark auf Multiplikation setzen, können wir auf unseren lokalen Facebook-Seiten viel stärker auf die kulturellen Unterschiede eingehen. Das heißt, wir sprechen in allen Ländern zu 80% über unsere Mode, aber welche Styles die Community-Manager dann genau promoten, bleibt weitestgehend ihnen überlassen. Auch sind die Zeiten, zu denen die Communities jeweils am aktivsten sind, unterschiedlich. In Schweden erkennen wir abends um neun die größte Aktivität, während sie in Italien schon ab nachmittags drei Uhr auf dem gleichen Niveau bis zum

Abend bleibt. In den Niederlanden wäre ein Post abends um 18:00 Uhr vergebene Liebesmüh:Ganz Holland scheint um diese Uhrzeit beim Abendbrot zu sitzen. Und ein »Guten Morgen«-Post wäre in Russland relativ schwierig zu platzieren: Als ich der verantwortlichen Community-Managerin vorschlug, doch auch mal einen Guten-Morgen-Gruß an die Fans zu schicken, fragte sie nur: »Susanne, wann soll ich das machen? Unsere Fans leben in 8 verschiedenen Zeitzonen!«

»Feiert die Unterschiede« heißt auch, dass 17 Community-Managerinnen mit unterschiedlichen Nationalitäten mehr Ideenvielfalt bedeuten. Hätten wir hier auf rein zentralen Content gesetzt, wäre manche gute Idee für einen Post nicht veröffentlicht worden und hätte nie für andere Märkte multipliziert werden können.

Learning Nr. 4: Multiplikation ist machbar

Wir hatten zentral die Vorgabe gemacht, dass – wann immer ein Link zu einem unserer Webshops gepostet würde – Links mit einem Tracking-Parameter versehen und gekürzt werden sollten. Zu Beginn hatten wir zu diesem Zweck Excel-Tabellen für jeden Markt angelegt und den Community-Managern mit an die Hand gegeben. Der Prozess, den Parameter in den Link zu integrieren und den Link zu kürzen, gestaltete sich für den Arbeitsalltag eines Community-Managers als viel zu zeitaufwendig. Heute haben wir ein Cloud-basiertes Tool, das nach Eingabe eines lokalen Links mit nur einem Klick einen gekürzten, trackbaren Link herausgibt, der die lokalen Tracking-Parameter integriert hat. Dieses Tool wird sowohl von Community-Managern wie von Kundenservice-Mitarbeitern gleichermaßen gerne genutzt, weil es einfach bedienbar und der Vorteil der Nutzung schnell ersichtlich ist. So können wir heute täglich für 17 Länder die durch Posts generierten Umsätze ausweisen. Das hilft uns zu erkennen, welche Post-Inhalte für unsere Fans so relevant sind, dass sie sogar zum Kauf führen. Pro Post sind das in einigen Ländern heute schon vierstellige Beträge.

Ebenso haben wir für alle Community-Manager ein Analytics Tool eingeführt, das ihnen übersichtlich die darüber hinaus relevanten KPIs ihrer bonprix-Facebook-Seite im Vergleich zum Wettbewerb aufzeigt. Dazu zählen Fans, Fan-Wachstum, Interaktionen, Response-Zeiten und Response-Quoten. Hier haben wir kein eigenes Tool gebaut, sondern uns am Markt bedient.

Social Media Analytics Tool

Wichtig war uns ein Cloud-basiertes Tool mit einfach zu bedienender Oberfläche, schnellen Vergleichen zwischen verschiedenen Facebook-Seiten und ansprechender Visualisierung. Hilfreich war und ist auch lokaler Support durch den Tool-Anbieter sowie Tutorials auf Englisch, sodass Rückfragen schnell und kompetent beantwortet werden können. Auch sollten Aktualisierungen der Facebook Insights schnell im Tool integriert worden sein (beispielsweise die Anzeige lokaler Fans, die Ende 2012 eingeführt wurde). Ein eigens durch den Tool-Anbieter aggregierter Score-Wert, den viele Tools mitliefern, hatte für uns bei der Auswahl allerdings keine Relevanz. Wünschenswert wäre noch die Integration der Umsatzzahlen gewesen, so wie es im Online-Marketing gängige Praxis ist.

◀ **Abbildung 4-2**
Social Media Analytics Tool mit den bonprix-Facebook-Seiten im Überblick

Strategie: Communities, Commerce, Content

Es empfiehlt sich, dem Community-Manager-Team wiederholt die Möglichkeiten aufzuzeigen, die ein solches Tool bietet. Ansonsten bleiben sie rein den Power-Usern vorbehalten, und die Erkenntnisse können nicht hinreichend schnell zur Optimierung genutzt werden. Alternativ könnte ein Power-User zentral Reports ziehen, analysieren und dem Team zur Verfügung stellen.

Zur Steigerung der Reichweite testeten wir verschiedene Maßnahmen. Da waren zum einen *Facebook Sponsored Stories*, die Bewerbung der Facebook-Seite im Newsletter sowie der Einsatz von Apps.

Die bei Weitem günstigste und erfolgreichste Maßnahme war und bleibt der Newsletter. Das Layout wurde zunächst für Deutschland erstellt und dann für 16 Länder in insgesamt 12 Sprachen adaptiert.

Facebook-Ads erzielten je nach Land ganz unterschiedliche Ergebnisse. Sie halfen, die Reichweite zu steigern. Ein internationaler Vergleich der Performance hinkt jedoch, weil die Kosten pro neu gewonnenem Fan je nach Land ganz unterschiedlich ausfallen. Sie hängen ab

- vom bestehenden Fan-Bestand (Sponsored Stories gehen an Freunde der Fans; die durchschnittliche Anzahl der Freunde pro Fan variiert stark je nach Land),
- von dem Werbedruck, der insgesamt auf der Zielgruppe auf Facebook »lastet« und
- von der Facebook-Penetration im jeweiligen Land.

Gute Erfolge zur Steigerung der Interaktionen haben wir mit Apps erzielt. Hierzu hatten wir drei Anbieter von White Label Apps im Test. Das Modell, Apps nicht individuell bauen zu lassen, sondern einfach zu kopieren, zu adaptieren und dann zu multiplizieren, finden wir gerade für unser Geschäftsmodell sehr passend. Allerdings haben sich hier auch die Grenzen der Multiplikation gezeigt. Man kann eine App auswählen und gestalten, dann die Übersetzungselemente übersetzen lassen und die App in 16 Ländern live stellen. Was aber noch vorab getan werden muss, ist:

- 16 Teams ins Boot zu holen,
- die Gewinnspielrichtlinien juristisch prüfen zu lassen (in Ländern wie Belgien oder Schweden sind an Gewinnspiele Bedingungen geknüpft, sodass dort oft viele Gewinnspiele gar nicht umgesetzt werden können) und
- beim Betrieb unterstützend zur Verfügung zu stehen, sofern es technische Probleme oder viele Rückfragen von Fans gibt.

Das heißt, der Aufwand ist enorm und nur mit entsprechenden Ressourcen machbar.

Learning Nr. 5: Das Potenzial von Social Media sollte in der Organisation immer wieder kommuniziert werden.

Das Team, das die Social-Media-Strategie erarbeitet hat, hat später auch maßgeblich die Umsetzung bewirkt. Doch zunächst musste die Strategie in die Organisation hineingetragen werden. Dazu gehörten der Vertrieb international, das Marketing, die PR, der Retail sowie der Kundenservice. Das Social-Media-Team selbst ist bei bonprix im E-Commerce angesiedelt. Ein Erfolgsfaktor war und ist, dass die Geschäftsführung voll und ganz hinter der Social-Media-Strategie stand und steht. Denn zu Beginn der Aktivitäten ist alles, was mit Social Media zu tun hat, noch spannend. Wird die Strategie einmal ausgerollt, wird sehr schnell deutlich, dass die Aktivitäten Ressourcen binden – monetär und personell. Und so standen und stehen die Social-Media-Aktivitäten immer auch in Konkurrenz zu anderen Maßnahmen. Das heißt, man braucht die Rückendeckung der Entscheider und einen damit verbundenen »Welpenschutz«. Außerdem bleibt das Kernteam auch nach der Verabschiedung der Social-Media-Strategie gefordert, für das Thema im oberen und mittleren Management zu werben.

Lego schickt sein Management sogar zur Social-Media-Nachhilfe[4]. Das kann Sinn machen, denn nicht in jedem Unternehmen ist Social-Media-Wissen in den Management-Etagen ausreichend vorhanden. Viele Manager haben nach wie vor kein aktives Facebook-Profil oder sind sonst in den sozialen Medien unterwegs. Hier ist es besonders wichtig, die Bedeutung und Funktionsweise von Social Media in Zahlen und in Praxisbeispielen aufzuzeigen.

Wichtig ist auch die Bereitschaft zur engen Zusammenarbeit mit angrenzenden Bereichen. Kaum ein anderes Thema ist derart schnittstellenintensiv wie Social Media. Je besser hier die Zusammenarbeit ist, umso besser kann Social Media für das Unternehmen genutzt werden. Auch dafür hilft dann wieder ein breites Verständnis für das Thema. Das heißt, ein guter Social-Media-Manager ist

---

[4] http://www.lead-digital.de/start/work/lego_schickt_manager_zur_social_media_nachhilfe

gleichzeitig auch ein permanenter Werber für das Thema innerhalb der Organisation.

Learning Nr. 6: Automatisierung hat Grenzen

Kundenrezensionen konnten wir noch relativ unproblematisch in weiteren Märkten einführen. Dafür musste »nur« die Technologie eingesetzt werden und mussten Mitarbeiterinnen im Kundenservice geschult werden. Mit Social Media verhält sich das etwas anders. Hier steht nicht die Technologie, sondern hier stehen die Menschen im Mittelpunkt – und zwar die Fans genauso wie diejenigen, die für den täglichen Betrieb sorgen. Social Media ist noch ein relativ junger Kommunikationskanal. Hier ist eine hohe Dynamik bei Plattformen, Technologie und dem gegeben, was gerade »angesagt« ist. Das heißt, bei allem, was man an Neuem einführt, muss man beachten, dass es Zeit braucht, Menschen inhaltlich abzuholen. Das gilt insbesondere dann, wenn Social Media nur eines von vielen Themen ist, die im jeweiligen Markt betrieben werden. Für die Informationsübermittlung, aber auch für das Lernen muss entsprechend Zeit eingeräumt werden. Außerdem muss auch an die natürliche Fluktuation und damit an das Einarbeiten neuer Mitarbeiter gedacht werden. Hierzu sollte es von Anfang an Schulungsunterlagen geben, die sowohl Toolbasiert als auch im persönlichen Gespräch sowie in Trainings durchgegangen werden.

Es bleibt spannend!

Alles zusammen genommen war und ist es eine spannende Erfahrung, Social Media in einem Unternehmen in dieser Größenordnung international einzuführen, zu betreiben und weiter voranzubringen. Hätten wir im Nachhinein etwas anders gemacht? Heute denke ich, wie konnten wir das mit im Verhältnis so wenigen Ressourcen und so wenig externer Unterstützung durch eine Agentur machen? Und dann freue ich mich wieder über den breiten Kenntnisstand um Social Media im Unternehmen, den wir nur dadurch erreicht haben, dass wir sehr viel selber gemacht haben. Jetzt ist die Organisation dafür bereit, die Social-Media-Aktivitäten auf die nächste Stufe zu heben. Das bedeutet zum einen eine Optimierung der Posts, aber auch die Erweiterung des Webshops um eine Integration des Social Graph und einen stärkeren Fokus auf Earned Media. Es bleibt spannend.

Zur Autorin

Susanne Liedtke war von 2010 bis 2013 Social Media Marketing Managerin von bonprix, wo sie zusammen mit Michael Klar die Social-Media-Aktivitäten aufgebaut und weiterentwickelt hat.

Über bonprix

bonprix ist einer der führenden Anbieter aktueller Mode in Deutschland und Europa. Als Tochterunternehmen der Otto Group wurde bonprix 1986 gegründet und hat seinen Sitz in Hamburg. Mit mehr als 2.200 Mitarbeitern ist das Unternehmen weltweit in insgesamt 27 Ländern aktiv. Mit über 1,2 Milliarden Euro Umsatz im Jahr 2012 ist bonprix eines der umsatzstärksten Unternehmen der Otto-Gruppe. bonprix zählt zu den Top-10-Versandhändlern in Deutschland und verfügt über einen der zehn meistbesuchten deutschen Online-Shops.

Was heißt PR 2.0?
Neuausrichtung der Pressearbeit

In diesem Kapitel:
- Interne Herausforderungen
- Startschuss für Social Media
- Herausforderungen im Social Web
- Allgemeine Tipps für PR-Manager in der digitalen Welt

Von Jessika Maria Rauch
Villeroy & Boch

Zusammenfassung: Pressemailings, Interviews, PR-Events – zur (internationalen) Pressearbeit gehören nach wie vor klassische Instrumente wie diese. Doch längst findet die Kommunikation mit Multiplikatoren auch und immer mehr im Social Web statt. PR- und Online-Professionals posten auf der Fanpage ihres Unternehmens neue Produkte und Themen, tweeten live von Events, stellen Fotos und Videos in den einschlägigen Portalen online, die weltweit geliked, geshared und kommentiert werden. Dieser Kommunikationswandel in der Gesellschaft bedeutet zugleich einen Wandel des Berufsbilds des PR-Managers. Wie ich diesen Wandel in der Presseabteilung von Villeroy & Boch erlebe und gestalte, erzähle ich in meinem Beitrag.

Facebook: *http://www.facebook.com/VilleroyandBoch*

Twitter: *https://twitter.com/VilleroyandBoch*

You Tube: *http://www.youtube.com/villeroyundboch*

Pinterest: *http://pinterest.com/villeroyundboch/*

Instagram: *http://instagram.com/villeroyundboch*

Website: *http://www.villeroy-boch.com*

> **Hinweis** Da die Fliesensparte von Villeroy & Boch seit 2006 eigenständig ist (V&B Fliesen GmbH), sind die Inhalte des gesamten Kapitels auf die Villeroy & Boch AG mit den Unternehmensbereichen Tischkultur und Bad & Wellness zu beziehen. Die PR-Abteilung ist eine übergreifende Division innerhalb der AG.

Interne Herausforderungen

Die neuen Themen, Aufgaben und Prozesse, die ein kommunikativer Wandel durch soziale Netzwerke mit sich bringt, erfordern in jedem Unternehmen ein Umdenken. Da Strukturen für gewöhnlich nicht erst seit gestern existieren, muss ein Unternehmen in digitalen Zeiten flexibel genug sein, um auf den gesellschaftlichen und medialen Wandel auch intern zu reagieren. Ob nun neue Abteilungen gegründet werden, bestehende Abteilungen umstrukturiert werden oder eine Mischung aus beiden Maßnahmen infrage kommt – dazu gibt es wohl kein allgemeingültiges Rezept. Wie Villeroy & Boch dies gelöst hat, wird später erläutert.

Im gesamten Unternehmen Villeroy & Boch, so auch in der PR-Abteilung, fand das Social Web bis 2010 nicht statt. Privat nutzten nur wenige PR-Mitarbeiter und -Mitarbeiterinnen soziale Netzwerke. Intensiv hat sich die PR-Abteilung bei Villeroy & Boch seit 2011 mit diesen Themen auseinandergesetzt.

Ich begann im September 2011 als International PR Manager bei Villeroy & Boch. Zu dieser Zeit wurde eine externe, auf Social Media spezialisierte PR-Beraterin engagiert, Marie-Christine Schindler von *mcschindler.com*, die beim Aufbau dieser Disziplin in der Presseabteilung helfen sollte. Sie setzt sich professionell und explizit mit dem Thema PR im Social Web auseinander und verfügte somit über die norwendige Expertise, dem Presseteam bei Villeroy & Boch hier beratend zur Seite zu stehen (siehe die Literaturtipps in Tabelle 5-1). Den Kontakt zu Marie-Christine Schindler stellte eine der PressereferentInnen, die das Thema Social Media maßgeblich im PR-Team vorantrieb, über die Facebook-Gruppe »Social Media Women« her. Aufgrund meiner Erfahrung im Bereich Online-Kommunikation und z.T. Social Media bei Beiersdorf sowie dem BDEW (Bundesverband der Energie- und Wasserwirtschaft) war ich seit meinem Start bei Villeroy & Boch in den Aufbau und die Entwicklung involviert. Seit Ende 2011 werden im PR-Team konsequent Kompetenzen aufgebaut; das Social Web ist mittlerweile bei allen privat wie professionell sehr präsent.

Zunächst war es das Ziel der PressereferentInnen,

- Social Media kennenzulernen,
- Social Media als neue Art der Kommunikation in der Gesellschaft sowie innerhalb des eigenen Berufbilds zu verstehen
- und sie schließlich in die tägliche PR-Arbeit professionell zu integrieren.

Da Kommunikation stets im Wandel ist, können diese Aspekte nicht einfach »abgehakt« werden. Sie verlangen nach kontinuierlicher Aufmerksamkeit. Insbesondere die Integration in die tägliche Arbeit ist ein fortwährender (Lern-)Prozess. Und die PR-Abteilung bei Villeroy & Boch steckt mittendrin.

Startschuss für Social Media

Die Themen rund um das Social Web sind aus der PR-Abteilung heraus gewachsen. Dabei hatten die populärsten Kanäle Vorrang: Im Jahr 2010 wurde die Facebook-Fanpage gestartet, 2011 der Twitter-Kanal ins Leben gerufen, und YouTube, Instagram und Pinterest folgten 2012. Die Facebook-Fanpage wurde einst von den Villeroy & Boch-Marketing-Kollegen in den USA ins Leben gerufen, mit dem Absender »Villeroy & Boch«. Sie repräsentierte damit das Gesamtunternehmen. Facebook war zu diesem Zeitpunkt das beliebteste und größte Netzwerk in den USA und neben Privatpersonen waren hier bereits viele Markenunternehmen aktiv, Tendenz steigend.

Da das Social Web in der Villeroy & Boch-Zentrale in Deutschland zu der Zeit noch kein Thema war, riefen die US-Kollegen in Absprache mit der Marketing- und PR-Abteilung in Deutschland die Facebook-Fanpage ins Leben. Der Look & Feel der Fanpage wurde entlang des Corporate Designs angelegt, inhaltlich orientierten sich die US-Kollegen beim Erstellen von Posts zum einen an lokalen Events und Aktivitäten, zum anderen an aktuellen Presse- und Marketingtexten sowie -fotos, die damals wie heute zentral im Headquarter erstellt werden und von dort an die einzelnen Ländervertretungen bzw. lokale PR-Agenturen zur Verwendung und Verbreitung verschickt werden.

Die Erfahrung der US-Kollegen zeigte, dass der Netto-Aufwand, um Inhalte für Facebook-Posts zu produzieren und live zu schalten, überschaubar ist: Es genügen ein Foto und wenige Zeilen Text, die mit wenigen Klicks schnell gepostet werden können. Ressourcenzehrend sind allerdings neben dem Dialog mit der Community und dem

Monitoring vor allem die Entwicklung der Strategie und der daran ausgerichteten Redaktionsplanung. Außerdem sind die internen Abstimmungen und die Klärung der Rechte im Prozess der Erstellung dieser Inhalte, die aus Text und Bild bestehen, zeitintensiv.

Zunächst wurden überwiegend auf der Facebook-Fanpage in den USA rein an die Produkte angelehnte Themen gepostet, in Englisch versteht sich. Inhaltlich ging es um gedeckte Tische, um die Zubereitung und Präsentation von Essen und darum, wie dieses auf Geschirr der Marke Villeroy & Boch in Szene gesetzt werden kann. Zum anderen wurden Badeinrichtungen der Marke gezeigt, die Gestaltungstipps für unterschiedliche Größen von Badezimmern enthielten, allgemeine Informationen zum durchschnittlichen Wasserverbrauch, Aktionstage wie den »Handwashing Day«, oder es wurden Referenzprojekte aus dem Objektbereich bebildert. Darüber hinaus fanden lokale Events an der Wall statt, z. B. Eröffnungen oder Aktionen von bzw. in »House of Villeroy & Boch«-Shops in den USA.

Abbildung 5-1 ▶
Der Startschuss für die Facebook-Fanpage fiel in den USA.

Anfang 2011 holte die PR-Abteilung die Verantwortung und Betreuung des Facebook-Auftritts nach Absprache mit den US-Kollegen ins Headquarter und machte ihn zur offiziellen, internationalen Facebook-Fanpage. Ihr Ziel war es, das Thema Social Media insgesamt von der Firmenzentrale aus zu steuern und professionell aufzubauen. Dazu war dieser »Transfer« notwendig und wurde auch von allen so verstanden und akzeptiert. Zunächst betreute vornehmlich eine der Pressereferentinnen die Facebook-Fanpage (neben dem Twitter-Account) strategisch sowie operativ – mit zunehmender Unterstützung des gesamten PR-Teams in Bezug auf die Entwicklung von Inhalten. Und dies geschah neben der normalen Tätigkeit als Pressereferentin. Das Thema »Social Web« kam also bei allen im Team »dazu«.

Die zuvor genannten Themen, die in den USA gepostet wurden, finden nach wie vor statt, sie sind mittlerweile jedoch international, und das Spektrum ist umfangreicher. Außerdem werden ausgewählte, strategisch wichtige Themen mit durchdachten Wettbewerben bereichert, die zum Beispiel beliebte Kollektionen als Gewinn für die Fans vorsehen (siehe dazu den Abschnitt »Beispiele für PR-Themen im Social Web«).

Die Sprachen der Fanpage sind heute im Wesentlichen Englisch und Deutsch. Die Auswahl der Sprache hängt vom Thema und von der Zielgruppe ab. Englischsprachig wird gepostet, wenn ein Beitrag an die gesamte Fangemeinde weltweit gerichtet ist und alle Fans erreichen soll. Handelt es sich um ein sehr »deutsches«, also ein auf den DACHL-Markt (Deutschland, Österreich, Schweiz, Luxemburg) geografisch begrenztes Thema, wird der Post nur für die deutschsprachigen Fans sichtbar gemacht. Da dies über den von dem Fan angegebenen Wohnort in seinem Profil gesteuert wird, müssen wir bei einer Person, die einen Wohnort in einem der vier oben genannten Länder angegeben hat, schlichtweg davon ausgehen, dass sie deutschsprachig ist und den Post somit auch verstehen kann.

Welcher Content wohin? Wer entscheidet?

Sobald ein Faktor des Themas von internationaler Relevanz ist oder ein Interesse seitens der Community außerhalb der DACHL-Länder vermutet wird, ist die Sprache Englisch. Internationale Relevanz und Interesse werden dann vermutet,

- wenn ein Mitglied der namensgebenden Familien »von Boch« oder »Villeroy« bzw. eine anderweitig prominente Person im Unternehmen (wie z. B. der CEO) mit dem Thema in Verbindung steht, so z. B. Gast bei einem Event des Unternehmens ist, oder aber wenn ein Event aus anderen Gründen von internationalem Interesse ist, z. B. weil es in einer Weltstadt bzw. an einem sehr bekannten Ort stattfindet etc.

- Sehr allgemeine Themen und Anlässe, wie weltweite Produktlancierungen, internationale Feiertage oder einfache Grüße seitens Villeroy & Boch, werden ebenfalls auf Englisch und somit für alle Fans sichtbar gepostet.

→

- Sehr vereinzelt nur werden englischsprachige Posts in ausgewählten Ländern exklusiv veröffentlicht – so etwa ein Gruß zum Independence Day in den USA, der nur für Fans mit Wohnort in den USA zu sehen ist, weil auch nur sie diesen Tag feiern.

Rund 80% der Themen werden von den involvierten Teams Social Media, PR und Marketing als international relevant eingestuft und somit auf Englisch gepostet (Stand: April 2013). Die Sprache und Zielgruppe eines Posts sowie seinen Inhalt, das Foto-/Videomaterial dazu und die Frage, über welche Kanäle er noch gespielt werden soll oder kann (Twitter, Instagram etc.), besprechen diese Teams gemeinsam in Redaktionssitzungen, die alle zwei Wochen stattfinden. An diesen Sitzungen nimmt jeweils mindestens ein Vertreter aus diesen Teams teil, höchstens jedoch zwei, um die Gruppe klein und die Meetings effizient zu halten. Diese Vertreter stimmen sich vor den Redaktionssitzungen mit ihren Kollegen innerhalb ihrer Abteilung ab und geben dann die intern abgestimmten Themen in die Planung mit ein.

Ziele der V&B-Facebook-Seite

Das übergeordnete Ziel der offiziellen Facebook-Fanpage von Villeroy & Boch ist es,

- die Marke im Social Web mit qualitativen Inhalten zu stärken,
- dort zu sein, wo unsere Kunden sind, ihr Interesse zu wecken und sie zur (Kauf-)Aktion zu bewegen (»drive to action«), und
- Beziehungen zu Fans in der ganzen Welt durch Dialog und Interaktion langfristig zu pflegen und neue Fans hinzuzugewinnen.

Die Fangemeinde auf Facebook soll durch Dialog und Interaktion nachhaltig wachsen und nicht hauptsächlich mithilfe von Gewinnspielen oder gar durch gekaufte Fans. Die Facebook-Fanpage ist bei Villeroy & Boch das Netzwerk mit den meisten Fans (rund 26.000), gefolgt von Twitter (rund 3.500 Follower, beides im März 2013). Monatlich wächst die Facebook-Fangemeinde um ca. 14%; bei Twitter liegt diese Rate bei rund 10%. Im Kontext mit Facebook sollen jedoch weniger die absoluten Fanzahlen als vielmehr der Aktivitätsgrad der Fans hervorgehoben werden. Die Viralität ist mit durchschnittlich über 3% vorzeigbar, und darauf legt Villeroy & Boch auch Wert: Fans, die über die Marke sprechen und sie nicht »nur« liken.

Aufgabenverteilung und Verantwortlichkeiten rund um das Social Web

Nach und nach wird seit 2011 die inhaltliche Bespielung aller Kanäle ausgeweitet. In Zusammenarbeit mit (Online-)Marketing und -Vertrieb wurden Themen im PR-Team evaluiert, entwickelt und dann über die Kanäle mit der Community geteilt. Zunächst wurde dies operativ von der für Social Media verantwortlichen Pressereferentin umgesetzt.

Die involvierten Parteien aus Social Media, Marketing und Vertrieb beider Unternehmensbereiche *Tischkultur* und *Bad & Wellness* sowie ein IT-Experte formierten sich Anfang 2012 zum sogenannten E-Board, einer Art Projektgruppe, die sich intensiv mit Social Media und weiteren onlinebasierten Themen beschäftigte. Die Entwicklung einer unternehmensweiten Strategie sowie von gezielten Maßnahmen und deren Umsetzung standen dabei im Mittelpunkt. Mit Bildung dieses E-Boards wurde die Gründung einer neuen Abteilung, der E-Unit, Ende desselben Jahres eingeleitet, und Social Media wurde sichtbar hoch aufgehängt. Der Unternehmensvorstand sieht im gesamten Online-Bereich (E-Commerce, Social Media und Online-Kommunikation im Allgemeinen) ein großes Potenzial und reagiert – wie die meisten anderen Unternehmen auch – auf den gesellschaftlichen Wandel. Immer mehr Menschen sind online, immer mehr von ihnen über mobile Endgeräte, sie kaufen online ein und zeigen ihren Freunden via Facebook & Co. Produkte, die sie gekauft haben und empfehlen diese weiter. Mit der E-Unit ist ein Dach geschaffen worden, unter dem sich die bestehenden Experten aus den Unternehmensbereichen mit neu eingestellten Kollegen organisieren. Diese Maßnahme dient dazu, Kompetenzen rund um das strategisch wichtige Thema »Online« zu bündeln und zu koordinieren. Der neue Leiter der E-Unit, der im ersten Quartal 2013 eingestellt wurde, berichtet direkt an den Vorstandsvorsitzenden. Das Thema »Online« wird immer weiter professionalisiert und vorangetrieben – im gesamten Unternehmen.

Die Verantwortlichkeit für alle Social-Media-Kanäle und Themen liegt heute bei dem Social-Media-Team, das der E-Unit zugeordnet und nicht (mehr) Teil der PR-Abteilung ist. Die Verbindung zur PR-Abteilung ist jedoch nach wie vor aufgrund der gemeinsamen Redaktionssitzungen gegeben. Da die PR-Manager in enger Zusammenarbeit mit Marketing- und Vertriebskollegen beider Unternehmensbereiche in den deutschsprachigen sowie allen internationalen Märkten agieren, ist die PR-Abteilung eine Sammelstelle für sämtliche Themen, die extern kommuniziert werden, und eine Schnittstelle innerhalb des Unternehmens. Sie spielt bei der Zulieferung sowie bei der sprachlichen und visuellen Aufbereitung von Inhalten für das Social Web eine zentrale Rolle.

In den alle zwei Wochen stattfindenden Redaktionsmeetings besprechen das Social-Media- und das PR-Team gemeinsam mit den Vertretern aus den Marketing- und Vertriebsabteilungen (E-Commerce) beider Unternehmensbereiche geplante oder mögliche Themen und tauschen sich zu den bereits gelaufenen aus. Die Verantwortung des Monitorings liegt beim Social-Media-Team, dennoch beobachten die PR-Manager ebenfalls, wie sich Themen entwickeln, und leiten daraus gemeinsam oder individuell Handlungsweisen für die Zukunft ab. Der enge und offene Austausch von PR- und Social-Media-Team innerhalb der E-Unit ist wichtig und funktioniert gut. Der Redaktionsplan enthält die geplanten Themen für die Villeroy & Boch-Kanäle im Social Web für die nächsten vier bis sechs oder sogar acht Wochen, je nach Voraussehbarkeit der Themen, hält jedoch Spielraum für unerwartete, spontan aufkommende Themen bereit. PR, Marketing, Vertrieb und Social Media arbeiten mit einem gemeinsamen Redaktionsplan, der in den zweiwöchentlichen Redaktionssitzungen besprochen und befüllt wird. Die PR-Abteilung hat keinen eigenen Redaktionsplan; jeder PR-Manager ist dazu angehalten, eigene Themenvorschläge zu machen, die dann in den Redaktionssitzungen diskutiert werden.

PR-Manager entwickeln Themen für das Social Web

Der Prozess der Inhaltserstellung funktioniert so, dass die PressereferentInnen auf Grundlage ihrer Pressethemen (z.B. zu betreuende Messen, Produkteinführungen, Events in den von ihnen betreuten Märkten etc.) überlegen, welches Thema sich für einen Facebook-Post, einen Tweet, einen Beitrag auf Instagram, Pinterest oder auch YouTube eignet, und wie diese einzelnen Beiträge dann in Wort und Bild aufbereitet werden. So habe ich zum Beispiel im Zuge der internationalen Sanitärmesse ISH in Frankfurt am Main einen Produktpressetext über ein neues Dusch-WC der Marke Villeroy & Boch, ViClean Ultimate, verfasst und die dazugehörige Technologieallianz mit einem japanischen Hersteller, der die Technik dieses WCs liefert, kommunikativ begleitet. Zur Produktvorstellung auf ebendieser Messe habe ich dann dafür Sorge getragen, dass das Social-Media-Team den Marketing-Moodfilm über das Produkt im YouTube-Kanal von Villeroy & Boch hochlädt und ihn zusammen mit einem Text auf Facebook postet. Da das Produkt in Europa verkauft wird und die Messe von internationalen Gästen besucht wurde, haben das Social-Media-Team und ich uns dafür entschieden, den Post auf Englisch für alle Fans zu posten. In dem Post haben wir zum japanischen Hersteller verlinkt, da beide Unternehmen die gemeinsame Technologieallianz klar und offen kommunizieren. Durch diese Verlinkung können beide von den Fans des anderen profitieren – indem sie zum Beispiel selbst neue Fans aus der bestehenden Fangemeinde des anderen hinzugewinnen und die Marke somit in der Heimatregion des Kooperationspartners präsenter wird. Außerdem sind solche gegenseitigen Verlinkungen im Social Web eine übliche Geste.

Wer führt den Dialog mit der Community?

Die professionelle Kommunikation mit der Community als Absender »Villeroy & Boch« ist – mit der Ausnahme von Bloggern – dem Social-Media-Team vorbehalten. Getreu dem sonst in der konventionellen PR bei Villeroy & Boch ebenfalls geltenden Prinzip des »One Face to the Customer«, wird auch bei Social Media so verfahren, dass es »einen« Gesprächspartner gibt. Dieser ist namentlich anonymisiert (»Villeroy & Boch«), aber natürlich agieren hier zum Teil unterschiedliche Personen: der Social-Media-Manager, der Community-Manager sowie unterstützende und wechselnde Trainees. Diese stehen in regem Kontakt mit den PR-Managern, aber auch mit anderen Teams bei Villeroy & Boch, z. B. dem Kundenservice.

Letztgenannter ist vor allem dann gefragt, wenn es um die Auskunft geht, ob bzw. wo ein Produkt in der geografischen Umgebung des Kunden erhältlich ist oder wenn Probleme mit einem gekauften Artikel auftreten. Hier laufen dann von Montag bis Freitag kurzfristig interne Prozesse ab, die es dem Social-Media-Team während der Arbeitswoche ermöglichen, binnen eines Tages weiterzuhelfen. In der Regel gelten für Werktage tagsüber 3 bis 4 Stunden Reaktionszeit. Kommt die Anfrage abends, wird sie bis zum nächsten Morgen 9 Uhr beantwortet.

Für Anfragen während des Wochenendes gilt, dass das Social-Media-Team ggf. eine vorläufige Antwort gibt und die Fragen bis zum nächsten Arbeitstag, also dem darauffolgenden Montag bis 9 Uhr, mit den zuständigen Fachabteilungen klärt. Die Kommunikation läuft in Fällen, die über einen einfachen Gesprächswechsel hinausgehen, idealerweise bilateral per E-Mail zwischen V&B und dem Kunden ab und nicht über die Facebook-Wall beispielsweise. So können umfangreichere Fragen oder Themen direkt und unmittelbar geklärt werden. Außerdem wird das Risiko minimiert, dass vordergründig individuelle Themen aufgebauscht werden und ungewünscht große Kreise ziehen.

Das Social-Media-Team ist außerdem für die Verbreitung positiver Tweets oder Posts über Villeroy & Boch verantwortlich und »retweetet« bzw. »shared« mit dem Absender »Villeroy & Boch« Beiträge der Community. Auch hier unterstützt die PR hinsichtlich Monitoring und weist das Social-Media-Team auf interessante (oder auch kritische) Beiträge hin.

Die PR-Mitarbeiter retweeten, sharen und posten mit ihren privaten Accounts (freiwillig und unterschiedlich oft) Beiträge des Absenders »Villeroy & Boch« oder auch Beiträge, die Villeroy & Boch erwähnen, um dabei zu unterstützen, die Marke auch bei den Followern der eigenen, privaten Konten im Social Web präsent zu machen. Dies sind entweder Themen oder Produkte, die strategisch wichtig sind (z. B. Imageprojekte, Kampagnen, wichtige Produktlaunches etc.) oder die sie persönlich mögen. Hier gibt es keine Regeln und auch keinen Zwang. Für mich persönlich kann ich sagen, dass ich einige Themen oder Produkte selbst so attraktiv finde, dass ich einfach gerne über meine berufliche Rolle und meine rein professionellen Aktivitäten hinaus dabei unterstützen möchte, diese Themen in meinem mehr oder weniger privaten Umfeld in Maßen zu verbreiten und einige neue Produkte bekannt oder bestehende noch bekannter zu machen. Hierbei gilt für uns alle, transparent zu machen, dass Villeroy & Boch der Arbeitgeber ist. Dies ist für die eigene Glaubwürdigkeit sowie die der Marke unerlässlich und eine goldene Regel im Social Web, die mit der Kennzeichnung von Werbung in der Offline- und Online-Welt vergleichbar ist.

Abbildung 5-2 ▶
Teilen eines Villeroy & Boch-Posts im privaten Facebook-Profil

Herausforderungen im Social Web

Die Veränderungen und Herausforderungen für PressereferentInnen im Social Web betreffen vor allem ihre Zielgruppen, Kommunikationskanäle sowie die PR-Themen.

Für PR-Manager kommen im Social Web neue Zielgruppen hinzu, die zu Multiplikatoren in der medialen Öffentlichkeit im World Wide Web werden, so zum Beispiel Blogger und andere private Meinungsführer in sozialen Netzwerken wie Pinterest oder Instagram mit beachtlichen Fan- oder Follower-Zahlen im fünf- oder gar sechsstelligen Bereich.

Die bestehende Zielgruppe der Redakteure/Journalisten ist ebenfalls im Social Web präsent, und die Kommunikation mit ihr verändert sich zuweilen. Wir kommunizieren mit ihnen nicht mehr nur über Telefon und E-Mail, sondern vereinzelt auch per *@-Mention* auf Twitter oder Nachrichten über Facebook, über Kommentare unter veröffentlichten Fotos auf Instagram usw. Man ist also als PR-Manager in diesen Netzwerken nicht mehr nur als Privatperson unterwegs, sondern »begegnet« dort auch »Geschäftspartnern« bzw. »Meinungsführern«.

Neu für PR-Manager ist außerdem, dass sie mit den Lesern, den Endkonsumenten direkt in Kontakt stehen. In den unternehmenseigenen Kanälen auf Facebook, Twitter & Co. hinterlassen sie sowie der Rest der Community aktiv Kommentare, stellen Fragen oder üben Kritik. Hier liegt ein entscheidender Unterschied zu gedruckten Artikeln, die aufgrund von Presseaussendungen an Printmedien entstehen. Eine Rückkopplung durch den Leser ist nicht direkt und unmittelbar möglich. All dies erfordert ein Umdenken für das PR-Team in der täglichen Praxis.

Alte neue Zielgruppe für PR-Manager – Chancen für die PR

Journalisten und Redakteure von Print- sowie Online-Medien sind nach wie vor die Hauptzielgruppe der PR-Manager bei Villeroy & Boch. Diese Medienvertreter sind immer mehr auch im Social Web aktiv – sei es durch eigene Blogs oder die Blogs ihres Unternehmens sowie durch entsprechende Präsenzen in den einschlägigen sozialen Netzwerken. Diese Veränderungen bieten überwiegend Chancen, kann durch sie doch ein PR-Thema mit einer Platzierung multipliziert und das beworbene Produkt vielfach und rasend schnell an

»Freunde« und persönliche Netzwerke weiterempfohlen werden. Es besteht außerdem die Chance des stärkeren, kurzfristigeren und direkten Austauschs mit der Zielgruppe der Medien, aber auch mit der Zielgruppe der Endverbraucher, was für die PR neu ist.

Ein Beispiel: Das Interior-Design-Magazin *ELLE Decoration* twitterte etwas zum Thema »weiße Badezimmer« – ein Thema, das auch Villeroy & Boch besetzen kann. Da Villeroy & Boch dem Magazin auf Twitter folgt, konnte dank sorgfältigem Monitoring dieses Thema zu eigenen PR-Zwecken genutzt werden. In diesem konkreten Fall hatte eine der Pressereferentinnen per Monitoring über HootSuite (siehe auch den Abschnitt »Kollegiales vs. professionelles Coaching«) das Thema entdeckt und kurzfristig einen Tweet mit Foto vorbereitet. Per @-Mention an die ELLE Decoration adressiert, konnte dieser Tweet binnen weniger Sekunden verbreitet und neben den Followern von Villeroy & Boch auch von denjenigen des Magazins gelesen werden. Ohne großen Aufwand oder langfristige Planung kann auf diese Weise ein Thema im Social Web kommuniziert werden.

Abbildung 5-3 ▲
Reply von Villeroy & Boch auf einen Tweet der ELLE Decoration

Ein weiterer Vorteil eines solchen Austauschs ist die Beziehungspflege zum Medium, der hier ebenso kurzfristig wie einfach nachgegangen werden kann. Ein »Retweet« oder eine »@-Mention« ist mit wenigen Klicks möglich. Doch eines ist dem PR-Team unabhängig von der Online-Affinität jedes Einzelnen klar: Kein soziales Netzwerk kann die persönliche Beziehungspflege ersetzen. Die Beziehungspflege, die online geschieht, sollte in die Offline-Welt verlängert werden. Das heißt, dass sich PR-Manager und Medienvertreter nach wie vor persönlich sprechen sollten (auf Presse-Events, im Rahmen von Redaktionsbesuchen u.Ä.), um generelle Möglichkeiten der Zusammenarbeit, gemeinsame Projekte oder auch redaktionelle Themen in zukünftigen Veröffentlichungen intensiver zu besprechen, als dies per Austausch über das Social Web via Chat, direct messages etc. möglich ist.

Blogger

Die Kommunikation mit Bloggern läuft in der Regel über die PR-Manager ab. Letztere sind hier das »Face to the Customer«, von dem bereits zuvor die Rede war. Die Arbeit von Redakteuren und Journalisten beispielsweise im Interior-Design-Bereich, die die klassische Zielgruppe der PR-Manager sind, ist mit der Arbeit von Interior-Design-Bloggern zu vergleichen. In einigen Fällen sind sie sogar beides in einer Person: selbstständiger Blogger und Redakteur oder aber Interior Designer sowie Stylist oder Berater eines Interior-Design-Magazins und eigenständiger Blogger (siehe den Infokasten »Pressebesuch mit Bloggern«). Zum anderen können Blogger neben Redakteuren/Journalisten – im (Social-)Web und in der gesamten medialen Öffentlichkeit – als Meinungsmacher auftreten und PR-Themen an die Zielgruppen weitergeben. Das ist eine weitere Gemeinsamkeit zwischen Bloggern und Redakteuren bzw. Journalisten.

Eine Herausforderung stellt die immer größer werdende Anzahl an Bloggern dar. Im Bereich des Interior Designs kommen derzeit eher vereinzelt Blogger auf uns zu, weil sie Produkte testen wollen. Dies geschieht vor allem im deutschsprachigen Raum, und wir haben erst in wenigen Fällen zugestimmt. Leider hatten wir bei einigen den Eindruck, dass sie lediglich Produkte »abgreifen« wollten, und ihr Blog hat auf uns zu unprofessionell gewirkt. »Unprofessionell« bedeutet z.B., dass der Blog optisch nicht hochwertig, ansprechend oder gemäß unserer Markenpositionierung »Premium« ist. Darüber hinaus stoßen dreiste Blogger, die ohne große Erklärung, was sie genau an den Produkten interessiert oder was sie damit vorhaben, wie das Thema ihres geplanten Artikels lautet o.Ä., und die gleich eine Vielzahl an Produkten »bestellen«, nicht auf unser Interesse. Unsere Devise ist es, einem Blogger in solchen Fällen lieber abzusagen, als es nur zu machen, um mit Bloggern zusammenzuarbeiten.

Die Herausforderung besteht darin, die relevanten Blogger zu identifizieren und sie dann für sich bzw. sein Thema zu gewinnen. Denn die wenigsten erfolgreichen Blogger kommen proaktiv auf uns zu: Wer etabliert und Meinungsführer ist, fragt nicht aktiv, sondern wird – so ist es in anderen Branchen, wie Kosmetik oder Mode – mit Produktneuheiten ausgestattet. Da diese Zielgruppe »Blogger« zur bestehenden Zielgruppe hinzukommt, den PR-Managern bei Villeroy & Boch aber weder mehr PR-Budget noch mehr personelle Ressourcen zur Verfügung gestellt werden, muss hier jeder einzelne seine Zeit und sein Budget neu einteilen.

Zur Unterstützung von Blogger-Relations seitens unserer Leiterin Presse- und Öffentlichkeitsarbeit gibt es Folgendes anzumerken:

- Das Social Web wird als wichtige neue Umgebung für Zielgruppen-Kommunikation – Blogger als wichtige neue Zielgruppe für PR Manager – wahrgenommen und kommuniziert
- Dieser Kommunikationswandel ist in der PR-Strategie verankert.
- Gemeinsam mit dem Team erfolgt eine Priorisierung innerhalb der Zielgruppen; hierzu wurde bei Villeroy & Boch z.B. eine grobe Aufteilung der Print-Magazintitel nach ihrer Relevanz für die strategischen PR-Ziele vorgenommen (A-, B- und C-Titel), und man einigte sich darauf, die C-Titel im Falle zeitlicher Engpässe zugunsten der Blogger ggf. zu vernachlässigen.
- Da Blogger zunehmend zu Geschäftspartnern von Unternehmen werden, werden Budgets auch für bezahlte PR mit Bloggern freigegeben – ggf. zuungunsten klassischer Advertorials u.Ä. in Printmedien.
- Unternehmensziele, die mit dem Social Web bzw. Online-Themen im Allgemeinen verknüpft sind, werden in die jährlichen Zielvereinbarungen integriert. So bestand ein Ziel der PR-Manager im Jahr 2012 zum Beispiel darin, die relevantesten Blogger in »ihren« Märkten zu identifizieren und den Grundstein für den Aufbau einer internationalen Blogger-Relation zu legen.
- Ein intensiver Austausch zum Thema Social Web in gemeinsamen Team-Workshops, die Entwicklung individueller Schulungsmaßnahmen sowie ein enger, regelmäßiger Austausch innerhalb des Teams wird gefördert (konsequente Aufnahme des Themas in Team-Meetings, kollegiales Coaching etc.).

Individuelle Maßnahmen der PR-Manager:

- Blogger-Recherche zur Identifizierung der relevantesten Blogger nach zuvor definierten Kriterien; international müssen hier die bestehenden lokalen PR-Agenturen aufgrund von Sprachbarrieren unterstützen und beraten. (Das gilt vor allem für Russland und China.)
- Ein Gefühl für die neue Zielgruppe entwickeln und sie professionell in die tägliche Arbeit integrieren: persönlicher Beziehungsaufbau und persönliche Beziehungspflege, direkter Austausch zu möglichen Themen zur Veröffentlichung, Integration in nationale und internationale Presse-Events, Pressebesuche oder -reisen (neben klassischen Pressevertretern), Planung maßgeschneiderter PR-Events für Blogger. Ich selbst verfolge vor allem die Interior-Design- und Architektur-Blogs in den von mir verantworteten Märkten, z. B. *Enjoy Home* (Russland), *An Indian Summer* (Indien), *Luxury Interior Design Journal* (Dubai), *Freshome* (USA) und (rein visuell) den offiziellen Blog des Magazins *AD* in China auf der dort beliebtesten Plattform im Web *weibo*. So erhalte ich einen guten Einblick in die Trends und Geschmäcker des Landes, was über die Entwicklung von Ideen für zukünftige Kooperationen mit den Bloggern selbst meine PR-Arbeit im jeweiligen Markt inspiriert (Auswahl von PR-Themen, Fotomaterial im lokal beliebten Look & Feel etc.).
- Vereinzelt Produktmuster für die Berichterstattung zur Verfügung stellen
- Beobachten, wie andere Unternehmen mit Bloggern kommunizieren oder sie in PR-Events integrieren; empfehlenswert ist der Informationsaustausch mit befreundeten Bloggern, sofern vorhanden, oder mit Freunden in anderen Unternehmen, die einen ähnlichen Beruf ausüben (Stichwort »individuelles Netzwerken«).
- Blogger bei der Budgetplanung für bezahlte PR berücksichtigen, da viele professionelle Blogger mit großen Reichweiten diese immer häufiger bevorzugen. Das kann z.B. so aussehen, dass wir auf einen Blogger zugehen und ihm ein Thema anbieten. Wenn er oder sie nur gegen Bezahlung darüber schreiben möchte, holen wir ein offizielles Angebot ein. Wir klären, was wir zu welchem Preis bekommen (Post mit x Wörtern und x Bildern), und – analog zu bezahlten Advertorials in Printme-

dien – liefern wir entsprechend Text und Bild, den der Blogger dann in der Regel in »seine« Sprache und seinen Look bringt und letztlich als bezahlte PR kennzeichnet (z.B. durch den Zusatz »sponsored by« oder »redaktionelle Anzeige«). Wie bei Advertorials in Printmedien auch, achten wir darauf, dass wir den Beitrag freigeben können und dass er als bezahlt gekennzeichnet ist.

- Leitlinie in Bezug auf die Zielgruppe Blogger sowie das gesamte Thema Social Web müssen sein: »Learning by Doing«. Man muss ausprobieren, was am besten funktioniert, sich auch mal irren und aus möglichen »Niederlagen« lernen. Von solchen »Niederlagen« kann ich persönlich derzeit noch nichts berichten, aber ich möchte ein positives Beispiel an dieser Stelle teilen, was bereits gut funktioniert hat.

Pressebesuch mit Bloggern

Im Sommer 2012 hatte ich einen Besuch von rund 10 Medienvertretern aus Russland bei Villeroy & Boch in Mettlach betreut. Darunter waren überwiegend Redakteure klassischer Medien im Architektur- und Interior-Design-Bereich, wie z.B. das Printmagazin »ELLE Decoration«, aber auch eine Interior-Design-Bloggerin (»Enjoy Home«). Während ihres Besuchs bei Villeroy & Boch verfasste sie insgesamt drei Blog-Posts über die Einrichtung des Gästehauses von Villeroy & Boch, Schloss Saareck, darüber hinaus über die Alte Abtei, das Headquarter der Firma, sowie über die Sanitärproduktion in Mettlach. Die Posts lebten in erster Linie von dem umfangreichen und ästhetischen Fotomaterial, das die Bloggerin Nadya Zotova selbst aufnahm.

Mein persönliches Fazit hierzu ist positiv:

- Die Zusammenarbeit war unkomplizierter, weil sie die Fotos selbst machte und der Umgang locker war.

- Nadya Zotova verfasste drei Blog-Posts im Zuge dieses Pressebesuchs und teilte die Bilder zudem auf Instagram. Der Anzeigenäquivalenzwert ist aktuell die Hauptmessgröße, die wir nutzen: Der Wert dieser Blog-Posts auf »Enjoy Home« war wesentlich geringer als eines mehrseitigen Artikels, den wir in der ELLE Decoration platziert hatten (ca. 1.500 € bis 2.000 € versus rund 60.000 €).

- Deshalb ist derzeit nach wie vor unser Fokus, etablierte Medien mit großer Reichweite, deren Zielgruppe kaufkräftig und luxusaffin ist, zu betreuen. Ausgewählte Blogger wie im beschriebenen Fall kommen jedoch hinzu, da die Print-Auflagen teils schrumpfen und neue Zielgruppen via Blogs erreicht werden können.

- Aufgrund von Ressourcen werden Blogger in reguläre PR-Maßnahmen integriert.

- Die Evaluierung des Wertes von PR im Web muss überarbeitet werden, der Anzeigenäquivalenzwert ist doch sehr printbezogen.

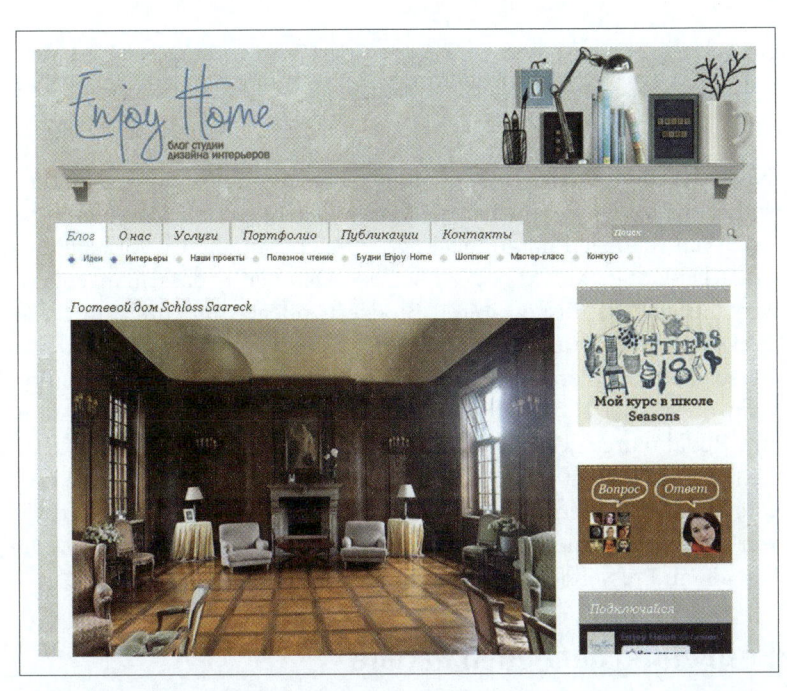

◀ **Abbildung 5-4**
Blog-Post über das Gästehaus Schloss Saareck von Villeroy & Boch auf »Enjoy Home«

Blogger-Relations: Erfolg messen

Erfolg in der Zusammenarbeit mit Bloggern stellt sich also schrittweise ein. Das erste Ziel, für die Marke und die Produkte relevante Blogger zu identifizieren, wurde bei Villeroy & Boch vorläufig erreicht. Für rund 20 internationale Märkte inklusive den DACHL-Ländern wurden die (mindestens) jeweils 10 bis 20 wichtigsten Blogger auf Grundlage eines Kriterienkatalogs identifiziert, der auf die für die unterschiedlichen Produkte von Villeroy & Boch relevanten Themenkategorien abgestimmt war, wie z. B. (Interior-)Design, Architektur und Kulinarik. Die Wichtigkeit der Blogger wurde festgemacht an Kriterien wie

- Anzahl der Leser
- Stärke der Vernetzung mit anderen Bloggern, anderen (Online-)Medien sowie der Präsenz in anderen Netzwerken, wie Facebook, Twitter und Pinterest
- Sind die Blogger Mitglied in einem Netzwerk aus mehreren Bloggern? Haben sie eine Kooperation mit einem Medium, wie einem Magazin o. Ä.? Oder sind sie sogar »der« oder »die« offizielle BloggerIn dieses Mediums?

> **Hinweis** Diese Werte haben wir auf den Blogs selbst recherchiert. Viele Blogger kommunizieren, in welchen Social-Media-Kanälen sie präsent sind und verlinken diese auf ihrem Blog.

Nach der umfangreichen Recherche gilt es nun, Beziehungen zu diesen Bloggern aufzubauen und sie zu pflegen. Intern bei Villeroy & Boch hat man sich darauf geeinigt, zunächst qualitativ vorzugehen, auf Klasse statt auf Masse zu setzen. Das heißt, dass man engere Beziehungen zu ausgewählten Bloggern pflegen möchte, um diese Zielgruppe und ihre Bedürfnisse, Interessen sowie ihre Arbeitsweise besser kennenzulernen. Erste Blogger wurden schon in internationale Presse-Reisen sowie in Presse-Events integriert – gemeinsam mit Redakteuren/Journalisten. Die Erfahrung ist dabei unterschiedlich. Einige haben umfangreicher berichtet als klassische Redakteure, andere haben weniger oder gar nicht berichtet. Blogger arbeiten freier und unabhängiger, und sie arbeiten mitunter weniger eng mit einem Pressereferenten zusammen, als Redakteure dies tun.

Bespielung der neuen Kanäle

Die Themen, die in den sozialen Netzwerken im Internet stattfinden, werden bei Villeroy & Boch von Kommunikations- (PR, Marketing) und Produktexperten (Produktmanagement) gemeinsam evaluiert. Teamwork ist angesagt: So wissen Social-Media- und PR-Team zum Beispiel durch Monitoring, was die Community bewegt – beispielsweise das Trend-Thema »Kaffee«.

Kaffee ist bekanntermaßen eines der beliebtesten Getränke weltweit, und das Wort »Kaffee« ist ein beliebter Hashtag (rund 27.000 Tags bei Instagram im Februar 2013) – und das englischsprachige Wort »coffee« ist sogar ein sehr beliebter (rund 7.000.000). Der E-Commerce-Manager wiederum weiß, welche Kaffeetassenkollektion am besten verkauft wird, oder auch, welche neue Kollektion demnächst erhältlich sein wird und in Absprache mit dem Produktmanagement Marketing- und PR-seitig unterstützt werden soll. Mit vereintem Know-how kann so optimal gearbeitet werden.

Themen werden vom PR- oder vom Social-Media-Team selbst auf unterschiedliche Weise für das Social Web generiert und aufbereitet. Dafür gibt es im Wesentlichen drei Möglichkeiten:

1. Klassische PR-Themen (z.B. aus Pressemitteilungen) werden für einzelne oder mehrere soziale Netzwerke mit aufbereitet (PR-Team):

- Facebook-Post mit Foto/Bildergalerie
- Tweet für Twitter
- Fotomaterial für Instagram/Pinterest
- Videomaterial für YouTube (Erstellung ist vom Budget abhängig.)

Dies zu tun, macht in den meisten Fällen Sinn. Jedes PR-Thema eignet sich für mindestens einen Social-Media-Kanal. Das PR- und das Social-Media-Team wägen je nach vermutetem Interesse seitens der Community oder strategischer Wichtigkeit des Themas im Unternehmen ab, für welche Kanäle und mit welchem Text- und/oder Bildmaterial dieses Thema aufbereitet werden soll.

2. (PR-)Themen werden explizit für das Social Web erstellt (PR-Team und/oder Social-Media-Team).
3. Kampagnen werden explizit für das Social Web entwickelt (Social-Media-Team).

Beispiele für PR-Themen im Social Web

Klassische PR-Themen, die ins Social Web verlängert werden, kommen derzeit bei Villeroy & Boch aus Ressourcengründen am häufigsten vor. Die Verwendung von Pressematerial, das wir z.B. für Messen, Feiertage oder Events ohnehin erstellen, in einer auf das Social Web angepassten Art und Weise bedeutet einen überschaubaren Mehraufwand, da die PR-Manager Text- und Bildmaterial ohnehin für die klassische Pressearbeit aufbereiten. Die PR-Manager bei Villeroy & Boch denken jedes ihrer PR-Themen mittlerweile für alle Kanäle mit. Das Bildmaterial wird dabei ggf. neu erstellt, wenn das »klassische« Material zu gestylt und »perfekt« ist. Die PressereferentInnen machen dann selbst Fotos mit der Digitalkamera der Presseabteilung.

Beispiele für Themen dieser Art – die für die klassische Pressearbeit ohnehin erstellt werden – sind neben Produkt-PR-Texten zum Beispiel Grüße und Aktionen zum Valentinstag oder saisonale Feiertage, wie Weihnachten und Ostern, die über die Presse-Informationen zu Produktneuheiten hinaus für das Social Web aufbereitet werden. Dies geschieht zum Teil auf der Grundlage unterschiedlicher Timings, da das Social Web in Echtzeit funktioniert, die Printmedien hingegen einen Vorlauf von meherern Wochen oder Monaten haben. Ein einseitiger Pressetext zum Valentinstag oder zu Ostern mit Dekorationstipps unter Einbeziehung der (neuen) Pro-

Abbildung 5-5 ▼
Simple Grüße zum Sonntag oder zu Ostern gehören zu den TOP 5 der beliebtesten Facebook-Posts (Stand: März 2013).

dukte von Villeroy & Boch wird dann schon mal auf eine einfache und knappe Formel gebracht (siehe Abbildung 5-5) und erhielt damit rund 800 Likes und mehr als 100 Shares, was ihn zu einem der TOP-5-Posts in der Villeroy & Boch-Facebook-Historie mit einer hohen Viralität gemacht hat.

Bei Villeroy & Boch hat die Erfahrung gezeigt, dass die Produkte rund um die Tischkultur etwas emotionaler wirken als die um Bad & Wellness. Ein gedeckter Frühstückstisch mit einem einfachen »Have a nice Sunday!«-Gruß gehört bislang zu den beliebtesten Posts, gemessen an der Anzahl der »Likes«.

Ein konkretes Learning für die Produkt-PR liegt hier in der Ansprache neuer Zielgruppen, zu denen nicht nur Pressevertreter gehören, sondern auch private Endkonsumenten. Ein einfacher, freundlicher Text oder Gruß und ein Foto mit einer gleichermaßen einfachen, emotional nachvollziehbaren Bildsprache vermitteln der Community ein positives, lockeres Image von Villeroy & Boch und macht ganz nebenbei auf (neue) Produkte aufmerksam. Das kommt bei den Endkonsumenten weltweit am besten an. Je einfacher, allgemeiner und niemals politisch oder religiös ein Post ist (weltweit stark kommerzialisierte religiöse Feste wie Weihnachten und Ostern sind die Ausnahme), desto besser funktioniert er – länder- und kulturübergreifend.

Weitere Beispiele sind Referenzprojekte von Villeroy & Boch, wie die Ausstattung des *Venice Simplon-Orient-Express* mit exklusiv designtem Geschirr. Hierzu gibt es klassische Pressetexte, mit denen die mediale Öffentlichkeit über diese Neuigkeit informiert wird, sowie eine Veröffentlichung auf der Unternehmenswebsite, um die Öffentlichkeit im Web direkt zu informieren. Im Zuge des Social Webs werden nun auf Grundlage dieser Pressetexte Posts, Tweets und Fotobeiträge in den zuvor aufgelisteten Kanälen erstellt.

Künstlerkooperation »Second Glance«

Ein weiteres, umfangreicheres Beispiel ist die Künstlerkooperation »Second Glance – The Loop Art Project« mit Ebon Heath, der 2012 eine limitierte Edition von 100 Designs für ein Waschbecken aus der Kollektion »Loop & Friends« entworfen hatte. Das Ziel dieses Projekts von Produktmanagement, -entwicklung und PR war es, eine junge, design- und kulturorientierte Zielgruppe zu erreichen, die sich natürlich auch im Social Web bewegt. So boten sich neben einer einfachen redaktionellen Verlängerung des Themas in das Social Web auch eigens hierfür entwickelte Maßnahmen an, die bis ins Jahr 2013 ausgedehnt wurden. Die Kommunikation zu diesem Projekt war vielseitig und generierte auf Facebook im Zeitraum von Mai 2012 bis März 2013 eine Reichweite von 681.463.

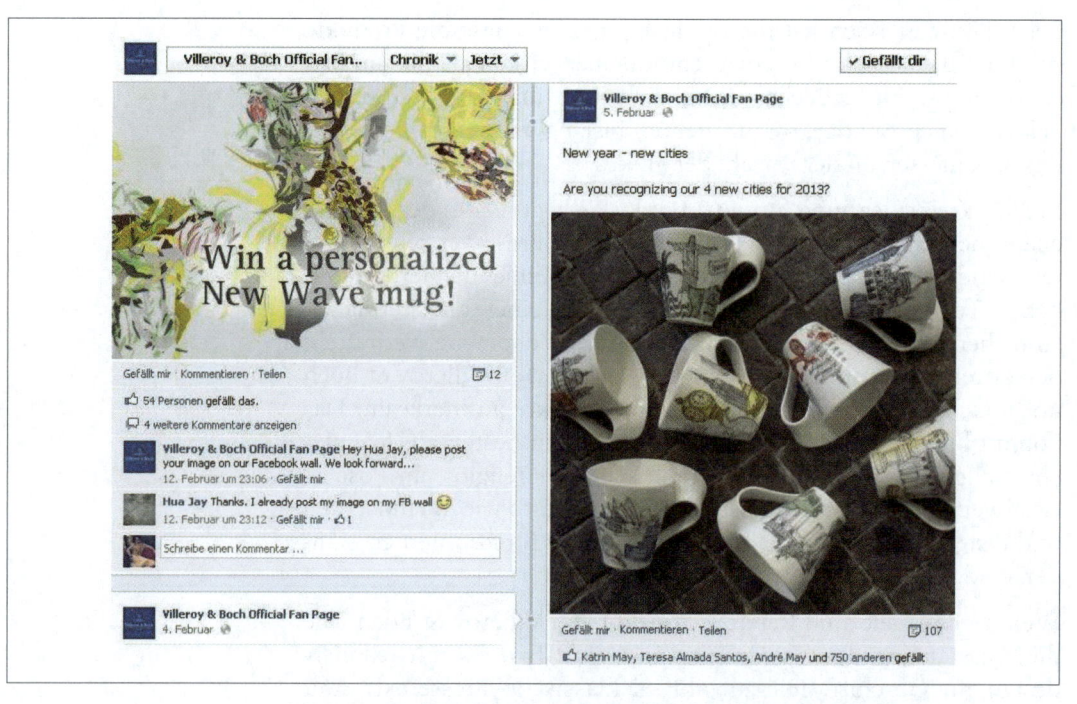

▲ **Abbildung 5-6** Gewinnaktion bei Facebook mit produktübergreifender Werbewirkung: Künstlerisches Design von Waschbecken wird auf die beliebte NewWave-Tasse gebracht. 1561 User liken, 126 sharen das Gewinnspiel, und 80 nehmen aktiv teil.

▲ **Abbildung 5-7** Personalisierbares Wallpaper für die Fans mit Second-Glance-Dekor

◀ **Abbildung 5-8**
Second Glance auf Pinterest

◀ **Abbildung 5-9**
Second-Glance-Tweet

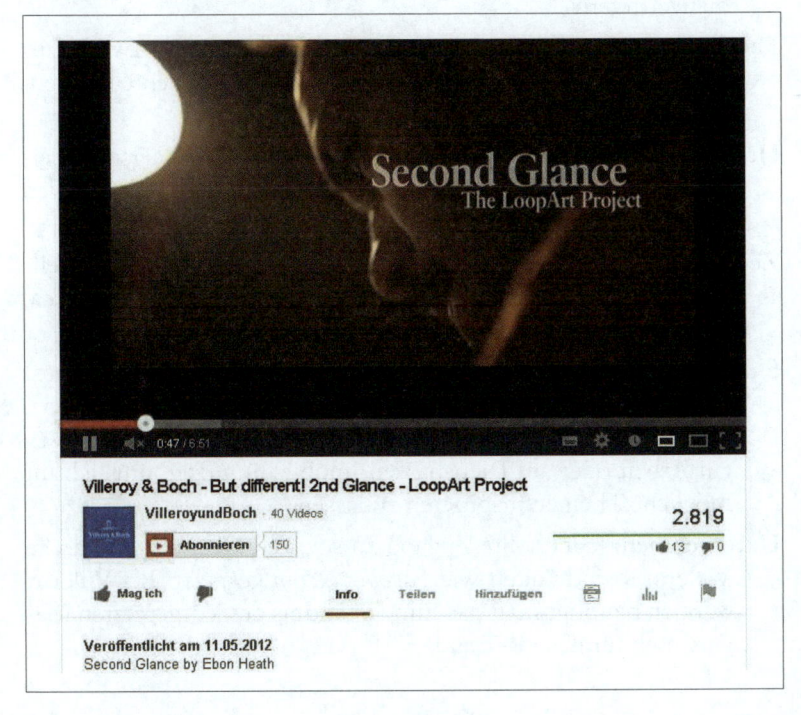

◀ **Abbildung 5-10**
Moodfilme über das Projekt sind auf dem V&B-YouTube-Kanal zu sehen.

Herausforderungen im Social Web

Mitarbeiter für die neuen Aufgaben fit machen

Sie haben Mitarbeiter, die Sie mit der Social-Media-Welt vertraut machen möchten? Dieses Training kann zum einen professionell mit der Teilnahme z.B. an Seminaren erfolgen. Es gibt auch persönliche Coachings, die von Experten angeboten werden, und darüber hinaus können Online-Tutorials u.Ä. einen guten Einblick bieten. Zur Vertiefung muss das Eigenstudium hinzukommen, also »Learning by Doing«. Dies kann mit ausgewählter Literatur unterfüttert werden (siehe die Literaturtipps in Tabelle 5-1).

Kollegiales vs. professionelles Coaching

Bei Villeroy & Boch haben sich die PR-Manager zum einen gegenseitig gecoacht (»Peer Feedback«). Dabei haben die in dem Thema Social Media erfahreneren Kollegen den Unerfahreneren von ihren persönlichen Aktivitäten, Erfahrungen und Beobachtungen berichtet:

Wo und wie sollte man als PR-Manager starten?

LinkedIn, Xing: professionelles, internationales Netzwerk zur Pflege bestehender und zukünftiger Geschäftskontakte, z.B. mit Medienvertretern

Facebook, Twitter, Instagram und Pinterest: soziale Netzwerke zur Beobachtung der Social-Web-Aktivitäten des eigenen Unternehmens sowie anderer Markenunternehmen

HootSuite: Tool zur Beobachtung und Verwaltung aller eigenen (persönlichen sowie unternehmenseigenen) Accounts in sozialen Netzwerken auf einen Blick

Zeitmanagement: Reservierung eines täglichen Social-Media-Zeitfensters zu Anfang und/oder gegen Ende eines Arbeitstages (ca. 30 Minuten pro Tag, je nach Kapazität)

Smartphone: Ein privates (optimalerweise natürlich geschäftliches) Smartphone mit Internet-Flatrate hilft sehr gut dabei, Social Media öfter und »zwischendurch« (zum Beispiel auf dem Weg zur Arbeit oder auf Dienstreisen) mobil zu nutzen, um sich für mögliche Themen inspirieren zu lassen.

Unternehmen: Jeder sollte Zugang zu sozialen Netzwerken haben. Vielerorts sind Seiten wie *Facebook.com* gesperrt. Bei Villeroy & Boch benötigt man das Einverständnis des Vorgesetzten (das galt auch für das PR-Team).

Ein Vorteil dieser Art des Coachings im Vergleich zum professionellen ist der niedrige Kostenfaktor. Voraussetzung für kollegiales Coaching ist die uneingeschränkte Unterstützung des Chefs und aller Teammitglieder. Das heißt: Alle im Team müssen es wollen und mitmachen, die Führungskraft muss den notwendigen Zeitaufwand dafür einplanen. Gemeinsame Tages-Workshops können darüber hinaus helfen, gemeinsame, aber auch individuelle Ziele festzulegen und Maßnahmen zu definieren.

Zusätzliche Unterstützung für unerfahrenere PR-Kolleginnen gab es bei Villeroy & Boch von einem externen Profi: Marie-Christine Schindler. Wir überlegten gemeinsam, wer eine intensivere Betreuung wünscht. Anschließend haben wöchentliche Einzelcoachings per Skype über 3 Monate hinweg drei Kolleginnen im PR-Team dabei geholfen, sich kontinuierlich mit dem Thema Social Media auseinanderzusetzen, ihre Erfahrungen im Ausprobieren der gängigen Netzwerke mit einem Profi zu teilen und zu besprechen. Sie haben individuelle Tipps erhalten, wie sie die neue Kommunikationsdisziplin in ihre tägliche Berufspraxis integrieren können.

Der Aufbau des Coachings sah vereinfacht wie folgt aus:

1. Erhebung des Ist/Soll-Zustands (z.B.: Kann ich in der Firma auf die Kanäle zugreifen? Wie viel weiß ich schon über das Social Web, und was interessiert mich im Hinblick auf meine PR-Arbeit besonders?)
2. Aufbau einer Infrastruktur (z.B. persönliches Profil erstellen, Smartphone anschaffen, etc.)
3. Zuhören (z.B.: Was passiert auf den einzelnen Plattformen, wer kommuniziert dort in welcher Art und Weise?)

Tipp Welche Themen finden bei Facbook statt, wie sehen Tweets bei Twitter aus, und wie gehen User mit diesen um (retweeten, @-Mentions integrieren zur direkten Ansprache eines anderen Twitterers innerhalb eines Tweets etc.)? Oder: Wer von meinen Medienkontakten ist z.B. auf Twitter »unterwegs«, wer hat einen Instagram-Account, und welche Themen bewegen ihn oder sie dort? Wie kann ich mich mit ihnen vernetzen? Dies bietet auch Anknüpfungspunkte im persönlichen Kontakt.

4. Planen (z.B.: Wie kann ich meine Social-Media-Themen in die Gesamtplanung aller PR-Aktivitäten sinnvoll integrieren? Wie kann ich Social Media effizient in meinen beruflichen Alltag integrieren? etc.)

Tipp — Wie kann ich mein aktuelles PR-Thema, an dem ich arbeite, auf der Facebook-Fanpage darstellen? Welcher Text und welches Bild eignen sich dazu und welche weniger? Hier kann man ausprobieren und eine Woche später gemeinsam mit dem Coach die Ergebnisse evaluieren. Learning bei Villeroy & Boch: Ein perfekt gestyltes Bild aus Hochglanz-Marketingbroschüren wird seltener »geliked« als ein authentisches Foto.

5. Teilnehmen (Inhalte entwickeln, veröffentlichen und beobachten)

Möglichkeiten, Reisekosten zu sparen, bieten übrigens Online-Kurse, -Schulungen oder -Lehrgänge. Am »Crashkurs Social Media« der *Social Media Akademie* hat das PR-Team per Video-Vorlesung teilgenommen. Inhalte waren: »Was ist Social Media?«, »Wie lege ich mein Profil richtig an?«, »Wie gelingen mir gute Inhalte, die ankommen?« etc. bis hin zu allgemeinen Empfehlungen und »Verhaltensregeln im Internet«. (*www.socialmediaakademie.de*)

Tabelle 5-1 ▶ Literaturtipps und hilfreiche Websites

Titel	Beschreibung
PR im Social Web (Fachbuch von Marie-Christine Schindler und Tapio Liller)	Handbuch für Kommunmikationsprofis mit theoretischen, wissenschaftlichen Abhandlungen über die veränderte Kommunikation in der digitalen Gesellschaft sowie praktischen Tipps und Beispielen (O'Reilly, 2. Auflage, 2012)
Handbuch Online-PR (Fachbuch von Ansgar Zerfaß und Thomas Pleil (Hg.))	Handbuch für strategische Kommunikation im Internet und Social Web inklusive Best Practices von renommierten Autoren aus Wissenschaft und Praxis (UVK Verlagsgesellschaft, 1. Auflage, 2012)
PR-Blogger (*www.pr-blogger.de*)	Sicherlich ein bereits bekannter Blog von einem der ersten Profis für PR und Social Media, Klaus Eck. Bei PR-Bloggern geht es um »Kommunikation und Reputation im Social Web« in Theorie und Praxis; sehr aktuell mit guten Services für selbstständige oder angestellte PR-Profis (inkl. Stellenausschreibungen).
Slideshare (http://de.slideshare.net)	Sehr gut vernetzte und internationale Plattform für Präsentationen von Privatpersonen, Profis, Unternehmen zu einem umfangreichen Themenspektrum, inklusive der PR, Social Media und anderen Online-Themen
HootSuite (*www.hootsuite.de*)	Social Media Management Board zur Verwaltung der eigenen sozialen Netzwerkpräsenzen; eignet sich besonders gut im professionellen Umfeld und wird von vielen Unternehmen genutzt (kostenlos, mehr als 5 Millionen Nutzer weltweit (Februar 2013))

Allgemeine Tipps für PR-Manager in der digitalen Welt

Nach eigenen beruflichen Erfahrungen mit Social-Media-Themen und den einschlägigen Kanälen können an dieser Stelle resümierend folgende Tipps für die genannte Berufsgruppe ausgesprochen werden – von A BIS Z:

A – Analyse: Hilfreich ist zweifelsohne die Analyse, wie andere Unternehmen mit ihren Zielgruppen online kommunizieren und agieren. Dabei sind positive Beispiele so hilfreich wie negative. Die Analyse der unternehmenseigenen Social-Media-Aktivitäten in Form von Monitoring ist ebenfalls essenziell – getreu der Leitlinie »Learning by Doing« (wohlgemerkt: entlang einer übergeordneten Strategie).

B – Beziehungspflege: Auch wenn die Beziehungen zur digitalen Zielgruppe überwiegend online stattfinden, müssen sie gepflegt werden. Dies geschieht insbesondere im Hinblick auf Journalisten und Blogger weiterhin auch offline.

I – Integration: Social Media muss ein fester Bestandteil der täglichen Arbeit werden. Die neuen Zielgruppen und Kanäle müssen automatisch mit bedacht und in das eigene Berufsverständnis integriert werden.

S – Seriosität: Social Media sollte – vor allem von denjenigen in der Branche, die a) seit mehr als 10 Jahren in ihr tätig sind und/oder b) die Kanäle privat nicht nutzen (möchten) – nicht als Modeerscheinung wahrgenommen werden, sondern muss wenigstens vollständig akzeptiert und in das eigene Berufsverständnis integriert werden. Darüber hinaus soll die Grundlage jeden Handelns in diesem Bereich einer übergeordneten Strategie folgen; auch das ist unter Seriosität zu fassen.

Z – Zeit: Neue Zielguppen bzw. veränderte Gewohnheiten alter Zielgruppen müssen erschlossen und verstanden werden. Man sollte sich Zeit nehmen, das Social Web kennenzulernen. Erst einmal geht es darum, zu beobachten und zuzuhören, was die Community interessiert, bewegt und wie sie kommuniziert. Diese Zeit muss man sich – insbesondere anfangs – auch außerhalb der Arbeitszeit nehmen, da die Community nicht nur von »9 to 5« aktiv ist.

Zur Autorin

Jessika Maria Rauch studierte in Düsseldorf Sozialwissenschaften (B.A.) und Politische Kommunikation (M.A.). Erste berufliche Erfahrungen sammelte sie neben dem Studium als freie Autorin bei diversen Print- und Rundfunkmedien sowie in der PR/Öffentlichkeitsarbeit in Deutschland und den USA. Sie startete ihre berufliche Laufbahn in der Unternehmenskommunikation der Beiersdorf AG in Hamburg, anschließend verantwortete sie Online-Kommunikation beim BDEW Bundesverband der Energie- und Wasserwirtschaft e.V. in Berlin. Seit September 2011 betreut sie als International PR Manager das Produktportfolio der Villeroy & Boch AG in allen außereuropäischen Märkten inklusive der Wachstumsregionen Russland und China.

Villeroy & Boch

Villeroy & Boch ist ein europäischer Keramikhersteller, der 1748 in Lothringen gegründet wurde. Mit Hauptsitz in Mettlach (Saarland) ist das börsennotierte Traditionsunternehmen heute in 125 Ländern mit seinen Produkten vertreten. Villeroy & Boch bündelt seine Geschäftsaktivitäten in den Unternehmensbereichen *Bad & Wellness* und *Tischkultur*. Das Unternehmen ist seit 2010 im Social Web aktiv. Den Start machte es mit Facebook, weitere Kanäle folgten sukzessive.

Aufbau eines Corporate Blogs in 50 Tagen

In diesem Kapitel:
- Gute Aussichten für Unternehmensblogs
- Bloggen kostet Zeit und Ressourcen
- Ohne Unterstützung von oben geht es nicht
- Gutes Veränderungsmanagement ist das A und O

Von Meike Leopold
salesforce.com

Zusammenfassung: Als »Senior Manager Social Marketing and Engagement« beim Business-Cloud-Pionier und -Marktführer *salesforce.com* entwickele ich die Social-Media-Strategie für das IT-Unternehmen im deutschsprachigen Raum. Mein erstes Großprojekt bestand im Aufbau eines Corporate Blogs, das Mitte Mai 2013 unter *salesforce.com/de/blog* live gegangen ist.

Ein Blog eignet sich ideal als zentrale Anlaufstelle der Social-Media-Kommunikation eines Unternehmens. Im folgenden Artikel beschreibe ich, wie ich das Blogprojekt bei salesforce.com aufgesetzt habe und welche Vorgehensweise notwendig ist, um in nur 50 Arbeitstagen mit einem Corporate Blog live zu gehen – von Zielsetzung und Strategie bis hin zur Umsetzung.

Blog: *salesforce.com/de/blog*

Gute Aussichten für Unternehmensblogs

Dialog statt einseitiger Botschaft – Corporate Blogs eignen sich ideal als zentraler Baustein einer Kommunikationsstrategie, die diesen hohen Anspruch in der Praxis einlöst. Bloggen ist eine zeitgemäße, authentische und direkte Form der digitalen Kommunikation, und zwar ohne Hochglanz-Attitüde. Aus meiner langjährigen Erfahrung als Unternehmensbloggerin weiß ich: Ein Corporate Blog gibt Unternehmen ein Gesicht und erlaubt Stakeholdern wie

Mitarbeitern, Kunden oder Lieferanten einen Blick hinter die Kulissen – auf ungezwungene Art.

Darüber hinaus ist das Blog eine wertvolle Quelle für Inhalte, die sich im Social Web weiterverteilen lassen. Das gilt ganz besonders für die Kommunikation von B2B-Unternehmen, die häufig komplexe und daher schwer vermittelbare Produkte beziehungsweise Lösungen haben, dafür aber jede Menge gut ausgebildete Spezialisten und Experten beschäftigen, mit deren Unterstützung sich diese Inhalte auf einem Blog gut und zeitgemäß vermitteln lassen.

Laut einer Studie der Agentur Creative 360, für die international tätige B2B-Anbieter in Deutschland befragt wurden, sind fast 70 Prozent der Meinung, dass Themen-Blogs, also Blogs mit einem ganz speziellen Fokusthema, in Zukunft immer wichtiger werden. Fast die Hälfte der Befragten geht davon aus, dass Corporate Blogs in Zukunft einen hohen oder sogar sehr hohen Stellenwert einnehmen.

Lesetipp Creative 360: B2B Social-Media in der Praxis.
Link: *http://www.creative360.de/b2b-social-media-studie*

Salesforce.com lag also genau im Trend, als wir im Februar 2013 daran gingen, für das Unternehmen ein deutschsprachiges Blog aufzubauen. Dabei lag die Messlatte hoch, denn wir hatten intern wie extern große Vorbilder: Das US-amerikanische Salesforce-Blog (*http://blogs.salesforce.com/*), das von einem Redaktionsteam am Firmenhauptsitz San Francisco produziert wird, hat 100.000 Besucher im Monat und nimmt es mittlerweile mit Online-Auftritten wie dem des bekannten *Harvard Business Review* auf. Zu den Leuchttürmen unter den deutschen Corporate Blogs gehören heute Auftritte der B2C-Unternehmen *Frosta*, *Tchibo* oder *Yello Strom*. Es gibt jedoch auch sehr erfolgreiche B2B Corporate Blogs wie die von *DATEV* oder *SMA Solar Technology*.

Bloggen kostet Zeit und Ressourcen

Im Gegensatz zu vielen privaten Blogs, die mehr oder weniger zum Selbstzweck betrieben werden, stehen für Unternehmen handfeste Business-Gründe hinter der Entscheidung, ein Blog zu starten (siehe Kasten). Das versteht sich von selbst, denn der Aufbau und auch der weitere Betrieb eines Corporate Blogs sind sehr zeit- und ressourcenintensiv.

So investierte ich als Social-Media-Verantwortliche in der heißen Phase vor dem Go-Live des *Salesforce Deutschland Blogs* ca. 60 Prozent meiner Zeit allein in dieses Projekt. Dazu kamen mindestens zweieinhalb extern zugekaufte »Frautage« pro Woche sowie der Zeitaufwand des internen Web-Teams, das sich um die Technik kümmerte. Nach dem Go-Live folgt meiner Erfahrung nach eine weitere intensive Anschub-Phase von mindestens einem halben Jahr. Auch hier bleibt der Aufwand weiterhin hoch, bevor sich so etwas wie »redaktioneller Alltag« einstellen kann.

Was wir mit dem Salesforce Deutschland Blog erreichen wollen

- die Bekanntheit der Marke salesforce.com im deutschsprachigen Markt steigern
- den Dialog mit Kunden und Interessenten ermöglichen – getreu unserem Motto: »Become a Customer Company!«
- die Kundenbindung mit unseren Zielgruppen, also Vertriebs-, Service-, Marketing- und IT-Verantwortlichen, stärken durch das kontinuierliche Liefern von Insights und nutzwertigen Informationen
- eine bessere Vertriebsunterstützung und damit auch mehr Leads
- und nicht zuletzt: das Unternehmen beim Recruiting unterstützen

Das Salesforce Deutschland Blog war von Anfang an als Blog konzipiert, das in der Hauptsache von Mitarbeitern geschrieben wird. Warum? Ein Hochglanz-Blog, das nur von PR-Leuten und/oder externen Agenturen betrieben wird, ist wenig glaubwürdig, authentisch oder lebendig – von den hohen Kosten ganz zu schweigen.

Rund um ein Unternehmen und sein Angebot gibt es jede Menge Menschen, die Informationen mit Nutzwert liefern können – seien es Vertriebsexperten, Sales Engineers, Personaler oder natürlich auch Führungskräfte. Mitarbeiterblogs eröffnen die Chance, dass sich die Begeisterung für den Dialog im gesamten Unternehmen ausbreitet und so den größtmöglichen Nutzen bringt – weit über die Kommunikationsabteilung hinaus.

Ich bin überzeugt davon, dass unsere Sales-Experten am besten wissen, wie unsere Cloud-Lösungen funktionieren, welche Vorteile sie haben und was unsere Kunden täglich umtreibt. Daher sind von Anfang an nur ca. 20 Prozent der Beiträge Reblogs von einem unserer Schwester-Blogs in den USA oder UK beziehungsweise Gast-Beiträge von Kunden, Partnern oder externen Experten, und 80 Prozent stammen von internen Autoren.

Ohne Unterstützung von oben geht es nicht

Einen Haken hat die Sache: Ohne Management-Unterstützung kommt ein Unternehmens-Blog, das von Mitarbeitern bestückt wird, nur schwer ans Laufen. Im Vorfeld muss die notwendige interne Akzeptanz geschaffen werden, damit die Mitarbeiter genügend Zeit für das Bloggen eingeräumt bekommen und sich vor allem dazu ermutigt fühlen.

Dass das Blog ein »Wunschkind« ist, war bei salesforce.com in Deutschland idealerweise von Anfang an klar. So mussten keine langen Schleifen in der Geschäftsführung gedreht werden, um eventuelle Vorbehalte auszuräumen oder Budgets genehmigen zu lassen. Dennoch stellte es sich als wichtige Aufgabe heraus, die Manager »abzuholen« und immer wieder per Mail oder Gespräch darüber zu informieren, dass das Blog geplant und was damit erreicht werden soll. Von zentraler Bedeutung ist auch, dass Manager selbst in die Tasten hauen und Blogposts verfassen – die Vorbildfunktion für die Mitarbeiter ist nicht zu unterschätzen. Auf dem Salesforce Deutschland Blog fassten sich gleich mehrere Führungskräfte ein Herz und leisteten damit wertvolle Anschubhilfe.

Abbildung 6-1 ▶
Noch in den Windeln: Das »Wunschkind« Salesforce Deutschland Blog ging im Mai 2013 online.

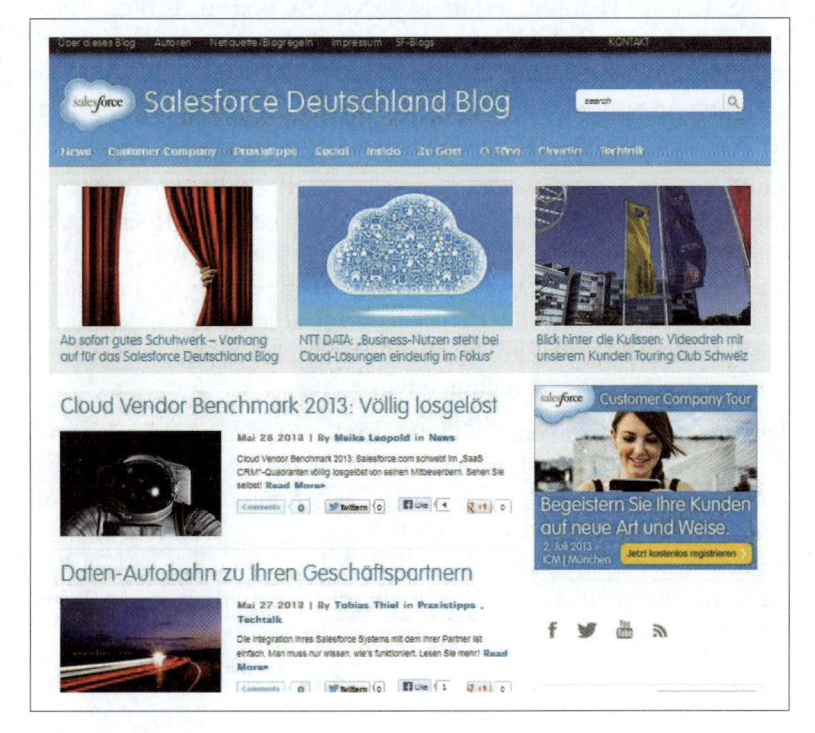

◀ **Abbildung 6-2**
Schon erwachsen: Das NTT DATA Blog (vormals Cirquent Blog) war das erste Unternehmensblog, das ich aufgebaut habe – es ist mittlerweile seit über fünf Jahren online.

Gutes Veränderungsmanagement ist das A und O

Nachdem das Kommunikationskonzept und damit auch die Zielsetzung des Blogs Ende Februar verabschiedet waren und der Go-Live-Termin gesetzt war, hatten ich und das Projektteam noch sportliche 50 Arbeitstage Zeit, um das »Kind« auf die Web-Welt zu bringen.

Zunächst entwickelten wir auf Basis des Konzepts ein Wireframe (siehe Abbildung 6-3), also eine Art inhaltliches Gerüst für das Blog, damit das Web-Team mit der Umsetzung im Content Management System (CMS) beginnen konnte. In Sachen Technik gibt es je nach Auswahl der Plattform durchaus einige Hürden zu nehmen, aber die Herausforderung beim Bloggen liegt wie gesagt vor allem im internen Veränderungsmanagement. Deshalb ging es dann auch gleich mit Hochdruck daran, intern die Werbetrommel zu rühren und Überzeugungsarbeit zu leisten. Erst holten wir die Manager ab. Dann kamen die Mitarbeiter an die Reihe. Mein Tipp: Hartnäckigkeit gepaart mit Charme ist in dieser Phase lebenswichtig! Ein dickes Fell natürlich auch: Ich habe es jedenfalls nicht persönlich genommen, wenn einige Kollegen buchstäblich in Deckung gingen, sobald ich in der Kaffeeküche auf sie zusteuerte. Schließlich haben sie alle auch noch andere Projekte auf dem Tisch und chronisch wenig Zeit.

Abbildung 6-3 ▶
Das Wireframe für das Salesforce Deutschland Blog: Es zeigt die geplanten Elemente auf der Seite – von den Rubriken bis hin zu den Widgets wie der klassischen Blogroll in der Seitenleiste des Blogs.

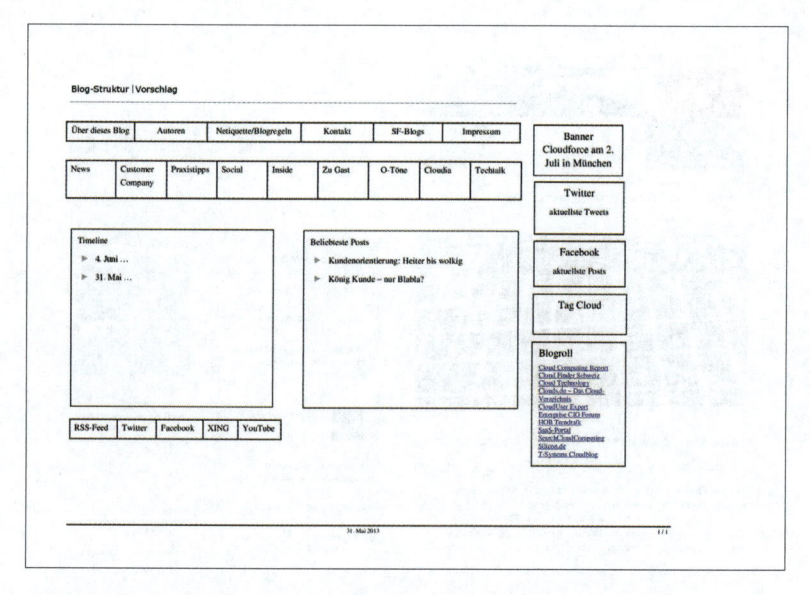

Unsere interne Kampagne bestand aus folgenden Elementen:

Infoveranstaltungen rund um folgende Fragen: Was ist ein Blog, warum starten wir ein Blog, warum sollen die Mitarbeiter mitmachen, und was bringt ihnen das Bloggen?

Schreibschulungen: Wie schreibt man einen Blogbeitrag? Was ist dabei stilistisch und inhaltlich zu beachten? Wie findet man ein gutes Thema? Qualitätskontrolle durch das Vier-Augen-Prinzip (jeder Blogpost geht durch eine Schlussredaktion) etc.

Werbetrommel rühren: Einladungen zum Mitmachen per Einzelgespräch, Mail oder via Poster (siehe Abbildung 6-4).

Anreize schaffen: Wer sich bereiterklärte, ein halbes Jahr lang jeden Monat einen Blogpost zu schreiben, erhielt als Dankeschön einen unterhaltsamen Theater-Abend für zwei Personen. Außerdem wurde er in die »Hall of Fame«, also die Autorenliste auf dem Blog (siehe Abbildung 6-5) aufgenommen.

Kommunizieren und noch mal kommunizieren: Regelmäßige Infos und Austausch auf einer eigens eingerichteten Chatter-Gruppe (Chatter ist das von salesforce.com entwickelte interne »Facebook«. Weltweit gibt es bereits über 70.000 Installationen dieses sozialen Netzwerks in Unternehmen.)

▲ **Abbildung 6-4**
Corporate Blogger müssen mit Nachdruck umworben werden: In den Büros von salesforce.com in Deutschland konnte niemand diesen Postern »entkommen«. Sie hingen vor allem auf den Toiletten.

◀ **Abbildung 6-5**
Ausschnitt aus der Autorenliste auf dem Salesforce Deutschland Blog

Ein Blog lebt von seiner Aktualität und Dynamik. Nichts ist peinlicher und schädlicher für die Reputation eines Unternehmens-Blogs, als wenn sich auf der Seite wenig bis gar nichts tut. Wir steckten uns deshalb das Ziel, mit zwei Blogbeiträgen pro Woche zu starten und diese Frequenz möglichst rasch auf drei Blogbeiträge und mehr zu steigern. Daher war es erfolgskritisch, gemeinsam mit den Pionier-Autoren bis Mitte Mai genügend Beiträge zu generieren, um komfortabel über die Wochen nach dem Go-Live zu kommen und genügend Luft für die Produktion neuer Beiträge zu haben.

Als es Ende April daran ging, die Beiträge in das CMS einzupflegen und eine erste Bestandsaufnahme zu wagen, war uns schon mulmig zumute. Der Countdown lief schließlich auf Hochtouren – nur noch wenige Tage bis zum Go-Live! Doch der Redaktionsplan zeigte, dass die Autoren gute Arbeit geleistet und genügend »Munition« bis weit in den Sommer hatten. Wir konnten sogar sehr bald vier Beiträge pro Woche veröffentlichen – darunter auch Artikel von unseren Kunden. Das war ein gutes Gefühl!

So konnten wir am 15. Mai 2013 um 14 Uhr pünktlich und erfolgreich online gehen. Ich gebe zu, dass mir ein wenig der Schweiß auf der Stirn stand, als wir den Schalter umlegten. Aber alles lief zum Glück glatt. Gleich am selben Tag zeigte sich übrigens auch, dass sich mit einem Blog die Tür für Gespräche und Diskussionen öffnet: Ein freundlicher Kollege aus der Schweiz regte in einem Kommentar an, die Namensgebung des Blogs zu überdenken: Schließlich gehörten auch Österreicher und Schweizer zu salesforce.com im deutschsprachigen Raum. Daher diskutierten wir das Thema anschließend auf dem Blog mit den Lesern.

Ein böser Kommentar – und nun?

Rund um das Thema Corporate Blogging, natürlich auch im eigenen Unternehmen, höre immer wieder dieselbe Frage: Wie gehen wir damit um, wenn es kritische Kommentare gibt? Meine Antwort ist: Klar, es gibt kritische Kommentare – ob sie nun gleich online gehen oder vorher moderiert werden. Sie gehören in der heutigen Online-Kommunikation selbstverständlich dazu. Mit einer eigenen Netiquette, also Verhaltensregeln für das Blog, lässt sich der Umgang mit dem Dialog gut regeln, aber natürlich nicht hundertprozentig kontrollieren. Meine Meinung: Die positiven Seiten des Dialogs überwiegen langfristig, und der Umgang mit dem Dialog erlernt sich beim Bloggen besonders gut.

Da ich bereits mehrere Blogs aufgebaut habe, darunter das heutige *NTT DATA Blog* (ehemals *Cirquent*), war mir nach dem Go-Live bewusst, dass die Arbeit jetzt erst richtig losgeht. Die »Beziehungsarbeit« mit den Autoren ging daher nach einer kurzen Verschnaufpause über Pfingsten mit unvermindertem Hochdruck weiter. Dem Blog-Team ist klar: In den kommenden Monaten stehen weitere wichtige Aufgaben an:

- die Frequenz der Beiträge beibehalten und stetig steigern
- die Autoren aus dem Unternehmen weiter in Sachen »Storytelling« ausbilden
- einen internen »News-Alert« für die Mitarbeiter entwickeln, damit (Blog)-Inhalte im Internet weiterverteilt werden
- das Blog über Twitter & Co. im Social Web vernetzen und bekannt machen
- die *Influencer Relations* ausbauen, etwa mit Bloggern
- die Sichtbarkeit des Blogs im Netz durch gezielte Suchmaschinenoptimierung kontinuierlich steigern
- messbar zu den Vertriebszielen beitragen, beispielsweise durch das gezielte *Upselling* von weiteren Online-Informationsangeboten des Unternehmens

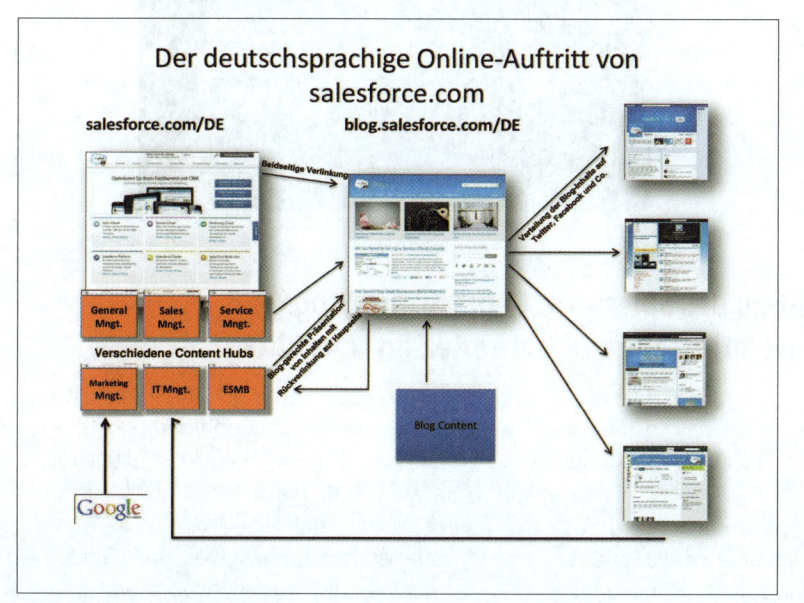

◄ **Abbildung 6-6**
Vernetzen und Verteilen: Das Salesforce Deutschland Blog ist ein zentraler Bestandteil der Online-Strategie von salesforce.com.

Fazit: Im Unternehmen ist eine hohe Akzeptanz das A und O für den Erfolg des Blogs. Ohne das Engagement der Mitarbeiter und eine professionelle Redaktion kommt das Blog nicht in die Gänge. Das Bloggen bietet zwar einen hohen Spaßfaktor, ist aber auch ein Never-Ending-Projekt. In diesem Sinne: *Keep on blogging!*

Und schauen Sie bei Gelegenheit mal auf dem Salesforce Deutschland Blog vorbei.

Abbildung 6-7 ▶
Werbung fürs Bloggen kann man auch auf Tassen machen – Kaffee wird im Büro schließlich immer getrunken.

Aufbau des Salesforce Deutschland Blogs – die wichtigsten Erfolgskriterien im Überblick

- Realistischen Projektplan für das Management erstellen – inklusive Kostenaufwandsschätzung für Technik und externe Unterstützung
- Kommunikationsstrategie entwickeln: Welche Botschaften sollen über das Blog transportiert werden? Wen soll das Blog ansprechen? Welche Kommunikationsziele sollen erreicht werden? Wie lässt sich das Blog sinnvoll in die Unternehmenskommunikation einbinden?
- Verantwortlichkeiten definieren und Ressourcen bereitstellen (Strategie, Redaktion, Erfolgsmessung etc.)
- Einbinden der Führungskräfte in die Blog-Planung, um im Unternehmen die nötige Rückendeckung für die Aktivität zu bekommen (Mailings, Teilnahme an Abteilungsmeetings, Einzelgespräche)
- Mitstreiter gewinnen: Aufbau eines Pionier-Teams von Unternehmensbloggern (Infoveranstaltungen, Schreibschulungen etc.)
- Im Unternehmen für das Blog werben: Regelmäßige Updates auf dem internen sozialen Netzwerk »Chatter«, eigene Chatter-Gruppe für angehende Salesforce-Blogger, Plakate im Unternehmen, Kaffeetassen mit Blog-Motiven etc.)

→

- Spielregeln aufstellen: Blog-Regeln bieten Lesern, aber auch Mitarbeitern Orientierung zu den *Dos und Don'ts* beim Dialog auf dem Blog.
- Externe Werbung: Entsprechend prominente Hinweise auf das Blog auf Websites, Social-Media-Auftritten, Geschäftsausstattung oder auch Kundengeschenken platzieren
- Kennzahlen (Besucher, Backlinks, Kommentare etc.) für die Erfolgsmessung des Blogs definieren und in die vorhandene Performance-Messung für die Web-Auftritte integrieren

Zur Autorin

Meike Leopold ist »Senior Manager Social Marketing and Engagement« bei salesforce.com. Sie hat kürzlich bei dem Marktführer für innovative Cloud-Lösungen für Vertrieb, Kundenservice und Marketing ein deutschsprachiges Unternehmensblog aufgebaut.

Ende 2012 hat Meike Leopold auf Basis ihrer langjährigen Erfahrungen als Unternehmensbloggerin das Praxishandbuch »Unternehmensblogs – Aufbau, Strategie und Inhalte« veröffentlicht. Darin zeigt die Social-Media-Expertin konkret, wie Unternehmen beim Aufbau eines Blogs vorgehen und worauf sie achten sollten: angefangen von der Überzeugungsarbeit, die beim Vorstand zu leisten ist, über Kommunikationsstrategie und Aufbau einer Blog-Redaktion bis hin zur Erfolgsmessung und Suchmaschinenoptimierung.

Über salesforce.com

Salesforce.com wurde im Jahr 1999 gegründet und ist das führende Enterprise-Cloud-Computing-Unternehmen. Mithilfe der sozialen und mobilen Cloud-Technologien von salesforce.com können sich Unternehmen auf völlig neue Art und Weise mit Kunden, Partnern und Mitarbeitern vernetzen und zu Customer Companies transformieren. Mit der salesforce.com-Echtzeit- und Multitenancy-Architektur, auf der die Plattform des Unternehmens und die Anwendungsservices aufsetzen, revolutioniert salesforce.com die Art und Weise, wie Unternehmen verkaufen, ihre Kunden betreuen und Innovation fördern. Mit der »Marketing Cloud« bietet salesforce.com seinen Kunden eine marktführende Lösung, die das Zuhören, den Dialog, die Erfolgsmessung und auch die erfolgreiche Werbung im Social Web ermöglicht. Salesforce.com selbst betreibt selbst eine ganze Reihe von Blogs weltweit – darunter das Salesforce Deutschland Blog. Darüber hinaus engagiert sich das Unternehmen weltweit intensiv auf Twitter und Facebook.

Digital Gutes tun – Social Media bei den Vereinten Nationen

In diesem Kapitel:
- 10 Tipps für strategisches soziales Netzwerken weltweit
- Weitere Tipps für den Ausbau einer (globalen) digitalen Fan-Gemeinschaft

Von Silke von Brockhausen
UNDP (Entwicklungsprogramm der Vereinten Nationen)

Zusammenfassung: In diesem Artikel beschreibe ich in 10 Tipps, warum bei den Vereinten Nationen mit Fokus auf das UNO-Entwicklungshilfeprogramm seit vielen Jahren Social Media mit Erfolg zum Einsatz kommt.

Disclaimer: Der Beitrag spiegelt meine persönliche Meinung wider. Diese entspricht nicht unbedingt in allen Punkten denen meines Arbeitgebers.

Facebook: *www.facebook.com/undp*

Twitter: *www.twitter.com/undp*

Website: *www.undp.org*

10 Tipps für strategisches soziales Netzwerken weltweit

Soziale Netzwerke ermöglichen den Vereinten Nationen mit wenig Ressourcen und relativ geringem Aufwand, Lösungen zur Armutsbekämpfung zu finden, Bewusstsein für globale Probleme zu fördern und eine vormals relativ anonym agierende Organisation der Öffentlichkeit näherzubringen.

Hat man erst einmal Communities in den sozialen Netzwerken aufgebaut, können diese für bestimmte Zwecke mobilisiert werden, unter anderem in Krisensituationen, wenn die Organisation öffentliche Unterstützung braucht. Wegen ihrer Unmittelbarkeit, der globalen Verbreitung und der relativ niedrigen Nutzungskosten bieten soziale Netzwerke Organisationen in der Entwicklungszusammenarbeit interessante neue Möglichkeiten, ihre Kommunikationsziele und ein weltweites Publikum zu erreichen.

Die Kommunikation für eine Entwicklungsorganisation wie das UNO-Entwicklungsprogramm (UNDP) zeichnet sich dadurch aus, dass relativ abstrakte Inhalte – wie beispielsweise die Förderung von demokratischer Regierungsführung, nachhaltige Entwicklung oder Krisenprävention – an ein sehr heterogenes, global verstreutes Publikum vermittelt, Unterstützung für Ziele gewonnen und gleichzeitig Geldgeber bzw. Steuerzahler über Investitionserfolge informiert werden sollen. Dafür steht in der Regel ein extrem kleines Budget zur Verfügung, und der Kampf um die Aufmerksamkeit ist groß – es gibt unzählige Nicht-Regierungsorganisationen, die auf individuelle oder öffentliche Fördermittel angewiesen sind und off- wie online für ihre Ziele werben.

Soziale Netzwerke können dabei helfen, abstrakte Inhalte greifbarer zu vermitteln, Vertrauen aufzubauen, Verständnis und Unterstützung zu gewinnen sowie mit Zielgruppen in einen Dialog auf Augenhöhe zu treten (siehe Infokasten: »One in a million«).

Die folgenden 10 Tipps basieren auf Erfahrungen des UNO-Entwicklungsprogramms (UNDP) und sollen Ihnen dabei helfen, eine erfolgreiche Social-Media-Präsenz in Ihrer (gemeinnützigen) Organisation aufzubauen.

One in a million

Das UNO-Flüchtlingskommissariat UNHCR nutzt gekonnt »Human Storytelling«-Elemente auf seinen sozialen Netzwerken, um auf die mittlerweile eine Million syrischen Flüchtlinge aufmerksam zu machen. Mithilfe eines YouTube-Videos sowie einer Fotostrecke auf Pinterest und Instagram vermittelt es beeindruckend die Einzelschicksale der Flüchtlinge, wie zum Beispiel die wichtigsten Sachen, die sie auf ihrer Flucht mitgenommen haben.

Link-Tipp   http://sm4good.com/2013/03/08/unhcr-talked-1000000-syrian-refugees/

Abbildung 7-1
Die UNHCR-Flüchtlingskampagne auf Instagram (http://instagram.com/unrefugees/)

Doch auch wenn mit sozialen Netzwerken viel erreicht werden kann, gibt es Einschränkungen, die bei der Strategiefindung beachtet werden sollten: Bei einer Konzentration aller Kommunikationstätigkeiten auf populäre Netzwerke wie Twitter und Facebook werden jene Menschen ausgeschlossen, die nicht lesen können, keinen Zugang zu Smartphones und zum Internet haben bzw. aus politischen Gründen auf andere Kommunikationskanäle angewiesen sind. Traditionelle Medien, wie Radio, TV und Zeitung, lokale Netzwerke, sowie die Kommunikation in den wichtigsten globalen Sprachen dürfen deshalb nicht vernachlässigt werden. Social Media sollte immer Teil des integrierten Kommunikations-Mix einer globalen Organisation wie den Vereinten Nationen sein.

1. Setzen Sie klare Ziele

Jede Organisation sollte sich von Anfang an klare Ziele stecken, die sie mit ihrer Social-Media-Arbeit erreichen will: Sollen Spenden gesammelt werden? Soll Aufmerksamkeit auf ein bestimmtes Problem gelenkt werden? Soll die Social Media Community für eine Aktion mobilisiert werden?

Für das UNDP ist es wichtig, auf sozialen Netzwerken einen Dialog mit der Öffentlichkeit über Lösungen für Entwicklungsprobleme zu führen und transparent über Fortschritte bei der weltweiten Armutsbekämpfung zu informieren. Außerdem nutzt es Social Media, um die Organisation und ihre Mitarbeiter als Entwicklungsexperten und -vordenker zu positionieren, um letztendlich auch die Programmförderung durch Geberländer zu sichern. Dies beeinflusst die Wahl der Kommunikationskanäle – beispielsweise legt das UNDP einen strategischen Schwerpunkt auf Mitarbeitertrainings, damit UNDP-Mitarbeiter sich auf Blogs, Twitter, LinkedIn und anderen Plattformen mit Entwicklungsexperten austauschen, über ihre Projekte berichten und mithelfen, die Organisation zu öffnen (siehe Teil 3, Kapitel 29).

2. Hören Sie aufmerksam zu

Soziale Netzwerke ermöglichen es jedem Individuum mit Internetfähigem Computer oder Smartphone, Inhalte ungefiltert in Echtzeit und mit relativ niedrigen Kosten an ein Massenpublikum zu verbreiten, kritische Fragen zu stellen und zu beantworten, Massenproteste zu organisieren oder direkt mit Organisationen wie den Vereinten Nationen in Kontakt zu treten. Egal, ob Unternehmen oder Institutionen im Allgemeinen »online« sind und soziale Netzwerke nutzen, es wird dort bereits über sie kommuniziert.

Um Teil dieser Kommunikation zu werden, sie mitzugestalten, auf dem Laufenden zu bleiben, aber auch, um ein Gefühl für den Informationsbedarf der Zielgruppen zu bekommen, identifiziert und verfolgt das UNDP organisationsrelevante Onlinediskurse, um sich bei Bedarf einschalten bzw. Meinungsführer und Multiplikatoren direkt ansprechen zu können (siehe Infokasten »Tools zum Zuhören, Messen, Analysieren und Managen«).

Tools zum Zuhören, Messen, Analysieren und Managen

Google Alerts (*http://www.google.com/alerts*) ist mit Sicherheit eine der am weitesten verbreiteten kostenlosen Methoden, um Online-Gespräche zu verfolgen. Richten Sie einfach einen Alert mit organisations-relevanten Stichwörtern ein; die Benachrichtigungen werden per E-Mail verschickt.

HootSuite (*http://www.hootsuite.com*) bietet eine Enterprise-Version an, mit deren Hilfe man verschiedene soziale Netzwerke verknüpfen und managen kann. Anhand von »Streams«, die automatisch aktualisiert werden, kann man nach bestimmten Schlüsselwörtern oder Twitter-Nutzern suchen sowie die Ergebnisse nach Klout-Score oder weiteren Suchbegriffen einschränken. UNDP nutzt die Plattform, um eine globale Zusammenarbeit auf Organisationsnetzwerken zu ermöglichen, in denen Mitarbeiter weltweit direkt auf den sozialen Netzwerken des UNDP Inhalte einstellen können.

→

> **Salesforce Marketingcloud** (*http://www.salesforce.com*) ist zurzeit eine der umfassendsten, aber auch teuersten Methoden, um Meinungsführer und Multiplikatoren auf Online-Plattformen zu identifizieren und die Gespräche rund um eine Organisation zu beobachten. Sehr praktisch sind hierbei E-Mail-Benachrichtigungen mit Zusammenfassungen der Dialoge zu einem bestimmten Stichwort, beispielsweise »UNDP«.
>
> **TweetReach** (*http://www.tweetreach.com*): Die kostenlose Variante misst die Reichweite der letzten 50 Tweets, die einen bestimmten Hashtag benutzen.
>
> **Hashtracking** (*http://www.hashtracking.com*): Die kostenlose Version misst die Reichweite eines Hashtags für Tweets, die in den vorhergehenden 24 Stunden abgeschickt wurden. Das UNDP nutzt die bezahlpflichtige Variante, um detailliertere Informationen über die Reichweite von Hashtags zu erhalten.
>
> **Crowdbooster** (*http://www.crowdbooster.com*): Ebenfalls ein hilfreiches Tool beim Monitoring und Analysieren von sozialen Netzwerken.
>
> **Simply Measured** (*http://www.simplymeasured.com*): Die kostenlose Variante erstellt eine – begrenzte – Datenvisualisierung von Twitter, Facebook, Google Analytics, Instagram, YouTube und Google.
>
> **SocialBro** (*http://www.socialbro.com*) ist eine der günstigeren Varianten, um relevante Online-Dialoge zu verfolgen. Es gibt sogar 50% Non-Profit-Discount.

3. Treten Sie in einen Dialog

Soziale Netzwerke funktionieren am besten als zweiseitige Kommunikation – sie ermöglichen den Austausch zwischen ihren Nutzern über alle Grenzen hinweg. Interessierte können mit in den organisatorischen Entscheidungsprozess eingebunden werden, und ihr Wissen kann für spezifische Projekte genutzt werden. Im Dialog können Fragen beantwortet und Feedback für Organisationsleistungen eingefordert werden.

Aus dem Grund motiviert UNDP seine Mitarbeiter, Social Media als Dialogplattform zu nutzen, und führt regelmäßig interaktive Veranstaltungen mit Helen Clark und anderen leitenden Managern durch. Dazu zählen u. a. Twitter- und Facebook-Chats zur aktuellen Entwicklungspolitik, Google+ Hangouts, eine Online-Diskussion mit der englischen Zeitung »The Guardian« sowie ein Reddit-»Ask me Anything«-Chat (siehe Infokasten zu Reddit).

Des Weiteren überträgt das UNDP so oft wie möglich Konferenzen öffentlich im Netz, zu denen Fragen aus sozialen Netzwerken zugelassen werden. Dies ermöglicht es Menschen in der ganzen (digital vernetzten) Welt, die nie zuvor Zugang zu Institutionen wie den Vereinten Nationen hatten, direkt am Entwicklungsdiskurs teilzunehmen, Informationen zu erhalten, Fragen zu stellen und eigene Lösungsvorschläge einzubringen.

Die Umsetzung ist technisch relativ einfach: Es reicht oftmals ein Laptop, eine Webcam, eine stabile Internetverbindung sowie die Nutzung eines kostenlosen Live-Streaming-Programms. Die Sendungen können nach der Veranstaltung gespeichert, heruntergeladen und weiterverwendet werden.

> ### Reddit (www.reddit.com)
> Reddit ist eine Plattform, auf der registrierte Nutzer (auch *Redditors* genannt) Texte oder Links einstellen können, die wiederum von anderen Nutzern bewertet werden. Beiträge werden auf Start- und Themenseiten nach Popularität sortiert. Bei einem »Ask-Me-Anything«-Chat stellen sich bekannte Persönlichkeiten wie Barack Obama, Bill Gates und Helen Clark oder auch eher unbekannte Reddit-Nutzer den Fragen der Community. Bei Helen Clarks erstem Reddit-Chat (*http://on.undp.org/IP7xY*) im März 2013 riefen insgesamt 30.000 Redditors die Seite auf, hinterließen über 500 Kommentare und 8.000 Bewertungen des Chats.

Abbildung 7-2 ▶
Reddit- und Twitter-Chats mit der UNO-Entwicklungschefin Helen Clark ermöglichen einem globalen Publikum, direkt mit einer Entscheidungsträgerin über Lösungen für Entwicklungsprobleme zu diskutieren.

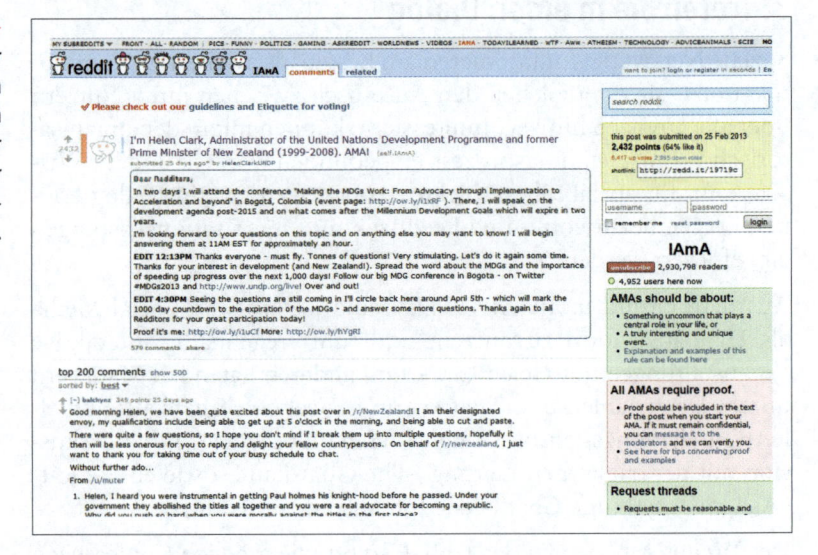

Link-Tipp *http://ustream.com* ist eine zum Teil kostenlose Web-Plattform für das Video-Streaming.

Eine Alternative dazu bietet Google+ mit seinen Hangouts (*http://www.google.com/hangouts/*). Dies sind Videokonferenzen mit bis zu 10 Teilnehmern, die in Echtzeit auf YouTube ausgestrahlt werden können.

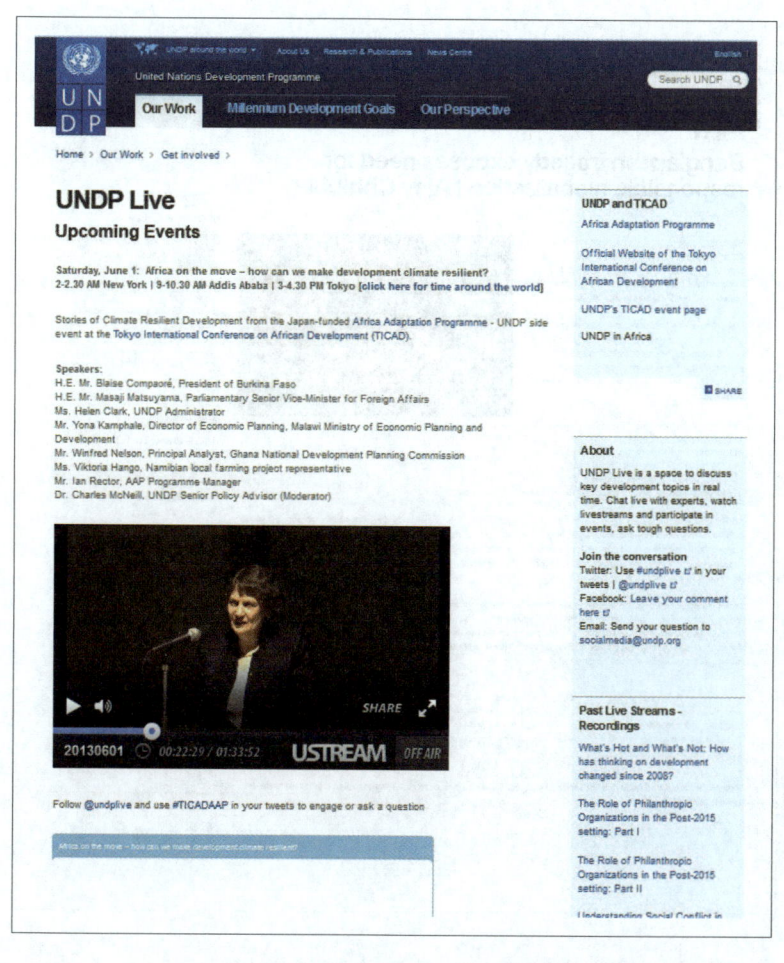

◀ **Abbildung 7-3**
Die Veranstaltungen werden auf der eigens dafür eingerichteten Website »UNDP Live« (www.undp.org/live) angekündigt und zusammen mit einer eingebetteten Twitterbox übertragen.

Link-Tipp   Mit Twitterfall (*http://www.twitterfall.com/*) können während einer Veranstaltung Tweets mit einem bestimmten Hashtag auf einem Bildschirm als Stream angezeigt werden, um Veranstaltungsteilnehmern die Online-Diskussion zu einem bestimmten Thema zu zeigen und sie zum Twittern anzuregen.

Zur Förderung des Dialogs mit der Öffentlichkeit und des »Realtime«-Reportings veröffentlicht das UNDP auf seinem offiziellen Blog »Our Perspective« außerdem wöchentlich einen Meinungsartikel von seinen Entwicklungshilfe-Experten, der auf Twitter oder Facebook von Interessierten kommentiert werden kann.

Abbildung 7-4 ▶
Das UNDP-Blog »Our Perspective« (http://on.undp.org/IP8p2)

4. Finden Sie das richtige Publikum

Für das UNDP als internationale Organisation ist die weltweite Öffentlichkeit, insbesondere in den Mitgliedsländern des UNDP, das wichtigste Zielpublikum. Bei diesem soll das Bewusstsein für abstrakte Inhalte geschaffen und Unterstützung für die weltweite Entwicklungszusammenarbeit gewonnen werden. Zudem sollen Interessierte in diesen Ländern aber auch global über aktuelle Debatten zur Entwicklungspolitik informiert werden, und es soll aufgezeigt werden, wie sie sich selbst für die Armutsbekämpfung einsetzen können.

Eine weitere wichtige Zielgruppe für die Öffentlichkeitsarbeit des UNDP sind Meinungsführer und Multiplikatoren im Netz, z. B. Journalisten, Blogger, bekannte Persönlichkeiten mit einer großen

Social-Media-Anhängerschaft sowie unsere Entwicklungspartner: Nichtregierungsorganisationen, andere UN-Organisationen, politische Entscheidungsträger sowie nationale Entwicklungsbehörden, wie die *Gesellschaft für internationale Zusammenarbeit* (GIZ) in Deutschland.

Um aktiv mit diesen Zielpublika zu kommunizieren und sie als Community-Mitglieder zu gewinnen, sollte man zunächst die Social-Media-Links aller relevanten Organisationen und Personen recherchieren und diesen von den Organisationsnetzwerken folgen. Auf Twitter kann man Listen anlegen und von diesen aus mit den entsprechenden Journalisten und anderen Partnern in Kontakt treten – z.B. durch Teilen von deren Inhalten, durch »Mentions« (Erwähnungen) oder durch die Bereitstellung von hilfreichen Informationen. Im Idealfall folgen entsprechende Konten zurück, es ist dann möglich, direkte Nachrichten zu schicken, sie um Mithilfe bei Kampagnen zu bitten, eine strategische Partnerschaft aufzubauen und mit ihnen in einen langfristigen Dialog einzutreten.

◀ **Abbildung 7-5**
Durch gezieltes »Mentioning« auf Twitter können strategisch wichtige Partner des UNDP wie die staatliche Entwicklungszusammenarbeitsorganisation Großbritanniens, DFID, auf sozialen Netzwerken eingebunden werden.

Auf Facebook-Postings dieser ausgewählten Zielpublika klickt das UNDP ebenso »Gefällt mir«, hinterlässt Kommentare mit hilfreichen Tipps oder linkt zu entsprechenden Partnerseiten in eigenen Postings.

5. Passen Sie Ihre Inhalte an

Für eine erfolgreiche Social-Media-Arbeit ist es wichtig, die Wahl der Kommunikationskanäle und Inhalte möglichst individuell auf die Interessen der Zielgruppen abzustimmen. Auf LinkedIn beispielsweise zeigt das eingebaute Statistik-Tool der UNDP-Seite, dass 38 % der über 60.000 Follower in »leitender Funktion« angestellt sind und 39 % als Beamte oder im gemeinnützigen Bereich arbeiten. Zudem erhalten unsere Postings mit Stellenangeboten und substanziellen Beiträgen zur Entwicklungsarbeit am meisten Kommentare und »Likes«. Dementsprechend konzentrieren sich Inhalte auf aktuelle Nachrichten und freie Stellen des UNDP sowie auf Artikel über zentrale Themen der internationalen Entwicklungspolitik.

Abbildung 7-6 ▶
Die LinkedIn-Seite des UNDP wurde von »LinkedIn for Good« als Vorbild für gemeinnützige Seiten ausgewählt.

Die Facebook-Nutzer des UNDP sind tendenziell jünger und möchten sich als Teil einer Community fühlen, die eine gute Sache unterstützt. Sie erhalten die Möglichkeit, sich in die Arbeit des UNDP einzubringen, an Fotowettbewerben teilzunehmen oder Fragen zu beantworten. Das UNDP erstellt und postet zudem Facebook-spezifische Grafiken mit inspirierenden Zitaten zum »Gefällt mir«-Klicken, Teilen und Kommentieren.

◀ **Abbildung 7-7**
Beispiel eines inspirierenden Facebook-Postings des UNDP, das über 700 »Gefällt mir« erhalten hat.

Laut Twitter Analytics interessieren sich die Follower der UNDP-Twitter-Seite für »Unternehmen und Nachrichten«, »Politik und aktuelle Ereignisse« sowie »Regierung«.

Twitter-Follower erhalten deshalb aktuelle entwicklungspolitische Nachrichten und Informationen über die Arbeit des UNDP sowie über Veranstaltungen. Twitter wird bei UNDP außerdem für Live-Tweets von Events genutzt sowie – dank der einfachen Handhabung und vielseitigen Einsetzbarkeit (Updates per SMS möglich, Tweetboxen können auf Websites neben Live-Webcasts eingebettet werden) – als Ausgangspunkt für globale netzwerkübergreifende Kampagnen. Wie auf Facebook, so kommen auch auf Twitter Zitate sehr gut an. Im Gegensatz zu Facebook, wo jedes Posting positiv formuliert werden sollte, damit Nutzer »Gefällt mir« klicken können, funktionieren auf Twitter auch beeindruckende Zahlen und Fakten aus dem Entwicklungsbereich sehr gut.

Abbildung 7-8 ▶
Ein Einblick in die Twitter-Follower des UNDP (https://analytics.twitter.com)

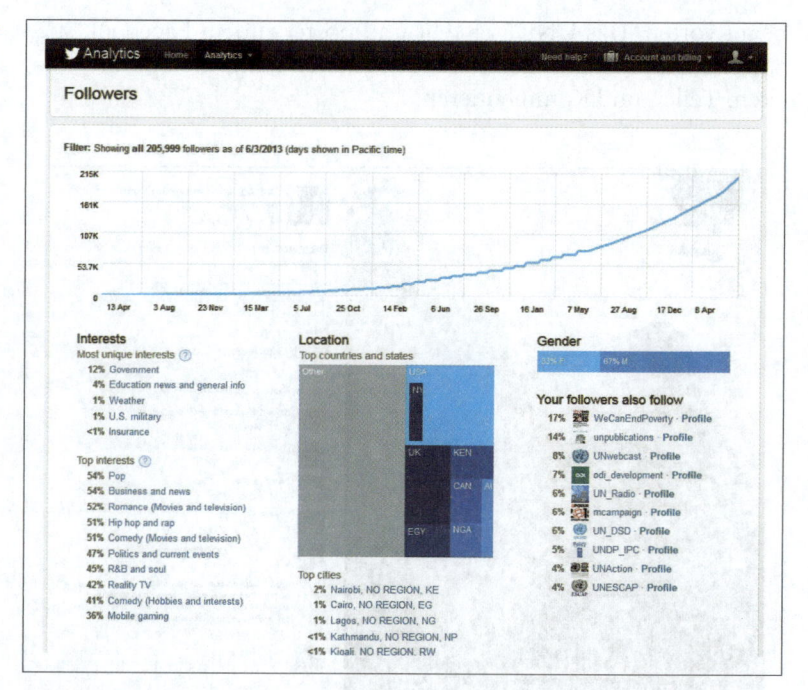

UNDP-Follower sind außerdem zu einem Großteil männlich, kommen aus den USA, Großbritannien, Ägypten, Kenia, Kanada, Nigeria und Australien. Diese Infos geben uns auch Hinweise darauf, dass wir unsere inhaltliche Strategie so anpassen müssen, dass wir mehr Frauen und unser Zielpublikum in Asien und Lateinamerika ansprechen, um dort unsere Community zu vergrößern.

6. Sprechen Sie die Sprache Ihrer Nutzer

Mehrsprachiges Netzwerken ist ein integraler Bestandteil der Social-Media-Strategie des UNDP. Es unterhält arabische, französische und spanische Twitter- und Facebook-Seiten; Landesvertretungen werden dazu angehalten, nationale Netzwerke zu nutzen, wie beispielsweise Weibo in China (*http://e.weibo.com/undpchina*) und sie in den jeweiligen Landessprachen zu pflegen. Inhalte werden auf diesen Netzwerken nicht eins zu eins von den englischen Seiten kopiert, sondern an die Regionen und Interessen der Nutzer angepasst.

Es ist außerdem empfehlenswert, für jede Sprache eine eigene Netzwerkseite anzulegen, anstatt eine Seite mehrsprachig zu nutzen. Vor allem auf Facebook – aber auch auf anderen Netzwerk-Seiten –

wären Nutzer irritiert, wenn sie Postings in unterschiedlichen Sprachen erhalten und aufgrund fehlender Sprachkenntnisse nicht mehr an dem Dialog teilnehmen könnten. Dies erschwert den Beziehungsaufbau, der extrem wichtig für die Community-Pflege ist. Englisch- bzw. deutschsprachige Postings mit automatischer Übersetzungssoftware zu übersetzen, würde den Nutzern negativ auffallen und ist ebenso wenig empfehlenswert.

◀ **Abbildung 7-9**
Ein Überblick über die weltweite Social-Media-Präsenz des UNDP (http://on.undp.org/lM52w)

7. Fördern Sie Social-Media-Champions

Ein wichtiger Erfolgsfaktor für den Social-Media-Auftritt des UNDP war das große Verständnis für das Potenzial sozialer Netzwerke von Seiten der UNDP-Leitung. Die Chefin des UNO-Entwicklungsprogramms, Helen Clark (*@HelenClarkUNDP*), twittert seit 2010 mit großem Erfolg und hat bereits über 30.000 Twitter-Follower sowie 22.000 Facebook-Fans. Sie motiviert andere leitende UNDP-Beamte dazu, selbst aktiv Social Media zu nutzen, und hat so mit an einem Kulturwandel beim UNDP gewirkt: Mittlerweile twittern über 150 Mitarbeiter regelmäßig.

Abbildung 7-10 ▶
Alle twitternden UNDP-Mitarbeiter auf einen Blick: https://twitter.com/UNDP/colleagues

Zu der positiven Entwicklung hin zu einem »sozialen Entwicklungsprogramm« hat auch die Bereitstellung von Online-Trainings sowie die Möglichkeit für Mitarbeiter beigetragen, durch das Management-Tool *HootSuite Enterprise* selbst Inhalte auf die Organisationsnetzwerke stellen zu können (siehe Infokasten »Globale Zusammenarbeit auf einer Plattform«).

Globale Zusammenarbeit auf einer Plattform

HootSuite Enterprise (www.hootsuite.com) ist für das UNDP als globale Social-Media-Management-Plattform mittlerweile unentbehrlich geworden: Über sie können ausgewählte Mitarbeiter in verschiedenen Abteilungen am Hauptsitz sowie in Länderbüros bei Bedarf direkt Postings auf Unternehmensnetzwerken anlegen. Diese werden dann zentral in New York geprüft, eventuell auf einen anderen Zeitpunkt verlegt, verbessert oder gelöscht. Mittlerweile nutzen bereits 30 Einheiten des UNDP diese Möglichkeit – bis Ende 2013 sollen alle Büros an die globale Präsenz angeschlossen werden.

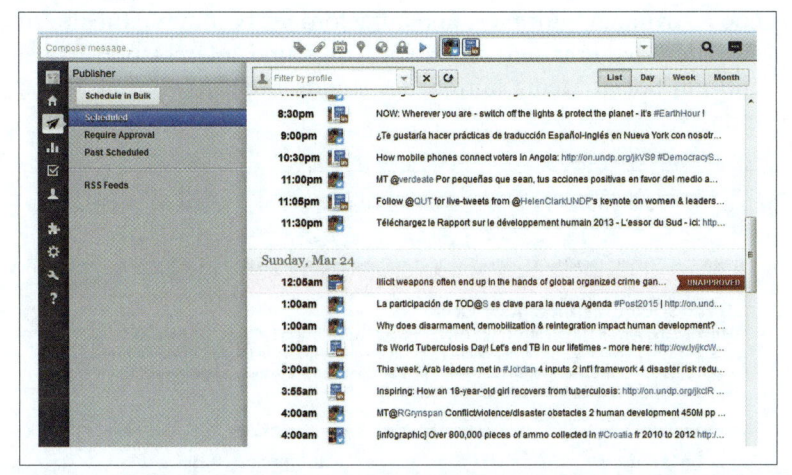

◀ **Abbildung 7-11**
HootSuite fungiert als Redaktionskalender für die globale Social-Media-Präsenz des UNDP

Um Social-Media-Champions – inklusive der besten Länderbüros – zu unterstützen, teilt das UNDP regelmäßig deren Postings und Tweets auf den globalen Organisationsseiten. Dies hat auch den Effekt, dass das UNDP seine Experten zeigt, Entwicklungshilfe ein »menschliches« Gesicht bekommt und die vielen Facetten, Regionen und Arbeitsbereiche des UNDP ausgewogen dargestellt werden.

Die regelmäßige Aussendung von Analyse-Berichten über die Reichweite der Netzwerke und das Herausstellen von besonders engagierten Mitarbeitern hilft dabei, noch mehr Kollegen zum sozialen Netzwerken zu motivieren.

8. Sichern Sie ein einheitliches Erscheinungsbild

Das UNO-Entwicklungsprogramm arbeitet weltweit und besteht aus über 170 Landesvertretungen, die wiederum über 130 eigene Social-Media-Kanäle unterhalten. Diese globale, dezentralisierte Präsenz birgt das Risiko, dass Qualitätsstandards nicht gewahrt werden, die Marke nicht den Organisationsvorgaben entsprechend geprägt wird und mitunter sogar widersprüchliche Informationen vermittelt werden. Ein einheitlicher Auftritt – vom Profilbild bis hin zur Twitterhandle-Wahl dagegen sichert den Wiedererkennungswert und das Vertrauen der Nutzer in die Authentizität der UNDP-Netzwerke – von Argentinien bis Zimbabwe.

Den Gefahren eines potenziell uneinheitlichen Auftritts wirkt das UNDP durch Trainings und Bereitstellung von Beratung und Richtlinien sowie von Grafikvorlagen entgegen. Über eine Mailingliste werden Kollegen regelmäßig über UNO-weite Social-Media-bezogene Aktivitäten informiert und aufgefordert, bestimmte Inhalte zu verbreiten. Sie erhalten außerdem Tipps und interessante Artikel rund um Social Media mittels des Rundschreibens »Social Media Update«.

Abbildung 7-12 ▶
Social-Media-Update per E-Mail: UNDP-Mitarbeiter werden regelmäßig über Social-Media-Neuigkeiten informiert.

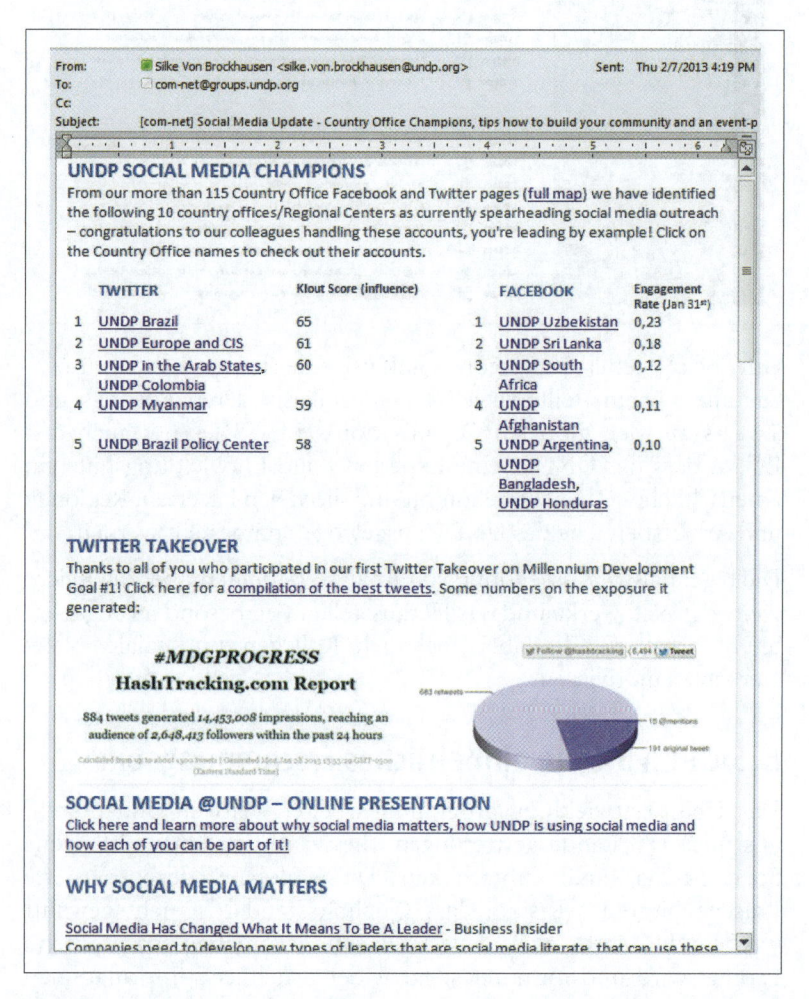

Außerdem führt das UNDP fast monatlich gemeinsame Kampagnen mit allen Länderbüros und -abteilungen durch, um ein einheitliches Erscheinungsbild zu sichern. So fand beispielsweise ein Facebook-Titelbild-Wettbewerb »Help us find a new look!« statt, bei dem die Facebook-Öffentlichkeit über das beste Facebook-Titelbild unserer Länderbüros abstimmen konnte. Dies wurde zum Anlass genommen, Mitarbeitern zu vermitteln, welche Fotos gut ankommen und wie Fotos beschrieben werden sollten.

◀ **Abbildung 7-13**
Facebook-Album mit Titelbildern von UNDP-Länderbüros auf www.facebook.com/undp

Ein nützlicher Nebeneffekt dabei ist, dass bei diesen Aktionen Fotos von unserer Arbeit in den entlegensten Stellen dieser Welt gesehen werden und sie für andere Zwecke verwendet werden können, zum Beispiel im Jahresbericht des UNDP.

9. Leiten Sie globale Kampagnen

Kampagnen sind eine gute Möglichkeit, soziale Netze zu nutzen, um für ein bestimmtes Thema oder eine bestimmte Veranstaltung Aufmerksamkeit zu erregen oder Online-Communities für einen bestimmten Zweck zu mobilisieren.

Ein zentrales Element jeder Kampagne sollte der sogenannte »Call to Action« sein – der Aufruf zu einer bestimmten Handlung, um ein bestimmtes Anliegen zu unterstützen. Dabei kann es sich beispielsweise um einen »Gefällt mir«-Klick, das Unterschreiben einer Online-Petition, das Beantworten einer Frage, die Teilnahme an einem Wettbewerb oder einer »Offline«-Aktion bis hin zur Spende handeln. Um solche Konversionen zu ermöglichen, hat das UNDP eine Aktions-Website eingerichtet, auf der Nutzern die Möglichkeit geboten wird, sich – vorrangig mit Social Media – weiter für die Armutsbekämpfung zu engagieren: *www.undp.org/getinvolved*

Abbildung 7-14 ▶
Die UNDP-Social-Media-Website »Get Involved« mit weiterführenden Links zu Möglichkeiten für freiwilliges Engagement rund um die Millenniums-Entwicklungsziele

Für gemeinnützige Organisationen bietet es sich außerdem an, engagierte berühmte Persönlichkeiten und andere Partner mit in eine Kampagne einzubeziehen, die über große Fangemeinden verfügen. Ein Beispiel dafür ist die UNDP-Kampagne »Stop the Violence« mit Botschafter Antonio Banderas (*www.undp.org/stoptheviolence*), die am internationalen Frauentag gestartet wurde.

Ein Parade-Beispiel aus dem UNO-System ist außerdem die »I was here«-Kampagne der UNOCHA (Amt für die Koordinierung humanitärer Angelegenheiten bei den Vereinten Nationen, *http://www.*

whd-iwashere.org/) zum Welttag der humanitären Hilfe 2012 mit Beyoncé: Über 17 Millionen Menschen sahen das hauptsächlich über soziale Netzwerke beworbene und in der UNO-Generalversammlung gedrehte Musikvideo auf YouTube (*http://bit.ly/11inFNr*). Mehr als 250.000 Tweets wurden von 135.000 Twitter-Seiten gepostet, und mit Unterstützung von Partnern aus Wirtschaft, Politik, Sport und Unterhaltung (u.a. Lady Gaga und Justin Bieber), der UNO und NGOs wurden über 1 Milliarde Online-Nutzerkonten erreicht.

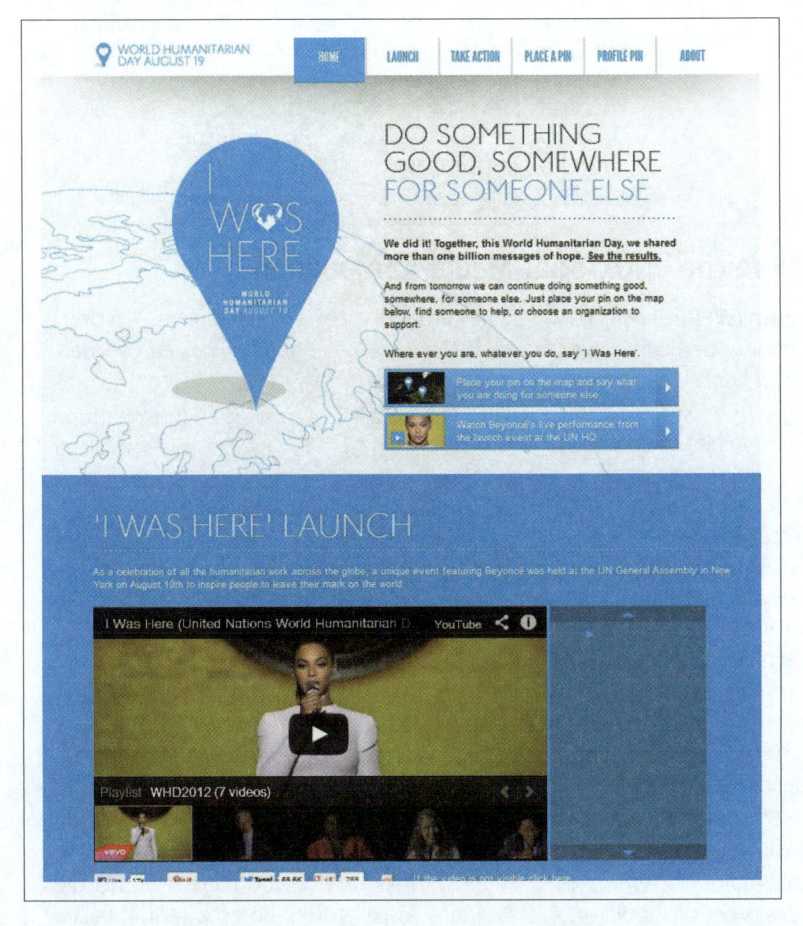

◀ **Abbildung 7-15**
»I was here«-Kampagne von UNOCHA zum Welttag der humanitären Hilfe 2012 (http://www.whd-iwashere.org/)

Ein Grund für diesen Erfolg war sicher die Popularität der Künstlerin und der Inhalt des Videos: berührende Geschichten über Menschen in Notsituationen, verbunden mit Beyoncés Appell, zu helfen und damit ein Zeichen zu setzen. Ein weiterer Erfolgsfaktor war die Zusammenarbeit mit engagierten Partnern aus der Unterhaltungsindustrie, die ihr Know-how bei Konzeption, Ausführung und Bekanntmachung der Kampagne zur Verfügung stellten. Dazu kam die geschickte Nutzung neuer Plattformen wie *Thunderclap*, die es Social-Media-Nutzern ermöglicht, die gleiche Botschaft zeitgleich ins Netz zu stellen. Damit hatte die Kampagne eine klare Handlungsaufforderung: »Nutzt Euer Twitter- oder Facebook-Konto für einen guten Zweck.«

Link-Tipp *http://thunderclap.it* ist eine Plattform, die Organisationen kostenlos nutzen können, um Botschaften sozial zu verbreiten. Unterstützer können sich auf der entsprechenden Kampagnenseite mit ihrem Twitter- oder Facebook-Konto einloggen. Das System plant und koordiniert dann die Veröffentlichung der Botschaft zum von der Organisation definierten Zeitpunkt. Durch die gleichzeitige Verbreitung soll eine hohe Aufmerksamkeit für die Kampagne erzielt werden.

Erfolgreiche UNO-Social-Media-Kampagnen

Welt-Ernährungsprogramm (WFP): Durch das Ansehen eines Videos über den Erfolg von WFP-Schulspeisungen in Kenia und die Teilnahme an einem einfachen Quiz konnten Unterstützer einem Kind in einem Entwicklungsland eine Schulmahlzeit verschaffen, finanziert von einem anonymen Spender. Innerhalb von zwei Wochen vor dem Welt-Ernährungstag am 16. Oktober 2012 konnten so über die sozialen Netzwerke der Organisation insgesamt 50.000 Schulmahlzeiten gesichert werden. Gleichzeitig wurde Aufmerksamkeit auf die Erfolge des WFP gelenkt und Bewusstsein für die Ernährungsprobleme von Schulkindern in Entwicklungsländern geschaffen. *http://cdn.wfp.org/2012/wfd/index.html*

Ernährungs- und Landwirtschaftsorganisation (FAO): Am Welt-Wassertag wurden die 45 Millionen Spieler des populären Online-Spiels *Farmerama* mit einer virtuellen Dürrekatastrophe (»Farmageddon«) überrascht, um das Bewusstsein für den internationalen Aktionstag zu fördern. *http://www.endinghunger.org/en/educate/farmerama.html*

UNICEF: Sängerin und UNICEF-Botschafterin Shakira und FC Barcelona-Fußballstar Gerard Piqué feierten die bevorstehende Geburt ihres Sohns Milan mit einer virtuellen Babyparty. Insgesamt besuchten über 80.000 Fans die Online-Partyseite *http://shakira.socialtoaster.com*, lernten dort etwas über die Probleme von Kindern in Entwicklungsländern und konnten zum Babyfest beisteuern, indem sie Gegenstände für diese Kinder kaufen konnten. Innerhalb eines Monats wurden so unter anderem über 80.000 Polio-Impfungen und 3,8 Tonnen Lebensmittel gespendet, um Kinder vor Mangelernährung zu bewahren. Auf Social Media wurde die Party von UNICEF-Botschafterin Shakira vor allem dank der großen Twitter-Community der Sängerin (über 20 Millionen Follower) 500.000-mal erwähnt.

→

> **UN Frauen:** Die Online-Kampagne von *UN Frauen* zum Internationalen Frauentag am 8. März 2013 drehte sich um das speziell für die Organisation geschriebene Lied »One Woman«, das mit 25 internationalen MusikerInnen aufgenommen und mit der Unterstützung von Microsoft produziert wurde. Der Song und das Musikvideo wurden zum Frauentag online veröffentlicht und wurden innerhalb der ersten zwei Wochen bereits mehr als 1,5 Millionen Mal angehört. Das Lied wurde in Tausenden Artikeln, Fernsehbeiträgen und Blogs vorgestellt. Der Hashtag *#1woman* wurde von insgesamt 11.000 Twitter-Nutzern mehr als 19.000-mal verwendet, was in mehr als 90 Millionen »Impressions« resultierte und 30 Millionen Twitter-Nutzer erreichte. Besonders erfolgreich waren die Fotos der SängerInnen aus dem Aufnahmestudio, ergänzt um Zitate und Auszüge des Songs, und deren Verbreitung auf Facebook. Das Lied und Musikvideo, sowie Backstage-Interviews und Hintergrundinformation sind auf *http://song.unwomen.org* abrufbar.

10. Messen Sie den qualitativen Erfolg

Für gemeinnützige Organisationen wie das UNDP ist (wie bei Unternehmen vermutlich auch) die Erfolgsmessung extrem wichtig, um knappe Ressourcen besser einsetzen zu können, um zu messen, was funktioniert und was nicht, und um die Strategie entsprechend anzupassen. Zusätzlich ist es ein gutes Mittel, um Kollegen vom Nutzen von Social Media zu überzeugen sowie Ausgaben gegenüber Geldgebern zu rechtfertigen.

Quantitative Messwerte sind vor allem wichtig, um die Reichweite von Botschaften abschätzen zu können und den digitalen Footprint allgemein festzustellen. Die UNDP-Facebook-Seite *www.facebook.com/undp* ist beispielsweise von ca. 20.000 Nutzern im Januar 2010 auf 170.000 im Mai 2013 gewachsen, die Twitter-Community von 5.000 auf 210.000 Follower im gleichen Zeitraum. Im Mai 2013 umfasste die gesamte UNDP-Online-Community mit LinkedIn, Facebook, Twitter, Google+ und Pinterest sowie allen Facebook- und Twitter-Seiten der UNDP-Länderbüros über 850.000 Mitglieder. Die UNDP-Twitter-Seite erhält beispielsweise im Schnitt 533 neue Follower pro Tag. Um unsere Online-Reichweite zu messen, bestimmen wir zudem die Impressions unserer Tweets in Kampagnen. Die UNDP-weite Twitter Rally *#MDGProgress* (Storify: *http://ow.ly/ixPD8*) beispielsweise hat laut *hashtracking.com* über 2,6 Millionen unterschiedliche Twitter-Konten erreicht.

Noch mehr als die Größe der Netzwerke spielt dabei das Messen der vorher festgelegten quantitativen Ziele eine Rolle:

- Wie viele Spenden sind durch Social-Media-Aktionen eingenommen wurden?

- Wie viele Facebook-Nutzer haben an einem Wettbewerb teilgenommen?
- Wie viele Nutzer haben Inhalte geteilt, auf Links geklickt oder ein Video angesehen? Video-Clips auf dem UNDP-YouTube-Kanal (*www.youtube.com/undp*) wurden beispielsweise laut YouTube-Statistik-Tool 141.000-mal und insgesamt 358.000 Minuten lang im April und Mai 2013 abgerufen.

Abbildung 7-16 ▶
An der »#MDGProgress«-Twitter Rally im January 2013 nahmen über 20 Ländervertretungen teil und twitterten eine Stunde lang Fotos mit Erfolgsgeschichten bei der Erreichung des Millennium-Entwicklungsziels Nr. 1 – Bekämpfung der extremen Armut.

Da bei der Social-Media-Strategie des UNDP vor allem das »Engagement« bzw. die Einbindung der Zielpublika sowie der Online-Einfluss im Mittelpunkt stehen, ist der *Return on Engagement* (ROE) der Schwerpunkt unserer Analyse. Dazu führt das UNDP ein jährliches Benchmarking durch, bei dem vor allem qualitative Indikatoren gemessen werden, wie die Engagement-Rate (bei Facebook die »Sprechen darüber«-Zahlen geteilt durch die Anzahl der »Gefällt mir«) und der Online-Einfluss (Klout Score). Als Anhaltspunkt vergleicht das UNDP sich dabei mit anderen UN-Organisationen, die ebenfalls Social Media nutzen. Hinzu kommt ein jährliches Benchmarking der Länderbüros, bei denen nicht nur die Zahl der Community-Mitglieder verglichen wird, sondern ebenfalls die Engagement-Rate sowie der Klout Score (siehe Infokasten »Klout Score«).

> **Klout Score (http://www.kloutscore.com)**
>
> Mit dem Klout Score wird die sogenannte »Online-Reputation« einer Person oder Organisation gemessen. Die Skala von 1 bis 100 (Höchstwert 100) gibt Auskunft darüber, ob Postings auf sozialen Netzwerken wie Twitter, LinkedIn und Facebook oft geteilt werden, »gefallen« oder kommentiert werden. Das UNDP konnte seinen Klout Score für die englischsprachige Facebook- und Twitter-Seite von 65 im Januar 2012 auf 81 im Juni 2013 steigern.

Mit tiefergehenden Analysen können wir zudem bestimmen, welche Einträge besonders erfolgreich waren. Das Facebook-eigene Analyse-Tool *Insights* beispielsweise lässt vergangene Postings nach der erzielten Reichweite sortieren; das Twitter-Analyse-Tool *TweetReach* zeigt die erfolgreichsten Tweets. Als qualitative Auswertung zählt es für das UNDP außerdem, wie oft Partner über die Organisation auf ihren sozialen Plattformen berichten und wie oft auf unsere Links geklickt wird. Der Kurz-URL-Dienst *Ow.ly*, mit dem Kurzlinks auf den zentral verwalteten Plattformen erstellt werden, misst dabei monatlich durchschnittlich 11.000 Klicks auf erstellte Links. Im Zeitraum vom 1. Januar bis 1. Juni 2013 waren das beispielsweise insgesamt 66.000 Klicks.

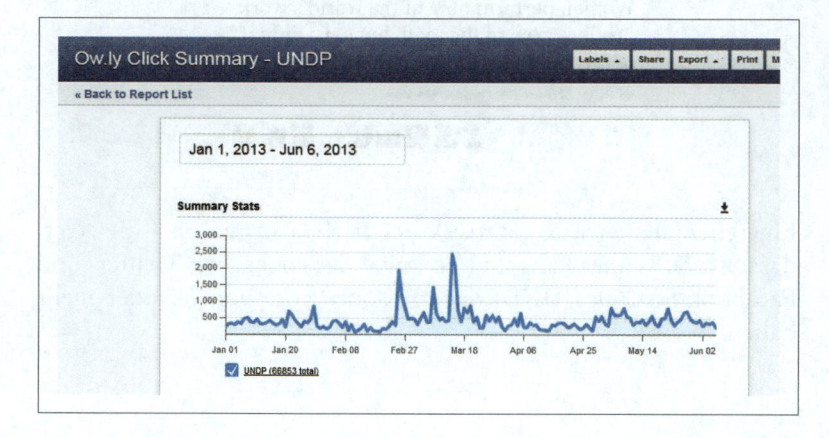

◀ **Abbildung 7-17**
Anzahl der Klicks auf UNDP-Kurzlinks

Das Facebook-eigene Analyse-Tool *Insights* gibt umfassend Auskunft über die Anzahl der Menschen, die auf Facebook über das UNDP sprechen, sowie über die tatsächliche Reichweite der Postings. Laut *Crowdbooster*-Analysen wurden Postings der englischen UNDP-Facebook-Seite im Mai 2013 beispielsweise 9.200-mal geteilt, erhielten 21.860 »Gefällt mir«, und der Inhalt der Seite war 3,7 Millionen Mal im Newsfeed der Facebook-Nutzer sichtbar.

Tweets von @UNDP waren 145 Millionen Mal sichtbar, wurden 9.751-mal geteilt, und @UNDP wurde 8,233-mal erwähnt.

Abbildung 7-18 ▶
Übersicht über Facebook- und Twitter-Statistiken für Mai 2013

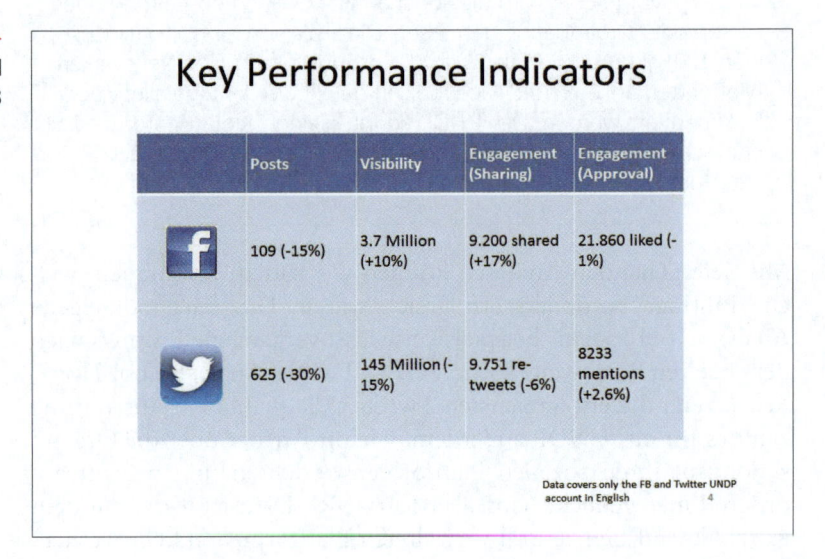

Abbildung 7-19 ▶
Dieser @UNDP-Tweet wurde 414-mal geteilt.

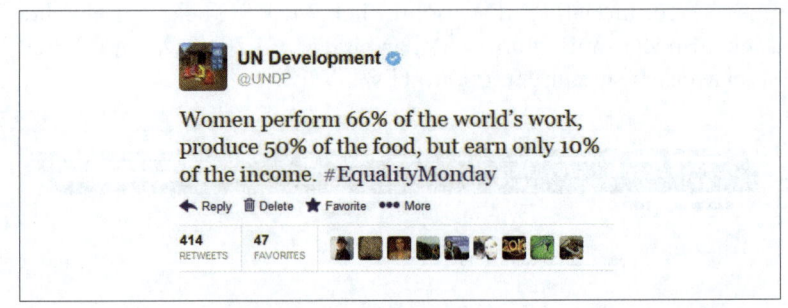

Eine ebenfalls wichtige Statistik liefert *Kloutscore.com* – sie zeigt, dass fast 50% aller Fans und Follower der englischen Twitter- und Facebook-Seite des UNDP einen Klout Score von 50 oder mehr haben.

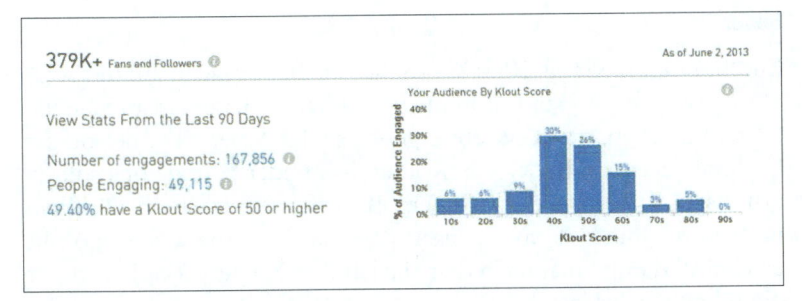

Abbildung 7-20
Übersicht über den Klout-Score von UNDP-Community-Mitgliedern

Ein Ziel der Social-Media-Strategie des UNDP ist es, einflussreiche Community-Mitglieder zu gewinnen, um auch den eigenen Online-Einfluss zu erhöhen. Dabei zählt zum einen auch der Klout Score der Personen und Institutionen, mit denen das UNDP interagiert, aber auch, ob sie zu den Zielpublika des UNDP gehören. So konnten im Mai 2013 unter anderem ein US-amerikanischer Kongressabgeordneter als neuer Twitter-Follower gewonnen werden, eine CNN-Journalistin, die BBC Afrika sowie Martin Schulz, der Präsident des Europäischen Parlaments.

Weitere Tipps für den Ausbau einer (globalen) digitalen Fan-Gemeinschaft

Inhalts-Mix

Die Postings sollten nicht nur aus Pressemitteilungen und organisationseigenem Inhalt bestehen. Am besten geeignet ist eine Mischung aus 30% eigenen Inhalten, 30% Teilen von anderen Seiten und 30% tatsächlichem Dialog mit Community-Mitgliedern, dem Beantworten von Fragen etc. Je öfter man andere Seiten erwähnt, desto höher sind die Chancen, dass man selbst im Gegenzug erwähnt wird.

Kurz und knapp

Die Aufmerksamkeitsspanne von Online-Nutzern ist gering. Am besten kann man seine Fans zum Lesen, Teilen und Agieren bewegen, indem man seine Updates so kurz und verständlich wie möglich formuliert. Auch Facebook-Postings sollten nicht länger als 140 Zeichen sein und keine Fachterminologie oder unbekannte Abkürzungen erhalten.

Bilder

Ein Bild sagt mehr als 1000 Worte. Das trifft vor allem auf das soziale Netzwerk zu: statt komplexer Berichte lieber ansprechende Fotos einstellen, die konkrete Ergebnisse der Arbeit oder betroffene Personen zeigen – Bilder von Konferenzen oder Workshops sollten grundsätzlich vermieden werden. Bei selbst gemachten Grafiken und Fotos immer darauf achten, dass das Unternehmenslogo mit erscheint, damit auch nach dem Teilen den Nutzern klar ist, woher die Inhalte stammen.

Sorgfalt

Kein Nutzer möchte einer lieblos gepflegten Seite folgen. Vor dem Online-Stellen immer überlegen, ob das jeweilige Update so interessant ist, dass man es selbst mit seinen Freunden teilen würde. Wenn nicht, dann besser noch einmal überdenken. Vermeiden Sie grammatikalische oder orthografische Fehler und entfernen Sie einen Link aus dem Update, sobald die Linkbox erscheint. Es sieht einfach unschön aus und ist nicht notwendig, da die Überschrift in der Linkbox bereits auf die Seite verlinkt.

Personalisierung

Soziale Netzwerke eignen sich vor allem für den Dialog zwischen Menschen. Das Profilfoto der Organisation sollte Menschen zeigen, die Sprache der Seite sollte sympathisch und ansprechend klingen – besser »wir« und »unser« als den Organisationsnamen benutzen. Automatisierte Postings – wie beispielsweise eine Verlinkung von Facebook und Twitter, bei der alle Tweets auf Facebook gestellt und alle Facebook-Postings automatische getwittert werden – sind extrem unbeliebt bei Nutzern und sollten auch vermieden werden.

Offline-Werbung

Links zu den Organisationsnetzwerken sollten auf allen anderen Kommunikationsprodukten (wie Broschüren, Visitenkarten, E-Mail-Newslettern und -Signaturen, Postern und Videos) erscheinen. Nutzen Sie Ihre Mailinglisten, um Partner und Unterstützer über Social-Media-Kampagnen zu informieren, und laden Sie sie dazu ein, Ihre Seiten bekannt zu machen. Am besten senden Sie bereits einen Beispiel-Tweet oder ein Beispiel-Posting mit, um die Unterstützung so einfach wie möglich zu gestalten.

Möglichkeit zum Mitmachen und Beziehungspflege

Fans von gemeinnützigen Organisationen sind oft idealistisch eingestellt. Sie wollen Teil eines sinnstiftenden Ganzen sein, sich engagieren und in ihren sozialen Kreisen Bestätigung für ihr Engagement erhalten. Daher sollte jedes Update und jede Kampagne konkrete Möglichkeiten aufzeigen, wie Netzwerk-Nutzer sich engagieren können – durch das Klicken auf »Gefällt mir«, das Teilen von Botschaften, das Kommentieren, das Feedback-Geben, das Einsenden von Fotos, das Spenden, das Leisten freiwilliger Arbeit etc. Dabei gilt: Je konkreter und einfacher der Aufruf gestaltet wird, desto wirksamer ist er beziehungsweise desto mehr Community-Mitglieder werden sich beteiligen. Belohnen Sie das Engagement mit Anerkennung – durch »Gefällt mir«-Klicken von guten Kommentaren, Retweets und »Mentions« (Erwähnungen des Twitter-Namens), Fotos von Fans der Woche auf Ihrer Facebook-Seite etc.

Ausrichtung nach Zeitzone und Region

Sie können Management-Plattformen wie HootSuite und TweetDeck dazu nutzen, Ihre Postings an unterschiedliche Zeitzonen anzupassen. Laut einer Studie von Dan Zarrella (*http://bit.ly/mDn6Hu*) teilen beispielsweise Twitter-Nutzer in den USA am häufigsten Tweets um 17 Uhr. Mittwochs und am Wochenende sowie mittags und ab 18 Uhr wird am meisten auf Links geklickt. Auf Facebook wird im Durchschnitt am meisten am Samstag sowie um die Mittagszeit und nach 19 Uhr geteilt. Zudem zeigen Erfahrungswerte, dass jede Zielgruppe am meisten an Nachrichten aus der eigenen Region interessiert ist. So postet das UNDP beispielsweise Fotos von Projekten in Asien, wenn es dort Nachmittag ist. Zusätzlich können Facebook- und LinkedIn-Updates an die Region oder Sprache angepasst geschaltet werden. Wenn Zeiten, wie beispielsweise ein Veranstaltungsbeginn, auf Netzwerken erwähnt werden, sollten Sie möglichst einen Link zu *timeanddate.com* zur Verfügung stellen, auf dem Nutzer die Zeit in ihrer jeweiligen Stadt sehen können.

Nutzer-Feedback und Auswertung

Nutzen Sie die Ergebnisse von Befragungen und Erfolgsmessungen, um herauszufinden, welche Updates am besten angekommen sind, und versuchen Sie festzustellen, warum das so war. Passen Sie zukünftige Updates entsprechend an. Das UNDP beispielsweise führt regelmäßig auf *Surveymonkey.com* eine Online-Befragung der

Social Media Communities durch und setzt die gewonnen Erkenntnisse entsprechend um.

> ## Links zu den sozialen Netzwerken des UNDP:
>
> **Twitter**
>
> Twitter Arabisch: *www.twitter.com/undparabic*
> Twitter Englisch: *www.twitter.com/undp*
> Twitter Französisch: *www.twitter.com/pnud_fr*
> Twitter Spanisch: *www.twitter.com/pnud_es*
>
> Automatische Twitter-Seiten, die direkt von der UNDP-Website updaten:
>
> Neuigkeiten: *www.twitter.com/undpnews*
> Stellenangebote: *www.twitter.com/undpjobs*
> Auftragsangebote: *www.twitter.com/undpproc*
>
> **Facebook**
>
> Facebook Arabisch: *www.facebook.com/UNDPArabStates*
> Facebook Englisch: *www.facebook.com/undp*
> Facebook Spanisch: *www.facebook.com/pnud*
> Facebook Französisch: *www.facebook.com/pnud_fr*
>
> **Andere**
>
> LinkedIn: *www.linkedin.com/pages/undp*
> Pinterest: *www.pinterest.com/undp*
> Google+: *www.gplus.to/undp*
>
> **Helen Clark online**
>
> Facebook: *www.facebook.com/helen.clark.supporters*
> Twitter: *www.twitter.com/helenclarkundp*
> Alle Länderbüro-Netzwerke auf einen Blick: *http://on.undp.org/hmohF*

Zur Autorin

Silke von Brockhausen ist Referentin für soziale Netzwerke beim UNO-Entwicklungsprogramm UNDP, das in über 170 Ländern Armut bekämpft. Sie ist zuständig für die Koordinierung von Social-Media-Kampagnen des UNO-Entwicklungsprogramms, den Aufbau seiner Netzwerk-Community und Social-Media-Mitarbeitertrainings. In diesem Artikel zeigt sie am Beispiel des UNO-Entwicklungsprogramms, wie internationale Organisationen soziale Netzwerke nutzen, um Aufmerksamkeit auf globale Probleme zu lenken und Unterstützung für ihre Arbeit zu gewinnen. Sie beschreibt Besonderheiten, Risiken und Chancen des sozialen Netzwerkens für globale gemeinnützige Organisationen und zeigt, wie man Kommunikationsziele mit einem mehrsprachigen, heterogenen Zielpublikum auf Social Media erreichen kann.

Über das UNDP

Das Entwicklungsprogramm der Vereinten Nationen (United Nations Development Programme, UNDP) wurde 1965 gegründet und hat seinen Sitz in New York. Es ist die zentrale Organisation der UN-Entwicklungsfonds und -programme und hat eine Schlüsselrolle inne bei der Umsetzung der Millenniumsentwicklungsziele und der Formulierung neuer Ziele nach 2015. Es arbeitet mit über 170 Ländern zusammen. UNDP unterstützt Partnerländer mit Politikberatung und dem Auf- beziehungsweise Ausbau von Fähigkeiten/Kapazitäten in folgenden Bereichen: demokratische Regierungsführung, Armutsbekämpfung, Frauenföderung, Krisenvorsorge und Konfliktbewältigung, Menschenrechte, Energie und Umwelt sowie HIV/AIDS.

Hintergrund: Social Media in der Marketing- und Kommunikationsstrategie

In diesem Kapitel:
- Kommunikation »social« planen, statt auf Facebook zu verlängern
- Der Prozess der strategischen Kommunikationsplanung
- Fazit und Ausblick: Professionalisierung und Integration in den Mediamix

Von Martina Rohr

Zusammenfassung: Als Beraterin für Social Media Marketing, Trendscouting und digitale Strategie in der Mediaagentur *Vizeum* agiere ich als Schnittstelle zwischen den Mediaberatungsteams, unseren Spezialteams und der strategischen Kommunikationsplanung. Vor der eigentlichen Konzeption von Social-Media-Kampagnen und -Präsenzen steht bei der Vizeum wie auch bei vielen anderen Agenturen ein strategischer Planungsprozess, der die Grundlagen für erfolgreiche digital vernetzte Kommunikation schafft. Social Media stehen dabei nicht allein für die Markenseiten von Unternehmen, sondern für ein technologisches und soziales Phänomen, das alle Bereiche der Kommunikationsplanung verändert. Unternehmen und Agenturen müssen sich also nicht mehr nur überlegen, wo sie neuerdings ihre Konsumenten antreffen, sondern wie sie dem veränderten Kommunikationsverhalten Rechnung tragen und welche Rolle sie im digital vernetzten Alltag ihrer Konsumenten spielen wollen.

Von den Herausforderungen an Strategie und Konzeption in Zeiten sozialer Konsumentendynamiken bis zum strategischen Einsatz von Social-Media-Plattformen soll dieser Artikel einen Überblick geben. Dieser Beitrag beschreibt keine proprietären Tools und Prozesse meines Arbeitgebers oder meiner Kunden, sondern soll allgemeine Handlungsempfehlungen für die strukturierte Entwicklung einer »social« geplanten Kommunikationsstrategie geben.

Kommunikation »social« planen, statt auf Facebook zu verlängern

Nicht nur die Beziehungen zwischen Konsumenten und Marken, auch Geschäftsmodelle und Vertriebswege wurden durch Social Media maßgeblich verändert, denen eine integrierte Kommunikationsstrategie nun gerecht werden muss. Marketing und Vertrieb sind von Kommunikation längst nicht mehr zu trennen, und die Digitalisierung und Mediatisierung des Alltags, also die zunehmende Durchdringung des Alltags mit digitalen Medien (vom Social Network über den Instant Messenger bis zum twitternden Kühlschrank) beschleunigen dies. Das Phänomen »Social Media« wird in der Marketingpraxis allzu oft mit Blogs und Social Networks gleichgesetzt und in der Mediaplanung als Nebenprodukt betrachtet. Fast jeder Social-Media-Experte kennt die Frage »Ach ja, und was machen wir am Ende mit der Kampagne auf Facebook?«.

Wenn wir in der strategischen Planung von Social Media sprechen, sprechen wir also von einem veränderten Kommunikationsverhalten, von veränderten Beziehungen zwischen Konsumenten und Marken und vor allem von Technologien, die ein vernetztes digitales Ökosystem an Kommunikation bestimmen. Denn genauso, wie man »nicht nicht kommunizieren kann«[1], können Unternehmen heute »nicht nicht Social Media machen«.

Der Prozess der strategischen Kommunikationsplanung

Fast jede Agentur hat ihren eigenen Prozess für die integrierte strategische Kommunikationsplanung definiert, der eine standardisierte Vorgehensweise innerhalb aller Projekte sicherstellt und ihren Beratern eine klar strukturierte Arbeitsweise ermöglicht. Diese Prozesse unterscheiden sich zum Teil in einzelnen Detailschritten oder den eingesetzten proprietären Tools, lassen sich aber vereinfacht gesagt und allgemein in die folgenden Schritte zusammenfassen.

---

1 »Man kann nicht nicht kommunizieren« ist eines der berühmtesten Zitate in der Kommunikationstheorie von Paul Watzlawick http://de.wikipedia.org/wiki/Paul_Watzlawick

1. *Markt- und Wettbewerbsanalyse, Definition Geschäftsziele:* Welche Herausforderungen bestehen für die Marke bzw. das Produkt am Markt? Welche Dynamiken und Rahmenbedingungen bestimmen den Markt?
2. *Zielgruppen- und Konsumentenanalyse:* Wer sind die relevantesten Konsumenten, und wie sieht deren Mediennutzung und Konsumverhalten aus? Welche Motivation treibt Konsumenten bei der Produkt- und Mediennutzung? Welchen Einfluss haben verschiedene Kanäle auf den Kaufentscheidungsprozess und auf das Marketingziel?
3. *Strategische Plattform:* Wie kann ausgehend von den Markt-, Marken- und Konsumenteneinblicken ein strategischer Kern formuliert werden?
4. *Konzeption und Distribution:* In welche »Big Idea« oder Kampagnen kann die strategische Plattform übertragen und kann medial distribuiert werden? Welche Rolle spielen die Mediakanäle bei der Erreichung des Kommunikationsziels?
5. *Umsetzung und Messung/Rückführung der Ergebnisse* in die Strategie

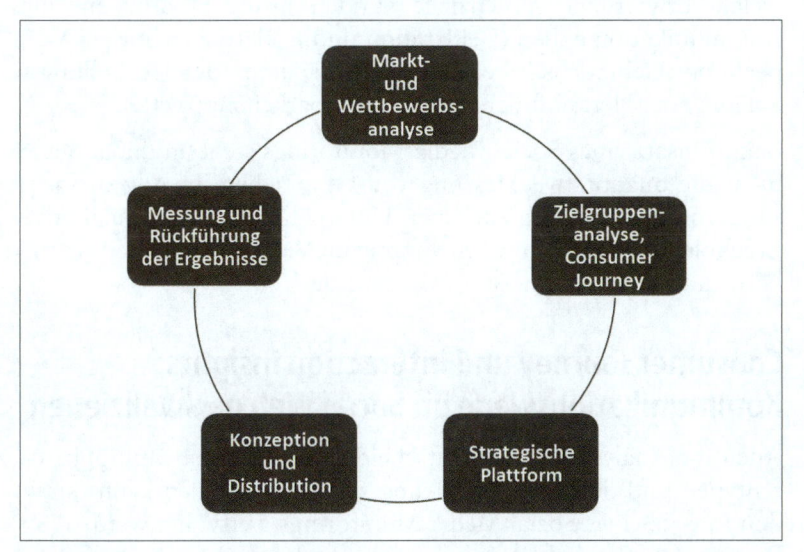

◀ **Abbildung 8-1**
Exemplarischer Prozess der strategischen Kommunikationsplanung

Das »Phänomen Social Media« begleitet jeden Schritt in der Strategiefindung – von Wettbewerbsanalysen über Zielgruppeninsights bis hin zu Plattformen im medialen Ökosystem.

Markt-, Wettbewerbs- und Zielgruppenanalyse: wertvolle Erkenntnisse über Konsumenten und Kommunikationsdynamiken

Die zunehmende Durchschaubarkeit von Marken, Unternehmen und Märkten stellt Werbungtreibende zum einen vor sehr große kommunikative Herausforderungen, bietet zum anderen aber auch Chancen in der Analyse von Konsumentenbedürfnissen und Marktdynamiken. Am Anfang jedes Planungsprozesses liefert der Einsatz von Social Media bzw. Web Monitoring nützliche Einblicke in die Relevanz des Produktes, der Kategorie oder der Marke im Konsumentenalltag. In der Regel sprechen Konsumenten nicht explizit über bestimmte Marken, aber sehr wohl über Themenbereiche oder Konsumsituationen, die diese Marken mit ihren Produkten besetzen wollen. So wäre beispielsweise für einen Naturkosmetikhersteller unter Umständen die Analyse der Beiträge zu seiner eigenen Marke wenig aussagekräftig (aufgrund mangelnder Anzahl an Beiträgen oder bereits vorliegenden Markenanalysen). Die Betrachtung der Gespräche im Netz über Themen wie »organisch« oder »Nachhaltigkeit« kann aber zu nützlichen Erkenntnissen darüber führen, welche Erwartungen potenzielle Kunden an das Produkt und die Kommunikation haben (Deklaration und Erklärungen auf der Verpackung, Gebrauchsanweisungen, Transparenz der Herstellungsabläufe oder Herkunft der Zutaten, Haltbarkeitstipps etc.).

Beim Einsatz eines Social Media Monitorings steht an dieser Stelle nicht die quantitative Messung von Gesprächen im Allgemeinen, sondern die Relevanz einzelner Unternehmen sowie qualitative Ergebnisse zur Markenwahrnehmung im Vergleich mit Wettbewerbern einer Kategorie meist im Vordergrund.

Consumer Journey und Interaction Insights: Kommunikationswege im Social Web nachvollziehen

Auch die Analyse von Kaufentscheidungsprozessen, Multiplikatorentypen und der Wechselwirkung zwischen Kanälen kann durch den Einsatz eines Social Media Monitorings wertvoller werden. So finden auch klassische Werbekampagnen heute ihren Widerhall in Blogs, Foren oder in Form von Hashtags auf Twitter. Die zunehmende Parallelnutzung von klassischen Medien und smarten mobilen Geräten verstärkt diese Entwicklung und sollte entsprechend berücksichtigt werden. Hätte unser Naturkosmetik-Hersteller nun bestimmte TV-Formate oder Großereignisse als Sponsor belegt, kann eine Analyse der parallel dazu stattfindenden Gespräche Einblick darüber liefern, inwiefern dieser Einsatz auch Effekte über die klassischen Medien hinaus hatte und ob die Inhalte dieser Gespräche zur gewünschten Markenpositionierung passen.

Bei der Interpretation von Social-Media-Daten für die strategische Planung muss vor allem zwischen aktiven und passiven Nutzern und den jeweils damit verbundenen Zielgruppen unterschieden werden. Personen, die über eine Marke sprechen, sind nicht zwangsläufig diejenigen, die das Produkt auch kaufen oder bisher vom Unternehmen als werberelevante Zielgruppe definiert wurden. Aber vielleicht gilt das für die Personen, die diese Beiträge im Netz lesen. Daher hilft ein Social Media Monitoring zwar bei der Identifikation von Themen, Plattformen und Multiplikatoren, aber nicht bei der Bewertung der Reichweite und Relevanz der Inhalte[2] in der Zielgruppe oder des Einflusses von Social Media auf den Kaufentscheidungsprozess. Für eine differenzierte und fundierte Analyse zur Identifikation der relevanten Kommunikationsplattformen müssen neben Social-Media-Daten also noch weitere Quellen wie Google Insights, eigene Kampagnendaten, (ROI)-Modellings, agentureigene Langzeitstudien oder Zähl-Tools wie *Alexa* oder der *Google Ad Planner* (falls keine kostenpflichtigen Daten wie von *AGOF*, *Nielsen* oder *comScore* verfügbar sind) hinzugezogen werden.

Hilfreiche Analyse-Tools (neben klassischen Markt-Media-Studien und Marktdaten)

- Social Media Monitoring (kostenlos oder eigenes Tool)
- *Google Trends* und Bildersuche (wenn kein Zugang zu *Adzyklopädie* oder *Nielsen AdRelevance* gegeben ist)
- *comScore, Nielsen, (AGOF), Alexa, Google Ad Planner, Facebook Ad Planner*
- *klout.com*
- *socialbakers.com, socialbench.de*

Zu weiteren Tools und Analysemöglichkeiten siehe auch den Beitrag von Jessica Seis in diesem Buch (Kapitel 9).

---

2 Die meisten kostenpflichtigen Social Media Monitoring Tools integrieren mittlerweile zusätzliche öffentlich verfügbare Daten und eigene Berechnungen zu Reichweite, Einfluss und Relevanz von Websites und Autoren, die aber nicht mit der Qualität und Aussagekraft von Messungen wie von der AGOF, comScore oder Nielsen mithalten können.

Strategische Plattform: »Social Media« im Kern von konsumentenzentrierten Kommunikationsstrategien

Stand im klassischen Marketing bisher ein funktionaler oder emotionaler Produktnutzen im Zentrum der Kommunikation, so steht heute ein durch die oben beschriebenen Analysen abgeleitetes Konsumentenbedürfnis im Fokus, zu dem dieser Produktnutzen passen muss. Einige Marken werden in diesem Prozess feststellen müssen, dass ihr Markenkern leider nicht mehr ins digitale Zeitalter passt, da sie von einem eindimensional kommunizierten und konstruierten Nutzen ausgehen, der in der »realen« digitalen Welt keine Bedeutung und kein Differenzierungspotenzial hat. Marken und Unternehmen müssen sich also fragen (lassen), welche Rolle sie im selbstbestimmten Alltag von Konsumenten spielen wollen und welche Inhalte und Dienstleistungen sie dazu anbieten können, die dennoch zu Produkt und Marke passen. Der berühmt-berüchtigte Diskurs über das Wetter in Social Networks passt dabei bestenfalls zu Kleidungs-, Sonnencreme- oder Sonnenbrillenherstellern, und die guten Wünsche zum Wochenende oder die Frage nach dem ersten Kaffee am Morgen benötigt eine Vielzahl an Konsumenten nicht von Marken.

Die Erkenntnis, dass Marken also im Social-Media-Zeitalter deutlich mehr über Inhalte ihrer Kommunikation nachdenken müssen, fand nicht zuletzt im viel zitierten »Content is King« (mittlerweile erweitert um die Kategorie »Kontext«) seinen Einzug ins Marketing. Doch zum »Faktor Inhalt«, den es möglichst arm an Streuverlusten an den User zu bringen gilt, kommt der »Faktor Interaktion« erschwerend hinzu, wenn eine »social« geplante Strategie aufgehen soll. Marken müssen sich fragen, was Konsumenten mit der Markenbotschaft in Zeiten von Likes, (Re-)Tweets, Posts, Uploads und Shares tun sollen und wie die Interaktion mit dem Markeninhalt auf die Geschäftsziele des Unternehmens einzahlt.

Im Zentrum der strategischen Plattform sollte also eine Erkenntnis über das Konsumentenbedürfnis nach Inhalten und Interaktionen stehen. Hätten wir beispielsweise für unseren Naturkosmetik-Hersteller herausgefunden, dass die wertvollsten Konsumenten (in Bezug auf den Umsatz im Online-Shop) durch Bilder vom verbesserten Hautergebnis anderer Konsumenten zum Kauf animiert werden, so könnte eine solche Plattform heißen: »Positive Produkterfahrungen teilen«.

Daraus ergeben sich dann taktische Rollen und Aufgaben für Kanäle und Inhalte innerhalb eines medialen Ökosystems aus bezahlten, markeneigenen und nutzergenerierten Inhalten.

Konzeption und Distribution: Neue Rolle für Medienproduzenten und Werbung

Wenn die Inhalte und das Interaktionskonzept aus der Kommunikationsstrategie abgeleitet sind, macht die Suche nach einem geeigneten Partner für die Erstellung und Verbreitung von Inhalten Sinn. Die meisten Social-Media-Plattformen stellen lediglich die Infrastruktur für den Austausch und die Vernetzung von Inhalten dar und sind selbst »leer« an Inhalten. Umso wichtiger werden also strategische Allianzen mit Medienproduzenten, nicht nur hinsichtlich der Reichweite der eigenen Angebote, sondern eben in Hinblick auf die Verwendung dieser Inhalte für eigene Zwecke. In den Verhandlungen mit Medienpartnern sollte also nicht mehr nur der günstige Einkauf von Werbeplätzen, sondern auch die Verwendung oder sogar exklusive Erstellung von Inhalten im Fokus stehen, wie es beispielsweise *Schwarzkopf* in seiner Kooperation mit *Condé Nast* angegangen ist[3]. Für unseren Beispiel-Naturkosmetik-Kunden würde dies bedeuten, mit Verlagen oder Plattformen wie Spotify nicht nur über Werbeplätze und Advertorials, sondern auch über die Verwertung von redaktionellen Inhalten für die eigenen Präsenzen zu diskutieren. Dieser Entwicklung in der Medienlandschaft trägt auch die zunehmende Anstellung von Journalisten, Redakteuren und Produzenten in Unternehmen und Agenturnetzwerken Rechnung.

Maßnahmen nicht an Konsumentenerwartungen vorbei planen

Bei einer nutzerzentrierten Kommunikationsplanung sollten darüber hinaus nicht nur die Anforderungen der Konsumenten an Marken und Produkte, sondern auch deren Motivation zur Nutzung einzelner Social-Media-Plattformen berücksichtigt werden. So sollte ein »Service 2.0« bestenfalls auch dort stattfinden, wo sich Konsumenten häufig beschweren oder Service-Fragen gestellt werden, und die Bereitstellung von aktuellen Angeboten dort, wo diese auch in der jeweiligen Zielgruppe und Produktkategorie erwartet werden. Die Motivation zur Nutzung von Social-Media-Plattformen und die dortigen Erwartungen von Konsumenten an Unter-

---

3 http://www.indiskretionehrensache.de/2011/02/neue-schwarzkopf-homepage/

nehmen unterscheiden sich zum Teil massiv in den verschiedenen Zielgruppen und Branchen. Einige Agenturen nutzen für diese Analyse von Touchpoints, Kanälen und Konsumentenmotivationen eigene internationale Studien. Auch hier kann aber entweder ein Social Media Monitoring oder frei verfügbare Studien in Ansätzen weiterhelfen. Hätte nun unser Naturkosmetik-Hersteller erkannt, dass sich Konsumenten im Netz vor allem über die Themen Hautverträglichkeit und Hauttypen austauschen und dass dies vor allem in Beauty-Foren geschieht, während in sozialen Netzwerken die begeisterte Produktempfehlung an Freunde stattfindet, dann würde dies in der taktischen Umsetzung in einen entsprechenden Einsatz dieser Plattformen münden.

Konsumentenerwartungen im Social Web

Anhand der für jeden Kommunikationsplaner einfach zu erstellenden Rankings (z. B. von *socialbakers*) von erfolgreichen kommerziellen Social-Media-Präsenzen zeigen sich sehr deutlich die Präferenzen von Konsumenten: Sportler, Musiker, Unterhaltungsformate, Destinationen und Top-Marken wie Coca-Cola, Apple und Nike oder Adidas stehen hoch in der Gunst.

Einige frei verfügbare Studien versuchen, diesen Konsumentenerwartungen auf den Grund zu gehen, z.B.:

- IBM: »From Social Media to Social CRM: What customers want« (*http://www-935.ibm.com/services/us/gbs/thoughtleadership/ibv-social-crm-whitepaper.html*)
- Keylens Research Center / Universität Bremen: »Kundenerwartungen im Social Web« (*http://www.keylens.com/fileadmin/web_data/related_links/KEYLENS-201208_CMO_Studie-V5.pdf*)
- Universal McCann: Wave 6 »The Business of Social« (*http://www.universalmccann.de/wave6/*)

Wichtige Fragen zur Umsetzung von Social-Media-Maßnahmen

- Welche Funktion sollen Social Media in der Strategie erfüllen, und wie werden die Ziele operationalisiert und gemessen?
- Erlauben es die Richtlinien des Plattform-Anbieters, dass kommerzielle Kommunikation betrieben wird, und welche Richtlinien[4] stellt er dazu auf?
- Sind adäquate Inhalte und deren Verwertungsrechte vorhanden?
- Welche Abteilungen müssen sich mit dem Thema befassen?

---

4 siehe z.B. die Facebook-Werberichtlinien (*https://www.facebook.com/ad_guidelines.php*)

- Ist der Umgang mit Social Media im Unternehmen geregelt?
- In welcher Tonalität soll mit Konsumenten kommuniziert werden, um einerseits Nähe herzustellen, aber auch Rolle und Bild der Marke zu wahren?

Erfolgsmessung: »Engagement« ist kein Marketingziel

So wie der Einsatz von Social Media nicht losgelöst von der Marketingstrategie geplant werden sollte, sollten sich auch die Zieldefinitionen nicht in kleinteiligen plattformspezifischen Metriken oder generischen Zielen wie »Engagement« verlieren. Auch wenn eine Erfolgsmessung des Einsatzes von Social Media trotz der Fülle an verfügbaren Daten noch schwerfällt, sollte eine Verdichtung von Einzelmetriken im Hinblick auf ihren langfristigen Einfluss auf die Marketingziele vorgenommen werden. In jedem Fall sollten die zu erhebenden KPIs während der strategischen Planung definiert und entsprechende kundenindividuelle Modelle zur Überführung von Social-Media-Metriken in das allgemeine Marketing-Controlling gesucht werden.

Mythen zum Einsatz von Social Media

Auch wenn Social Media als Marketingdisziplin in den letzten Jahren eine enorme Professionalisierung erlebt hat, halten sich einige Annahmen hartnäckig, die zu Stolperfallen werden können.

- *Inhalte werden sich von allein viral verbreiten:* In der Regel ist das nicht der Fall, außer bei Kinder- und Katzenvideos, dennoch können »virale« Inhalte deutlich effizienter beworben werden.
- *Social Media ist kostengünstig und spart den Einsatz von teuren Massenmedien:* Erfolgreiches Social Media Marketing kann erhebliche Kosten produzieren und kann Massenmedien nicht ersetzen, sondern ergänzen.
- *Konsumenten warten nur darauf, für eine Marke Inhalte professionell und kostenlos zu erstellen:* Die Konsumenten sind sich ihrer neuen Rolle und Kompetenz durchaus bewusst und erwarten Entlohnung – monetär oder durch Mehrwerte.

Bei jeglichem Einsatz von Social-Media-Kanälen als Marketinginstrument sollte letztlich jedem Kommunikationsverantwortlichen bewusst sein, dass sich Kommunikation trotz aktiver eigener Präsenz nur sehr bedingt steuern und vor allem erfassen lässt. Der Großteil der Gespräche zwischen Konsumenten wird auch im Social Web privat bleiben und nicht direkt an die Markenseite adressiert werden, was den erfolgreichen Einsatz eines Social Media Monitorings zur Erfolgsmessung beeinträchtigen kann. Eine detaillierte Beschreibung der Möglichkeiten zur Erfolgsmessung von Social-Media-Maßnahmen findet sich im Artikel von Jessica Seis in diesem Buch.

Fazit und Ausblick: Professionalisierung und Integration in den Mediamix

Social Media sind aus dem Konsumentenalltag nicht mehr wegzudenken, so auch nicht aus der strategischen Kommunikationsplanung. Social Media hat sich dabei vom taktischen Instrument zur Verlängerung der klassischen Kommunikation zum Gerüst für die gesamte Kommunikationsarchitektur entwickelt und sollte auch entsprechend im Planungsprozess berücksichtigt werden. Die vielfältigen Einsatzmöglichkeiten von Social Media werden zukünftig eher zunehmen. So wird auch die Professionalisierung hinsichtlich der Strategieentwicklung und Umsetzung weiter zunehmen (müssen), so dass Social Media nicht mehr abseits der klassischen Kommunikation als Zusatzinstrument behandelt wird.

Zur Autorin

Martina Rohr absolvierte ihr Studium der Kulturwissenschaft, Anglistik und Romanistik an den Universitäten Bremen, Kapstadt und Avignon und beschäftigt sich seitdem mit den Dynamiken zwischen Medien, Technologien, Marken und Menschen. Seit mehr als fünf Jahren arbeitet sie in verschiedenen Media-Agenturen, aktuell bei der Vizeum Deutschland GmbH (Aegis Media), im Bereich Social Media Marketing und Konzeption, strategische Kommunikationsplanung und Social Media Research, und berät dort Kunden aus diversen B2B- und B2C-Branchen.

Xing: *www.xing.com/profile/Martina_Rohr*

Facebook: *www.facebook.com/martina.rohr*

Twitter: *www.twitter.com/martinaaa*

Hintergrund: Social-Media-Erfolgsmessung – aus Gezwitscher Erkenntnisse gewinnen

In diesem Kapitel:
- Wichtige Grundlagen der Erfolgsmessung im Bereich Social Media
- Die verschiedenen Social-Media-Daten: Von der Social-Media-Landschaft zum einzelnen Fan
- Fazit

Von Jessica Seis

Zusammenfassung: Während sich im »traditionellen Marketing« durch jahrelange Forschung einheitliche Messgrößen etabliert haben, ist die Messung des Erfolgsbeitrags der Social-Media-Aktivitäten gar nicht so einfach. In meinem Artikel möchte ich zeigen, dass es sich jedoch definitiv lohnt, hier Zeit zu investieren, da Sie so wichtige Learnings generieren und Optimierungsmöglichkeiten aufdecken können.

Grundlage hierfür sind Daten auf verschiedenen Aggregationstufen, angefangen bei der Social-Media-Landschaft bis hin zum einzelnen Fan, die vor, während und nach der jeweiligen Aktivität wichtig sind. Neben dem eigentlichen Messen, Interpretieren und darauf aufbauenden Optimieren möchte ich in meinem Artikel auch die Definition der relevanten KPIs anhand des von Ihnen verfolgten Ziels hervorheben, da dies entscheidend für die Aussagekraft der Erfolgsmessung ist. Ziel meines Artikels ist es, die verfügbaren Datenquellen vorzustellen, ihre Anwendungsmöglichkeiten zu verdeutlichen sowie praktische Anwendertipps für den Bereich Social-Media-Erfolgsmessung zu geben.

Wichtige Grundlagen der Erfolgsmessung im Bereich Social Media

In allen Social-Media-Projekten, an denen ich in der Vergangenheit beteiligt war, hat sich gezeigt, dass es sich immer lohnt, bei der Planung, Durchführung und Bewertung der eigenen Aktivitäten eine Analyse der Markt- oder der selbst erhobenen Daten vorzunehmen.

Bevor ich auf diese Daten sowie deren Erhebung eingehe, sind einige grundlegende Punkte für die gesamte Erfolgsmessung vorwegzunehmen:

Eine Erfolgsmessung ohne vorherige Zieldefinition ist in Social Media genau wie bei anderen Marketingaktivitäten unmöglich. Nur mit einer klaren Zielvorgabe können die relevanten Messgrößen identifiziert und kann deren Erreichung überprüft und optimiert werden. Dies klingt logisch, wird aber in der Praxis oft missachtet. (Beispiel: Durch ein Gewinnspiel auf dem Facebook-Profil gewinnt eine Marke in 2 Wochen 100 neue Fans. Ohne vorherige Zieldefinition basierend auf einer Ist- und Konkurrenzanalyse lässt sich nur schwer bewerten, ob dies nun ein Erfolg ist oder nicht.)

Da diese Ziele, denen die Social-Media-Aktivitäten als Teil des gesamten Marketingmixes einer Marke dienen sollen, sehr vielfältig sind (grobe Unterteilung in Performance und Branding), unterscheiden sich auch die Metriken zu deren Erfolgsmessung sehr stark. Ziele eines Facebook-Auftritts können z.B. der verbesserte Kundenservice oder die Stärkung eines positiven Arbeitgeber-Images bis hin zur Markenpflege sein. (Beispiel: Die Steigerung der Fan-Anzahl ist kein geeignetes Kriterium, um das Ziel »Veränderung des Markenimages« zu messen.)

Die am einfachsten zu erhebenden KPIs (*Key Performance Indicators*) sind leider auch die mit der geringsten Aussagekraft – oder anders ausgedrückt: Mit dem Erkenntnisgewinn steigt auch immer der Erhebungsaufwand. Wichtig ist hier daher, die Aufwand-Nutzen-Relation im Auge zu behalten.

	Hinweis	Der Begriff *Key Performance Indicator* stammt aus der Betriebswirtschaftslehre und bezeichnet Kennzahlen, die die erreichte Leistung (Peformance) messbar machen und somit die Grundlage für eine Soll-Ist-Analyse liefern.

Wie ich bereits angedeutet habe, werden nicht nur zur Erfolgsmessung Daten benötigt, sondern schon bei der Entwicklung einer Social-Media-Strategie und den darin beinhalteten Aktivitäten. Auch hier hat mir in der Vergangenheit die Analyse der Marktdaten hilfreiche Hinweise geliefert.

Generell lassen sich die im Social-Media-Bereich verfügbaren und relevanten Daten nach zwei Kriterien unterteilen:

1. *nach ihrer Aggregationsstufe:* Diese reichen von Informationen zur Social-Media-Landschaft, den einzelnen Plattformen sowie deren Nutzung aus allgemeinen Studien bis hin zu Informationen zu einzelnen Fans oder Social Media Posts.

2. *nach ihrem zeitlichen Einsatz bei der Umsetzung von Social-Media-Aktivitäten auf sozialen Plattformen:* So sind bei der am Anfang stehenden strategischen Planung des Facebook-Auftritts z. B. Hinweise auf die Facebook-Nutzungsmotivation der gewünschten Zielgruppen hilfreich. Nach dem Implementieren des Facebook-Auftritts geht es dann stärker um das Messen der Reaktionen auf die Posts einer Marke.

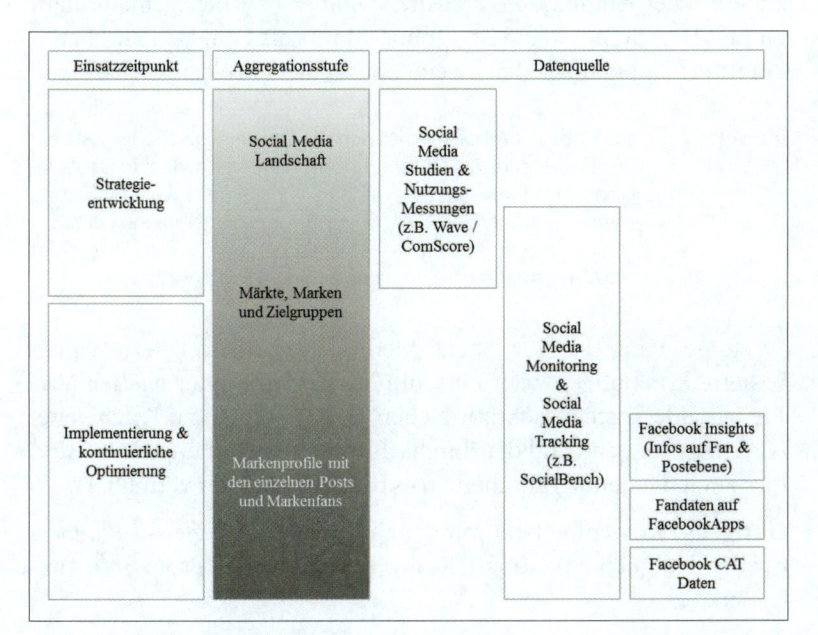

◀ **Abbildung 9-1**
Unterteilung der relevanten Social-Media-Daten

Es zeigt sich, dass diese beiden Kriterien eng verknüpft sind: Je höher die Aggregationsstufe ist, also je allgemeiner die Daten sind, desto früher im Strategieentwicklungsprozess werden sie in der Regel eingesetzt.

Die verschiedenen Social-Media-Daten: Von der Social-Media-Landschaft zum einzelnen Fan

Im Folgenden werden die verschiedenen Aggregationsstufen der Datenerhebung dargestellt.

Informationen zur Social-Media-Landschaft

Auf der obersten Aggregationsstufe geht es darum, sich erst einmal unabhängig von den eigenen Aktivitäten ein Bild von den verschiedenen Plattformen der Social-Media-Landschaft und ihrer Nutzer zu machen.

Für viele Social-Media-Plattformen sind anders als für die meisten anderen werbeführenden Websites (AGOF – Arbeitsgemeinschaft Online Forschung) keine im Online-Markt als Standard anerkannten Informationen zur Reichweite oder Nutzerstruktur vorhanden.

Hinweis Die AGOF (Arbeitsgemeinschaft Online Forschung) ist ein Zusammenschluss der führenden Online-Vermarkter in Deutschland. Mit ihrer standardisierten Online-Reichweitenwährung sowie umfassenden Daten rund um die Nutzung digitaler Medien macht die AGOF das klassische und das mobile Internet für Werbetreibende transparenter und somit »planbarer«.

Wichtige Hinweise für Social-Media-Plattformen liefern panelbasierte Erhebungen wie *ComScore MediaMetrix* oder *Nielsen NetView* (beide kostenpflichtig). Neben Informationen zu Reichweite, Nutzungsfrequenz und der durchschnittlichen Nutzungsdauer sind hier auch die demografischen Strukturen der Nutzer verfügbar.

Übrigens: Kostenlos bekommt man auch im *Google Ad Planner*, für den lediglich ein Google-Konto nötig ist, erste grobe Informationen.

Außerdem geben manche Plattformen selbst Daten heraus, z.B. einzelne Foren oder Blogs. Oft findet man diese Daten am unteren Seitenrand unter Rubriken wie »Werbung«, »Mediadaten« oder »Über uns«.

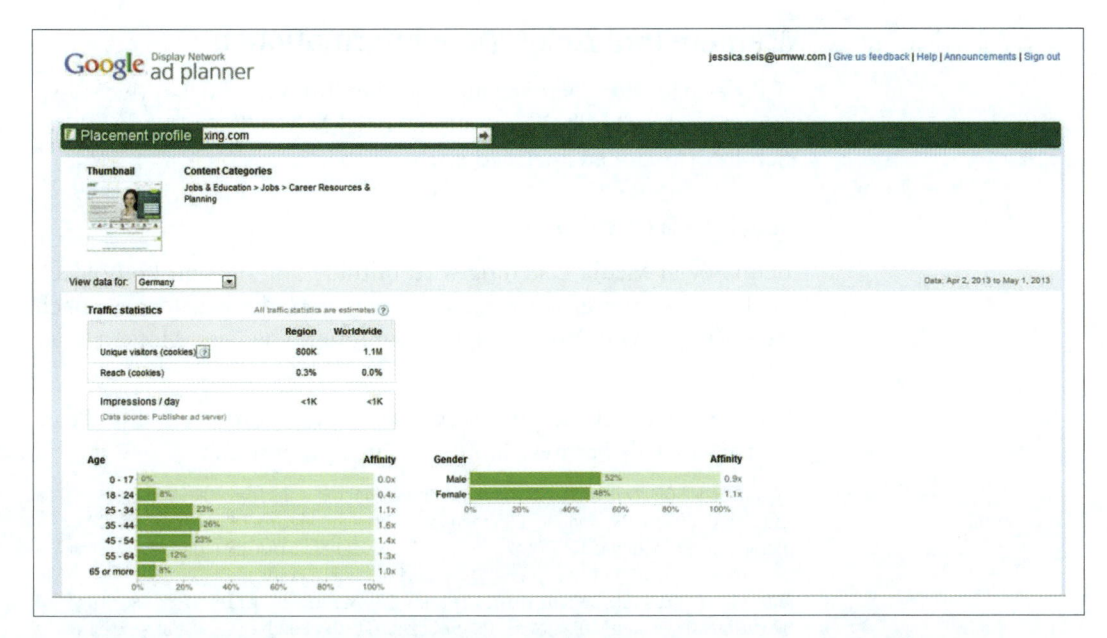

▲ Abbildung 9-2
Google Ad Planner: demografische Struktur der Nutzer von Social-Media-Plattformen

Auch große Social-Media-Nutzungsstudien können die Grundlage für eine Entwicklung effizienter Social-Media-Aktivitäten sein. Hierzu zählt meines Erachtens auch die Wave-Studie meines Arbeitgebers *Universal McCann* (*www.universalmccann.de/wave6*), in der man mehr über Motivationen der Nutzer verschiedener Plattformen erfährt und darüber, welche Funktionen diese nutzer erwarten. Auch die ARD-ZDF-Onlinestudie ist hier zu nennen (*http://www.ard-zdf-onlinestudie.de*).

◄ Abbildung 9-3
UM Wave6 – Motivation der Nutzung verschiedener Social-Media-Plattformen

Die verschiedenen Social-Media-Daten: Von der Social-Media-Landschaft zum einzelnen Fan

Marken- und Zielgruppeninformationen

Auf der nächsten Datenebene sind die durch das Social Media Listening und durch das sogenannte Social Media Tracking gewonnenen Informationen anzusiedeln.

Social Media Listening

Beim Social Media Listening wird mithilfe von oft sehr komplexen Suchstrings eine große Anzahl an Social-Media-Plattformen nach Äußerungen von Nutzern zu bestimmten Themen, Marken oder Produkten durchsucht.

Hier folgt ein Beispiel für einen Suchstring, mit dessen Hilfe Posts zu Tansania als Fernreiseland gesucht werden sollten:

```
((tansania OR tanzania OR unguja OR pemba OR sansibar OR
kilimandscharo OR dodoma OR bagamoyo OR ngorongoro OR serengeti OR
usambara OR olduvai OR "lake natron" OR daressalam OR "dar es salaam"
OR stonetown OR "stone town" OR eyasi OR malawisee)
AND (tourismus OR sehenswürdigkeiten OR reise* OR erlebnis* OR flug*
OR flüge OR fluege OR hotel OR unterkunft OR rundreise OR aktivreise
OR "aktiv reise" OR rundreise OR "rund reise" OR flugreise OR traum*
OR urlaub OR ferien OR pauschal OR pauschalreisen OR "pauschal reisen"
OR safari OR tour* OR gruppentour OR nationalpark OR "national park"
OR reservar OR exkursion* OR tier* OR "big five" OR "big5" OR "big 5"
OR "wild life" OR wildlife OR wildnis* OR abenteuer* OR natur* OR
wander* OR unterkunft OR wetter OR klima* OR temperatur* OR währung OR
waehrung OR zeitzone OR saison OR entspannung OR strand OR kultur OR
golf OR tauchen OR fliegen OR fahren OR "game drive") AND NOT (sylt))
```

> **Tipp** Hinter Social Media Listening verbirgt sich die systematische Beobachtung und Analyse von User-generierten Inhalten auf Social-Media-Plattformen, wie sozialen Netzwerken, Foren, Blogs, Microblogs, Bewertungsportalen oder auch Nachrichtenseiten, auf denen Userkommentare möglich sind. Im Gegensatz zur Social-Media-Analyse geht es bei dem Social Media Monitoring um die kontinuierliche Betrachtung vor allem der Entwicklung des Gesprächsvolumens zu einer Marke.

Die Ziele, die mit Social Media Listening unterstützt werden können, sind so vielfältig wie die zuvor angesprochenen möglichen Unternehmensziele in Social Media:

- Krisenmanagement (z.B. Alerts per E-Mail, wenn die Anzahl der relevanten Kommentare steigt)
- Kundenbindung (z.B. durch Kundenservice in Form von Beantwortung von direkten Anfragen)

- Produktentwicklung (z. B. durch Identifikation der Anforderungen an ein Produkt)
- Marktforschung
    - Zielgruppenanalyse
    - Marktanalyse
    - Marken- und Imageanalyse
    - Wettbewerbsanalyse
    - PR- und Werbeerfolgskontrolle

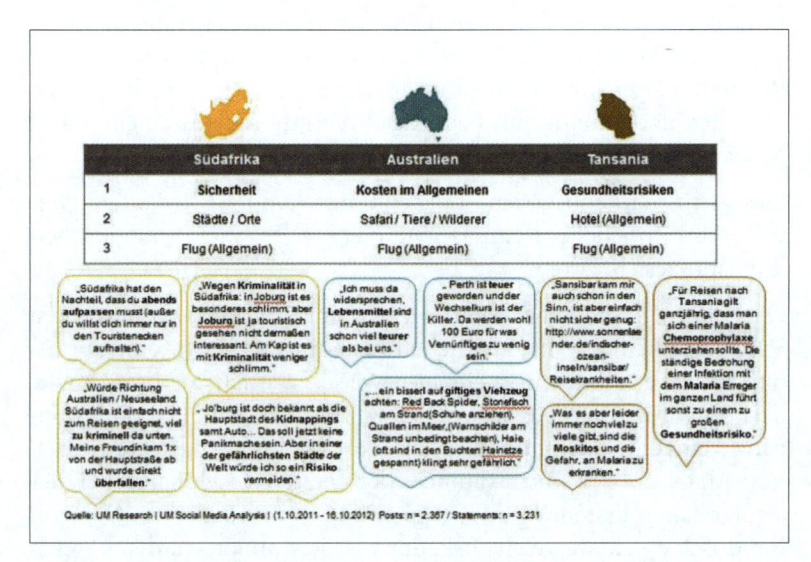

◀ **Abbildung 9-4**
Markt- und Wettbewerbsanalyse im Bereich »Fernreiseziele« (Auszug): die drei am stärksten negativ diskutierten Themen pro Land

Zu den hier dargestellten Zielen muss jedoch gesagt werden, dass sich die Werbewirkungskontrolle über ein Monitoring des Buzzvolumens und/oder der Tonalität bei den von mir betreuten Projekten oft als schwierig erwiesen hat.

Hinweis Unter *Buzzvolumen* versteht man die Gesamtheit aller von Usern erstellen Posts/Kommentare auf sozialen Plattformen. Spannend ist hier die Entwicklung im Zeitverlauf und der Vergleich der Höhe des Buzzvolumens der eigenen Marke und der Konkurrenten. Leider ist es meist aufgrund der Menge und der Komplexität des Themas nicht möglich, alle Posts zu einer Produktkategorie zu erfassen. Daher lässt sich z. B. nicht sagen, wie viel Prozent der Posts zu Fernreiseländern auf Südafrika entfallen.

Selbst bei bekannten Marken mit erheblichem Werbedruck ist meiner Erfahrung nach oft kurzfristig keine direkt auf diesen Werbedruck zurückzuführende Veränderung im Volumen oder in der Tonalität festzustellen.

Bei dem Setup eines Monitorings ist neben den Zielen auch zu bedenken, dass die verschiedenen Abteilungen eines Unternehmens durchaus unterschiedliche Erwartungen an das Tool stellen (z. B. Kundenservice, Produktentwicklung, PR).

Bei vielen Projekten hat sich gezeigt, dass es sich lohnt, nicht nur die eigenen Marken und die wichtigsten Wettbewerber zu monitoren, sondern auch die gesamte Produktkategorie. So bekommt man Informationen über Trends und wichtige Themen, gerade wenn die eigene Marke noch unbekannt ist. Als frühes Beispiel wird hier oft RitterSport genannt, deren Entscheidung für den Eintritt in den Bioschokoladenmarkt auf Basis der Erkenntnisse aus einem Social Media Listening gefallen sein soll.

Das nicht markenbezogene Buzzvolumen kann z. B. wichtige Hinweise für mögliche Kampagneninhalte oder zum Kaufentscheidungsprozess liefern.

Oft bedarf es gerade bei kleineren Marken aufgrund des geringeren Volumens keines kontinuierlichen Listening; es reicht eine Statusquo-Analyse, die dann in einem gewissen zeitlichen Abstand wiederholt wird. Auch bei höherem Buzzvolumen habe ich die Erfahrung gemacht, dass eine vorgelagerte eher breit angelegte Statusquo-Analyse (z. B. Buzzvolumen der letzten 6 Monate) bei der erfolgreichen Erstellung des Setup eines Monitorings hilft. Oft wird hierdurch erst klar, welche Erkenntnisse gewonnen werden können bzw. sollen und welche Suchstrings interessant sind.

Des Weiteren hat meine bisherige Erfahrung mit Social Media Monitoring gezeigt, dass sogenannte »Shitstorms« meist genauso schnell wieder verschwinden, wie sie gekommen sind, wenn sie nicht von klassischen Medien wie Nachrichtenmagazinen aufgegriffen werden. Trotzdem kann es sich oft lohnen, hier als Marke zu agieren. Ob dies der Fall ist, muss allerdings von Fall zu Fall entschieden werden.

Hinweis Das sehr unschöne Wort *Shitstorm* hat sich im Bereich des Social Media Monitoring als Synonym für einen Sturm der Entrüstung etabliert, der zum Teil beleidigende Äußerungen enthält und eine sachliche Diskussion verdrängt.

Unabhängig davon, ob ein kontinuierliches Monitoring oder eine einmalige Analyse erstellt wird, bedarf die Analyse der User-Posts leider noch mehr manuellen Aufwands, als wünschenswert ist, da z. B. eine technische Sentimentbestimmung nur einen ersten Anhaltspunkt bieten kann. Ein Linguist eines großen Monitoring-Anbieters hat die Problematik mit folgendem Zitat auf den Punkt gebracht: »Social Media Posts sind die dreckigsten Daten, mit denen man sich als Linguist beschäftigen kann!« Wie der folgende Post zeigt, ist es selbst für einen Codierer manchmal schwer zu verstehen, ob ein Post positiv oder negativ gemeint ist. Und wie soll das dann ein Algorithmus bzw. eine Maschine können?

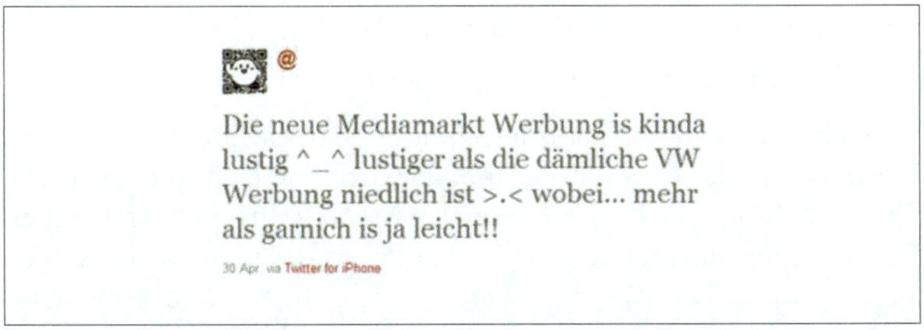

◀ **Abbildung 9-5**
Beispiel für einen Social-Media-Post zur MediaMarkt-Werbung

> @
> Die neue Mediamarkt Werbung is kinda lustig ^_^ lustiger als die dämliche VW Werbung niedlich ist >.< wobei... mehr als garnich is ja leicht!!
> 30 Apr via Twitter for iPhone

Zwar werden die zum Social Media Listening verwendeten Tools kontinuierlich weiterentwickelt, aber eine tiefgehende Themenanalyse und Tonalitätsbestimmung ist durch die Komplexität der Sprache nach wie vor oft nur durch eine manuelle Analyse möglich. Diese erfolgt dann ähnlich wie bei der Inhaltsanalyse (Methode der empirischen Sozialwissenschaft) mithilfe eines Codeplans, in dem jedem Thema und jeder Tonalität ein Code zugeordnet wird. Einem Post können dabei mehrere Themen zugeordnet werden, da ein Nutzer in seiner Äußerung ja durchaus mehrere Themen (z. B. Lieferzeit und Preis eines Produkts) ansprechen kann. Optimalerweise wird nun die Tonalität auch auf Themenebene erfasst. Der Post »Die Digitalkamera war zwar echt nicht billig, aber die Lieferung war total unkompliziert« wird dann dem Thema »Preis« mit negativem Sentiment und dem Thema »Lieferung« mit positivem Sentiment zugeordnet.

Bei großem Buzzvolumen lässt sich eine solche Analyse oft nur für eine repräsentative Stichprobe der Posts durchführen, die aber genauso belastbare Ergebnisse liefern kann wie eine Vollerhebung. Am einfachsten realisieren lässt sich eine solche händische Codierung meiner Erfahrung nach in einer einfachen Excel-Tabelle.

Für die Durchführung von Social-Media-Analysen und Monitorings gibt es große Anzahl an kostenpflichtigen Monitoring-Tools. Die Auswahl eines geeigneten Anbieters gestaltet sich schwierig, da die

Qualität (z. B. Größe des durchsuchten Quellensets, das Herausfiltern von Pressemeldungen) eigentlich immer erst nach dem ersten Praxistest mit einem eigenen Suchstring bewertet werden kann. Auch Rankings der Tools haben mir in der Vergangenheit nur bedingt bei der Auswahl des geeigneten Tools geholfen, da hier die für mich wichtigsten Kriterien nicht Bestandteil des Rankings waren.

Auch einige kostenlose Social Media Listening Tools sind verfügbar:

- für Foren: *boardreader.com*
- für öffentliche Facebook-Beiträge: *kurrently.com*
- plattformunabhängig: Google Alerts

Die Schwächen dieser Tools liegen oft in der Beschränkung auf eine Plattform, in der Qualität der Inhaltsextraktion (z. B. vermeintliche Treffer in Blogs, weil das Keyword im Menü steht), in der fehlenden Verarbeitungsmöglichkeit für Posts oder in der nicht vorhandenen Exportmöglichkeit. Die des Weiteren oft nicht enthaltenen Visualisierungen können dagegen sehr einfach durch weitere kostenlose Tools erreicht werden (z. B. Tag-Cloud-Erstellung: *wordle.com*).

Tipp — Eine Tag Cloud stellt die am häufigsten im Zusammenhang mit dem Suchterm verwendeten Wörter dar. Je häufiger ein Wort vorkommt, desto größer erscheint es. Ohne eine weitere Analyse ist die Aussagekraft leider meistens gering.

Abbildung 9-6 ▶
Beispiel einer Tag Cloud zum Fernreiseziel Südafrika

Social Media Tracking

Neben dem Monitoring des Buzzvolumens bietet es sich auch an, die Entwicklung der eigenen Fan-Anzahl sowie der Anzahl der Fans der Wettbewerber zu messen. Spannend ist auch die Entwicklung des Aktivitätslevels, also des Anteils der Fans, der durch Likes oder Kommentare direkt auf Markenposts reagiert. Auch hierfür gibt es kostenlose Tools, wie *quintly.com*, mit denen die Fan-Entwicklung von bis zu 3 Facebook-Pages über die letzten 30 Tage getrackt werden kann. Gemeinsam mit dem ja jederzeit zugänglichen Profil der Konkurrenten kann man schnell lernen, mit welchen Aktivitäten die Konkurrenten erfolgreich hohes Engagement erzeugen konnten. Es kann sich also durchaus lohnen, auch mal Fan des Konkurrenten zu werden.

▼ **Abbildung 9-7**
Darstellung eines beispielhaften Facebook-Profils in Quintly

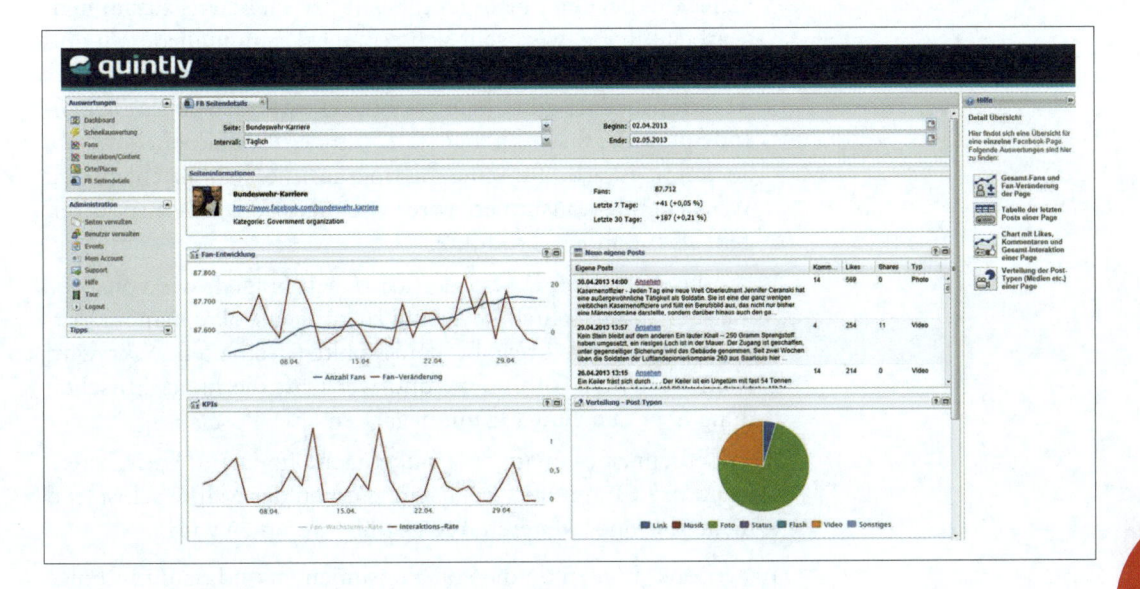

Informationen auf Fan- und Post-Ebene

Kommt es nun zu einer Umsetzung eines eigenen Markenprofils, entstehen Daten der nächsten Aggregationsstufe.

Bevor ich auf diese detailliert eingehe, möchte ich darauf hinweisen, dass der Ressourcenbedarf sowohl für das Aufsetzen einer Social-Media-Präsenz (z.B. Facebook-Profil, YouTube-Kanal, Twitter-Account) als auch das Instandhalten oft höher ist, als zuvor gedacht. Wie hoch dieser Aufwand genau ist, lässt sich leider nicht verallgemeinern. Er hängt u.a. von der Frequenz der Markenposts, dem Ziel des Profils und natürlich der Aktivität der Fans ab. Wird wie bei dem Twitter-Profil »Telekom hilft« ein Großteil der Kundenanfragen beantwortet, ist hier auch schon mal ein über 30-köpfiges Team beteiligt.

Eines lässt sich jedoch festhalten: Die Überlegung, dass ein Praktikant oder sehr junger Mitarbeiter die Betreuung des Profils nebenher übernimmt, geht meistens nicht auf.

Hier noch einige Erfahrungen, die ich gern teilen möchte:

1. Bei einigen Marken ist es wichtig, nicht nur zu den üblichen Geschäftszeiten, sondern besonders auch am Wochenende zu agieren (hierfür gibt es die Möglichkeit, den Zeitpunkt des Erscheinens eines Facebook-Posts zu programmieren) und zu reagieren. Bei einer PR-Agentur, mit der ich bereits zusammengearbeitet habe, wechseln sich z. B. die Teammitglieder ab und schauen dann einmal samstags und einmal sonntags, ob es Reaktionsbedarf gibt. Wie wichtig es ist, auch am Wochenende präsent zu sein, hängt stark von der Produktkategorie ab. So kann es z. B. für eine Biermarke, die hauptsächlich am Wochenende konsumiert wird, wichtiger sein, Präsenz zu zeigen, als für andere Produkte.
2. Um bei negativen Posts oder kritischen Fragen, wie von Fans meist erwartet, schnell reagieren zu können, sollte man im Voraus Prozesse zur Freigabe von Inhalten festhalten. Wer wird wann von wem informiert, und wer trifft die finale Entscheidung über den Umgang mit negativen User-Posts?
3. Außerdem ist es meiner Meinung nach oft am authentischsten, wenn das Community-Management von der Marke selbst und nicht von einer weiteren Agentur übernommen wird.

Da Facebook momentan die von Konsumenten und damit in Folge auch von Unternehmen am intensivsten genutzte Social-Media-Plattform ist, soll nun am Beispiel von Facebook gezeigt werden, wie Daten der niedrigsten Aggregationsstufe analysiert werden können.

Einblicke in die eigenen Fans

Auf dieser Stufe sind die eigenen Fans das zu untersuchende Objekt.

Es gibt verschiedene Tools, um mehr über sie zu lernen und die eigenen Aktivitäten auf ihre Interessen abzustimmen.

Das von Facebook angebotene Analytics Tool *Facebook Insights* liefert erste Erkenntnisse. Hier bekommt man als Admin eines Profils demografische Informationen über die eigenen Fans (Geschlecht, Alter, Geografie), deren Aktivität sowie den Erfolg einzelner Posts (Likes, Kommentare).

Social Benchmarks facebook

Psychographics
By Affinity

Profile	Fans	%	Affinity**
Interests -> Beer/Wine/Spirits	105,920	93%	5.7x
Movie/Film -> Independent	19,840	17%	3.5x
Family Status -> Parents (child: 0-3yrs)	< 2,500	1%	3.3x
Retail/Shopping -> Virtual Goods - Premi	18,368	16%	2.6x
Sports -> Motor Sports/NASCAR	36,864	32%	2.3x
Music -> Dance/Electronic	65,792	58%	2.2x
Movie/Film -> Horror	39,104	34%	2.2x
Sports -> Fantasy Sports	< 2,500	2%	2.1x
Retail/Shopping -> Luxury Goods	55,808	49%	2.0x
Interests -> Autos	53,888	47%	1.9x
Music -> Metal	43,776	38%	1.9x
Music -> Comedy	59,584	52%	1.8x
Activities -> Event Planning	< 2,500	0%	1.7x
Interests -> Pets (Dogs)	28,544	25%	1.6x
Sports -> Extreme Sports	33,344	29%	1.6x
Activities -> Gaming (Console)	58,496	51%	1.5x
Movie/Film -> Sports	18,368	16%	1.5x
Movie/Film -> Comedy	65,536	58%	1.5x
Retail/Shopping -> Virtual Goods	23,168	20%	1.5x
Movie/Film -> Science Fiction/Fantasy	40,192	35%	1.4x

▲ **Abbildung 9-8**
Facebook Insights (Auszug)

Weitergehende Informationen über die eigenen Fans bietet das sogenannte CAT (*Connection Analysis Tool*), mit dem Facebook ab einer Größe von 10.000 Fans auswerten kann, wofür sich die Fans einer Marke überdurchschnittlich stark interessieren. Spannend können hier auch die Ergebnisse der *Facebook Graph Search* sein, die die sozialen Profile der Fans z.B. nach bestimmten Interessen durchsucht.

Auch hinter den gerade sehr intensiv von vielen Marken auf Facebook eingesetzten Facebook-Apps steht oft der Gedanke, zusätzliche Informationen über die eigenen Fans zu gewinnen. Bei der Anmeldung zur App wird der Nutzer durch ein Opt-In aufgefordert, seine Profildaten freizugeben. Diese können für die Marke wertvolle Insights liefern und zur späteren Kampagnenauslieferung genutzt werden.

Tipp Bei der Freigabe von Daten zur Nutzung zu Marketingzwecken durch den Konsumenten unterscheidet man zwischen *Opt-In* und *Opt-Out*. Bei Opt-In muss der User der Datennutzung durch Ankreuzen aktiv zu stimmen, während die Zustimmung bei Opt-Out angenommen wird und der User dann aktiv werden muss, wenn er nicht zustimmt.

KPI: Fan-Anzahl

Sicherlich ist die Gewinnung einer ausreichend großen Fanbasis der Beginn jeder erfolgreichen Facebook-Aktivität. Die Anzahl der Fans (oder auch der Freunde der Fans) sowie deren Wachstumsrate ist jedoch eine Kennzahl, die kaum aussagekräftige Informationen über die Qualität einer Markenseite zulässt.

Hierfür gibt es zwei Gründe:

1. Die Fan-Anzahl entscheidet nicht unbedingt darüber, wie viele Personen man auf Facebook z.B. mit einem Post erreicht. Durch den sogenannten *Edge Rank* entscheidet Facebook, für welche Fans der Post relevant ist. Der Edge Rank ist auch die Erklärung dafür, warum man nicht die Beiträge all seiner Freunde im eigenen Newsfeed sieht. Er ist abhängig von der Affinität des Fans zu dem Inhalt des jeweiligen Posts (wie oft hat er in der Vergangenheit mit ähnlichen Inhalten interagiert?) und der Art des Inhalts (Video, Bild, Link). So kann eine Seite mit weniger Fans sogar mehr Personen erreichen als eine Seite mit vielen Fans. Es zählt also Qualität vor Quantität. Da sich der Edge Rank ähnlich wie der Google-Algorithmus ständig ändert, ist es hilfreich, hier auf dem Laufenden zu bleiben (z.B. über den Social-Media-Blog *thomashutter.com*).

2. Oft wird vermutet, dass sich die Nutzung eines Social-Media-Management-Systems zur Veröffentlichung von Posts auf mehreren Plattformen negativ auf den Edge Rank und damit die Reichweite auswirkt (z.B. HootSuite). Dies kann zum einen einfach daran liegen, dass die Verwender sich weniger Mühe mit der plattformindividuellen Aufbereitung der Posts geben, die sie veröffentlichen wollen, und zum anderen daran, dass Facebook die Beiträge aus solchen Systemen weniger wertschätzt.

3. Die bloße Fan-Anzahl sagt des Weiteren noch nichts über die Intensität der Beschäftigung mit der Marke oder deren Inhalten aus. Gewinnspiele zum Beispiel sind zwar eine Methode, um schnell Fans zu gewinnen, es besteht aber die Gefahr, dass diese Fans zu »Karteileichen« werden, gar nicht an der Marke interessiert sind und nie wieder mit der Marke interagieren.

Es kann durchaus auch passieren, dass die eigene Fanbasis rückläufig ist. Sollte dies der Fall sein, sollte man dieses Warnsignal ernst nehmen und die eigene Strategie überdenken.

KPI: Engagement

An den KPI »Fan-Anzahl« schließen sich weitere wichtige KPIs an.

»People talking about this« (PTAT) bzw. »Sprechen darüber«: Hinter diesem Begriff verbergen sich Benutzer, die in den letzten sieben Tagen mit den Inhalten einer Facebook-Seite in Form von Likes bzw. »Gefällt mir« (Fan werden oder Like eines Beitrags), durch Kommentare, Teilen oder Check-Ins interagiert haben.

Die Aussage dieses KPIs ist jedoch auch beschränkt. 1.000 PTATs bei 2.000 Fans sind sehr ein sehr guter Wert, 1000 PTATs von 150.000 Fans sind dagegen verbesserungswürdig.

Spannend ist daher die »People talking about this«-Rate, die den KPI zur Anzahl der Fans ins Verhältnis setzt. Diese kann über 100 % liegen, da z.B. auch Likes von Freunden von Fans mit einbezogen werden.

Der Nachteil dieses Engagement-KPIs ist der, dass er die verschiedenen Interaktionsarten gleichbedeutend nebeneinander stellt, diese jedoch eine sehr unterschiedliche Bedeutung für die Marke haben. Ein Like der Seite (also Fan werden) hat zwar auch einen viralen Effekt (im Newsfeed der Freunde wird angezeigt, dass mir eine Seite gefällt), Kommentare oder Shares deuten aber auf ein höheres Involvement hin und sind daher mehr »wert«. Oft wird der PTAT-Wert auch durch aktuelle Werbekampagnen kurzfristig, aber wenig nachhaltig erhöht, da schnell Fans hinzukommen, aber noch nicht klar ist, ob diese zu aktiven Usern des Markenprofils werden. Eine weitergehende und damit sehr aufschlussreiche, bei Universal McCann bereits eingesetzte Analyse, die allerdings leider nicht auf Knopfdruck verfügbar ist, ist die Unterteilung aller Interaktionen auf einem Profil eines bestimmten Zeitraums in die drei Gruppen »Acceptance« (Fan werden), »Dialog« (Liken oder Kommentieren von Markenposts) und »Engagement« (Posten von Inhalten unabhängig von Markenposts). Ein hoher Anteil der beiden letztgenannten Interaktionsraten ist ein Beleg für eine sehr aktive und damit der Marke eng verbundene Fanbasis.

Der Nachteil bei all den gerade genannten Aktivitäts-KPIs ist jedoch, dass negative Posts, z.B. in Form von Beschwerden, genauso also Interaktion und damit als positiv gewertet werden.

Dieser Nachteil führt direkt zu einem weiteren qualitativen KPI: der Tonalität der User Posts auf dem Markenprofil. Für die Tonalitätsbestimmung gibt es kein Facebook-Tool, hierzu kann jedoch auch eines der zuvor erwähnten Monitoring-Tools genutzt werden.

Abbildung 9-9 ▶
Übersicht der relevanten Facebook-KPIs

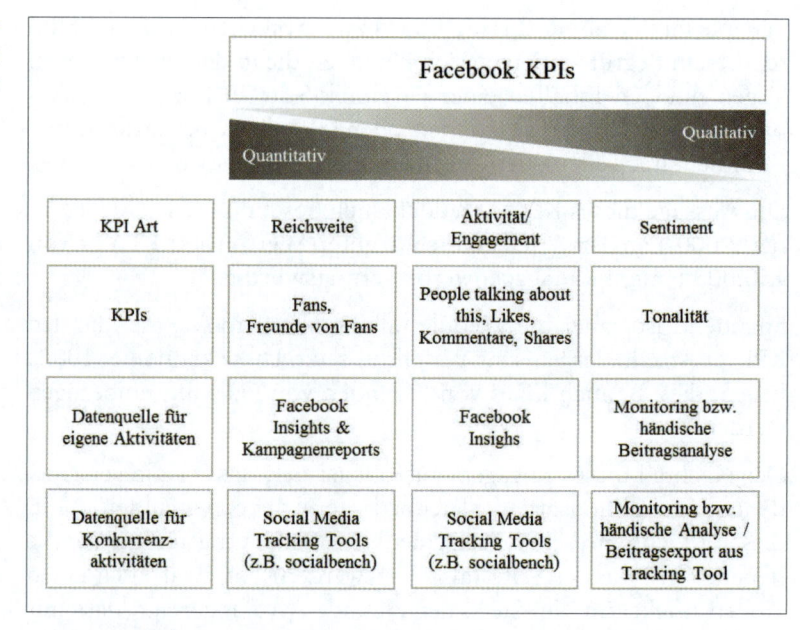

KPI Art	Reichweite	Aktivität/ Engagement	Sentiment
KPIs	Fans, Freunde von Fans	People talking about this, Likes, Kommentare, Shares	Tonalität
Datenquelle für eigene Aktivitäten	Facebook Insights & Kampagnenreports	Facebook Insighs	Monitoring bzw. händische Beitragsanalyse
Datenquelle für Konkurrenz- aktivitäten	Social Media Tracking Tools (z.B. socialbench)	Social Media Tracking Tools (z.B. socialbench)	Monitoring bzw. händische Analyse / Beitragsexport aus Tracking Tool

(Facebook KPIs — Quantitativ ↔ Qualitativ)

Die eigenen Markenposts

Neben den Fans sind auch die Posts der Marke Teil der letzten Aggregationsebene.

Allgemeingültige Aussagen darüber, welcher Content das größte User-Interesse – gemessen an den Interaktionen der User mit dem Content – hervorruft, sind sehr schwer zu treffen, da sich dies von Profil zu Profil und von Produktkategorie zu Produktkategorie unterscheidet. Grundsätzlich lässt sich sagen, dass sich Emotionalität und Einfachheit positiv auswirken. Die beste Möglichkeit, hierüber Erkenntnisse zu generieren, ist daher die Methode »Learning by doing«. Die Analyse der Interaktionen der User stellt hier aus meiner Sicht die beste Erfolgsmessung dar. Aus den Best und den Low Perfomer Posts jedes Monats können so schnell Learnings generiert werden. Ein Beispiel könnte hier z.B. ein Fernreiseanbieter sein, der nach wenigen Tagen erkennt, dass Posts zur Tierwelt eines Landes inklusive schöner Fotos deutlich mehr Likes und Kommentare bekommen als auf dem Profil gepostete Reiseangebote, und der sich daraufhin entscheidet, die Angebote stärker auf der Website und im eigenen Newsletter zu platzieren.

Grundsätzlich ist es wichtig, alle im letzten Abschnitt genannten KPIs im Blick zu haben. Es gibt hier kein »Entweder-oder«.

Fazit

Betrachtet man alle bisher beschriebenen Daten und bindet sie an der richtigen Stelle im Strategieprozess ein, können schnell Verbesserungen erreicht werden. Letztendlich basieren erfolgreiche Social-Media-Aktivitäten immer auf einer Kombination von Daten bzw. Tools mit dem eigenen Wissen über die Marke, den Markt und die jeweiligen Zielgruppen.

Eine ganzheitliche Strategie zum Umgang mit Social-Media-Daten über alle Phasen des Planungsprozesses hinweg ist auf jeden Fall empfehlenswert. Wie geschildert, beginnt diese Strategie bereits vor der Umsetzung einer Social-Media-Aktivität (z.B. in Form von Anlegen eines Markenprofils). Sie darf dann natürlich nicht bei dem bloßen Messen der beschriebenen KPIs enden. Die gewonnen Daten müssen analysiert werden, und die gewonnenen Erkenntnisse müssen dann in die Planung zukünftiger Aktivitäten einfließen. Das größte Verbesserungspotenzial entsteht meist aus der zunächst einmal schmerzhaften Nicht-Erreichung eines gesetzten Ziels.

Noch ein paar letzte Tipps:

Da die Social-Media-Landschaft sehr dynamisch ist, verändern sich auch die verfügbaren Tools ständig. Um über wichtige Neuerungen informiert zu bleiben, kann ich den Newsletter des Facebook-Teams empfehlen, in dem Informationen zu Updates und neuen Funktionen gegeben werden. Auch die Fachgruppe *Social Media* des BVDW (Bundesverband Digitale Wirtschaft), in der Tool-Anbieter, Agenturen und Vermarkter sitzen, veröffentlicht regelmäßig sehr nützliche Whitepaper (*http://www.bvdw.org/fachgruppen/ social-media/initiativen-produkte*).

Zur Autorin

Jessica Seis ist mitverantwortlich für die Studie »Wave – The Social Media Tracker« (*www.universalmccann.de/wave6*) und Junior Research Director bei der Mediaagentur Universal McCann, die Kunden wie Microsoft, Deka Investmentfonds und South African Tourism bezüglich deren Kommunikation auch im Social-Media-Bereich berät.

Fazit und Erfolgsfaktoren aus Teil 1: Social-Media-Strategie und -Organisation

In diesem Kapitel:
- Wo anfangen und wie organisieren?
- Was geht gar nicht?
- Was geht gut?
- Und wie geht's weiter?

Wo anfangen und wie organisieren?

In vielen Organisationen und Unternehmen fragten sich die Verantwortlichen vor ca. fünf Jahren, ob man »dieses Social Media« brauche, welche Chancen und Risiken es berge und ob das nicht doch nur ein Trend sei, der wieder vorbeigehen würde. Diese Erfahrung verbindet die AutorInnen dieses Buches. Sie haben in den letzten Jahren Pionierarbeit geleistet.

Ich selbst erinnere mich noch gut daran, wie ich (Annika Busse) eine Projektgruppe zum Thema Social Media bei Beiersdorf ins Leben rief, um eine Strategie für das Unternehmen zu entwickeln. Heraus kam als Basis zunächst ein Social Media Guideline für Mitarbeiter, an dem bis zur Veröffentlichung über ein Jahr gearbeitet wurde. Der Erfolg dieses Projekts war, dass durch diesen Schritt das Thema »Social Media« auf die Agenda gesetzt und Mitarbeiter dafür sensibilisiert wurden. Es folgten dann Pilotprojekte, z.B. die Labello-Facebook-Seite. Heute – im Sommer 2013 und nur knapp vier Jahre später – ist Social Media nicht mehr wegzudenken aus dem Marketing-Mix.

So unterschiedlich, wie die Voraussetzungen in den Unternehmen bzw. Organisationen sind, so unterschiedlich waren auch die Wege ins Web 2.0. Auch wenn die ersten Schritte manchmal wackelig waren, einig sind sich alle: Vor dem Start bedarf es einer fundierten Strategie. Denn nur, wenn klar ist, was und wen Sie in Social Media erreichen wollen, können die Ressourcen dafür geplant werden, Maßnahmen entsprechend umgesetzt und der Erfolg gemessen werden.

Damit die Leser dieses Buches sicher ins Social Web schreiten können, haben wir hier die Erkenntnisse unserer Autoren für Sie noch einmal zusammengefasst.

Was geht gar nicht?

Egal in welchem Stadium Sie sich hinsichtlich Ihrer Social-Media-Strategie befinden, folgende Aspekte sollten Sie bei der Erarbeitung oder Anpassung Ihrer Strategie lieber vermeiden:

Die »Einsamer Wolf«-Strategie: »Eine wichtige Erkenntnis ist für mich, dass eine Social-Media-Strategie nicht losgelöst von anderen Kommunikationsaktivitäten geplant werden kann. Sie ist meiner Ansicht nach immer als ein Teil der allgemeinen Marketing-Strategie anzugehen.« (Malina Kruse-Wiegand, Tchibo). Gerade weil die Kompetenzen für Social Media nie allein einer Abteilng zuzuschreiben sind, ist »Einsamer Wolf«-Gebahren selten zielführend. Setzen Sie sich bei der (Weiter-)Entwicklung einer Strategie mit anderen Abteilungen an einen Tisch, die mit dem Thema in Berührung sind oder in Berührung kommen werden. Am häufigsten genannt wurden von den Autoren dieses Buches: Marketing, Presse-Abteilung, Kundenservice, IT- und Rechtsabteilung. Dies ist auch wichtig, um die Strategie politisch zu verankern: Wer mitentwickelt, ist auch zumeist Fürsprecher. Essenziell ist auch, dass Social Media nicht als losgelöster Satellit betrachtet wird, sondern in alle bestehenden Prozesse und die laufenden Marketing- und Kommunikationspläne integriert wird – ein oft langer Weg, der auch im Jahr 2013 noch in den wenigsten Organisationen abgeschlossen ist, da die Strukturen erst geschaffen werden. Dies schließt auch Annabelle Atchison von Microsoft Deutschland: »Wie bei der Einführung von anderen Neuheiten auch, (sind) klare Strukturen und Prozesse. erforderlich.«

Das Management nicht einbinden: »Sie (Helen Clark, Leiterein des UN-Entwicklungsprogramms) motiviert andere leitende UNDP-Beamte dazu, selbst aktiv Social Media zu nutzen, und hat somit an einem Kulturwandel bei UNDP gewirkt: Mittlerweile twittern über 150 Mitarbeiter regelmäßig.« (Silke von Brockhausen, UNDP). Die Unterstützung des obersten Managements ist entscheidend für den Erfolg von Social Media, da für die Einführung häufig tiefgreifende Veränderungen in den Prozessen notwendig sind. Ein Beispiel: Dass der Kundenservice die Anfragen innerhalb weniger Stunden auf Facebook oder Twitter beantwortet oder dass Personaler nun rund um die Uhr auf Fragen von Bewerbern reagieren sollen, kann man meist nur sicherstellen, wenn dies von möglichst allen Chefs mitgetragen wird.

Die eigenen Mitarbeiter außen vor lassen: Es ist wichtig »es den Mitarbeitern so einfach wie möglich machen, die neuen Kommunikationskanäle zu nutzen und sie kontinuierlich zur Nutzung motivieren« (Annabelle Atchison, Microsoft Deutschland). Dies ist insbesondere wichtig, wenn man einen Kulturwandel im Unternehmen schaffen möchte. Denn nur dann, wenn Mitarbeiter in Social Media aktiv sind und mitmachen, etabliert sich die neue Art der Kommunikation auf allen Ebenen einer Organisation. Außerdem erzielen Sie eine viel größere Reichweite, wenn Ihre Mitarbeiter aktiv mitmachen, dies sind ja teils auf einen Schlag ein paar Hundert. Dies ist auch die Erfahrung von Meike Leopold von *salesforce.com*, wenn es um den Unternehmensblog geht: »Im Unternehmen ist eine hohe Akzeptanz das A und O für den Erfolg des Blogs. Ohne das Engagement der Mitarbeiter ... kommt das Blog nicht ans Laufen.« Übrigens: Für kleinere Unternehmen kann hier der Kreis noch erweitert werden. Binden Sie Freunde und Familie ein: Denn diese sind häufig die ersten (und engagiertesten) Fans zum Beispiel Ihrer Facebook-Seite.

Nix verstehen: »Es ist außerdem empfehlenswert, für jede Sprache eine eigene Netzwerkseite anzulegen, anstatt eine Seite mehrsprachig zu nutzen. Vor allem auf Facebook – aber auch auf anderen Netzwerk-Seiten – wären Nutzer irritiert, wenn sie Postings in unterschiedlichen Sprachen erhalten und aufgrund fehlender Sprachkenntnisse nicht mehr an dem Dialog teilnehmen könnten.« (Silke von Brockhausen, UNDP). Sprache ist unheimlich wichtig bei Social Media. Geht es doch um den Dialog mit Kunden, Interessierten oder ihren Mitarbeitern. Daher sollten Sie im Vorfeld darüber nachdenken, welche Sprache Ihre Zielgruppe spricht. Denn dies beeinflusst die Architektur Ihrer Social-Media-Landschaft und auch die erforderlichen Ressourcen maßgeblich. Bei UNDP (siehe Kapitel 7) und BonPrix (siehe Kapitel 4) können Sie lernen, wie und warum in der jeweiligen Landessprache kommuniziert wird. Dagegen ist bei Villeroy & Boch (siehe Kapitel 5) und KiteWorldWide (siehe Kapitel 21) die Hauptsprache Englisch. Auch wenn Ihre Zielgruppe nur Deutsch spricht, sollten Sie darüber nachdenken, welche Tonalität Sie in Social-Media-Kanälen wählen, denn dort ist sie oftmals umgangssprachlicher als in klassischen Broschüren.

In Stein gemeißelte Strategie: »Letztendlich basieren erfolgreiche Social-Media-Aktivitäten immer auf einer Kombination von Daten bzw. Tools mit dem eigenen Wissen über die Marke, den Markt und die jeweiligen Zielgruppen.« (Jessica Seis, Universal McCann). Eine Social-Media-Strategie ist im Kern dynamisch, das heißt, sie sollte angepasst werden, wenn sich die Umstände ändern oder sich neue Erkenntnisse über Ihre Aktivitäten, Marke, Markt etc. ergeben. Wenn beispielsweise neue Kanäle, wie z. B. Pinterest, aufkommen oder klar wird, dass z. B. Gaming in Ihrer Zielgruppe nicht funktioniert, dann bedarf es einer Änderung Ihrer Strategie. Das bedeutet, Ihre Strategie sollte so angelegt sein, dass sie kontinuierlich angepasst werden kann.

Was geht gut?

Ohne Anspruch auf Vollständigkeit sind dies die Ideen und Ansätze der Experten, die in diesem Buch-Teil zu Wort kommen: Folgende Strategie- und Organisations-Maximen sind daher erfolgreich erprobt.

Analysieren und Monitoren, was das Zeug hält: »Hilfreich ist zweifelsohne die Analyse, wie andere Unternehmen mit ihren Zielgruppen online kommunizieren und agieren – dabei sind positive Beispiele so hilfreich wie negative.« (Jessika Rauch, Villeroy & Boch). Wie wichtig es ist, erst »zuzuhören«, steht – zu Recht – in jedem Social-Media-Ratgeber an erster Stelle. Viele unserer Autoren betonen dies auch immer wieder und beziehen es nicht nur auf »Gespräche« ihrer Zielgruppe, sondern vor allem auch auf das Wettbewerbsumfeld. Hier hilft im Vorfeld auch eine ausführliche Betrachtung von branchenfremden »Best Practices« auf z. B. *mashable.com*. Parallel sollten Sie aktiv auf unterschiedlichen Plattformen (z. B. Twitter oder Facebook) zuhören, was dort passiert, denn nach der Analyse ist vor der Analyse. Da Social Media so schnelllebig ist, sollte man kontinuierlich zuhören, auch z. B. mittels eines Monitoring Tools, wo man steht.

Kennzahlen festlegen und messen: »Von Beginn an Kennzahlen festlegen, diese kontinuierlich im Auge behalten und lernen, was die eigene Community interessiert. Sich auch bewusst machen, was nicht funktioniert und daraus lernen.« (Annika Busse, beliya). Damit der Erfolg der eigenen Social-Media-Strategie und -Maßnahmen gemessen werden kann, sollte man innerhalb der Strategie direkt festlegen, welche Ziele man erreichen möchte, und diese mit Kennzahlen unterfüttern, die man z.B. monatlich oder im Quartal erfasst. Die Erfahrung vieler Autoren ist, dass dies oft leichter gesagt ist als getan. Bei einem Phänomen, das so jung ist, fehlen einfach etablierte Systeme. Wenn möglich greifen Sie daher ruhig auch auf gelernte Parameter zurück. Es ist außerdem hilfreich, sich mit dem Social-Media-Team oder im kleinen Unternehmen mit dem Geschäftspartner zusammenzusetzen und kritisch zu überprüfen, ob man die Ziele erreicht hat oder nicht bzw. ob man auf dem richtigen Weg ist. Wenn nicht, sollte man überlegen, welche Maßnahmen bzw. Strategieanpassungen erforderlich sind.

Organisation und Planung: »Der Fokus sollte nicht ausschließlich darauf liegen, was Social Media Neues leisten kann, sondern man sollte auch betrachten, wie bestehende Planungen im Marketing, Kundenservice, E-Commerce oder Personal sinnvoll durch den Einsatz ergänzt werden können.« (Malina Wiegand-Kruse, Tchibo). Oft wird davon ausgegangen, dass alle sich ändern müssen, nur weil es jetzt Social Media gibt, z.B. muss der Kundenservice schneller reagieren. Umgekehrt kann man auch im Unternehmen schauen, wo Social Media in aktuellen Prozessen helfen könnte, z.B. beim Innovationsmanagement oder bei Ideen für Marketingkampagnen. Darüber hinaus ist es wichtig, zu definieren, wer für welchen Teil von Social Media zuständig ist und wo dies im Unternehmen verankert wird. Bei Tchibo ist es beispielsweise folgendermaßen organisiert: »Es gibt ein eigenes Team, das sich um das digitale Marketing kümmert, und darüber hinaus Social-Media-Verantwortliche in vielen Fachbereichen (u.a. Personal, Corporate Communications).«

Professionalisieren: »Die vielfältigen Einsatzmöglichkeiten von Social Media werden zukünftig eher zunehmen. So wird auch die Professionalisierung hinsichtlich der Strategieentwicklung und Umsetzung weiter zunehmen (müssen), so dass Social Media nicht mehr abseits der klassischen Kommunikation als Zusatzinstrument behandelt wird.« (Martina Rohr, Vizeum Deutschland). Wichtig ist, die neue Art der Kommunikation professionell anzugehen und zu planen. Dazu gehört vor allem auch das richtige Personal. Ideal ist eine Mischung aus Erfahrung und Innovationsgeist: Mitarbeiter, die das Untenrehmen und die Kunden schon eine Weile kennen und sich weitergebildet haben oder aus anderen Gründen nah dran am Thema sind. Des Weiteren entwickelt sich gerade ein neues Berufsfeld rund um Social Media (siehe Teil 3), so dass man zusätzlich auch extern Profis rekrutieren kann. Dies sieht Annabelle Atchison von Microsoft Deutschland auch so: Sie empfiehlt, »diese neue Art der Kommunikation via Social Media von Anfang an genauso professionell anzugehen und dadurch vergleichbar zu machen, wie das bei den bereits bestehenden Kommunikationsdisziplinen PR und Marketing der Fall ist.«

Involvieren: »Die regelmäßige Aussendung von Analyse-Berichten über die Reichweite der Netzwerke und das Herausstellen von besonders engagierten Mitarbeitern hilft dabei, noch mehr Kollegen zum sozialen Netzwerken zu motivieren.« (Silke von Brockhausen, UNDP). Halten Sie die Mitarbeiter in Ihrem Unternehmen bzw. in Ihrer Organisation auf dem Laufenden über Ihre Erfolge und Misserfolge. Der E-Mail-Newsletter für alle Social-Media-Verantwortlichen bzw. Helfer, das Social Media Update von UNDP (siehe Kapitel 7), ist dafür ein gutes Beispiel. Dies hilft allen dabei, zu lernen, die eigenen Maßnahmen kritisch zu hinterfragen und zu verbessern. Gut funktioniert auch, wenn Sie die Aktivitäten spielerisch mit einem Wettbewerb verknüpfen, z. B.: »Welche Marke hat die meisten Fans?«, »Welche Abteilung liefert die erfolgreichsten Facebook-Posts?« oder »Welcher Mitarbeiter hat die meisten Follower?« Behalten Sie dabei im Hinterkopf, dass alle Maßnahmen auf die Strategie und Ziele einzahlen sollten.

Und wie geht's weiter?

Die Zeit rennt, und die »Digital Natives« sind bald schon keine kleine Gruppe mehr, sondern bestimmen die Art der Kommunikation. Dazu zählen Trends wie der, dass die mobile Internetnutzung weiter stark wachsen wird und sich die internetfähigen Endgeräte weiter ausbreiten. Offensichtlich ist daher, dass Ihre Strategie kontinuierlich mit sich abzeichnenden Trends und Nutzungsverhalten abgeglichen werden muss.

Für diejenigen, die schon Veteranen im Social Web sind, ist die Frage spannend, wie sich Social Media im Unternehmen dauerhaft eingliedert und als eine der vielen Marketingdisziplinen etabliert. Der Fokus der nächsten Jahre wird weiterhin sein, wie man den Erfolg von Social Media messen kann. Dies ist ein Thema, das Forschung und Praktiker noch einige Jahre bewegen wird.

Allerdings mag es in einigen Jahren auch so weit sein, dass es gar keiner Social-Media-Strategie mehr bedarf. Denn Social Media werden so selbstverständlich zu den Marketing- und Kommunikationsaktivitäten gehören wie die Anzeige, die Broschüre, die Website und der Flyer. Bis dahin empfehlen wir Ihnen die Lektüre des nächsten Teils dieses Buches, in dem die Autoren über die Erfahrung mit einzelnen Social-Media-Kanälen und -Kampagnen berichten.

Teil II:
Social-Media-Kanäle und -Kampagnen

- Kapitel 11: Gemeinsam gegen giftige Kleidung: Die Detox-Kampagne
- Kapitel 12: Der Einsatz von Twitterwalls als Protestmittel
- Kapitel 13: Online trifft Offline – digitale Event-Kommunikation
- Kapitel 14: Fashion Blogger Relations: Tools, Dos and Don'ts
- Kapitel 15: Auf schmalem Grad – Krisenkommunikation im Social Web
- Kapitel 16: Von Cupcakes bis Kaffee – den Corporate Blog effektiv einsetzen
- Kapitel 17: »Einer für alle« auf YouTube
- Kapitel 18: Wir leben Autos – und Community-Management
- Kapitel 19: Gaming auf Facebook in der Likes Lounge
- Kapitel 20: Gestern noch belächelt, heute voll integriert: Recruiting via Twitter
- Kapitel 21: Spezial-Reiseveranstalter als Facebook-Experiment
- Kapitel 22: Per Social-Media-Crowdsourcing zum neuen Eis
- Kapitel 23: Social-Media-Nischennetzwerke – gleich und gleich gesellt sich gern
- Kapitel 24: Fazit und Erfolgsfaktoren aus Teil 2: Social-Media-Kanäle und Kampagnen

Teil I:

Gemeinsam gegen giftige Kleidung: Die Detox-Kampagne

In diesem Kapitel:
- Riesige Textilfabriken und schäumende Flüsse
- Entwicklung der Kampagnenkommunikation
- Kampagnenmittel für eine starke Bildsprache:
- Reaktionen der Hersteller
- Die Kampagne in Zahlen
- Fazit

Von Volker Gaßner
Greenpeace

Zusammenfassung: Chinas Textilindustrie boomt. Doch die Chemikalien, die bei der Produktion verwendet werden, vergiften Leben und Umwelt der Chinesen. Greenpeace startete 2011 in über 20 Ländern eine Kampagne, die die Textilindustrie aufrütteln und für neue Produktionsweisen sorgen sollte. Nach zwei Jahren intensiver Themenarbeit steht fest: Die Kampagne war eines der erfolgreichsten Projekte der letzten Jahre – im Netz und auf der Straße. Bereits sechzehn namhafte Textilhersteller reagierten auf die Greenpeace-Forderungen und verpflichteten sich für die nahe Zukunft zu sauberen Produktionsweisen. In diesem Artikel wird beschrieben, wie Greenpeace Aktionen in Social Media gestaltet, welche Kampagnen- und Kommunikationsmittel dabei genutzt werden, warum wir Meinungsstürme im Netz auslösen und welche Rolle Facebook, Google+, Twitter und Co für unsere Kampagnen spielen.

Website: *www.greenpeace.de/detox*

Facebook: *www.facebook.de/greenpeacede*

Kampagnen-Website: *www.greenaction.de/kampagne/schmutzigewaesche*

Riesige Textilfabriken und schäumende Flüsse

Ein Jahr lang haben Greenpeace-Experten die Einleitungen von zwei chinesischen Textil-Fabriken in die Flussdeltas von Jangtse und Pearl-River untersucht. Die Fabriken produzieren Kleidung für eine Vielzahl großer Marken – darunter Nike, Adidas und Puma. Im Abwasser der Produktionsstätten fanden Chemie-Experten von Greenpeace viele gefährliche und langlebige Chemikalien, darunter auch welche, die das Hormonsystem schädigen können (Greenpeace, 2011). Die Ergebnisse der Recherchen und der Gewässer-Untersuchungen hat Greenpeace in dem Report »Schmutzige Wäsche – Die Belastung chinesischer Flüsse durch Chemikalien aus der Textilindustrie« zusammengefasst. Für den Report ließ Greenpeace 141 Artikel von 20 Modemarken untersuchen. Das Ergebnis ist erschreckend: In allen Proben wurden schädliche Chemikalien gefunden, unter anderem Nonylphenolethoxylate, die in Gewässern zu giftigen Nonylphenolen umgewandelt werden. Die Veröffentlichung des Greenpeace-Reports lieferte den Startschuss für die Detox-Kampagne.

Entwicklung der Kampagnenkommunikation

Nonylphenolethoxylate (NPE) und Nonyphenole sind Chemikalien, die kaum einer kennt und deren Namen keiner aussprechen kann. Die Gefahren, die von ihnen ausgehen, sind komplex; um sie verständlich zu machen, bedarf es einer ausgefeilten und differenzierten Kommunikationsarbeit: An Journalisten, die über die Umweltprobleme in China und in Mexiko berichten sollten, wandten wir uns mit wissenschaftlich fundierten Studien, die die Hintergründe der Umweltprobleme beleuchten. Doch die Kommunikation mit jungen Menschen ohne entsprechendes Vorwissen wird durch die Komplexität des Themas erschwert. Wenn man es aber nicht schafft, das Problem zu vermitteln, kann man sich auch keine Einflussnahme auf das Konsumverhalten der Menschen erhoffen – und somit fehlt der Hebel, mit dem Konzerne zum Umdenken bewegt werden können. Daher ist es wichtig, in einer Kampagne Fakten möglichst einfach zu kommunizieren und auf leicht verständliche Botschaften und Slogans zu setzen. Das gilt umso mehr für die Social-Media-Kommunikation auf Facebook, Google+ und Twitter. In der Detox-Kampagne haben wir daher ein einfaches, aber modernes Keyvisual entwickelt: das Detox-Symbol.

◀ **Abbildung 11-1**
Greenpeace-Aktivisten sprühen das Detox-Zeichen auf ein Schaufenster. (© Gordon Welters / Greenpeace)

Der Begriff »Detox« bedeutet übersetzt so viel wie »entgiften«. Dieses Symbol wurde konsequent und integriert kommuniziert. Auf jedem Video, auf jedem Banner, auf Fotos und als Tattoo – überall ist das Detox-Zeichen zu sehen. Auf Twitter wurden alle Nachrichten und Mitmachaktionen mit dem Hashtag #*detox* versehen. Die Kampagnenbotschaften wurden unter diesem Schlagwort gebündelt, was die spätere Auswertung und Messbarkeit der Aktivitäten erleichterte.

Die Zielgruppenanalyse

Die Kernzielgruppe der Fast-Fashion-Industrie (schnell produzierte, kurzlebige Mode) und der Sportmodehersteller ist sehr jung. Die Kollektionen der Markenhersteller haben einen großen Einfluss auf die Entwicklung des Modebewusstseins junger Käuferschichten. Wir beschlossen daher, die Kommunikationsstrategien und Botschaften der Textilfirmen zu analysieren, mit denen diese junge Käufer erreichen wollen, und im Rahmen unserer Kampagne eine darauf abgestimmte Strategie einzusetzen. Dafür setzte sich Greenpeace mit den Fragen auseinander, die im folgenden Abschnitt vorgestellt werden.

Leitfragen der Greenpeace-Kommunikationsstrategie

- Was sind die Kommunikationsziele der Greenpeace-Kampagne?
- Was sind meine Botschaften der Kampagne?
- Wie lauten die Greenpeace-Forderungen?
- Wie nutzt Greenpeace Facebook, Google+ und Twitter?
- Was sind die Keyvisuals der Kampagne, und wie nutze ich sie?
- Wie vernetzt die Organisation die Online- mit der Offline-Kommunikation?

Die Modebranche spricht ihre junge Käufergruppe durch eine sehr gezielte, durchgestylte und sehr ästhetische Markenkommunikation an. Die Branche nutzt dafür in großem Umfang Social-Media-Kanäle wie Facebook, Twitter und Instagram. Die Werbung auf diesen Kanälen kommt garantiert an, die Fanzahlen auf den Facebook-Seiten von Marken wie Adidas, H&M und Zara gehen in die Millionen.

Greenpeace will mit der Detox-Kampagne die Zielgruppen der Fast-Fashion-Marken und der Sportmodenhersteller erreichen und entwickelte im Jahr 2011 daher eine Kampagnen-Ästhetik, die dem Rezeptionsmuster der angesprochenen Zielgruppe entsprechen sollte. Um modebewusste Jugendliche und junge Erwachsene anzusprechen, produzierten wir Kampagnen-Spots, die den Werbevideos der Konzerne zum Verwechseln ähnlich sind.

Greenpeace möchte seine Fans und Follower in seine Kampagnenarbeit mit einbeziehen. Anders als vor Jahren, als wir noch keine Kommunikationskanäle in den sozialen Medien hatten (vor 2007) und als Greenpeace seine Aktionen immer autark ausführte, versuchen wir heute über Social Media die Leute an den Aktionen im Netz zu beteiligen. Während also früher die Greenpeace-Aktivisten alleine vor den Konzernzentralen und im Netz demonstrierten, sind es heute Tausende Unterstützer, die uns auf den Aktionen mit Kommentaren, Tweets und Bildern im Netz begleiten. Auf Twitterwalls und Online-Demos nehmen sie an unseren Aktionen teil und verstärken unsere Proteste. Unsere Unterstützer werden so Teil der Erfolgs oder manchmal auch des Misserfolgs unserer Umweltarbeit. In der Detox-Kampagne sollen unsere Fans aktiv eingebunden werden. Ihre Meinung im Netz soll den Druck auf die Textilindustrie zur Umstellung ihrer Produktionsweisen erhöhen.

Botschaften zuspitzen

Die Videos spitzen die Sachverhalte der Detox-Kampagne zu, sind leicht zu verstehen und zielen darauf ab, die junge Zielgruppe emotional zu erreichen. Greenpeace ließ die Fans aber nicht mit den Problemen allein, sondern wir gaben gezielte Handlungsaufforderungen und entwickelten Mitmachmöglichkeiten, die es einfach machen, die Kampagne zu unterstützen. Dabei nutzten wir nicht ausschließlich eigene Social-Media-Kanäle, sondern gingen auch in die direkte Kommunikation auf den Seiten der Problemverursacher und initiierten dort einen Dialog zwischen Verbrauchern und Herstellern. Die Distribution der Inhalte und der Handlungsaufforderungen erfolgte durch Retweets bei Twitter oder durch die Teilen-Funktion bei Facebook. Der Vorteil: Die einmal erreichte Zielgruppe informiert über das Weiterleiten und Empfehlen ihre Freunde. Greenpeace nutzt auf diese Weise virale Effekte zur Verbreitung von Videos und Mitmachmöglichkeiten. Auch die eigene Kampagnen-Community *greenaction.de* wurde genutzt, um die Inhalte durch die rund 40.000 monatlichen Nutzer zu verbreiten. Durch die Aktionen im Netz, kombiniert mit gezielten Aktionen vor den Fashion-Stores, sollte Druck auf die Konzerne zur Veränderung der Produktionsbedingungen ausgeübt werden.

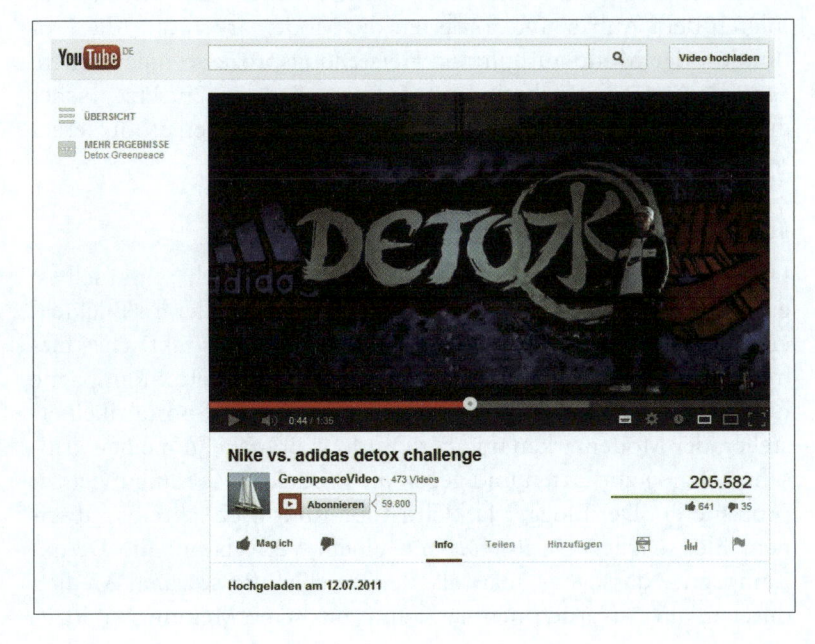

◀ **Abbildung 11-2**
Das Detox-Video »Nike vs. Adidas« von Greenpeace auf YouTube

Kampagnenmittel für eine starke Bildsprache

- Detox-Logo und -Design
- Twitter- und Facebook-Profile im Detox-Design
- Fotoshootings und Modeschau mit Models
- Aktionsfotos
- Flickr-Alben
- Microsite Fashion-Manifesto
- Videos im Stile der Modebranche

Der Meinungssturm als taktisches Kampagnenmittel

Als wir unsere Kampagne starteten, beschränkte sich die Kommunikation nicht auf die eigenen Seiten (also auf Communities wie Facebook, Google+ und Twitter). Aktivisten von Greenpeace riefen Fans und potenzielle Kunden dazu auf, die Unternehmen auf ihren Social-Media-Angeboten in einen kritischen Dialog zu verwickeln. Tausende Follower, Fans und Online-Freunde von Greenpeace folgten dem Aufruf und forderten die Modemarken auf, die Produktion der Mode auf giftfreie Herstellungsprozesse umzustellen. Eine Konsumentin schreibt auf Twitter: »Ich bin entsetzt, bisher ging ich davon aus, dass bekannte Marken sauberer produzieren! #detox #zara«.

#detox

Die Kritik der Konsumenten bündelte sich dadurch punktuell zu einem »Meinungssturm«, der hilft, ein Problem wieder ins Blickfeld eines Konzerns zu rücken, und somit ein wertvolles taktisches Element einer Kampagne darstellt. Im Falle der Detox-Kampagne nutzten die kritischen Verbraucher die Kanäle der Sportartikelhersteller, der Modemarken und der Outdoor-Branche, um einen kritischen Dialog zu starten und gegen die Produktionsbedingungen zu protestieren. Der Blogger Jan-Christoph Rudowicz schreibt auf seinem Blog *www.gutgerüstet.de* mit einem Verweis auf die Detox-Kampagne, dass »(...) man als Verbraucher die sozialen Medien durchaus in Anspruch nehmen kann, um seine Meinung kundzutun und auf die Durchsetzung der eigenen Interessen hinzuwirken. Grade in Sachen Umweltschutz«.

Achtung, Shitstorm!

Mit dem gezielten »Kidnapping« fremder Communities lässt sich die Kommunikationshoheit auf diesen Seiten für einen begrenzten Zeitraum übernehmen. Das ist für die meisten Unternehmen sehr unangenehm, denn Aktivisten können so direkt ihre Fans oder Follower von Marken ansprechen. Im Fall von H&M waren das im Jahr 2011 potenziell immerhin über acht Millionen Fans auf Facebook. Die Auslöser eines Meinungssturms sollten allerdings darauf achten, dass der Meinungssturm nicht zu einem »Shitstorm« mutiert, d.h., dass der Dialog nicht zu weit von der inhaltlichen Dimension der Diskussion abschweift. Wenn der Ton zu sehr an Schärfe gewinnt und der Dialog von einigen Diskutanten auf unangemessene (z.B. diffamierende) Weise geführt wird, kann dies für NGOs kontraproduktiv sein, da es die eigentliche Kritik gewissermaßen diskreditiert. Die mediale Wahrnehmung kann umschlagen und sich gegen die berechtigte Kritik wenden, weil die Kommunikationsform als unangemessen bewertet wird.

Blogger Relations

»Mitmachen und sehr gerne RT! → Greenpeace und die Macht der Verbraucher (...)«, twitterte die Bloggerin Susanne Ackstaller von ihrem Twitter-Account *@texterelle*. Es sind Tweets wie diese, die mithelfen, die Detox-Kamapgne viral zu verbreiten. Frau Ackstaller bloggt regelmäßig über Modethemen und betreibt das Modeblog *www.texterella.de*. Auf Twitter folgen ihr über 1.000 Follower. Auch über die Detox-Kampagne berichtete sie und forderte andere dazu auf, die Kampagne ebenfalls zu unterstützen. Ihre Blogbeiträge, 140 Zeichen-Botschaften auf Twitter, und Facebook-Posts werden von vielen Fans weiterverteilt. Genau dieser Mechanismus macht sogenannte »Influencer« – also Meinungsmacher – zu einer sehr wichtigen Zielgruppe in Kampagnen. Vor dem Start einer Kampagne verschafften wir uns einen Überblick über wichtige Influencer zu den Themen Mode, Sport und Outdoor. Ohne Frage spielen gerade im Bereich der Modeindustrie Blogger und vor allem Bloggerinnen eine große Rolle. Wichtig ist auch eine Auseinandersetzung mit der Frage, wer eine gegenteilige Meinung vertritt und die Kampagne infrage stellen könnte.

Link-Tipp Einen ersten Hinweis auf den Einfluss und die Reichweite von BloggerInnen kann ihr Klout-Index (*www.klout.com*) liefern: Wie hoch ist die individuelle Kommunikationsreichweite, wie viele Follower haben sie auf Twitter und wie viele Fans auf Facebook und Google+?

Tipps zur Ansprache von Influencern

- Individuelle Ansprache: Blogger mögen keine unpersönlichen Massen-Mails.
- Blogger persönlich treffen und kennenlernen (Tipp: Die jährlich stattfindende Blogger-Konferenz re:publica bietet eine gute Möglichkeit.)
- Mehrwert liefern: Geschichten und Bilder exklusiv anbieten und/oder vorab zur Verfügung stellen
- Eine gute Auswahl an Bildern anbieten, die die Blogger frei verwenden können
- Auf Inhalte der Influencer verlinken und ihre Tweets weiterleiten (Retweets!)

Link-Tipp Die re:publica (*www.re-publica.de*) hat sich in den letzten Jahren zu einer der wichtigsten europäischen Konferenzen rund um das Thema Internet, Bloggen und Social Media entwickelt. Auf der Konferenz trifft man auf Blogger, Social-Media-Experten, Kommunikationsberater ebenso wie auf politische NetzaktivistInnen und Online-Campaigner.

Mehrwerte für Blogger

Einen Tag vor dem Start der Detox-Kampagne gab Greenpeace dem Modeblog *www.designscene.net* einen exklusiven Einblick in die Detox-Kampagne. Die Autoren schreiben auf ihrem Blog: »*Greenpeace is releasing the full campaign tomorrow. Stay tuned for more!*« Sie zeigen ein paar exklusive Ausschnitte aus dem Design und der Bilderwelt der Greenpeace-Kampagne. Das Blog bekommt von uns einen spannenden Inhalt für seine 29.000 Fans auf Facebook und rund 13.500 Follower auf Twitter geliefert. Auch ein anderes, großes Blog, *www.ecouterre.com*, erhielt einen exklusiven Einblick in die Detox-Kampagne. Das Blog berichtet vorwiegend über ökologische und fair gehandelte Mode. Dem Blog folgen über 23.000 Fans auf Facebook und über 12.000 Follower auf Twitter. Die zwei Beispiele zeigen, dass es sich lohnen kann, konsequent und exklusiv mit Inhalten auf Blogger zuzugehen. Über Artikel und ihre Verbreitung auf Social Media können sie die Reichweite einer Kampagne – und damit auch den Druck auf den Problemverursacher erhöhen.

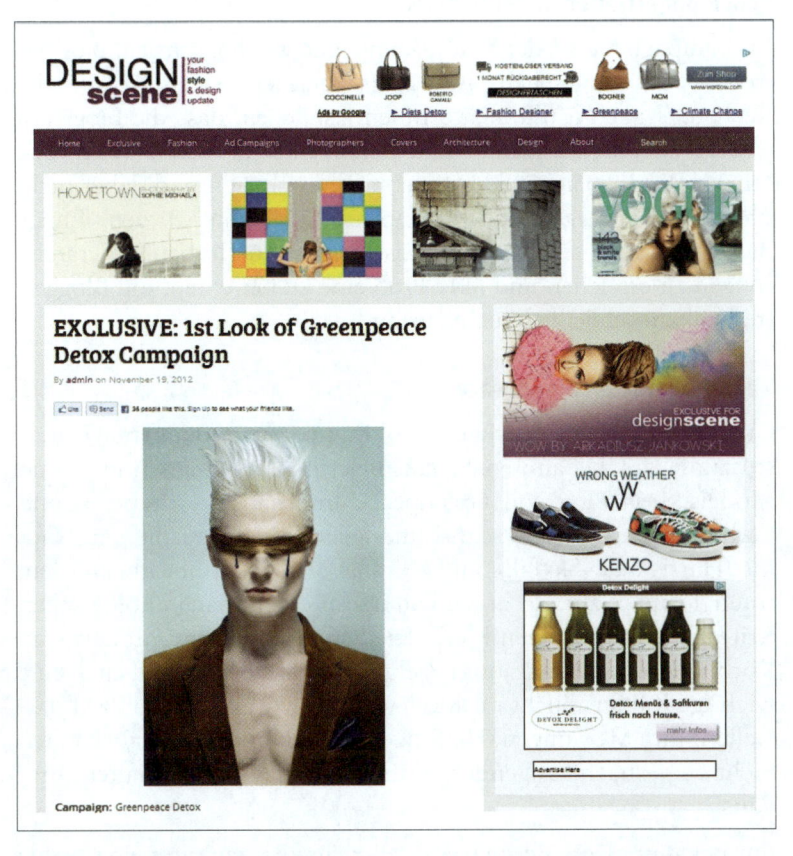

◀ **Abbildung 11-3**
Das Blog »Designscene« berichtet vorab über die Detox-Kampagne von Greenpeace

Blogger analysieren Kampagnen und schaffen Diskussionsräume auf ihren Blogs. In Deutschland berichtet beispielsweise *www.gut-gerüstet.de*, ein Blog zum Thema Outdoor-Ausrüstung: »Vier Wochen danach: Was bleibt von der Greenpeace Detox Campaign?« Der Autor des Blogs beschrieb die Hintergründe der Kampagne, recherchierte die Reaktionen der Hersteller und gab Handlungsempfehlungen für die Verbraucher. Auch das deutsche Blog *www.designmob.de* berichtete über die Kampagne. Die unterschiedlichen Autoren und Autorinnen des Blogs schreiben über fair gehandelte Mode aus ökologisch angebauten Materialien, um den Konsumenten die Auswirkungen ihrer Kaufentscheidungen bewusst zu machen. Das reichenweitenstarke Blog *www.pr-blogger.de* berichtete über die Kampagne in seinem Artikel »Greenpeace attackiert Adidas und Nike«.

Kein Bloggertreffen in Deutschland

Im Kampagnenplan der Detox-Kampagne war von uns ein Bloggertreffen fest vorgesehen. Allerdings mussten wir im Laufe der Recherche nach MultiplikatorInnen feststellen, dass die Blogs mit einer größeren Leserschaft und damit einer größeren Reichweite sehr oft Werbebanner der Modebranche schalten und daher nicht über die Kampagne von Greenpeace berichten würden. Einige Blogs sind auch schlicht unpolitisch und ohne Impetus, Veränderungen zu erreichen und über Probleme zu berichten. Ein Bloggertreffen kam schließlich nicht zustande.

VIPs unterstützen Greenpeace

Greenpeace bekam im Laufe der Kampagne prominente Unterstützung von bekannten Schauspielerinnen, Designerinnen und Models. Das Blog von Greenpeace International titelte: »Bond Girl helps Detox the Oscars« und zeigte die Schauspielerin Naomie Harris aus »Skyfall« und »Pirates of the Caribbean« auf dem roten Teppich zur Oscar-Verleihung in einem nach ökologischen Kriterien einwandfreien Kleid. Die Schauspieler und Models sind Vorbilder für eine sehr junge Zielgruppe, die gleichzeitig auch eine wichtige Käuferschicht für Modemarken wie Zara und H&M darstellen. Ihre Meinungen, Haltungen und Handlungen haben einen nicht zu vernachlässigenden Einfluss auf das Kaufverhalten ihrer Fans.

Für bekannte Designer und Models richteten wir extra eine eigene Aktions-Website mit dem Namen »Fashion Manifesto« (*http:// www.greenpeace.org/international/en/campaigns/toxics/water/detox/ Detox-Fashion-Manifesto/*) ein. Die Stars der Szene können sich dort offiziell zu den Zielen jenes Manifests und zu giftfreier Mode bekennen. Bis zum Frühjahr 2013 haben das allerdings nur 22 Modedesignerinnen und Models getan: Recht wenig, wenn man bedenkt, wie groß die internationale Modeszene ist. Die Branche tut sich sehr schwer, die Greenpeace-Ziele offen zu unterstützen. Vermutlich auch, weil viele vertraglich an große Unternehmen gebunden sind und den Modemarken ein Gesicht geben.

◄ **Abbildung 11-4**
Screenshot: Das
»Fashion Manifesto«

Crowdsourcing: Die kollaborative Entwicklung von Ideen

In der Detox-Kampagne hat das niederländische Büro von Greenpeace auf einer eigens auf Facebook erstellten Seite und auf der Homepage *www.greenpeace.nl/logocompetitie* zum Ideenwettbewerb eingeladen. In dem Wettbewerb wurde dazu aufgerufen, die Logos der Sportartikelhersteller Nike und Adidas zu verfremden und die schleichende Vergiftung der Gewässer durch die chemischen Produktionsprozesse bei der Herstellung der Sportmode zu symbolisieren. Mit Erfolg: Rund 120 Logos wurden in bester Adbusting-Manier entwickelt und kommuniziert. Wir haben die Erfahrung gesammelt, dass eine Anzahl von über 100 Ideen zu einer Auswahl an qualitativ sehr hochwertigen Designs führt. In Projekten oder Kampagnen können die Anforderungen zur Entwicklung von kreativen Ideen die zur Verfügung stehenden Ressourcen schnell übersteigen. Aber nicht nur der Ressourcenmangel ist schuld, manchmal fehlt auch der kreative Funke. Nach dem zehnten Brainstorming sind die Köpfe leer, und trotzdem ist keine zündende Idee gefunden. In diesen Fällen kann die kollaborative Ideenentwicklung via Crowdsourcing sehr sinnvoll sein. Diese Art der virtuellen Zusammenarbeit versucht die Intelligenz der »Masse« für die Entwicklung von kreativen Ideen zu nutzen.

Abbildung 11-5 ▶
Logowettbewerb auf der Facebook-Seite von Greenpeace Niederlande

Designer entwickeln für die eigene Zielgruppe

Das Besondere am Crowdsourcing ist auch, dass die angesprochenen Designer und Designerinnen Ideen stellvertretend für ihre jeweilige Zielgruppe und Community entwickeln. So werden unterschiedliche Kommunikationsideen für eine ganze Bandbreite von Zielgruppen entwickelt – der Vorteil dieser Konstellation liegt auf der Hand: Diese Zielgruppen können viel effektiver angesprochen werden. Über das Empfehlungsmarketingtool bei Facebook, den »Teilen«-Button, unterrichten sie dann ihre jeweiligen Fans über ihre Ideen und laden diese ein, für ihre Kommunikationsidee zu stimmen.

Anders als bei der Ausarbeitung von Ideen bei Agenturen, die erst nach Kampagnenstart bekannt werden, wird schon während der Entwicklungsphase auf Social-Media-Kanälen das Thema kommuniziert – und die »Massen« bewerten und entscheiden über die Auswahl der besten Ideen. Damit auch wirklich Ideen entstehen, die man in die Kampagnenarbeit integrieren kann, braucht man ein präzises Briefing, das vor dem Start sauber entwickelt und dann klar kommuniziert werden sollte. Als Anreiz und Zeichen der Wertschätzung ist ein materieller oder immaterieller Anreiz sehr hilfreich. Die besten Ideen können zum Beispiel ausgezeichnet werden, und die Kommunikate, die umgesetzt werden, sollten mit einem vorher vereinbarten Betrag abgegolten werden. Wir haben in einigen Crowdsourcing-Projekten z.B. eine Schlauchbootfahrt oder ein Klettertraining für die erfolgreichsten Ideenentwickler angeboten und damit Erlebnisse geboten, die man sich nicht kaufen kann.

Wenn man wenig eigene Kapazitäten hat, um Kommunikationsprojekte zu entwickeln, oder die eigene Community noch zu klein ist, kann man professionelle Crowdsourcing Communites wie beispielsweise *Jovoto.com*, für seine Arbeit nutzen. Wir haben mehrere erfolgreiche Projekte von der Community entwickeln lassen und später die besten Ideen in unsere Kampagnenarbeit integriert.

Tipps für erfolgreiches Crowdsourcing:
- klares Briefing
- transparente Teilnahmebedingungen
- konsequenter Dialog mit Kreativen
- Vertrauen in die Intelligenz der Masse
- Akzeptanz des Votings
- Wertschätzung der Kreativen
- Laufzeit mindestens 6 bis 8 Wochen

Link-Tipp   www.jovoto.com ist eine internationale Crowdsourcing Community. Dort kann man viele Crowdsourcing-Projekte ansehen und ihre Entwicklung verfolgen. Auch Greenpeace ist dort mit Projekten vertreten.

Aktionen auf der Straße

In Deutschland setzen sich rund 4.200 Aktivisten in über 100 Greenpeace-Gruppen ehrenamtlich für den Umweltschutz ein. Fast 80 Gruppen haben die Detox-Kampagne aktiv begleitet und durch ihre Aktivitäten gestärkt. Sie beteiligten sich an nationalen und internationalen Aktionstagen – online und offline. Die Aktivisten klebten das Detox-Zeichen an die Schaufenster der Fashion-Stores und informierten die Konsumenten am »Point of Sale« (Verkaufsort) über die giftigen Produktionsweisen der Modemarken. Das Prinzip »bearing witness« – also »Zeuge sein« – spielt für das Selbstverständnis von Greenpeace eine große Rolle. Die direkten, aber immer friedlichen Aktionen finden am Ort der Verursacher statt – im Falle der Textilindustrie vor den Läden der großen Textilketten.

Für die Aktionen auf der Straße haben wir ein *3D-Banner* entwickelt, das die Einleitung von giftigen Chemikalien in die Abwasserkanäle plastisch und drastisch darstellt. Das Banner wurde unmittelbar vor den Modeläden platziert und stellt so die Verbindung von giftigen Produktionsweisen zu den Marken her. In den Levi's Stores labelten schließlich die Aktivisten die Jeans der beliebten Marke mit einem Detox-Label. Auch im Netz unterstützten uns unsere Aktivisten intensiv und wirkten als starke Multiplikatoren der Kampagne. Die vielen Aktionen der Aktivisten erhöhten den Druck auf die Konzerne entscheidend.

Abbildung 11-6 ▶
Greenpeace-Aktivisten der Gruppe Stuttgart mit einem 3D-Banner
(© Martin Storz / Greenpeace)

Die Kampagnen-Prinzipien von Greenpeace

Als Greenpeace 2011 die »Detox«-Kampagne startete, konnte keiner der großen Textilhersteller behaupten, er hätte von nichts gewusst. Es ist eines der Grundprinzipien von Greenpeace, dass vor dem Start einer Kampagne das Gespräch mit den Verursachern von Umweltproblemen gesucht wird, um auf diese Weise Lösungen zu finden. Keine Kampagne startet aus dem Nichts. Die Konzerne kennen Monate, oft sogar Jahre vorher die von ihnen verursachten Umweltprobleme und was Greenpeace von ihnen fordert. Unsere Forderungen haben stets eine stichhaltige, wissenschaftliche Basis. Mit dem Gesprächsangebot im Vorfeld gibt Greenpeace den Unternehmen die Möglichkeit, zu handeln. Doch oft weigern sich die Firmen, Verantwortung zu übernommen, und Problemlösungen werden vertagt. Greenpeace recherchiert Fakten und testet in großen Labors, die ansonsten für die jeweilige Industrie testen. Ein weiteres Grundprinzip in Greenpeace-Kampagnen ist es, dass die Organisation sich an die großen Marktteilnehmer richtet. Denn nur die großen Konzerne können schnell und nachhaltig den Markt verändern.

Reaktionen der Hersteller

Die großen, weltweit bekannten Mode-, Sport- und Outdoor-Marken reagieren völlig unterschiedlich auf die geballte Kritik im Netz. Während H&M professionell auf Facebook und Twitter kommuniziert und argumentiert, ist der Fast-Fashion-Hersteller und Konkurrent Zara völlig überfordert. Als Reaktion auf die anhaltende Kritik erklären die Social-Media-Verantwortlichen der Modekette auf Twitter »to know in detail the demanding Sustainibility Policy of Inditex please go to (…)«. Dass Zara auf seine Regeln zur Nachhaltigkeitserklärung des Mutterkonzerns Inditex hinweist, ist legitim, problematisch wird es nur, wenn es gebetsmühlenartig im Copy&Paste-Verfahren wiederholt wird. Innerhalb von drei Tagen bringt Zara insgesamt achtmal denselben Tweet. Auf die Kritik wird mit keinem Wort eingegangen. Darüber, ob die ständige Wiederholung eher ein Zeichen der Überforderung oder der natürlichen Arroganz eines großen Konzerns ist, kann nur spekuliert werden. Offensichtlich ist aber der Modekonzern mit der Krisenkommunikation im Netz überfordert, denn authentische Kommunikation auf Augenhöhe sieht anders aus.

Auch die großen Outdoor-Hersteller setzen bei der Produktion ihrer Textilien giftige Chemikalien ein. Greenpeace nimmt daher auch diese Marken ins Visier seiner Kampagne und veröffentlicht einen Textilientest von den führenden Herstellern. Als sich die Marken von Greenpeace angegriffen fühlen, reagieren die Outdoor-Marken *Jack Wolfskin* und *Vaude* auf den Druck von Greenpeace und der Verbraucher im Netz fast mit gleichem Wortlaut.

»Jack Wolfskin begrüßt das Anliegen von Greenpeace und unterstützt die generelle Zielsetzung der Kampagne«, heißt es in der Stellungnahme zur Detox-Kampagne auf der Homepage von Jack Wolfskin. »Die von Greenpeace aufgeworfene PFC Problematik ist berechtigt und betrifft viele Industriezweige«, ist dort zu lesen.

Vaude reagiert am schnellsten. Die Firma produzierte ihre Stellungnahme zur Greenpeace-Kampagne und zum Greenpeace-Test als kleinen Spot und stellte ihn auf YouTube ein. Über die eigenen Seiten bei Facebook und Twitter verbreitet das Unternehmen das Video im Netz. In dem Spot ist die Geschäftsführerin von Vaude zu sehen: Sie begrüßt es, dass mit der Greenpeace-Kampagne der Druck auf den Markt erhöht wird, damit alternative Produktionsweisen gefunden werden. Vaude ist der Ansicht, dass sie als kleiner Hersteller den Markt kaum beeinflussen können.

Vaude gibt sich auf seiner Firmenseite im Netz als »grüner« Produzent von Outdoor-Kleidern. Der Einsatz von giftigen Chemikalien passte daher so gar nicht in das Image der Marke. Daher sah sich die Firma veranlasst, dieser Kritik sehr schnell entgegenzuwirken. Die Stellungnahme von Vaude wird von einer Vielzahl von Blogs und Websites mit kleiner oder mittlerer Reichweite übernommen. Die Blogs spielen für die Outdoor-Branche eine große Rolle, denn ihre Autoren testen die Kleidung und Ausrüstung. Ihre Meinungen beeinflussen die Kaufentscheidungen von Kunden.

Abbildung 11-7 ▶
Zaras einsilbige Antwort auf die geballte Kritik auf Twitter

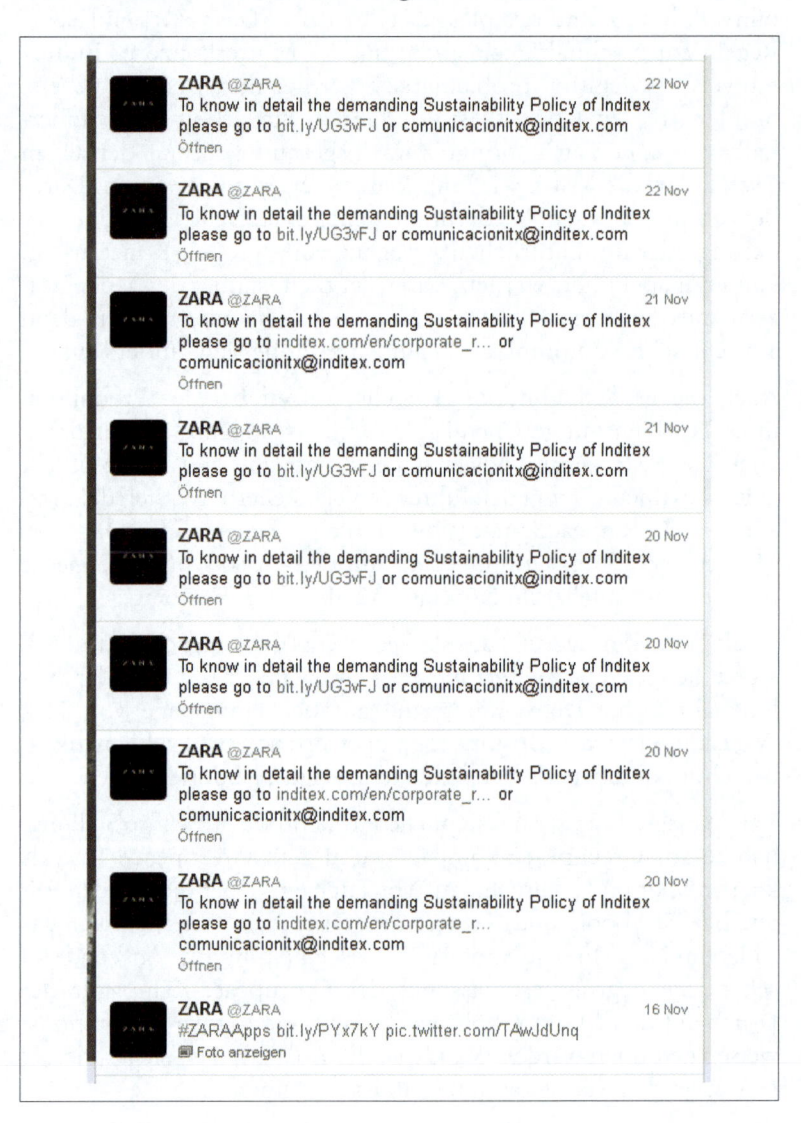

Ob die Hersteller tatsächlich, wie angekündigt, schnell ihre Produktionsweisen verändern werden, bleibt abzuwarten.

Erfolge

Fast im wöchentlichen Rhythmus reagierten die Hersteller auf den Druck von Greenpeace und ihren potenziellen Kunden. Das ist auch für uns sehr ungewöhnlich, denn oft dauert es Monate oder Jahre, bis sich der Erfolg einstellt und ein Umweltproblem gelöst wird. Die Zusagen der Konzerne zur sauberen und giftfreien Produktionsweise ab dem Jahr 2020 kamen so schnell, dass einige Kampagnenelemente nicht mehr ausgefahren werden konnten. So mussten wir eine Twitter-Aktion mit vielen ehrenamtlichen Aktivisten nach nur einem Tag wieder beenden. Da die Umstellungsprozesse in der Textilindustrie zu sauberen Produktionsweisen aber einige Jahre andauern, gibt Greenpeace den Herstellern ausreichend Zeit, diese Umstellung voranzutreiben. In dieser Zeit, bis zum Jahr 2020, wird Greenpeace überwachen, ob die Hersteller tatsächlich ihre Produktionsweisen umstellen, denn bisher gibt es nur Zusagen, aber noch keine Umsetzung unserer Forderungen.

Puma bewegt sich

»Puma führt im Rennen um giftfreie Produktion bei Sportbekleidung«, so titelte die Greenpeace-Homepage Ende Juli 2011 über den ersten Erfolg der Detox-Kampagne. Aus der Perspektive des wirtschaftlichen Erfolgs steht Puma seit Jahren im Schatten seines großen Bruders Adidas, doch im Wettkampf für eine Produktion ohne Umweltverschmutzung zieht Puma an Adidas und Weltmarktführer Nike vorbei. Mit seinem »Detox«-Bekenntnis will der drittgrößte Sportartikelhersteller der Welt auf alle gefährlichen Chemikalien bis 2020 verzichten.

Adidas und Nike folgen

Konkurrent Adidas versucht, das Problem zunächst kleinzureden: »Wir möchten ausdrücklich darauf hinweisen, dass diese Werte innerhalb der striktesten gesetzlichen Vorgaben liegen sowie den vorbildlichen Empfehlungen von Verbraucherschutzorganisationen folgen. Sie stellen in keinster Weise ein Gesundheits- und Sicherheitsrisiko für den Konsumenten dar.« Dass eine Gesundheitsgefährdung zu befürchten ist, hatte Greenpeace nie kommuniziert. Uns ging es in erster Linie um die Gefährdung der Flüsse und der Arbeiter beim Herstellungsprozess.

Aber der Druck ist so groß, dass nach nur kurzer Zeit auch Adidas und Nike sich verpflichten, die Probleme bei der Produktion ihrer Textilien zu lösen.

Erst H&M, dann Zara

Hennes und Mauritz, bekannt als *H&M*, bewegt sich als erster prominenter Fast-Fashion-Hersteller und verspricht ab 2020 sauberere Produktionsweisen. Auch wenn die ersten Reaktionen von Zara nicht darauf schließen ließen, verpflichtete sich im weiteren Verlauf der Kampagne der Mutterkonzern von Zara zu umfassenden Verbesserungen in der Produktion: Textilien, Schuhe und Accessoires sollen bis zum Jahr 2020 mit umweltfreundlichen Substanzen hergestellt werden.

Im gesamten Verlauf der Kampagne sollten noch dreizehn weitere namhafte Modemarken folgen.

Die Kampagne in Zahlen

Die Detox-Kampagne bestand aus mehreren Phasen. Der Übersichtlichkeit halber wird an dieser Stelle nur die letzte Kampagnenphase im Zeitraum Herbst/Winter 2012/2013 besprochen. Die Zahlen beziehen sich auf die Aktivitäten von Greenpeace Deutschland.

Twitter

Auf Twitter versendeten unsere Webcampaigner alleine im Laufe des Herbsts 2012 über 70 Tweets zur Detox-Kampagne. Die Kurznachrichten wurden 1.100-mal retweetet und 266-mal favorisiert. Siebzehn Beiträge wurden 20-mal oder häufiger retweetet. Die erfolgreichsten Tweets erreichten 125 und 63 Retweets.

Facebook

Das größte Feedback auf unserer Facebook-Seite bekommt die Nachricht über den Verhandlungserfolg mit Zara: 3.578 Freunden gefiel das (»Gefällt mir«). Außerdem wurde der Beitrag 631-mal geteilt und 138-mal kommentiert. Auf Social Media gelingt uns, was in den klassischen Medien unmöglich scheint: Eine Erfolgsmeldung wird zur Nachricht. Mit unseren Webaktivitäten innerhalb der Detox-Kampagne stiegen die Facebook-Interaktionen (die Summe von Kommentaren, Likes und geteilten Beiträgen der letzten 4 Wochen) auf 11 Prozent. In der Regel lag die Rate auf der Facebook-Seite vor der Kampagne bei etwa 4 und 7 Prozent. Die Kommentare auf unseren Facebook-Einträgen waren weitgehend positiv und unterstützend. Unsere Facebook-Seite wurde zum Diskussionsforum für saubere Kleidung.

◀ **Abbildung 11-8**
Greenpeace-Erfolg »Zara entgiftet«, gepostet auf der Facebook-Seite von Greenpeace

Flickr und YouTube

Das Flickr-Album zum »Toxic-Catwalk« (Greenpeace-Modeschau) in Peking wurde 75.000-mal online besucht. Die Kampagnen-Videos erreichten mehrere Hunderttausend Menschen. Allerdings sahen weit weniger Menschen die Videos als in den vorhergehenden Kampagnen zu Nestlé und VW. In den vergangenen Kampagnen wurden die Videos strikter in die Kommunikation auf Social Media eingebunden. Da Zara, H&M und Co uns sehr schnell zugesichert hatten, dass sie etwas unternehmen werden, spielten die Videos als Kampagnenmittel nicht die gleiche Rolle wie bei den Kampagnen zu Nestlé und VW. Hinzu kommt, dass Nestlé eines unserer Videos auf einem Kanal zensieren ließ und damit eine Welle an Aufmerksamkeit selbst generiert hat, weil jeder wissen wollte, um welches Video es sich handelte.

Abbildung 11-9 ▶
Facebook-Statistik: Während des Kampagnenzeitraums Herbst/Winter 2012 steigt die Reichweite der Greenpeace-Einträge auf Facebook.

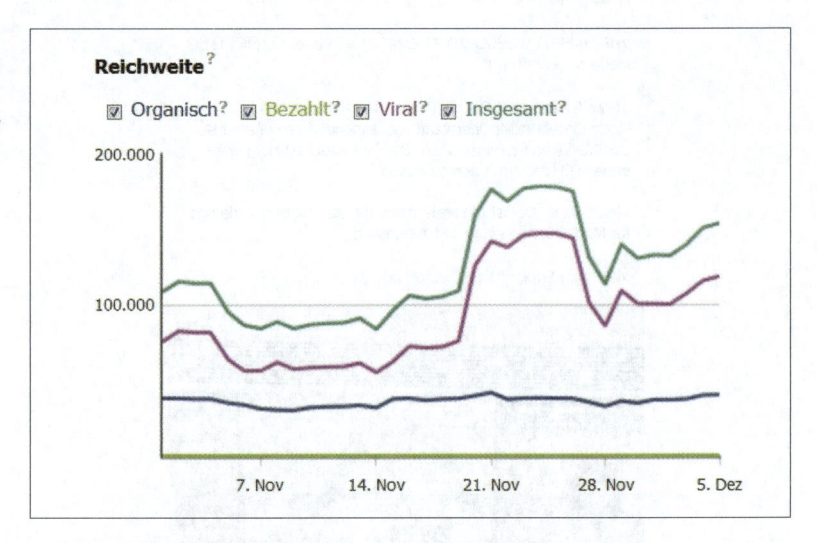

Klassische Medien

Die Kampagne fand nicht nur eine sehr große Resonanz in den sozialen Medien, sondern auch in den klassischen Medien, wie Print und TV. Über die Kampagne berichteten im Herbst 2012 immerhin neunzehn TV-Sendungen, und in 159 Artikeln wurde in überregionalen Zeitungen über die Kampagne berichtet.

Fazit

Die Detox-Kampagne entwickelte eine hohe Wirkungskraft durch die Verknüpfung von Aktionen im Netz und Aktionen vor den Fashion-Stores. Greenpeace schaffte es, eine junge Zielgruppe und damit die potenzielle Käufergruppe der Modebranche zu erreichen und zu bewegen. Die Verbreitungsrate bei Facebook und Twitter war überdurchschnittlich hoch. In den Social-Media-Communities von Greenpeace Deutschland erreichte Greenpeace allein im November 2012 mit über 9.000 neuen Freunden oder Followern bei Facebook, Google+, Twitter, YouTube und GreenAction einen hohen Zuwachs an Unterstützern. Die Aktionen von Greenpeace-Aktivisten entwickeln einen gezielten Druck auf die Modebranche. Und die Konzerne reagieren: In der Folge der Kampagne erklären sechzehn Textil-Konzerne, dass sie bis 2020 auf den Einsatz von giftigen Chemikalien in der Produktion verzichten wollen. Die Kampagne wird fortgesetzt.

Zum Autor

Volker Gaßner leitet seit Januar 2008 das Team »Presse, Recherche und Neue Medien« bei Greenpeace e.V. in Hamburg. Zu seinen Schwerpunkten zählen die Entwicklung von Kommunikationsstrategien, Online-Campaigning und Issue Management. Zuvor war er als Projektleiter und Campaigner u.a. für die Umsetzung von Kampagnen bei Greenpeace zuständig. Von 1992 bis 1998 war er für zwei Investmentfondsgesellschaften als Berater tätig. Volker Gaßner ist Bankkaufmann und Diplom-Biologe. Der Autor twittert unter *@VoGassner*.

Über Greenpeace

Greenpeace ist eine internationale Umweltorganisation, die mit gewaltfreien Aktionen für den Schutz der Lebensgrundlagen kämpft. Unser Ziel ist es, Umweltzerstörung zu verhindern, Verhaltensweisen zu ändern und Lösungen durchzusetzen. Greenpeace ist überparteilich und völlig unabhängig von Politik, Parteien und Industrie.

Der Einsatz von Twitterwalls als Protestmittel

In diesem Kapitel:
- Vom Netz auf die Straße
- Zu Besuch bei Nestlé
- Die Story ist König
- Checkliste Twitterwall
- Erfolg dank Twitterwall?

Von Benjamin Borgerding
Greenpeace

Zusammenfassung: Als Twitterwall wird eine große Projektionsfläche bezeichnet, auf der Twitter-Nachrichten zu einem bestimmten Thema abrollen. Auf Tagungen und Kongressen ermöglicht die Twitterwall einen Austausch zwischen den Teilnehmern und der Twitter-Welt. Im Jahr 2009 hat Greenpeace Deutschland erstmals ausprobiert, mit ihrer Hilfe die Netz-Community unmittelbar an Aktionen auf der Straße zu beteiligen. In diesem Beitrag geht es um die Erfahrungswerte, die Greenpeace und Greenpeace-Aktivisten seitdem beim Einsatz von Twitterwalls gesammelt haben.

Facebook: *www.facebook.com/greenpeace.de*

Website: *www.greenpeace.de*

Vom Netz auf die Straße

»Online-Offline-Mobilisierung«: Hinter diesem unschuldigen Wortkonstrukt verbirgt sich so etwas wie der heilige Gral der NGO-Kommunikationsarbeit. Die Preisfrage lautet: Wie schafft man es, Menschen nicht bloß mit Botschaften zu erreichen, sondern sie auch dazu zu bewegen, auf die Straße zu gehen und zu protestieren? Dass die Kenntnis eines bestimmten Problems schnurstracks zu entsprechendem Handeln oder Verhalten führt, halten viele Kognitionspsychologen ohnehin für nichts weiter als ein bloßes Gerücht. Das macht die Sache nicht leichter.

Im Jahr 2009 haben wir die Frage, wie sich Protest aus der virtuellen in die physische Welt tragen lässt, wörtlich genommen: Zwei Tage vor Beginn der Weltklimakonferenz in Kopenhagen bauten wir auf dem Pariser Platz in Berlin einen drei mal vier Meter großen Bildschirm auf. Auf diesem Bildschirm liefen anschließend aktuelle Twitter-Meldungen ein, die Bundeskanzlerin Merkel und die Bundesregierung zu mehr Engagement beim Klimaschutz aufforderten. Twitter-Nutzer aus Deutschland und der ganzen Welt konnten mit dem Hashtag #SaveTheClimate an der Aktion teilnehmen. Das Netz protestierte auf diese Weise auf der Straße, ohne dass auch nur ein Netzaktivist vor die Tür treten musste. Als erste große NGO in Deutschland hatte Greenpeace damit eine Twitterwall als Protestmittel eingesetzt. Bis heute hat Greenpeace dieses Tool noch einige weitere Male für Aktionen genutzt und es so geschafft, Protestpotenzial aus dem Netz in konkreten Protest auf der Straße umzuwandeln.

Abbildung 12-1 ▶
Greenpeace-Aktivisten vor der Klima-Twitterwall am 12. Mai 2009
(© Bernd Arnold / Greenpeace)

Twitterwall: Neuzeitliches Forum

Twitterwalls sind derzeit ziemlich in Mode. Medienschaffende kennen sie als fast schon obligatorisches Inventar auf Konferenzen und Tagungen. Es ist mittlerweile Usus, dass sich Veranstaltungen (wie zum Beispiel der jährlich stattfindende Bloggerkongress re:publica) einen kurzen, griffigen Hashtag verpassen (oftmals Akronyme, also z. B. #rp12) und sämtliche Tweets, die diesen Hashtag enthalten, auf eine großflächige Leinwand projizieren – zumeist prominent im Foyer platziert, manchmal aber auch in den Konferenzräumen. An einem zentralen, gut zugänglichem Platz mit hoher Sichtbarkeit für die Teilnehmer einer Veranstaltung ist eine solche Twitterwall die neuzeitliche Variante des römischen Forums: ein öffentlicher Marktplatz und Knotenpunkt, der einen

Austausch von Ideen und Meinungen ermöglicht und als soziales Stimmungsbarometer fungiert.

Eine Twitterwall kann dazu beitragen, ein bestimmtes Thema (bzw. einen Thementrend) auf Twitter zu setzen und einem Event dadurch eine Relevanz zu verleihen, die über den jeweiligen Veranstaltungsort hinaus geht. Twitterwalls schaffen für Besucher einen zusätzlichen Anreiz, über die Veranstaltung zu twittern und sie dadurch im Netz sichtbar zu machen. Umgekehrt wird die Veranstaltung an einen virtuellen Diskursraum gekoppelt, indem die Kommentare auf der Twitterwall aus dem digitalen in den physischen Raum zurückgespiegelt werden.

Auf der re:publica 2012 hat man dieses antagonistische Prinzip auf die Spitze getrieben, indem man die Tweets ausdruckte und mit dem Papier eine große Wand in der Lobby tapezierte. Indem sie einen zusätzlichen Kommunikationskanal öffnen, ermöglichen Twitterwalls einen regen semi-anonymen Austausch über die Veranstaltung. Twitterwalls können dadurch Transparenz erhöhen und Feedback-Schleifen schaffen. Wenn Ideen, Beobachtungen und Kommentare im 140-Zeichen-Stakkato durchrattern, kann die Twitterwall zum belebenden Element in den »Open Spaces« werden.

Der offensichtlichste Erfolgsparameter einer Twitterwall ist das Tweet-Aufkommen: die Anzahl versendeter Tweets mit dem relevanten Hashtag. Im Falle konfrontativer Twitterwalls, wie Greenpeace sie für Kampagnen nutzt, sind allerdings noch weitere Erfolgskriterien zu berücksichtigen – dazu folgt weiter unten mehr. Stets gilt: Damit eine Twitterwall in Bewegung gerät, muss eine gewisse Masse an Twitter-Nutzern mitmachen. Deshalb hängen Erfolg oder Misserfolg maßgeblich von der Mediennutzung der angesprochenen Zielgruppe ab. Auf einem Ärztekongress, bei einem Treffen des Kaninchenzüchtervereins und auf der re:publica sind völlig unterschiedliche Niveaus an Medienkompetenz vorherrschend. Nicht auf allen Veranstaltungen ist es daher gleichermaßen sinnvoll, eine Twitterwall einzusetzen – zumal die Twitter-Nutzerzahlen in Deutschland trotz recht hoher Wachstumsraten im Vergleich zu anderen Ländern weiterhin relativ überschaubar bleiben.

Twitter als Protestkanal

Für den Einsatz von Twitter als Online-Protestkanal ist die Verwendung von *@mentions* üblich, mit denen Unternehmen oder Politiker auf Twitter direkt adressiert werden können. Leider lassen sich diese Tweets, sofern sie nicht eine bestimmte Menge erreichen, oftmals leicht ignorieren.

Als Greenpeace 2009 erstmals mit einer Twitterwall als Protestmittel experimentierte, waren in Deutschland noch weniger als 100.000 Menschen bei Twitter angemeldet. Um trotzdem ein ausreichendes Tweet-Volumen zu erreichen, haben Greenpeace-Ehrenamtliche an Ständen in über achtzig Städten 140-Zeichen-Botschaften von Passanten eingesammelt und diese über die Twitter-Accounts der Ehrenamtlichen-Gruppen versendet. Diese Form der Mobilisierung gab unseren Ehrenamtlichen die Möglichkeit, unmittelbar an einer konzertierten Greenpeace-Aktion teilzunehmen und im direkten Dialog mit Bürgern ein spannendes, neues Tool auszuprobieren. Außerdem konnten wir auf diese Weise viele Ehrenamtliche, die noch nie mit Twitter in Berührung gekommen waren, an diesen neuen Kommunikationskanal heranführen.

Abbildung 12-2 ▶
Zwei Tage vor der Weltklimakonferenz in Kopenhagen sammeln Greenpeace-Ehrenamtliche Tweets von Passanten in Köln. (©Andreas Schoelzel / Greenpeace)

Nach der Aktion kamen wir zu einer differenzierten Auswertung: Aus der Perspektive der Ehrenamtlichenarbeit waren wir hochzufrieden, die Greenpeace-Gruppen konnten das Tool hervorragend in die Arbeit an den Ständen integrieren. Die Analyse der Medienresonanz fiel etwas durchwachsener aus: In verschiedenen Beiträgen zur Klimakonferenz im TV waren Bilder von der Twitterwall zu sehen (u.a. in der ZDF-Nachrichtensendung »heute«), durch die Vielzahl an Tweets, die die Ehrenamtlichen im Vorfeld gesammelt hatten, kamen wir an nur einem Wochenende auf die stolze Zahl von 15.000 Tweets! Gewünscht hätten wir uns eine noch breitere Streuung über andere soziale Netzwerke sowie über Blogs und Websites.

Wie hätten wir für eine höhere Sichtbarkeit im Netz sorgen können? Möglicherweise war der Adressat der Aktion – also die Bundesregierung – durch den Aktionsort nicht überzeugend repräsentiert. Zwar steht der Pariser Platz mit dem Brandenburger Tor symbolhaft für Berlin, das wiederum allgemein als der deutsche Regierungssitz bekannt ist. Es war jedoch wenig glaubhaft, dass Frau Merkel oder ein anderer hoher Staatsdiener zumindest theoretisch einen Blick auf die Twitterwall hätte werfen können. Das schmälerte den Anreiz, bei der Aktion mitzumachen. Hätten wir die Twitterwall direkt vor Merkels Bürofenster schweben lassen, wäre die Beteiligung vielleicht höher ausgefallen. In jedem Fall hätten wir die Geschichte dadurch runder erzählt.

◀ **Abbildung 12-3**
Ausschnitt aus der »Heute«-Sendung über die Twitteraktion in Berlin vor der Weltklimakonferenz

Zu Besuch bei Nestlé

Auf Social-Media-Konferenzen stellen Twitterwalls regelmäßig ihr beeindruckendes Störpotenzial unter Beweis – etwa wenn sie über einer Bühne hängen, auf der eigentlich eine gepflegte Podiumsdiskussion stattfinden soll. Eine ähnliche Wirkung entfaltete auch die in der Medienresonanz höchst erfolgreiche Twitterwall, die wir am 15. April 2010 vor der Deutschland-Zentrale des Lebensmittelkonzerns Nestlé in Frankfurt postierten. Ein LKW hatte die 24 Quadratmeter große LED-Wand direkt vor dem Bürogebäude auf einen Parkplatz gefahren – in Sichtweite der Nestlé-Mitarbeiter in ihren Büros. Auf der Twitterwall gingen bis zum Abend 3.000 Tweets ein, die Nestlé für Geschäfte mit der indonesischen *Sinar Mas*-Gruppe kritisierten.

Nestlé verwendet Palmöl von Sinar Mas für die Herstellung von Schokoriegeln. Sinar Mas wiederum ließ für Palmöl-Plantagen

Regenwälder in Orang-Utan-Gebieten roden. Bald nach Beginn der Aktion ging das Gerücht um, dass den Nestlé-Mitarbeitern wegen der Twitterwall vor dem Bürofenster der Zugang zu Twitter gesperrt worden sei. Ein paar Early Adopter im Haus hätten angeblich übermäßig von der Gelegenheit Gebrauch gemacht, den Kollegen mit ihren Social-Media-Kompetenzen zu imponieren, indem sie sich auf der Wall für den Moment verewigten. Ob das stimmt, wissen wir nicht, die Protest-Tweets sind auf der Seite *http://www.scribblelive.com/Event/Hey_Nestle* allerdings immer noch zu sehen.

Abbildung 12-4 ▶
Bis zum Ende der Nestlé-Twitteraktion – einige Tage, nachdem die Twitterwall vor der Konzernzentrale stand – sind über 6.000 Tweets eingegangen.

Obwohl Greenpeace seine Unterstützer erst am Morgen der Aktion zum Versenden der Protest-Tweets aufgefordert und gerade mal 8.000 Twitter-Nutzer die Greenpeace-Twitter-Seite abonniert hatten, konnten wir einen durchaus beachtlichen Meinungssturm auf Twitter entfesseln. Die Twitterwall profitierte gegenüber der Aktion im vorigen Jahr vor allem von einem deutlich verbesserten Storydesign: Dadurch, dass sie direkt vor den Nestlé-Büros platziert war und Nestlé-Mitarbeiter einzelne Tweets mit eigenen Augen lesen konnten, war der Anreiz höher, sich an der Aktion zu beteiligen. Auch wenn niemand aus dem Nestlé-Vorstand die Twitterwall gesehen haben sollte: Entscheidend war, dass dazu die theoretische Möglichkeit gegeben war.

Die Twitterwall inszenierte glaubhaft einen Dialog zwischen Netzaktivisten und dem Konzern, da alle Bestandteile des Kommunikationsmodells glaubhaft repräsentiert waren: Sender, Botschaft und Empfänger. Unter einem Beitrag über die Twitterwall im Blog »Basic

Thinking« kommentierte User »Chris«: »Die Aktion ist einfach genial. Allein die Möglichkeit, dass theoretisch jeder denen die Meinung geigen kann find ich bemerkenswert. Wann kommt schon mal der geballte Frust bei den richtigen Leuten an? Weiter so!« (*http://www.basicthinking.de/blog/2010/04/15/greenpeace-zeigt-es-nestle-das-denkt-die-twitter-welt-ueber-kitkat/*).

◀ **Abbildung 12-5**
Twitterwall vor der Nestlé-Zentrale in Frankfurt am 15. April 2010. An die Fassade des Gebäudes haben Greenpeace-Aktivisten ein Banner gehängt. (© Andreas Varnhorn / Greenpeace)

Die Story ist König

Die Twitterwall vor der Nestlé-Zentrale kam nicht aus dem Nichts, sondern war so etwas wie der zweite Akt einer öffentlichen Konfrontation, die einen Monat zuvor mit der Veröffentlichung eines Greenpeace-Webvideos ihren Anfang genommen hatte. Das Video nimmt eine Nestlé-Werbung und den Slogan »Have a break« aufs Korn: Einem Büroangestellten, der in einen vermeintlichen KitKat-Riegel beißt, tropft plötzlich Blut aufs Hemd: Der Riegel entpuppt sich als Finger eines Orang Utans.

Der Clip – weltweit am 17. März 2010 veröffentlicht – konnte sich schnell viral verbreiten. Nestlé reagierte auf das Video überraschend kopflos: Der Versuch, den Spot wegen Markenrechtsverletzung aus dem Netz nehmen zu lassen, erwies sich bald als wirksamer Brandbeschleuniger. Netzaktivisten luden das gesperrte Video dutzendfach erneut ins Netz, das öffentliche Interesse nahm schlagartig zu. Auch auf Facebook reagierte der Konzern nicht sonderlich überlegt auf kritische Kommentare: Seine englischsprachige KitKat-

Fanseite mit über 700.000 Freunden ließ Nestlé vorübergehend abstellen.

Die Twitterwall vor der Konzernzentrale war somit die Fortführung eines Konflikts bzw. einer Story, unsere Antwort auf die mangelnde Dialogbereitschaft des Konzerns: Wenn sich der Konzern über Zensur und Sperrmaßnahmen der Kritik verschließen wollte, mussten wir eben dafür sorgen, ein solches Fluchtverhalten unmöglich zu machen. Auch der Tag für die Aktion war wohlüberlegt: Es handelte sich um den Tag der Nestlé-Hauptversammlung. Für unsere Unterstützer ein weiterer Anreiz, dem Konzern JETZT die Meinung zu sagen.

Abbildung 12-6 ▶
Der erste Akt: Das Greenpeace-Webvideo zu Palmöl in Nestlé-Schokoriegeln

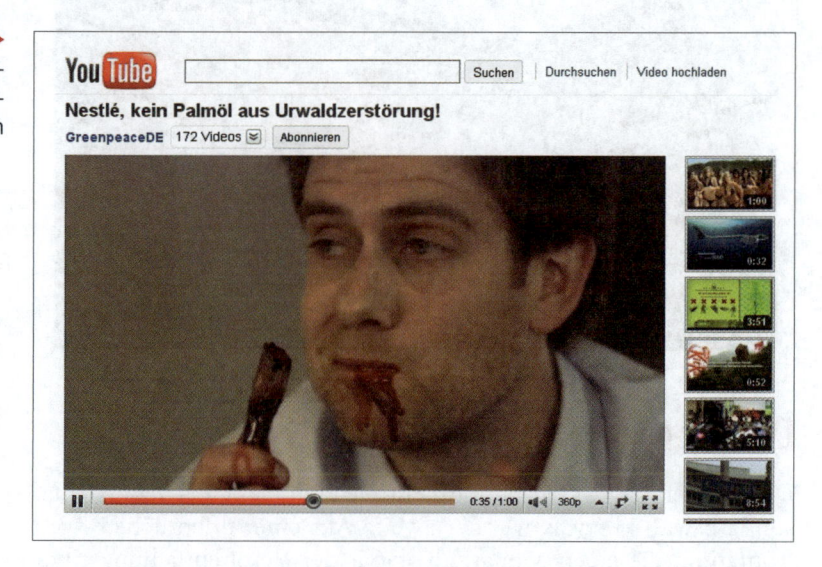

Sichtbarkeit erster und zweiter Ordnung

Die relativ hohe Anzahl an Tweets, die wir am Tag der Aktion in Frankfurt erzielen konnten, wirkte wie ein Funken, der die Berichterstattung in den Medien zum Explodieren brachte. Die Masse an Tweets (hier noch abrufbar: *http://www.scribblelive.com/Event/Hey_Nestle*) sorgte für sich genommen nur für eine Sichtbarkeit erster Ordnung, die weitgehend auf die Twitter-Sphäre und damit einen relativ kleinen Nutzerkreis beschränkt blieb.

Für eine höhere Sichtbarkeit – bzw. eine Sichtbarkeit zweiter Ordnung – sorgten dafür anschließend Blogbeiträge, Facebook-Posts, Artikel etc. über die Twitterwall. Viele dieser Beiträge beschäftigten sich nicht mehr auf einer inhaltlichen Ebene mit unserer Kritik an

Nestlé, sondern betrachteten die Aktion unter anderen Gesichtspunkten, analysierten sie etwa als Fallbeispiel für gelungene NGO-Öffentlichkeitsarbeit. Auch wenn sich viele dieser Beiträge gar nicht unserer Kritik an Nestlé anschlossen, trugen sie doch ganz maßgeblich dazu bei, den Veränderungsdruck auf den Konzern zu erhöhen, da sie (ggf. unbeabsichtigt) zu einer höheren medialen Sichtbarkeit unserer Kritik führten. Schlechte Presse ist gute Presse, heißt es bekanntlich. Für Unternehmen, die in einen »Shitstorm« geraten sind, gilt: Jede Presse ist schlechte Presse. Uns helfen diese Medieneffekte dabei, Kampagnenziele zu erreichen. (Im Duden wird ein »Shitstorm« erklärt als ein »Sturm der Entrüstung in einem Kommunikationsmedium des Internets, der zum Teil mit beleidigenden Äußerungen einhergeht«.)

Noch eine interessante Randnotiz: Nestlé-Mitarbeiter, die morgens zur Arbeit kamen, zückten erst einmal die Handykameras. Sie fotografierten neben der Twitterwall auch das riesige Banner, das Greenpeace-Aktivisten direkt unter dem Nestlé-Logo an der Fassade des Gebäudes angebracht hatten. Aus der unidirektionalen Bewegung vom Netz auf die Straße kann so wieder eine Kreisbewegung werden. Wenn alles gut läuft, werden nämlich die Handybilder über Facebook & Co. wieder zurück in den digitalen Raum gespielt, wo sie die Viralität nochmals erhöhen können. Es kann durchaus Sinn machen, einen solchen Rückfluss bei der Konzeption eines Online-Offline-Tools mitzudenken und gegebenenfalls zu forcieren.

Insgesamt waren wir mit der Online-Medienresonanz, die wir mit der Twitterwall vor der Nestlé-Zentrale erreicht haben, sehr glücklich: Am Tag der Aktion und in der darauffolgenden Woche haben wir insgesamt über 90 Blogposts gezählt, auch die Newsseiten vieler Mainstream-Medien (z.B. Spiegel Online, Morgenpost, der Freitag) haben die Geschichte aufgegriffen. Durch diese Beiträge hatte die Aktion trotz zahlenmäßig weniger Tweets (3.000 zu 15.000) im Netz eine weit höhere Sichtbarkeit als die *#SaveTheClimate*-Twitterwall vor dem Brandenburger Tor ein Jahr zuvor.

Nächste Schritte

Auch 2012 haben wir mit dem Aktionsmittel Twitterwall Erfahrungen gesammelt. Bei einer Aktion an einer Shell-Tankstelle in Hamburg haben wir eine Wall an der viel befahrenen Straße neben der Tankstelle aufgebaut, so dass die Tweets von den vorbeifahrenden

Autofahrern und den Shell-Mitarbeitern gelesen werden konnten. Inhalt der Twitterbotschaften dieses Mal: »Die von Shell geplanten Ölbohrungen in der Arktis stellen ein unverantwortbares Risiko für Mensch und Natur dar, der Konzern muss das Projekt stoppen.« Die Hashtags lauteten: *#StopShell* und *#SaveTheArctic*. Letzteren Hashtag hatten wir bereits über einen längeren Zeitraum für die Kommunikationsarbeit in unserer Arktis-Kampagne verwendet.

Abbildung 12-7 ▶
Die Twitterwall vor der Shell-Tankstelle in Hamburg / Dammtor. Der Protest der Aktivisten richtet sich gegen Ölbohrungen in der Arktis. (© Jörg Modrow / Greenpeace)

Einen zusätzlichen Anreiz, an der Aktion teilzunehmen, haben wir über eine eigene Web-Visualisierung geschaffen. Auf der Seite *http://twitterprotest.savethearctic.org* marschieren Pixel-Alter-Egos der Twitter-Nutzer auf einer Animation der Demo mit und protestieren gegen Shells Arktis-Pläne. Dabei recken sie Banner mit ihren Tweet-Botschaften in die Höhe. Außerdem konnten sich dieses Mal andere Büros an der Aktion beteiligen, da wir die Seite in insgesamt fünf verschiedenen Sprachausgaben angeboten haben. Mit dem erzielten Ergebnis von weltweit knapp 9.000 Tweets und Retweets bis zum Abend waren wir überaus zufrieden. Die hohe Zahl verdanken wir nicht zuletzt der Unterstützung von Twitter-Usern aus Argentinien und Spanien und der Verwendung multipler Hashtags: Auf der Demo ist jeder Twitter-Nutzer mitgelaufen, der neben dem Protest-Hashtag *#StopShell* auch *#SaveTheArctic* verwendet hat: Letzterer ist der Hashtag, den Greenpeace im Rahmen der Arktis-Kampagne für sämtliche Twitter-Kommunikate verwendet. Auch nach dem Ende der Aktion an der Tankstelle haben wir unsere Unterstützer zum Mitmachen animiert; dadurch sind bis zum 1. April 2013 über 130.000 Tweets auf der Seite gezählt worden. Ein wichtiges Element im Design von Web-Visualisierungen und Twitterwalls ist entsprechend der integrierte Counter, der die eingehenden Tweets und Retweets zählt und so die Größe des Protests in eine Zahl übersetzt. Diese Zahl kann für die Kommunikationsarbeit natürlich prima genutzt werden (»Schon 130.000 Bürger machen mit!«).

◀ **Abbildung 12-8**
Neben einer Twitterwall war beim Protest gegen Shell auch eine Aktivistin mit einem Twitter-Fahrrad unterwegs. Auf dem Bildschirm war die animierte Webdemo zu sehen.
(© Jörg Modrow / Greenpeace)

Welche Tools gibt es?

- Im Netz gibt es zahlreiche Seiten, die Twitterwall-Oberflächen bereitstellen. Darunter sind sowohl einige kommerzielle Anbieter, wie http://www.tweetwallpro.com/ oder http://www.walloftweets.net/, von denen Kunden sich Twitterwalls an ihre Bedürfnisse anpassen lassen können, als auch eine Reihe von Umsonst-Angeboten (z.B. http://hootsuite.com/hootfeed).

- Eine einfache Möglichkeit, um eine Twitterwall (d.h. alle Tweets mit einem bestimmten Hashtag) auf der eigenen Website einzubetten, bietet Twitter selbst an: Dazu gibt man einfach auf http://search.twitter.com das gesuchte bzw. verwendete Hashtag ein, klickt anschließend auf das Zahnrad-Symbol und wählt »diese Suche einbetten« aus. Im nächsten Schritt kann man das Widget dann den Anforderungen der Seite entsprechend basteln und als HTML-Code einfach herauskopieren.

- Auch um die Reichweite von Hashtags zu messen, gibt es kostenlose Dienste und Suchmaschinen: Empfehlenswert ist der Dienst *topsy.com*, mit dessen Hilfe Tweets, die den gesuchten Hashtag enthalten, gelistet werden können. Eine Echtzeit-Analyse von Hashtags und Twitter-Trends bieten z.B. www.hashtags.org und www.hashtracking.com mit entweder eingeschränkten (umsonst) oder umfassenden Features und Statistiken (kostenpflichtig) an.

Eine ansprechende Visualisierung kann für die Verbreitung eines Hashtags und den Erfolg einer Twitterwall einiges leisten. Im Netz gibt es zahlreiche Seiten, die Twitterwall-Oberflächen bereitstellen. Veranstalter oder NGOs, die etwas Geld in die Hand nehmen wollen (und können) und keine Twitterwall »von der Stange« wollen, können auch individuelle Lösungen in Auftrag geben und in ein innovatives Design investieren, bei dem die Tweets nicht einfach der Reihe nach im gängigen Newsfeed-Format abrollen. Allgemein gilt natürlich: Eine hohe Teilnehmerzahl ist leichter zu erreichen, wenn sich viele Nutzer von der Visualisierung angesprochen fühlen.

Checkliste Twitterwall

Wie sich gezeigt hat, schaffen Twitterwalls auf bestimmten Veranstaltungen die Möglichkeit zu einer begleitenden Metadiskussion. Richtig eingesetzt, können sie von NGOs außerdem als Protestmittel verwendet werden, mit dem Netzaktivisten eine Stimme auf der Straße verliehen wird und medialer Druck auf Unternehmen und Politiker ausgeübt werden kann. Der Erfolg einer Twitterwall – ob als Diskussionsverstärker oder als Bestandteil einer Protestaktion – ist natürlich von vielen Faktoren abhängig. Wenn die Twitterwall als Protest-Tool eingesetzt werden soll, ist das wichtigste Kriterium für einen erfolgreichen Einsatz, welche Zugkraft, Dringlichkeit und Glaubwürdigkeit die Protestforderungen für potenzielle Teilnehmer haben.

Analog dazu sollte man vor dem Einsatz einer Twitterwall auf Veranstaltungen die Frage prüfen, ob die thematische Ausrichtung einer Veranstaltung für eine Metadiskussion auf einer Twitterwall genug Futter liefern könnte und ob sie eine gewisse Twitter-Affinität besitzt. Der Grund, warum Hashtags und Twitterwalls gerade auf Kongressen und Workshops zu Netz- und IT-Themen gut funktionieren, hängt natürlich damit zusammen, dass diese Themen im angekoppelten Resonanzraum, der Twitter-Sphäre, vergleichsweise hohen Anklang finden.

Zusammenfassend ergeben sich folgende Erfordernisse und Empfehlungen:

- Vorab: Evaluierung der Zielgruppe – Ist bei den Teilnehmern der Veranstaltung eine ausreichende Medienkompetenz bezüglich Twitter erwartbar? Wie sieht das Mediennutzungsverhalten aus (Smartphones, Tablets etc.)?
- Evaluierung der thematischen Ausrichtung der Veranstaltung: Besitzt das Thema der Veranstaltung eine gewisse Twitter-Affinität? Falls das nicht der Fall ist und die Twitterwall für die Kommunikation nach außen auch nicht genutzt werden soll,

kann sie ggf. veranstaltungsintern verwendet werden, d.h. nur für die Teilnehmer an dem jeweiligen Event.

- Geeigneten Standort für Twitterwall prüfen: Hohe Sichtbarkeit, offene Zugänglichkeit. Bei Protestaktionen wichtig: Der Empfänger muss die Botschaften lesen können!
- Achtung: Beim Einsatz von Twitterwalls in Tagungsräumen, bei Podiumsdiskussion, Workshops etc. besteht extreme Ablenkungsgefahr.
- Technische Voraussetzungen der Twitterwall berücksichtigen (Bildschirm, Projektor, Leinwand, Internet-Konnektivität etc.). Lichtverhältnisse vorher prüfen.
- Parallel im Netz eine Seite schalten, die den Inhalt der lokalen Twitterwall abbildet! Dazu das Twitter-Widget nutzen oder gegebenenfalls höherwertige Aufbereitung der grafischen Twitterwall-Oberfläche in Auftrag geben (siehe Kasten oben).
- Möglichst kurzen, aber aussagekräftigen Hashtag (z.B. ein Akronym) wählen und überprüfen (z.B. mit *search.twitter.com*), ob der Hashtag noch nicht vergeben ist.
- Konsequente Nutzung des Hashtags in sämtlichen Twitter-Kommunikaten zu dem Thema bzw. der Veranstaltung, auch schon im Vorfeld des Events – und im Nachklapp.
- Für Protestaktionen: Einfache Botschaft wählen, die sich zum Retweeten eignet. Unterstützern verschiedene Protestbotschaften anbieten. Möglicherweise vorher Tweets sammeln, um bei Beginn der Aktion über ein gewisses Tweet-Volumen zu verfügen, aber nicht alle Tweets über dasselbe Twitter-Konto verschicken, sonst droht der Verlust von Followern!
- Twitterwall mit Social-Media-Arbeit flankieren: Über die Veranstaltung berichten und Follower, Facebook-Freunde etc. zum Mitmachen auffordern!
- Gegebenenfalls »Moderation« der Twitterwall in Erwägung ziehen: Teilnehmer mit Fragen, Anregungen etc. involvieren, aktuelle Informationen zur Veranstaltung von zentraler Stelle einstreuen! Neben einem automatischen Schimpfwortfilter ggf. das händische Ausfiltern von inakzeptablen Tweets in Erwägung ziehen!
- Vorab: Sichtung des zu erwartenden Medien-Umfelds: Es lohnt sich, sich einen Überblick über eventuell konkurrierende Themen zu verschaffen.

Erfolg dank Twitterwall?

Für die Evaluierung einer Twitterwall gelten natürlich je nach Verwendungszweck unterschiedliche Erfolgskriterien: Neben einer quantitativen Analyse (Anzahl der Tweets) mithilfe der erwähnten Tools ist auch eine qualitative Analyse sinnvoll. Gerade auf Konferenzen, auf denen die Twitterwall in erster Linie einen Austausch für die Teilnehmer ermöglichen soll, sollten Erfolg oder Nicht-Erfolg einer Twitterwall danach beurteilt werden, ob dieses Ziel erreicht wurde. Eine hohes Tweet-Aufkommen ist dafür nur ein Indiz.

Für unsere Nestlé-Twitterwall waren natürlich noch andere Kriterien zu berücksichtigen. Im Mai 2010 hat Nestlé angekündigt, künftig kein Palmöl aus Regenwaldzerstörung in seinen Produkten zu verwenden, und kündigte seine Verträge mit Sinar Mas. Ein knappes Jahr später knickte auch der Palmölkonzern ein und sagte zu, in Zukunft keinen Regenwald mehr für Palmöl zu roden. Unsere Twitterwall vor der Unternehmenszentrale hat als ein Bestandteil einer internationalen Kampagne dazu beigetragen, dass sich Nestlé zum Umdenken bewegen ließ.

Nach allem, was sich derzeit über die medialen Möglichkeiten der Zukunft abschätzen lässt, werden NGOs wie Greenpeace künftig eher mehr als weniger auf die Unterstützung von Online-Protestpotenzial angewiesen sein. Wie das Beispiel der Protest-Twitterwall zeigt, ergeben sich aus manchen technischen Neuerungen spannende neue Protestmöglichkeiten, mit deren Hilfe sich die Trägheit vermeintlich »lauffauler« Netzaktivisten hervorragend ausgleichen lässt.

Zum Autor

Benjamin Borgerding ist Webredakteur und Online-Campaigner bei Greenpeace Deutschland. Er studierte Theater-, Film- und Medienwissenschaften und Anglistik in Frankfurt. Nach dem Studium und einer kurzen Zwischenstation in einer Werbeagentur begann er 2009 bei Greenpeace in Hamburg im Kommunikationsbereich zu arbeiten. Seitdem war er in vielen nationalen und internationalen Greenpeace-Kampagnen für die Webkommunikation zuständig. Sein Tätigkeitsgebiet umfasst hauptsächlich Social-Media-Management, Online Campaigning und redaktionelle Arbeit.

Über Greenpeace

Greenpeace ist eine internationale Umweltorganisation, die mit gewaltfreien Aktionen für den Schutz der Lebensgrundlagen kämpft. Unser Ziel ist es, Umweltzerstörung zu verhindern, Verhaltensweisen zu ändern und Lösungen durchzusetzen. Greenpeace ist überparteilich und völlig unabhängig von Politik, Parteien und Industrie.

Online trifft Offline – digitale Event-Kommunikation

In diesem Kapitel:
- Ausgangspunkt
- Was wir erreicht haben
- Warum überhaupt Events?
- Inhaltliche Konzeption
- Die Vorberichterstattung
- Die Live-Berichterstattung
- Die Nachberichterstattung
- Fazit

Von Sachar Kriwoj
E-Plus Gruppe

Zusammenfassung: Was müssen Unternehmen bedenken, wenn sie Events organisieren, die auch in der Online-Kommunikation funktionieren und vor allem bei einer »digitalen Zielgruppe« auf positive Wahrnehmung stoßen sollen? Antworten auf diese Fragen gebe ich in diesem Beitrag.

Website: *www.udldigital.de*

YouTube: *www.youtube.com/UdLDigital*

Facebook: *www.facebook.com/UdLDigital*

Ausgangspunkt

Social Media verbindet Menschen auf der ganzen Welt. Sie schließen sich über Foren, Blogs, Facebook, Twitter und diverse Tools zu kleinen Gruppen und großen Bewegungen zusammen – basierend auf Interessen und Vorlieben. Vielen reicht der virtuelle Kontakt nicht aus, so dass zahlreiche Veranstaltungen als Anlass dienen, Menschen aus dem digitalen Raum an einem physischen Ort zu versammeln. Was müssen Unternehmen bedenken, wenn sie Events organisieren, die auch in der Online-Kommunikation funktionieren und vor allem bei einer »digitalen Zielgruppe« auf positive Wahrnehmung stoßen sollen? Und: Inwiefern unterscheiden sich diese Events von denen, die wir bis dato im beruflichen Kontext kannten?

Um diese Fragen soll es anhand des Beispiels der E-Plus Gruppe gehen, die in Berlin für ihre Kommunikation im politischen Umfeld nicht nur als erstes Unternehmen den Weg ins Netz gegangen ist. Hauptbestandteil dieser jungen Disziplin – *Digital Public Events* – sind Events.

Was wir erreicht haben

Die Events der E-Plus Gruppe im politischen Berlin unterscheiden sich maßgeblich von anderen Lobby-Veranstaltungen. Durch ihren sehr offenen und transparenten Ansatz versammeln sie nicht nur – wie es bisher im Regierungsviertel üblich war – politische Entscheidungsträger hinter verschlossenen Türen, sondern die Events geben dem interessierten Bürger die Chance, mit Abgeordneten zwanglos ins Gespräch zu kommen. Das führte zu einer verstärkten Aufmerksamkeit für die sonstigen Aktivitäten und vor allem zu großen Sympathien für das Unternehmen. Gemeinhin gelten die unter dem Label »UdL Digital« bekannten Veranstaltungen von E-Plus im nicht veranstaltungsarmen Berlin als Highlight bei jungen Politikern, Journalisten und auch bei den an Politik interessierten digitalen Aktivisten sowie bei Gründern von Start-ups.

Abbildung 13-1 ▶
Bei einer Veranstaltung der E-Plus Gruppe im BASE_camp kann es schon mal voll werden ...

◄ **Abbildung 13-2**
… zum Beispiel, wenn Peer Steinbrück kommt.

Warum überhaupt Events?

Die Welt wächst nicht zuletzt durch Social Media zusammen. Wir kommunizieren mit Menschen auf der ganzen Welt in Echtzeit. Wozu brauchen wir dann überhaupt noch Events? »Freundschaften« oder Verbindungen, die im virtuellen Raum bestehen, werden nicht umsonst »Weak Ties«, also »schwache Verbindungen«, genannt. Man kommt zwar unkompliziert und schnell ins Gespräch, verliert sich aber auch ebenso schnell wieder aus den Augen. Insofern verwundert es nicht, dass solche Event-Formate wie Pilze aus dem Boden schießen, bei denen sich Menschen, die sich bislang nur virtuell kannten, persönlich treffen und kennenlernen können. So gibt es bundesweit Konferenzen zu so ziemlich jedem Thema, und auch spontan anberaumte Treffen kann man virtuell beobachten. (Der Tweet »Bin gerade am Hauptbahnhof in Berlin. Wer hat Lust auf einen Kaffee« ist ein Klassiker.)

Mittlerweile haben auch einige Unternehmen erkannt, dass Events mit Bloggern und digitalen Multiplikatoren einen kommunikativen Impact haben können. Warum? Menschen mit einer hohen Affinität zur Online-Kommunikation und einer entsprechenden Reichweite gehen nicht nur zu Veranstaltungen, um dort Gleichgesinnte zu treffen oder Vorträgen zu lauschen; sie nutzen die Veranstaltungen auch als Anreiz und Bühne für Tweets, Facebook-Updates und eventuell sogar Blog-Postings. Das heißt also: Wo man früher über Veranstaltungen fünf Journalisten erreichte, ist die Zielgruppe heute unter Umständen um 50 interessierte Blogger erweitert worden.

Diese Tatsache verändert Events. Auch solche Menschen, die nicht live vor Ort sein können, erfahren über Twitter oder Facebook in Echtzeit, worüber gesprochen wird, und beschäftigen sich vielleicht erst durch diese Berichterstattung mit dem entsprechenden Unternehmen und seinen Produkten.

Woran muss man arbeiten, um einen solchen Effekt herbeizuführen?

Inhaltliche Konzeption

Bei dem Event sollte es nicht um Sie und Ihr Unternehmen, sondern um die Besucher gehen. Also: Verkaufen Sie ihnen keine Produkte, sondern stellen Sie sich die ehrliche Frage, was Sie haben, das Ihren Besuchern helfen oder sie interessieren könnte.

In unserem Fall war das zu Beginn unser Netzwerk. Wir, die Initiatoren der digitalen politischen Kommunikation bei E-Plus, kamen aus unterschiedlichen Welten. Als wir zu unserer ersten Veranstaltung einluden, war das nicht nur für unsere Besucher, sondern auch für uns selbst ein großes Abenteuer. Während mein Vorgesetzter in der Politik zu Hause war, war ich eher ein Vertreter der Blogosphäre. Zwischen 2007 und 2011 bloggte ich unter *Massenpublikum*, seit 2012 betreibe ich ein neues Blog, *The Communist*, das sich hauptsächlich mit den Folgen des digitalen Wandels für die Kommunikation beschäftigt. Und so standen bei unserem geselligen Get Together Bundestagsabgeordnete mit Bloggern zusammen und unterhielten sich – auf Augenhöhe. So etwas hatte es bis dato nicht gegeben. Wir selbst hielten uns komplett im Hintergrund bzw. waren bemüht, unsere Gäste einander bekannt zu machen. Die Resonanz war überwältigend: »Die Blogger« twitterten hinterher, was für eine ungewöhnliche Veranstaltung das war und dass sie sich schon auf das nächste Mal freuen. Und die Abgeordneten richteten sich einen Twitter-Account ein.

Während zum ersten Event noch 40 Teilnehmer kamen, waren es beim zweiten Mal schon 70, bald 100 und dann 120. Nach sieben oder acht Veranstaltungen aber nahm die Zahl der Besucher wieder ab. Das Konzept hatte sich erschöpft. Die Teilnehmer kannten sich nun weitgehend untereinander und erwarteten mehr. Also konzipierten wir ein Format, in dem es um Inhalte ging, bei dem das Netzwerken aber trotzdem nicht zu kurz kam und unsere ursprüngliche Idee – das Aufeinandertreffen von Politik und Digitalem – weiter in den Fokus gerückt werden konnte: Wir kreierten den *UdL Digital Talk*, bei dem ein Moderator mit einem politischen Entscheidungsträger und einem Vertreter der Digitalisierung diskutiert. Und zwar sollten sich beide Parteien wieder auf Augenhöhe begegnen: erneut eine ungewöhnliche Konstellation.

Werden bei Talkshows im Fernsehen Blogger oder Gründer von Start-ups als Diskutanten eingeladen, treten sie als Randerscheinung und Paradiesvögel auf. Bei uns sind sie die Hauptdarsteller. Geht es in TV-Talkshows um digitale Themen, werden diese meist von einem negativen Blickwinkel erörtert, bei uns hingegen geht es um Chancen, die die Digitalisierung auslöst. Und: Wir verstehen das Digitale nicht als Nischenthema, sondern als einen Bestandteil unserer Gesellschaft. Deswegen laden wir als politische Gäste für unser Talk-Format auch keine Netzpolitiker, sondern bekannte Gesichter ein.

Zuerst war es durchaus schwierig, eben diese für den UdL Digital Talk zu gewinnen. Nach und nach aber sprach sich herum, dass das ein Event ist, bei dem Politiker anders sein dürfen. Sie brauchen keine Krawatte, kein Kostüm, sie können frei reden, sie reden über andere Themen als sonst – und sie kommen mit jungen Leuten ins Gespräch, tatsächlich im Dialog auf Augenhöhe. So etwas macht sich gut – nicht nur im Wahlkampf. Deswegen wurde es auch mit der Zeit leichter, Politiker wie Peer Steinbrück, Ursula von der Leyen oder Philipp Rösler zur Teilnahme zu bewegen. Gleichwohl ist der Ansatz, eine ungewöhnliche Konstellation herbeizuführen, nicht 1:1 auf jedes Unternehmen zu übertragen. Die E-Plus Gruppe jedoch hat in einem hart umkämpften Markt entschieden, »anders« sein zu wollen. Das propagieren wir auch im Bereich der politischen Kommunikation und mit unseren Events.

Die Vorberichterstattung

Damit überhaupt jemand von Ihrem Event erfährt, müssen Sie im Vorfeld kräftig die Werbetrommel rühren. Das heißt: Sie müssen in Ihrem Blog, auf Facebook, Twitter, Google+ und in all den anderen Netzwerken kommunizieren. Von alleine kommt niemand. In Berlin etwa finden jeden Abend zahlreiche Events statt, die sich an das gleiche Publikum wenden. Unser Ansatz, mit dem wir uns abheben wollten, war nicht nur die inhaltliche Komponente, sondern es gab bei uns auch stets eine offene Gästeliste. Das heißt: Jeder konnte sich anmelden, jeder kann kommen. Zumindest im politischen Berlin ist das nach wie vor ein Novum. Immer noch finden hier viele Veranstaltungen hinter verschlossenen Türen statt. Wir gingen mit unserer Gästeliste aber noch einen Schritt weiter. Wir machen sie auf Facebook und Xing publik, indem wir in diesen Netzwerken öffentlich einsehbare Events anlegten. So erfuhr, wer interessiert war, wann wir was machen und wer kommt, und konnte sich dafür kostenlos anmelden. Diese Form der Event-Organisation ist praktisch, kosteneffizient und schnell exerzierbar. Über diese Kanäle konnten wir die angemeldeten Besucher auch im Vorfeld kontaktieren und sie an die Veranstaltung erinnern und sie auch dazu aufrufen, sich Fragen an die Diskutanten zu überlegen.

Tipp   Für Leute mit wenig Zeit bieten sich Facebook-Events an. Wenn man Events bei Facebook anlegt, sollte man darauf achten, dass die wesentlichen Informationen (Was, wann, wo (!)) schnell deutlich werden. Ein Mehrwert für potenzielle Besucher ist es, die Gästeliste öffentlich zu machen. Dann kommen einige Leute vielleicht auch »nur« deswegen, weil sie jemanden treffen wollen.

Abbildung 13-3 ▶
Einladung per Facebook-Event zum »UdL Digital Talk« mit Philipp Rösler

Die Live-Berichterstattung

Wenn Sie Ihren Job gut machen, und das soll ja das Ziel sein, wird man nicht erst im Nachgang von Ihrem Event erfahren. Ihre Besucher werden noch während der Veranstaltung auf Twitter, Facebook und anderen Netzwerken ihre Eindrücke mit Menschen auf der ganzen Welt teilen.

Zugegeben: Wir haben länger gebraucht, bis wir verstanden haben, wie wir am besten mit dieser Form der Live-Kommunikation umgehen sollen. Auf der einen Seite wollten wir, dass die Teilnehmer einer guten Veranstaltung beiwohnen und sich wohlfühlen, auf der anderen Seite aber wollten wir auch, dass nicht zu viele Inhalte vor der Nachberichterstattung publik werden. Sonst braucht es ja gar keine Nachberichterstattung mehr. Nach dem dritten oder vierten Talk haben wir festgestellt, dass die Live-Kommunikation vom Event die Nachberichterstattung aber beflügelt und keinesfalls behindert. Menschen, die nicht live vor Ort sein können, werden aufmerksam und freuen sich geradezu auf die ausführliche Nachberichterstattung. Also sind wir im Vorfeld der Events dazu übergegangen, die Teilnehmer darauf hinzuweisen, dass parallel zu der Diskussion auf dem Podium auch eine Diskussion auf Twitter stattfindet. Wir weisen sie auf das entsprechende Hashtag (*#udldigital*) hin.

Tipp Legen Sie einen einprägsamen und nicht zu langen Hashtag fest, und kommunizieren Sie diesen prominent.

Und vor allem moderieren wir die virtuelle Diskussion – live. Das bindet zwar personelle Ressourcen und ist in der Hitze des Gefechts (es geht ja doch immerhin um Politik und Gesellschaft) nicht immer einfach – zumal es sinnvoll ist, als Moderator ausgleichend zu agieren und nicht noch Öl ins Feuer zu gießen. Aber gerade die Moderation hat dazu geführt, dass der Online-Buzz während des Events um fast 600 Prozent anstieg. Zuletzt hatten wir pro Event weit über 400 Tweets (bei einer Diskussionslänge von 60 Minuten).

Ein Punkt, der oft gänzlich vernachlässigt wird, ist die Technik: Wenn Sie möchten, dass Menschen, die sonst auf Twitter und Facebook kommunizieren, Ihre Events schätzen, dann sollten Sie dafür sorgen, dass sie während der Veranstaltung Twitter und Facebook nutzen können. Stellen Sie also sicher, dass es ein kostenloses, offenes W-LAN gibt. Gerade für uns als Mobilfunker, der davon lebt, Internet-Flatrates günstig anzubieten, ist dieser Faktor ein absolutes Muss.

Abbildung 13-4 ▶
Sarah Wagenknecht und Gero Hesse beim UdL Digital Talk zum Thema »Digitales Arbeiten«

Und schließlich: Sorgen Sie für eine offene Kultur unter Ihren Teilnehmern. Weisen Sie also öffentlich – etwa in der Begrüßung – darauf hin, dass getwittert werden darf und soll. So schaffen Sie Akzeptanz unter denen, die eh twittern wollen, und animieren diejenigen, die damit bisher wenig anfangen konnten, das Medium auszuprobieren.

Die Nachberichterstattung

Events kosten, das werden Sie schnell feststellen, sehr viel Arbeit und Mühe. Und auch Geld. Warum sollten Sie also nicht den größtmöglichen Nutzen aus Ihren Aktivitäten ziehen? Wenn Sie schon ein gutes Event machen, sorgen Sie auch dafür, dass darüber berichtet wird. Neben dem bereits erwähnten programmatischen Ansatz ist es auch wichtig, im Vorfeld einige Stellschrauben so zu drehen, dass eine Nachberichterstattung reibungslos funktionieren kann:

Fotos: Nichts verbreitet sich auf sozialen Netzwerken so gut wie Fotos. Wenn Sie also im Rahmen Ihres Events die Teilnehmer fotografieren (Achtung: Beachten Sie den juristischen Aspekt, und weisen Sie alle Teilnehmer am besten schon im Vorfeld darauf hin, dass auf der Veranstaltung Fotos angefertigt werden und jeder Teilnehmer automatisch seine Zustimmung zur

Publikation dieser erteilt), können Sie die Bilder hinterher zum Beispiel auf Facebook hochladen und aller Welt zeigen, wer da war und wie die Stimmung war.

Diese Bilder sind auch Werbung für Ihre nächsten Events. Vor allem, indem Sie die Teilnehmer markieren – also taggen –, sorgen Sie für virale Effekte auf Facebook. Fotos und das Taggen führte in unserem Fall zu einem immensen Wachstum unserer Community. Achten Sie darauf, dass möglichst viele Menschen auf einem Foto vereinigt werden. Je mehr Leute nämlich auf einem Bild markiert werden, desto größer ist die Wahrscheinlichkeit, dass sich das Bild viral verbreitet.

Videos: Unsere Talks werden aufwendig von fünf Kameras gefilmt. Wir stellen ein paar Tage nach dem Event das Video auf YouTube bereit. Jeder kann sich das Format dann nicht nur kostenlos anschauen, er kann es auch nutzen: in seinem Blog, für Zeitungen oder sogar fürs Fernsehen. Wir verlangen dafür keine Lizenzgebühren, sondern bitten lediglich um Nennung. Mitterweile bedienen sich auch Fernsehsender des Talks. So lief ein Ausschnitt, als Peer Steinbrück bei uns zu Gast war, sogar in der Tagesschau.

Wir verdienten damit keinen Cent, aber innerhalb von Minuten wuchs unsere Fanpage auf Facebook massiv an. Und vor allem dokumentieren wir durch Videos unsere Events für all diejenigen, die nicht in Berlin wohnen und unsere Veranstaltungen nicht besuchen können. Einige, die das Ganze zuerst aus der Ferne beobachtet haben, nutzen unsere Events mittlerweile als Anlass für einen Berlin-Besuch. Das ehrt uns und zeigt uns auch, wie wichtig die Kommunikation um ein Event herum ist. Wir mussten lernen, dass sie sogar fast noch wichtiger ist als das Event selbst, weil die Wirkung eines guten Events sonst fast verpufft.

Social Networks: Sie selbst sollten – wie auch in der Vorberichterstattung – Ihre eigenen Netzwerke dazu nutzen, um von dem Event zu berichten. Doch: Wie schon bei der inhaltlichen Konzeption sollten Sie dabei nicht an sich, sondern an den Nutzer denken. Was könnte ihn interessieren? Greifen Sie Zitate der Diskutanten auf, und versuchen Sie, aus der Nachberichterstattung keine Nacherzählung zu machen. Das langweilt und animiert die Leser nicht unbedingt dazu, beim nächsten Mal unbedingt dabei sein zu wollen. Versuchen Sie stattdessen, die Geschichte hinter der Geschichte zu erzählen. Das wird vor allem auch die Besucher des Events interessieren.

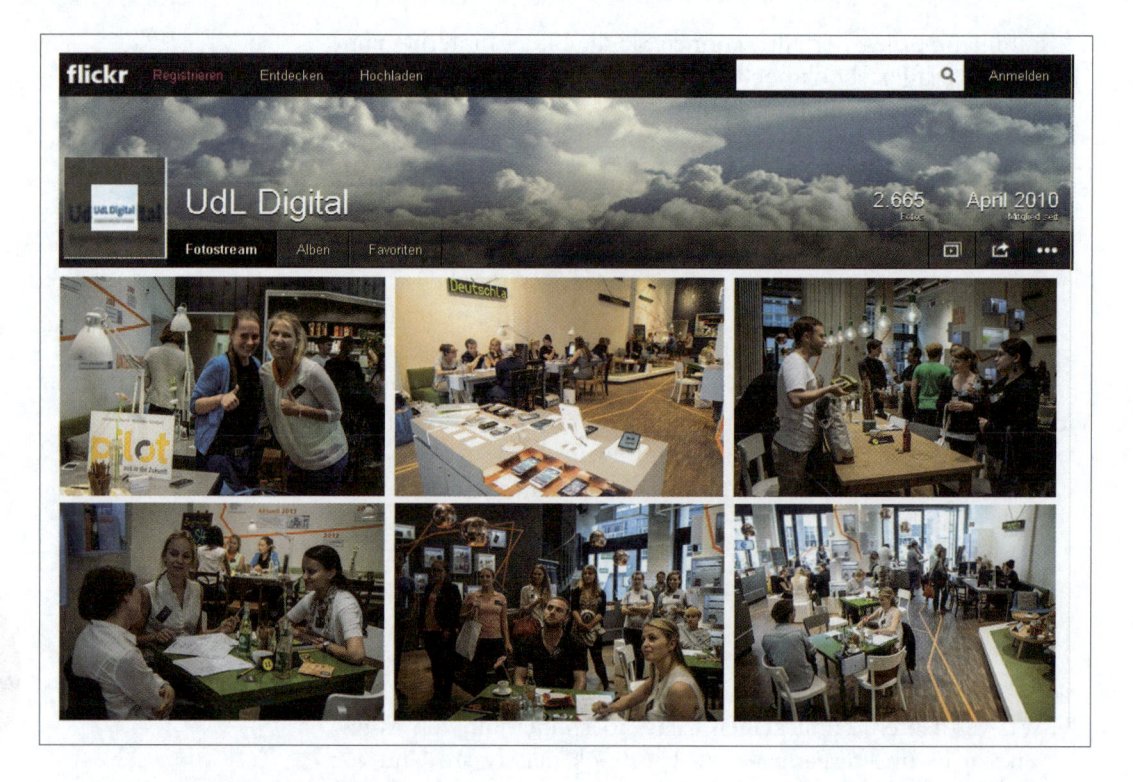

Abbildung 13-5 ▲
Umfangreiches Fotomaterial von den Veranstaltungen stellt UdL Digital im eigenen Flickr-Account zur Verfügung.

Fazit

Gerade in Zeiten digitaler Vernetzung sind Events ein hervorragendes Instrument, um Menschen, die sich sonst nur virtuell sehen, persönlich näherzubringen.

Stellen Sie nicht sich oder ein Produkt, das Sie bewerben wollen, in den Vordergrund (außer es handelt sich um eine offen kommunizierte Produkt-Präsentation), sondern die potenziellen Teilnehmer Ihrer Veranstaltung.

Schaffen Sie die nötigen Voraussetzungen (z.B. W-LAN), damit die Teilnehmer Ihres Events live von der Veranstaltung kommunizieren können.

Ein Event endet nicht, wenn der letzte Besucher nach Hause geht. Vielmehr beginnt dann die Nachberichterstattung. Seien Sie in diesem Punkt nicht nachlässig, denn mit der Nachberichterstattung beginnt auch schon die Vorberichterstattung des nächsten Events.

Zum Autor

Sachar Kriwoj absolvierte das Studium der Angewandten Medienwirtschaft mit dem Schwerpunkt »PR und Kommunikation« in Köln. Nach einer ersten Karriere als Journalist (u.a. bei BILD) verantwortete Kriwoj die Unternehmenskommunikation bei diversen Start-ups (u.a. scoyo). 2010 stieß er als Leiter Digital Public Affairs zur E-Plus Gruppe.

Über die E-Plus Gruppe

Die E-Plus Gruppe mit knapp 25 Millionen Kunden (Stand: April 2013) ist der drittgrößte Anbieter im Mobilfunkmarkt in Deutschland. Seit Jahren demokratisiert das Unternehmen mit seinen Marken (u.a. BASE, simyo und Yourfone) und neuen Preismodellen den Markt.

Fashion Blogger Relations: Tools, Dos and Don'ts

In diesem Kapitel:
- Blogger Relations als Teil der Social-Media-Strategie
- Budget – was kostet das?
- Tracking und Evaluation
- Welche Stolperfallen es zu umgehen gilt
- Ausblick

Von Harriet Weiler
TOM TAILOR GROUP

Zusammenfassung: Ich bin als *Manager Social Media & Fashion PR* bei der TOM TAILOR GROUP unter anderem für den Beziehungsaufbau und die Zusammenarbeit mit Fashion Bloggern zuständig. Über unsere Erfahrungen, Erfolge und Erkenntnisse mit Fashion Bloggern berichte ich im folgenden Beitrag und gebe Handlungsempfehlungen für all diejenigen, die das Thema Blogger Relations für sich oder ihr Unternehmen bzw. ihre Marke umsetzen möchten.

Website: *www.tom-tailor-group.com*

Xing: *www.xing.com/companies/tomtailorgroup*

Facebook: *www.facebook.com/tomtailor*

Twitter: *www.twitter.com/tomtailor*

YouTube: *www.youtube.com/tomtailor*

Blogger Relations als Teil der Social-Media-Strategie

Als ich 2011 bei der TOM TAILOR GROUP als Social-Media-Managerin anfing, war dies zeitgleich der Startschuss zur Ausarbeitung einer Social-Media-Strategie für das gesamte Unternehmen. Mir war es vor allem wichtig, die Relevanz des neuen Aufgabenbereichs möglichst schnell im Unternehmen zu festigen. Um dies zu erreichen, ist es zielführend, erste Maßnahmen zügig umzusetzen und positive Ergebnisse vorweisen zu können. Anfangs konzentrierte ich mich daher mit je einer Maßnahme auf die drei für die TOM TAILOR GROUP zentralen Zielgruppen:

- Konsumenten,
- potenzielle Mitarbeiter und
- Fashion Blogger als relevante Influencer der Modeszene.

Neben der Umsetzung zweier Facebook-Fanpages sowie eines Xing-Unternehmensprofils lag der Fokus der ersten Monate also auf einem ersten Beziehungsaufbau zu Fashion Bloggern. (Im Folgenden sind mit »Bloggern« ausdrücklich immer Blogerinnen sowie Blogger gemeint.) Die Fashion-Blogger-Szene in Deutschland ist eine enorm große und einflussreiche Gruppe, die schon lange bei den Fashion Shows in Mailand, Paris und Berlin in der ersten Reihe sitzt. Fashion Blogs haben eine erstaunliche Reichweite und überzeugen ihre vorwiegend weiblichen Leser vor allem durch persönliche Beiträge und Bewertungen der neusten Modetrends rund um den Globus.

Durch tägliche Outfitposts, Vorstellungen von Kollektionen und Präsentationen der neusten Lieblingsstücke werden Blogger zu angesagten Trendsettern, denen die Zielgruppe nacheifert. Die erste Frage, die es daher zu beantworten gab, lautete: »Kennen und mögen Fashion Blogger in Deutschland die Marke TOM TAILOR?« Eine erste Untersuchung der deutschen Modeblogs ergab, dass die Marken *TOM TAILOR* und *TOM TAILOR Denim* bisher so gut wie gar nicht in Fashion Blogs vorkamen – weder mit positiven noch mit negativen Erwähnungen. Primäres Ziel war es daher, die beiden Marken TOM TAILOR und TOM TAILOR Denim bei den Bloggerinnen und Bloggern bekannt zu machen und kurzfristig in einem möglichst positiven Kontext in den Blogs zu positionieren.

Tipp Eine ausführliche Ist-Analyse, ob und in welchem Zusammenhang die eigene Marke oder das eigene Unternehmen in Blogs vorkommen, sollte immer den ersten Schritt einer Blogger-Strategie darstellen.

Auswahl der relevanten Fashion Blogs

Beginnen Sie mit der Erstellung eines Blogger-Verteilers. Dabei ist es vor allem wichtig, Blogs in den Verteiler aufzunehmen, die zum Unternehmen und den Marken passen. Verschiedene Kriterien haben wir bei der Auswahl für die TOM TAILOR GROUP berücksichtigt:

Relevantes Umfeld

Vor einer ersten Kontaktaufnahme gilt es, die Blogs und ihre Verfasser näher kennenzulernen, um zu verstehen, wo ihre Schwerpunkte liegen, welche Themen sie begeistern und – ganz wichtig – wo eventuelle Anknüpfungspunkte zum Unternehmen bestehen könnten. Die TOM TAILOR GROUP entwirft junge Mode im mittleren Preissegment und ist damit im Markt der Mitte zu Hause. Fashion Blogs, die ausschließlich über Premium-Marken berichten, kommen daher für uns nicht infrage. Darüber hinaus wollen wir weder in einem Umfeld mit Discountern stattfinden noch in extrem kritischen Blogs in einem negativen Kontext genannt werden. Die Liste der für die TOM TAILOR GROUP relevanten Blogs konnte durch diese Aspekte bereits gekürzt werden.

Persönlicher Kontakt

Ein weiteres Kriterium sollte immer der Wunsch sein, die Blogger möglichst schnell nach Kontaktaufnahme persönlich kennenzulernen, um den Kontakt zu intensivieren. Da bei uns bereits seitens des Unternehmens regelmäßige Events in München, Düsseldorf und Hamburg geplant sind, beschränkte ich mich bei der Durchsicht der Blogs auf diese Regionen.

Zeitliche und finanzielle Ressourcen

Drittes und zentrales Kriterium waren für uns die eingeschränkten zeitlichen sowie finanziellen Ressourcen. Einen großen Blogger-Verteiler intensiv zu betreuen ist zeitlich schwer umsetzbar. So mussten bei uns sowohl kleinere Blogs mit geringer Relevanz als auch hochprofessionelle Blogs, die nur mit bezahlten Blogbeiträgen arbeiten, von der Liste gestrichen werden. Die Relevanz der einzelnen Blogs wird bei uns mithilfe verschiedener Kriterien bewertet: Regelmäßigkeit der Blogbeiträge, angegebene Visits, Anzahl der Twitter-Follower, Anzahl der Facebook-Fans und Anzahl der Kommentare unter den jeweiligen Artikeln.

Vernetzung der Blogs untereinander

Außerdem relevant: Wie bekannt und vernetzt sind die einzelnen Blogger innerhalb der Blogger-Szene? Gut vernetzte Blogs bringen Aufmerksamkeit und machen eventuell auch weitere Blogger auf das eigene Unternehmen aufmerksam. Diese Fragestellung kann durch intensive Durchsicht der einzelnen Posts eingeschätzt werden.

Wir wählten anfangs ca. zehn mittelgroße Blogs pro Region aus, mit denen wir den Kontaktaufbau begannen – für den Auftakt eine gute Größe, um erste Kontakte zu knüpfen und Erfahrungen zu sammeln.

Die erste Kontaktaufnahme

Ich musste mich schnell von der Vorstellung verabschieden, dass Blogger nur »auf meine E-Mails gewartet« haben. Die Konkurrenz ist groß, denn jede einigermaßen moderne Firma versucht heutzutage, mit Bloggern in Kontakt zu treten. Blogger können sich schon lange aussuchen, wem sie antworten und ihre Aufmerksamkeit schenken und wen sie mit Ignoranz strafen. Achten Sie daher auf ein paar wichtige Spielregen, und versuchen Sie, sich von der Masse abzuheben.

Eine erste Kontaktaufnahme erfolgt in jedem Fall per E-Mail, nicht per Telefon. Blogs finden im Internet statt, und hier regiert das geschriebene Wort. Blogger sind keine Journalisten und sollten nicht ohne Vorwarnung oder erklärende Worte mit Pressemitteilungen oder Marketingunterlagen bombardiert werden. Und nebenbei: Journalisten mögen das meist auch nicht. Nehmen Sie Ihre relevanten Blogs also nicht einfach in Ihren Presseverteiler auf, sondern stellen Sie sich vor, suchen Sie den Dialog, und fragen Sie Interesse ab.

Bei der TOM TAILOR GROUP habe ich sehr gute Erfahrungen damit gemacht, mich bei der allerersten Kontaktaufnahme erst einmal mit vollem Namen und Funktionsbezeichnung vorzustellen. Ich habe mein Xing-Profil verlinkt, so dass mit einem Klick meine Identität von den Bloggern auf Wunsch überprüft werden konnte. Blogger duzen sich untereinander und duzen ihre Leser. Da die TOM TAILOR GROUP ein junges Modeunternehmen ist, gab es auch für mich nur die Option, die Blogger direkt zu duzen und mich ebenso duzen zu lassen.

Bei der ersten Kontaktaufnahme habe ich außerdem davon Abstand genommen, direkt mit einem Anliegen auf die Blogger zuzugehen oder ihnen Informationen über unsere Mode zuzuschicken. Im Gegenteil: Ich habe mein Interesse an einer

Zusammenarbeit zum Ausdruck gebracht, aber vor allem erst einmal abgefragt, ob vonseiten des Bloggers Interesse an unseren Marken besteht und ich ihnen Informationen zuschicken darf. Meist bedankten sich die einzelnen Personen bei mir für die Nachfrage und bekundeten ihr Interesse. Bekam ich keine Rückmeldung von einem Blog, strich ich ihn von meiner Liste. Wenn jemand von Anfang an kein Interesse an einer Zusammenarbeit mit der TOM TAILOR GROUP hatte, verschwendete ich meine Ressourcen nicht, um ihn von uns zu überzeugen. Er bzw. sie hätte im Zweifel dann nur negativ über uns berichtet.

◀ **Abbildung 14-1**
Mein persönliches Twitter-Profil setze ich auch für die Kontaktpflege zu Bloggern ein.

Ansprache und Adressierung der Anschreiben: Es ist seit Jahren ein festes Gesetz in der Blogger-Ansprache[1], aber doch wird mir in Gesprächen mit Bloggern der eine, unverzeihliche Fehler bei der Ansprache von Bloggern immer wieder genannt: das Fehlen einer persönlichen Anrede! Nichts hassen Blogger mehr, als in Massenmails als »Liebe Journalisten« betitelt zu werden oder als »Lena, Luisa oder Leonie«, wo doch der eigene Name »Hanna« ist. Auch von allgemeinen Ansprachen wie »Liebe Fashion-Blogger« oder »Liebe Bloggerin des Blogs XY« ist abzuraten. Ein Blog ist eine persönliche Sache, für viele ist er »ihr Baby«.

Übrigens: Im Beitrag »Wir lieben Bloggen«, siehe Kapitel 32, berichten zwei Food-Bloggerinnen von ihrer ganz persönlichen Motivation«.

Einen Blog zu verfassen kostet Zeit und hat etwas mit Leidenschaft für ein bestimmtes Thema, in diesem Fall Mode, zu tun. Dem sollte man als Unternehmen unbedingt Rechnung tragen. Alle Blogger haben Namen – es sind nämlich keine Computer, die Blogbeiträge verfassen, sondern Menschen. Manches Mal sind die Vornamen nicht auf den ersten Blick ersichtlich, aber mit

---

1 siehe dazu z. B. *http://pr-blogger.de/2004/09/12/pransprache_der/*

Sicherheit auf den zweiten. Suchen Sie nicht nur auf dem Blog, sondern auf Blogs anderer Blogger, auf Twitter, Instagram oder Facebook. Finden Sie den Namen heraus, und sprechen Sie die Bloggerin oder den Blogger persönlich an. Er oder sie wird registrieren, dass Sie sich die Mühe gemacht haben, sich mit ihm zu beschäftigen. Es ist zeitintensiv, alle Blogger einzeln und persönlich anzuschreiben, aber das ist es wert. Wenn Sie neben der persönlichen Ansprache auch noch drei ernsthafte Sätze zur Relevanz des Blogs für Ihr Unternehmen hinzufügen oder durch Beispiele belegen können, dass Sie den Blog wirklich gelesen haben, erhöht sich die Chance, eine Antwort zu bekommen, und in jedem Fall die Chance einer Zusammenarbeit.

Ist der Kontakt einmal hergestellt, bringen Sie Ihr Anliegen an. Dabei sollte es sich um ein offenes Angebot handeln, wie z.B. sich einmal auf dem E-Shop des eigenen Unternehmens umzuschauen, die neue Kollektion durchzugucken oder eine Einladung zu einem Event. Formulieren Sie Ihr Anliegen niemals fordernd, und knüpfen Sie es nicht an eine Bedingung. Sie kaufen keine Werbeanzeige, die Sie selbst gestalten können, sondern Sie bitten jemanden, sich mit Ihrer Marke bzw. Ihrem Unternehmen auseinanderzusetzen und im besten Fall positiv – und häufig unbezahlt – darüber zu berichten.

Um nach einer ersten Kontaktaufnahme im Gespräch zu bleiben, empfehle ich den Austausch über Twitter. Richten Sie ein eigenes Unternehmensprofil ein, oder treten Sie im Zweifel mit Ihrem eigenen Account mit den Bloggern in Kontakt. Twitter ist – neben Instagram – eines der Haupt-Kommunikationsmittel von (Fashion-)Bloggern. Dort sollten Sie also ein Profil haben, mitreden und ansprechbar sein. Folgen Sie den für Sie relevanten Blogs, lesen Sie mit, nehmen Sie womöglich den Dialog auf, oder geben Sie Tipps. Aber kommentieren und twittern Sie mit Feingefühl. Natürlich können Sie auch mal die neue Jeanskollektion empfehlen, wenn eine Bloggerin eine neue Jeans sucht. Aber seien Sie nicht zu plump oder zu werbend. Es geht darum, das Gespräch zu suchen, also sagen Sie, wenn Ihnen die Frisur einer Bloggerin besonders gut gefällt. Geben Sie einen Tipp für ein gutes Restaurant, wenn danach gefragt wird und Sie sich auskennen. Unterhalten Sie sich wie mit guten Freunden, und bewerben Sie nicht ununterbrochen Ihr Unternehmen. Es geht um reinen Beziehungsaufbau.

> **Was ist Instagram?**
>
> Instagram ist eine kostenlose Foto-Sharing-App für iOS- und Android-Mobilgeräte, mit der Nutzer Fotos erstellen und verfremden können, um sie anschließend über das Internet anderen zugänglich zu machen. In Anlehnung an die Kodak Instamatic- und Polaroid-Kameras haben mit Instagram gemachte Fotos eine quadratische Form. Instagram ermöglicht es, Fotos in mehreren sozialen Netzwerken (inklusive einem eigenen) zu verbreiten. (Quelle: Wikipedia)

Die Krux mit dem persönlichen Engagement

Lassen Sie mich kurz ein paar Worte zum persönlichen Engagement beim Thema Blogger Relations einschieben. Vielleicht sind nicht alle meiner Kollegen dieser Meinung, aber ich habe im Besonderen im Fashion-Bereich die Erfahrung gemacht, dass ein Beziehungsaufbau mit unseren Bloggern einzig und allein über einen persönlichen Kontakt funktioniert. Blogger kommunizieren nicht mit Unternehmen, sie sprechen mit Personen. Allein die Tatsache, dass man direkt beim Du ist und die meisten Blogger noch relativ jung sind, führt zu einem unmittelbaren, ungezwungenen Austausch.

Da wir aus strategischen Gründen erst einmal keinen Twitter-Account für die TOM TAILOR GROUP aufgebaut haben (mittlerweile gibt es ihn) habe ich angefangen, mit meinem privaten Account mit den Bloggern zu kommunizieren. Das muss man persönlich natürlich wollen, und es ist nicht zwingend für jedes Unternehmen die passende Lösung. Für uns war es aber richtig, und mir hat es die Möglichkeit gegeben, direkt den für uns wichtigsten Bloggern zu folgen und mitzubekommen, worüber sie sich unterhalten, was sie umtreibt. So habe ich zum Beispiel gelesen, wer gerade Geburtstag hatte, und konnte gratulieren. Oder ich erfuhr, welche Location gerade angesagt ist, um dort unser nächstes Event zu veranstalten etc.

Jeder, der sich entschließt, Fashion Blogger Relations zu machen, sollte unbedingt damit rechnen, über kurz oder lang in einem Blog-Beitrag erwähnt zu werden. Googeln Sie einfach meinen Namen. Die »liebe Harriet von TOM TAILOR« werden Sie in zahlreichen Blogs finden – inklusive Bildern von mir. Blogger arbeiten über Text und Bilder – und dort werden Sie erwähnt oder abgebildet werden. Ungefragt. Für mich bzw. mein Team war und ist das immer eine große Auszeichnung, wenn wir in Blogs extra noch einmal erwähnt werden oder wenn uns für das schöne Event gedankt wird. Wir mögen das. Aber so viel Öffentlichkeit mag vielleicht nicht jeder, daher sollten Sie sich selbst oder Ihre Mitarbeiter, die Fashion Blogger Relations machen werden, auf diese »Nebenwirkung« vorbereiten.

Abbildung 14-2 ▶
Berichterstattung im Fashion-Blog »http://Kathrynsky.de«

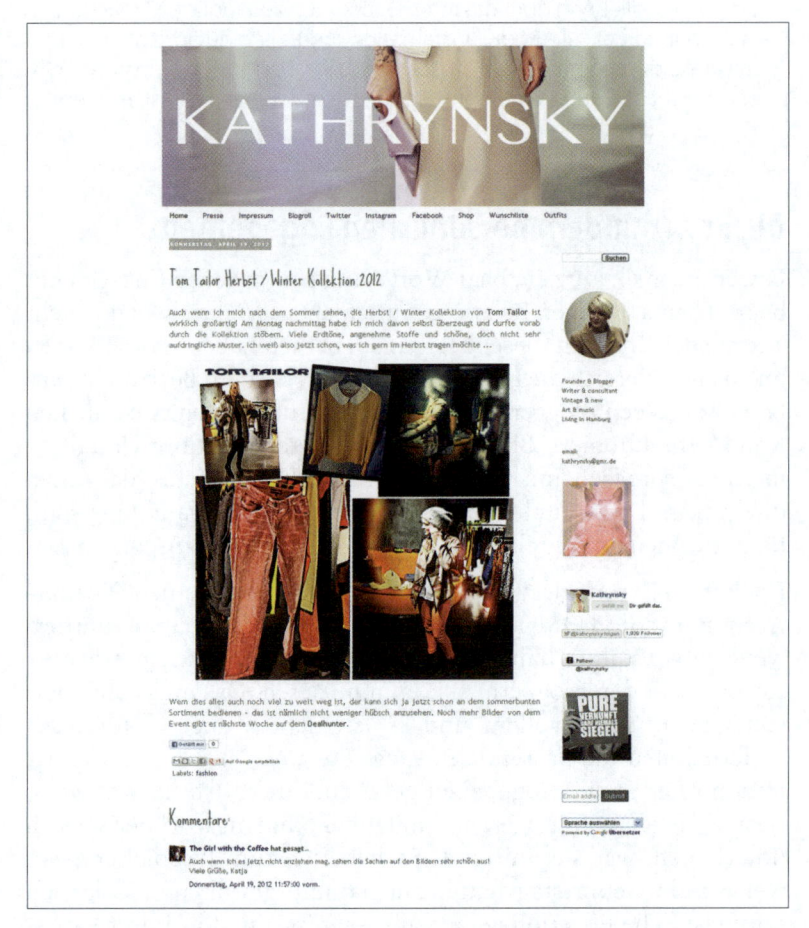

Ich würde zudem immer empfehlen, wenn es irgendwie möglich ist, Blogger Relations intern zu handhaben. Wir als mittelständisches Unternehmen haben keine Agentur beauftragt und regeln alles intern. Wir schreiben gerne selbst unsere E-Mails oder Tweets und sind damit erster Ansprechpartner für die Blogger. Wir können dadurch schneller reagieren und konkrete Fragen zügig intern klären. Bei uns ist alles aus einer Hand. Wir schreiben die Blogger an, wir kommunizieren über Twitter, wir schicken manchmal auch Pakete, und wir sind bei Events anwesend. So lernen wir die Sprache der Blogger, wir kennen ihre Interessen und ihre Wünsche. Das wissen und schätzen unsere Blogger. Bei jedem Event ist es ein bisschen wie ein Klassentreffen mit vielen bekannten Gesichtern.

◄ **Abbildung 14-3**
Luísa Lión vom Blog »www.style-roulette.com« berichtet über die TOM-TAILOR-Herbst-Winter-Kollektion 2012

Warum ist dieser persönliche Kontakt so wichtig? Erstens schafft er Vertrauen – in Sie, aber auch in Ihr Unternehmen und Ihre Marken. Zweitens setzen Sie sich von der Masse ab. Wenn eine gute Bekannte schreibt, werden Sie diese E-Mail immer eher öffnen, als wenn ein anonymes Unternehmen sich bei Ihnen meldet. Wenn Sie die Wahl zwischen zwei Kleidungsstücken haben, um sie auf Ihrem Blog zu empfehlen, würden auch Sie immer das Stück wählen, dessen Hersteller Sie kennen und/oder dem Sie vertrauen. Und drittens gibt Ihnen als Hersteller solch ein persönlicher Kontakt die Möglichkeit, die Blogger um echtes, ehrliches Feedback zu bitten – zu Ihren Produkten, Ihrem Unternehmen oder Ihrer Vorgehensweise. Wenn wir uns einmal nicht sicher sind, wie wir eine E-Mail formulieren oder ein Event organisieren sollen, fragen wir ein, zwei Blogger um ihre Meinung und wissen dann, wie wir richtig und bestmöglich agieren sollten.

Synergien im Unternehmen nutzen

Als der Blog-Verteiler vollständig war, fing die eigentliche Arbeit erst an. Wenn Sie das Glück haben, großzügige Budgets für Blogger Relations Ihr Eigen nennen zu können: Legen Sie los! Organisieren Sie spannende Events, tolle Blog-Paraden, lassen Sie Ihre Produkte testen, gehen Sie hochwertige Kooperationen ein – kurz: Machen Sie Ihre Marke und Ihr Produkt erlebbar. Der Kreativität sind keine Grenzen gesetzt, und im Zweifel berät eine professionelle Social-Media-Agentur Sie gern.

Sind Ihre budgetären Möglichkeiten jedoch ähnlich wie bei uns begrenzt, dann suchen Sie nach Synergien im eigenen Unternehmen. In fast allen Unternehmen gibt es zum Beispiel feste Veranstaltungstermine, die immer wiederkehren und sich in vielen Fällen dazu eignen, auch Blogger einzuladen. In meinem Fall sind es die halbjährlichen Presseveranstaltungen, bei denen die neuen Frühjahr/Sommer- bzw. Herbst/Winter-Kollektionen vorgestellt werden. Diese sind ein etabliertes Konzept, zu dem wir nun neben Journalisten auch Fashion Blogger einladen. Auch unsere Präsenz auf großen Mode-Messen in Berlin und Düsseldorf nutze ich regelmäßig, um einigen unserer wichtigsten Fashion Blogger unsere Marken zu präsentieren. Ich lasse sie auf die Gästelisten setzen und überzeuge meine Kollegen von der Relevanz dieser Gäste, indem ich noch während der Messewoche – oft schon am Folgetag – mit den ersten Online-Berichten über unseren gelungenen Messeauftritt dienen kann.

Neben den Einladungen zu großen Events lassen sich vor allem viele Überschneidungen im Fashion-PR- und Marketing-Bereich finden. So lassen wir beispielsweise unsere Lookbooks oder Kampagnenbroschüren mittlerweile einfach in einer höheren Auflage produzieren, um sie auch den Bloggern zur Verfügung stellen zu können. Auch Presse-News versenden wir – mit geänderter Ansprache natürlich – an einen Blogger-Verteiler, den wir vorher jedoch sehr sorgfältig aufgesetzt haben.

Die Liste ließe sich endlos weiterführen, und dies sind nur einige von vielen Beispielen. Ich habe immer versucht, im Unternehmen die Augen offen zu halten.

Fish where the fish are

Social Media und insbesondere Blogger Relations haben etwas mit Netzwerken zu tun. Nicht nur online – auch im echten Leben. Wenn Sie ernsthaft daran interessiert sind, eine gute Beziehung zu den für Ihr Unternehmen relevanten Blogs aufzubauen, dann treffen Sie die Person hinter dem Blog. Ein persönliches Kennenlernen ersetzt zehn E-Mails und festigt den Kontakt. Laden Sie daher nicht nur ein, sondern informieren Sie sich, wo »Ihre« Blogger sich treffen und sich austauschen, und versuchen Sie, dort auch präsent zu sein. Für die Modebranche ist dies natürlich unter anderem die Fashion Week in Berlin, an der kein Weg vorbei führt. Aber auch zahlreiche Social-Media-Konferenzen, Barcamps, die Nexxt oder die re:publica sind perfekte Netzwerkveranstaltungen, um sich wiederzusehen und auszutauschen. Mir macht es zudem großen Spaß, als Unternehmensvertreterin Panels auf Veranstaltungen zu organisieren und zusammen mit einigen unserer engsten Kontakte auf dem Podium kontrovers zum Thema Blogger Relations zu diskutieren. Nutzen Sie diese oder ähnliche Veranstaltungen als Chance: Hören Sie zu, nehmen Sie Anregungen für die eigene Arbeit mit, und werden Sie Teil der Community.

◀ **Abbildung 14-4**
www.jillepille.blogspot.de – Als Social-Media-Managerin muss man damit rechnen, selbst in (Mode-)Blogs aufzutauchen.

Budget – was kostet das?

Wie bei vielen anderen Dingen auch, benötigen Sie ein gewisses Budget, um Blogger Relations in Gang zu bringen. Wie hoch dieses Budget ausfällt, hängt in jedem Fall damit zusammen, ob Sie auf vorhandene Strukturen in Ihrem Unternehmen zurückgreifen können oder ob Sie alles neu aufsetzen müssen. Für den Anfang würde ich empfehlen, eher klein – und mit wenigen, dafür aber relevanten Blogs – anzufangen. Mit ein paar Tausend Euro können Sie schon ein schönes Event organisieren, Ihre Produkte vorstellen und Aufmerksamkeit schaffen. Für den Einstieg reicht das. Möchten Sie viele Blogger einladen, machen Sie lieber mehrere kleine Events mit maximal 15 Bloggern als eine Massenveranstaltung. Bei Letzterer werden Sie nicht dazu kommen, sich mit allen anwesenden Personen zu unterhalten, aber genau das sollte natürlich Ihr Ziel sein. Wollen Sie Ihre Bemühungen dann ausbauen, vielleicht größere Kooperationen eingehen und richtige Projekte oder gar Kampagnen fahren, sollten Sie Ihr Budget entsprechend aufstocken.

Tracking und Evaluation

Tracken und evaluieren ist unbedingt notwendig, um auswerten zu können, was die Arbeit mit Bloggern dem Unternehmen wirklich gebracht hat. Wir schauen uns diese Punkte näher an:

- Relativ einfach lässt sich der Anstieg an (positiven) Veröffentlichungen zählen.
- Auch Page Impressions und Visits können bei den Bloggern nachgefragt und getrackt werden.
- Wir schauen zudem noch, wie viel Traffic und Umsatz wir über Blogs in unserem E-Shop generieren konnten.
- Wertvoll für uns sind vor allem auch die vielen positiven Blogeinträge über unser Unternehmen, unsere Marke und unsere Produkte, die wir bei Google finden, wenn wir z. B. »TOM TAILOR Frühjahr/Sommer Kollektion« googeln.
- Wir schauen uns die einzelnen Beiträge aber auch unter inhaltlichen Gesichtspunkten näher an und liefern Feedback (z. B. an unsere Designer), wenn ein bestimmtes Kleidungsstück besonders großen Zuspruch in der Blogger-Community erhalten hat. Für unsere Kreativen ist das neben den Abverkaufszahlen eine weitere, wichtige Information, welche Kleidungsstücke gut performen.

- Als allergrößtes Kompliment empfinden wir jedoch Anfragen von uns unbekannten Bloggern, die uns bitten, sie zukünftig zu unseren Veranstaltungen einzuladen, um uns und die TOM TAILOR GROUP besser kennenzulernen – sie hätten schon so viel Positives über uns gelesen und gehört!

Schöne Blogbeiträge nutzen wir auch regelmäßig, um sie intern mit unseren Kollegen zu teilen – sei es im Intranet oder durch unseren Marketing-Newsletter. Auch auf diesem Weg haben wir intern ein besseres Verständnis für Blogger Relations im Speziellen und Social Media im Allgemeinen erreicht. Besonders beeindruckt sind die Kollegen meist von der Geschwindigkeit, mit der die Beiträge schon kurz nach einem Event veröffentlicht werden.

Welche Stolperfallen es zu umgehen gilt

Wir blicken heute – zwei Jahre nach dem Beginn meiner Arbeit im Bereich Blogger Relations – auf viele erfolgreiche Blogger-Veranstaltungen und Hunderte von tollen Veröffentlichungen über die TOM TAILOR GROUP zurück. Wir haben viel, aber natürlich nicht alles richtig gemacht und sind manches Mal gestolpert. Hier daher noch ein paar finale Handlungsempfehlungen, die auf unseren Erfahrungen beruhen. So kommen Sie nicht ins Stolpern:

- Wir haben niemals irgendeine Bloggerin oder einen Blogger darum gebeten oder gar dazu überredet, über uns zu berichten – die Annahme unserer Veranstaltungseinladungen war immer freiwillig. Wir sind davon überzeugt, dass uns das sympathisch und unkompliziert im Umgang macht. Umso mehr freut es mich, dass bei unserer letzten Veranstaltung alle der anwesenden Blogger auch wirklich nachher über uns berichtet haben. Eine perfekte Quote, die ich auch Ihnen wünsche. Vermeiden Sie es, Druck aufzubauen.
- Wir nehmen jeden noch so kleinen Blog ernst und überprüfen, ob er zu uns und unseren Zielen passt. Falls nicht, teilen wir das dem Verfasser mit und begründen unsere Absage. Manches Mal aber haben wir den Fehler gemacht, zu kleine und ehrlicherweise für uns zu unbedeutende Blogs zu unseren Veranstaltungen einzuladen. Das hat uns Zeit gekostet, die wir besser in die für uns wichtigen Blogs investiert hätten. Daher ist meine Empfehlung, alle ambitionierten Blogger mit Respekt zu behandeln. Aber behalten Sie immer die Ziele Ihres Unternehmens im Blick, denn auch Nein zu sagen ist erlaubt.

- Wir können keine hohen fünfstelligen Summen in unsere Blogger Relations investieren, aber wir investieren Zeit, Ressourcen und Engagement – und das sehr erfolgreich. Bringen Sie sich ein, und bleiben Sie am Ball. Steigen Sie nicht monatelang aus den Gesprächen aus, sondern halten Sie einen einmal aufgebauten Kontakt am Leben. Haben Sie einen Kontakt einschlafen lassen, kostet es doppelt so viel Zeit, ihn wieder zu aktivieren.
- Unbedingt regelmäßig mitlesen! Bleiben Sie informiert, und schauen Sie sich auch an, wer mit wem befreundet ist und gemeinsam auf Veranstaltungen geht. Nutzen Sie die Verbindungen der Blogger untereinander auch für Ihr Unternehmen, und erweitern Sie so Ihr Netzwerk. Gerade Fashion Blogger sind sehr eng vernetzt – schließen Sie daher niemals jemanden aus, der eigentlich zum engen Kreis gehört. Es könnte peinlich für Sie werden, wenn Sie die »beste Freundin« einer wichtigen Bloggerin nicht einladen. Man wird es Ihnen danken, wenn Sie gut informiert sind.
- Und meine Empfehlung zum Thema »Pakete verschicken«: Vor allem, wenn Sie Ihr Budget im Blick behalten müssen, schicken Sie nicht wahllos die gleichen Produkte an viele. Häufig können Sie aus Tweets oder Blogposts bereits herauslesen, welches Teil der neuen Kollektion welchem Blogger besonders gut gefällt. Oder schauen Sie sich an, welcher Blogger welche Vorlieben hat, und gehen Sie darauf ein. Trägt eine Bloggerin nur Röcke, wird sie nichts mit Ihren neuen Jeans anfangen können – ich spreche aus Erfahrung.

Ausblick

Zu guter Letzt noch ein paar letzte Zeilen mit Blick in die Zukunft. Die Blogger-Szene professionalisiert sich zunehmend, und das ist gut so. Immer mehr Blogger verdienen mit dem Verfassen und Vermarkten ihrer Website Geld und können davon leben. Diese Blogs erreichen bereits jetzt Tausende von Leserinnen und Lesern und können mit enormen Reichweiten punkten. Natürlich lassen sie sich Kooperationen, eine Werbeschaltung oder eine Veröffentlichung auf ihren Seiten daher entsprechend bezahlen. Für Blogger Relations muss aus diesen Gründen voraussichtlich in Zukunft mehr in den Marketing-Budgets eingeplant werden, als es momentan der Fall ist. Trotzdem bin ich davon überzeugt, dass immer das

Produkt, das Unternehmen oder die Kampagne interessant und gut genug sein müssen, um überhaupt stattzufinden – egal ob bezahlt oder unbezahlt. Ein guter persönlicher Kontakt zu den betreffenden Bloggern kann dabei nur hilfreich sein.

Zur Autorin

Harriet Weiler studierte Kommunikationsmanagement in Osnabrück und Winterthur, bevor sie als wissenschaftliche Assistentin an der Zürcher Hochschule Winterthur arbeitete. Anschließend sammelte sie bei der Betreuung von nationalen und internationalen Kunden aus dem Konsumgüterbereich als PR-Beraterin bei der Agentur Edelman langjährige Erfahrungen im Bereich Public Relations und Social Media. Anfang 2011 wechselte sie zum Modeunternehmen TOM TAILOR GROUP, um dort den neu eingerichteten Bereich Social Media aufzubauen. Heute zeichnet sie als Marketing Managerin für die Social-Media- und Fashion-PR-Aktivitäten sowie für die Corporate Website des Modeunternehmens verantwortlich. Auch berät sie als interne Expertin alle Abteilungen der TOM TAILOR GROUP in Social-Media-Fragen und arbeitet in dieser Schnittstellenfunktion z.B. eng mit der Personalabteilung zum Thema Social Media Recruiting zusammen.

Xing: *www.xing.com/profile/harriet_weiler*

Facebook: *www.facebook.com/harrietweiler*

Twitter: *www.twitter.com/harrietsch*

Über die TOM TAILOR GROUP

Die TOM TAILOR GROUP ist ein internationaler, börsennotierter Mode- und Lifestyle-Konzern und bietet modische Casual Wear, sportive Looks, die neuesten Modetrends sowie zahlreiche Accessoires im mittleren Preissegment an. Seit August 2012 gehört BONITA, einer der führenden deutschen Modemarkenhersteller und -händler, zur TOM TAILOR GROUP. Die Gruppe zählt mit rund 1.300 eigenen Stores und über 6.000 Mitarbeitern zu den Top 10 der deutschen Modeanbieter und spricht mit seinen beiden erfolgreichen Dachmarken – TOM TAILOR und BONITA – verschiedene Zielgruppen im Alter zwischen 0 und 60 Jahren an.

Auf schmalem Grad – Krisenkommunikation im Social Web

In diesem Kapitel:
- Rückblick DaWanda – Paradebeispiel für einen Social Storm
- Das Unternehmen als lernender Organismus
- Krisenkommunikation im Social Web

Von Daniel Streuber und Thomas Zimmerling
Jack Wolfskin

Disclaimer: Der Beitrag spiegelt die persönliche Meinung der Autoren wider. Diese entspricht nicht unbedingt in allen Punkten der von Jack Wolfskin. Die Autoren sind erreichbar unter *presse@jack-wolfskin.com*.

Website: *www.jack-wolfskin.com*

Blog: *http://blog.jack-wolfskin.com*

Rückblick DaWanda – Paradebeispiel für einen Social Storm

2009 – viele Unternehmen beginnen, sich mit dem Web 2.0 und Social Media zu beschäftigen. Nur wenige sind zu diesem Zeitpunkt über erste Ideen oder Experimente hinausgekommen.

Beim Idsteiner Outdoor-Ausrüster Jack Wolfskin liegt der Schwerpunkt in der Kommunikation nach wie vor auf traditionellen Medien wie Katalogen, Anzeigen oder TV-Spots. Und auch in der PR sind soziale Medien terra incognita.

Nichtsdestotrotz – oder vielleicht gerade deshalb – produziert Jack Wolfskin im Herbst des gleichen Jahres das Paradebeispiel eines Social Storms und findet damit Eingang in die Lehrbücher. Bis heute prägt der Zwischenfall das Vorgehen in sozialen Medien und vor allem die Krisenprävention.

> **Hinweis** Den Begriff Social Storm verwenden wir anstelle des Terminus »Shitstorm«.

Wie die meisten Markenartikler schützt auch Jack Wolfskin sein wertvollstes Gut – die Marke. Missbrauch schadet Unternehmen wie Kunden. Vor diesem Hintergrund geht Jack Wolfskin jedem Hinweis auf eine unerlaubte Verwendung des Tatzenlogos durch Dritte nach. Dies betrifft vor allem Textilien und verwandte Produkte, für die Jack Wolfskin über die Markenrechte verfügt.

Viele Menschen verwenden ein Tatzenmotiv aufgrund seiner Einprägsamkeit und der damit verbundenen positiven Assoziationen als Stickerei auf einem Pullover, als Print auf einem T-Shirt oder als Form für einen Untersetzer. Finden daraus entstandene Produkte dann den Weg in einen Onlineshop oder auf eine Handelsplattform wie DaWanda, kann es sein, dass Jack Wolfskin darauf aufmerksam wird.

Da bereits in der Vergangenheit eine Reihe von Textilprodukten mit Tatzenlogo ihren Weg auf DaWanda gefunden hatten, gab es eine Vereinbarung zwischen Jack Wolfskin und den Betreibern, diese Produkte zu entfernen. Dass das nicht immer funktionierte, zeigte sich im Herbst 2009, als Anbieter auf DaWanda kostenbewehrte Abmahnungen der Jack-Wolfskin-Anwälte erhielten, weil Produkte trotz der Vereinbarung ihren Weg auf die Plattform fanden. Die Anbieter sollten eine Unterlassungserklärung abgeben und die dafür anfallenden Gebühren bezahlen. Für viele Nutzer war es ein Schock: Anstatt Anerkennung für ihre Produkte erhielten sie ein anwaltliches Schreiben und standen vor nicht unbeträchtlichen Kosten. Einige Nutzer taten das, was in Social Media naheliegend ist: Sie suchten den Rat und Beistand der Community. Schnell fanden sich andere Nutzer, denen es genauso ergangen war. Aus dem Schicksal Einzelner wurde so der Empörungsschrei Vieler. Damit begann die »Timeline« von Jack Wolfskin mit einem klassischen Social Storm – noch bevor sich irgendjemand im Unternehmen überhaupt ernsthaft Gedanken über Social Media gemacht hatte und erste Schritte gegangen war.

DaWanda und die Innensicht

Am Beispiel von Jack Wolfskin und DaWanda lässt sich ein klassischer Krisenverlauf ablesen: Die Krise kommt – gefühlt – immer am Freitagnachmittag oder Montagmorgen. Weder die Kommunikationsverantwortlichen noch die entscheidenden Personen der Geschäftsführung sind erreichbar. In dieser Phase eskaliert die Darstellung des Zwischenfalls mit Überschriften wie »Jack Wolfskin eröffnet den Abmahn-Herbst«. Der erste Höhepunkt war damit schon am Wochenende erreicht – ohne dass das Unternehmen bis dato dazu Stellung genommen hätte.

Bis zur ersten schriftlichen Reaktion in Form einer Pressemitteilung dauerte es bis Dienstag. Jack Wolfskin argumentierte dabei rein juristisch – nicht aus einer kommunikativen Sicht – und verteidigte sein Vorgehen mit dem Markenrecht. Der Empörungssturm in sozialen Medien wurde dadurch nicht nur weiter angeheizt, sondern schwappte über in klassische Online-Medien wie Spiegel Online. Von dort war es nur noch ein kleiner Sprung in die Printtitel. Erst dann folgte in einer zweiten Pressemittteilung ein *mea maxima culpa* und die Ankündigung, die Abmahnungen zurückzuziehen und das Verhalten ab sofort zu ändern. Das war zu wenig und zu spät: Der Fall hatte bereits eine Bekanntheit in Deutschland und darüber hinaus erlangt, die dafür gesorgt hat, dass bei Jack Wolfskin Social Media nicht mehr ohne die Historie und DaWanda denkbar ist.

Tipps für den Umgang mit Markenrechten

- Nutzern die Freigabe von Produkten mit ähnlichem Logo anbieten
- Rechtlich prüfen lassen, wie gravierend eine Markenrechtsverletzung überhaupt ist
- Mit dem Nutzer oder dem Plattformbetreiber per Mail oder Telefon Kontakt aufnehmen
- Die Kontaktperson sollte möglichst ein PR- oder Social-Media-Verantwortlicher aus dem Unternehmen sein.
- Einvernehmliche Lösung suchen
- Alternatives Logo anbieten
- Abmahnungen niemals kostenbewehrt versenden
- Im Falle eines Rechtsstreits die Übernahme der Anwalts- und Gerichtskosten der Gegenseite prüfen

DaWanda und die unmittelbaren Folgen

Seit DaWanda geht Jack Wolfskin je nach Fall nach dem oben genannten Schema vor. Rechtliche Schritte sind die *ultima ratio* nach dem Scheitern aller Gespräche. Nichtsdestotrotz kann ein Unternehmen auch im Zeitalter von Social Media nicht auf seine

Markenrechte verzichten, wenn es diese nicht verwirken und damit seine Rolle als Markenartikler aufs Spiel setzen will.

Für die Kolleginnen und Kollegen, die den Social Storm um DaWanda und Jack Wolfskin im Jahr 2009 mitmachen mussten, war der Vorfall ein traumatisches Erlebnis. Ein Unternehmen, das bis dahin von Erfolg zu Erfolg geeilt und fast ausschließlich mit Sympathie bedacht worden war, musste nun mit öffentlichem Gegenwind in nie gekanntem Ausmaß leben. Aufrufe zu Kaufboykotts, Abbestellungen von Katalog und Newsletter, beleidigende Anrufe und E-Mails, Drohungen gegen die Geschäftsführer und ihre Kinder sowie ein verheerendes Medienecho hinterließen bleibenden Eindruck. Zwar wurden Jack Wolfskin und DaWanda im Nachgang der Krise mit dem Social Media Oskr für vorbildliche Konfliktbewältigung im Social Web ausgezeichnet, doch die Aufmerksamkeit für diesen Preis war sehr gering.

Ohne Zweifel erlitt Jack Wolfskin durch DaWanda einen Imageschaden und einen Reputationsverlust. Dieser ließ sich jedoch in Zeiten steigender Umsätze und fehlender Kennzahlen nicht messen. Vor allem in der Community hatte Jack Wolfskin Kredit verspielt, der mangels Social-Media-Aktivitäten nicht einmal aufgebaut war. Zudem sind die Kommentare und Suchergebnisse zu DaWanda und Jack Wolfskin bei Google immer noch auffindbar.

Am Beispiel DaWanda und Jack Wolfskin lernten in den Folgejahren viele Jahrgänge angehender PR- und Social-Media-Manager das Phänomen von Social Storms kennen. Jack Wolfskin wurde in der Fachliteratur durchgängig als Negativbeispiel angeführt.

Das Unternehmen als lernender Organismus

Im Jahr 2011 stand in der Abteilung »Communication« bei Jack Wolfskin ein personeller Umbruch an. Die Nachwirkungen von DaWanda spiegelten sich auch in den neuen Anforderungen wider: Social Media und Krisenkommunikation rückten ein Stück weit in den Fokus. Im Vordergrund standen jedoch zuerst die großen strategischen Fragen: Wie ist die aktuelle Unternehmensstrategie, und welche Kommunikationsstrategie lässt sich davon ableiten?

Bei unseren Überlegungen kamen wir sehr schnell zu einigen grundlegenden Ergebnissen:

- Eine moderne Kommunikationsstrategie setzt über alle Bereiche hinweg auf Social Media.
- Eine Strategie kann nur aus dem Unternehmen selbst kommen; nicht von einer externen Agentur.
- Social Media ist eine Querschnittsaufgabe – sowohl in der Abteilung »Communication« als auch im Unternehmen.
- Social Media ist in erster Linie nicht Marketingtool, sondern dient der Interaktion und dem Dialog mit den Nutzern.
- Auch eine Marke wie Jack Wolfskin muss nicht auf jedem Kanal präsent sein.
- Qualität geht vor Quantität.
- Social Media stellen erhöhte Anforderungen an die Kommunikation im Alltag wie im Krisenfall.

Jedem in der Abteilung war klar, dass Jack Wolfskin nach DaWanda bei jedem seiner Schritte in Social Media doppelt kritisch beäugt werden würde. Ein zweiter Fauxpas kam für uns nicht infrage.

Innerhalb von Jack Wolfskin stießen wir auf ein extrem lebhaftes Interesse, als wir gemeinsam mit den wichtigsten Schnittstellen im Unternehmen die neue Strategie erarbeiteten. Es spricht für die Unternehmenskultur von Jack Wolfskin, dass dabei nicht Skepsis, Befürchtungen und Ängste dominierten, sondern Hoffnungen, Erwartungen und Vertrauen.

Nachdem wir der Geschäftsführung die Kommunikationsstrategie präsentiert hatten, erhielten wir ausnahmslos grünes Licht für alle vorgeschlagenen Projekte und die dafür vorgesehenen Mittel. Wir hatten fest vor, dieses Vertrauen nicht zu enttäuschen. Innerhalb kürzester Zeit legten wir den Grundstein für Social Media bei Jack Wolfskin.

Projekt »Krisenkommunikation«

Noch bevor wir das Thema Social Media technisch oder inhaltlich angingen, kümmerten wir uns um die Instrumente der Krisenprävention und -kommunikation. Dabei ging es uns weniger um die Ausformulierung aller möglichen Krisenszenarien. Viel wichtiger war es uns, über die Instrumente zu ihrer Bewältigung zu verfügen. Nachstehend eine Checkliste:

> **Checkliste Werkzeuge Krisenkommunikation**
>
> - Umfassendes Monitoring klassischer Medien (Print, TV, Radio), von Onlinemedien (statische Websites) und von Social Media (Blogs, Foren, soziale Netzwerke etc.)
> - Negative Alerting in Echtzeit für kritische Nutzerbeiträge in sozialen Medien
> - Krisenhandbuch mit Verfahrensanweisungen und den Kontakten der im Krisenfall maßgeblichen Personen sowie aller Stakeholder
> - Einrichtung von *dark sites* auf der eigenen Homepage, die mit Inhalten befüllt offline stehen, aber schnell online geschaltet werden können
> - Erstellung von Textbausteinen und FAQs für bekannte Issues

In großen Unternehmen ist es heute üblich, Krisenszenarien unangekündigt zu üben. Ein vorher im kleinen Kreis erarbeitetes Szenario wird unter kontrollierten Bedingungen ablaufen gelassen. Wichtig hierbei ist, dass vorher keiner der Beteiligten im Unternehmen etwas davon weiß. Zudem muss sichergestellt werden, dass die Simulation nicht nach außen dringt und von der Presse für echt gehalten wird. Dennoch werden die Krisen, die man vorbereitet, nie so eintreten, wie man sie übt. Stattdessen sollten alle Instrumente zur Verfügung stehen, um sie zügig und mit Verstand zu bewältigen. Eine solche Krisensimulation ist nicht ganz billig und kostet Zeit. Der Lerneffekt ist es wert!

Projekt »Technische Infrastruktur«

Unabhängig davon, welche Kanäle wir im ersten Jahr unserer Social-Media-Aktivitäten bespielen wollten, sicherten wir uns – wo möglich – die Jack-Wolfskin-Kanäle auf YouTube, Twitter, flickr etc. Schon hier hätte ein Vorgehen im Stile des Jahres 2009 in den Fällen zu erneuten Irritationen führen können, in denen der Name »Jack Wolfskin« bereits von einem anderen Nutzer belegt worden war. Also versuchten wir, im persönlichen Gespräch eine Übertragung der Kanäle zu erreichen, die Dritte mit unserem Namen angemeldet hatten. Nicht überall waren wir spät dran: Auf Google+, Pinterest oder Foursquare kamen wir rechtzeitig. Die von einem belgischen Fan betriebene Facebook-Seite ließen wir so bestehen, wie sie war. Facebook stand zu Beginn schließlich noch nicht auf unserer Agenda.

◀ **Abbildung 15-1**
Die Jack Wolfskin-Facebook-Fanpage

◀ **Abbildung 15-2**
Der Jack Wolfskin-YouTube-Kanal mit prominenter Verlinkung der weiteren Social-Media-Kanäle

Die nächste große Herausforderung bestand darin, auf dem bestehenden Content-Management-System eigene Kanäle zu verwirklichen. Der Corporate Blog als Flaggschiff war hier vermutlich am komplexesten zu realisieren. Das lag unter anderem am internationalen Rechtemanagement. In insgesamt sechs Sprachen sollte er Outdoor-Enthusiasten ansprechen. Schon allein deshalb war die Einbeziehung externer Agenturen notwendig, die über die erforderlichen Sprachkenntnisse und die personellen Ressourcen zur Pflege verfügten. Alle Kanäle, ob Blog, Twitter, YouTube oder flickr führten wir in einem Social Media Newsroom zusammen, der Blogger wie Journalisten gleichermaßen anspricht.

Im Laufe der folgenden Wochen und Monate erwies sich die Vielfalt der Plattformen für uns als schwierig zu administrieren. Deshalb setzten wir relativ zügig Tools wie HootSuite ein, die uns den Überblick über viele Kanäle ermöglichten. Dasselbe galt für das Alerting. Neue Nachrichten auf Twitter, Kommentare auf dem Blog oder Social Media Alerts laufen heute in einer zentralen E-Mail-Adresse zusammen, auf die das komplette Team »Communication« jederzeit Zugriff hat. Auch ohne regulären Schichtbetrieb schauen wir regelmäßig auf unsere Smartphones und beteiligen uns fast rund um die Uhr an der laufenden Diskussion zu Jack Wolfskin.

Abbildung 15-3 ▶
Der »Jack Wolfskin Newsroom« bündelt übersichtlich Unternehmensinformationen wie Blogposts oder Pressemeldungen.

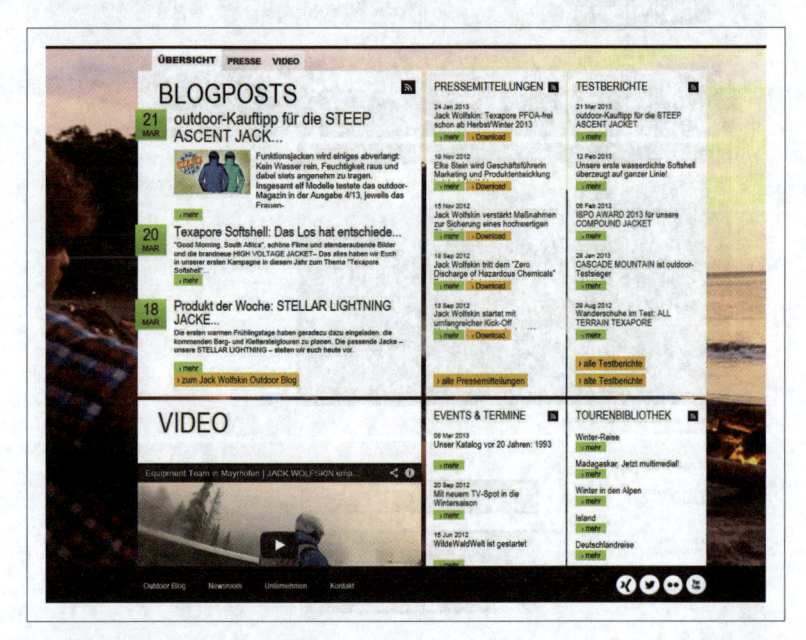

Projekt »Community«

Uns allen war klar, dass unsere Social-Media-Aktivitäten in der deutschsprachigen Community aufgrund der Historie nicht sofort auf uneingeschränkte Gegenliebe stoßen würden. Deshalb entschieden wir uns bewusst dazu, keine PR-Kampagne für den Startschuss zu organisieren. Wir waren der Überzeugung, dass ein schleichender Beginn für die Marke und unsere Ziele am besten sein würde. Dadurch verzichteten wir auf eine Menge Publicity und vermutlich auch auf eine große Zahl an Followern, die durch entsprechende Kommunikation zu Beginn gleich an die Marke gebunden werden können.

Stattdessen versuchten wir, als Personen Teil der Community zu werden und in vielen Einzelgesprächen unsere Ideen vorzustellen und zu diskutieren. Es war uns wichtig, Rückmeldungen zu bekommen und unsere Aktivitäten danach auszurichten. In der Folge war das Social-Media-Kernteam, das im Tagesgeschäft die Kanäle betreuen sollte, relativ viel unterwegs. Wir nutzten dafür hauptsächlich unsere Freizeit, denn Barcamps, Twittwochs oder Webmontage finden bekanntermaßen abends oder an den Wochenenden statt.

◀ **Abbildung 15-4**
Vernetzung ist wichtig: Wir auf dem Mainzer Barcamp

Alles in allem waren wir überrascht von dem positiven Charakter des Feedbacks. Dass wir die Community ernst nahmen, ermöglichte es uns, ein neues Kapitel in der Kommunikation von Jack Wolfskin aufzuschlagen, ohne allzu viel Gegenwind zu bekommen. Wir waren bei kritischen Situationen in der Folgezeit dankbar, dass uns bekannte Blogger zur Seite sprangen, wenn an die Historie und DaWanda erinnert und uns das Recht zur Social-Media-Kommunikation abgesprochen wurde.

Projekt »Interne Kommunikation«

Kurz nach dem Start unserer Social-Media-Aktivitäten gingen wir in den Dialog mit den Kolleginnen und Kollegen. Normalerweise würde man das Thema Social Media noch vor den ersten Schritten vorstellen und auch die Social Media Guidelines in firmenweiten Workshops vorher entwickeln. Wir gingen den entgegengesetzten Weg, weil wir der Meinung waren, dass das Wissen um Social Media bei Jack Wolfskin noch wenig ausgeprägt war. Vor diesem Hintergrund erschien es uns nützlich, bereits bestehende Kanäle und exemplarische Kommunikationsfälle zeigen zu können.

Als wir dann im Unternehmen Schulungen zu Social Media anboten, wurden wir von der Resonanz komplett überrollt. Nicht nur, dass weiterhin eine positive Erwartungshaltung bestand – auch die Zahl der Teilnehmer sprengte den von uns vorgesehenen Rahmen. Nahezu jeder Mitarbeiter wollte bei einer der Social-Media-Schulungen dabei sein. Selbst weniger technikaffine Kollegen beschäftigten sich geduldig mit den Unterschieden zwischen einem Posting und einem Kommentar oder der Funktionsweise von Twitter.

Selbstverständlich war auch der Social Storm von 2009 Teil der Schulungen. Uns war es wichtig, den Schulungsteilnehmern die Mechanismen dahinter zu erklären und die Sensibilität für die Kommunikation im Web 2.0 zu schaffen. Viele der Teilnehmer verstanden erst zu diesem Zeitpunkt, was DaWanda für Jack Wolfskin bedeutete. Und auch das Issues- und Krisenmanagement mithilfe von Social Media demonstrierten wir an Beispielen.

Wir überließen es jedoch jedem einzelnen, ob er oder sie sich nach der Schulung weiter mit Social Media beschäftigen wollte. Einzig in unserer Abteilung war der Umgang mit sozialen Medien fortan Teil des Berufsbildes.

Inzwischen sind unsere Social-Media-Aktivitäten für viele Mitarbeiter und Mitarbeiterinnen die erste Anlaufstelle zu Informationen über die Marke Jack Wolfskin. Mit aufmerksamem Blick wird zum Beispiel registriert, welche Sprache wir verwenden, ob es in unseren Videos auch Fremdmarken geben darf und wie weit der Blick hinter die Kulissen der Marke geht.

> **Tipps für MitarbeiterInnen zur Kommunikation in Social Media**
>
> - Immer für sich, nie für das Unternehmen sprechen – dafür gibt es PR-Verantwortliche.
> - Immer respektvoll gegenüber anderen Nutzern sein
> - Keine Firmeninterna preisgeben und nicht anonym zum Unternehmen Stellung beziehen
> - Gesunden Menschenverstand einschalten
> - Beiträge ggf. von einem Kollegen, Freund oder Bekannten gegenlesen lassen
> - Kritische Themen umgehend an die Abteilung »Communication« weiterreichen

Krisenkommunikation im Social Web

Durch die von uns geschaffene Infrastruktur zur Krisenkommunikation im Social Web sind die Verantwortlichkeiten und Kompetenzen im Krisenfall klar. Die Mitglieder des Krisenstabs

- kennen die Grundsätze der Krisenkommunikation,
- wissen, wie sie eine Krisensituation erkennen und bewerten,
- wissen, wie sich der Krisenstab zusammensetzt und wie er arbeitet, und
- kennen die Handlungsanweisungen und Vorlagen für die Krisenkommunikation.

Wie Social Media die Krisenkommunikation verändern

Krisenkommunikation läuft online und vor allem in Social Media viel schneller ab als in der Offline-Welt. Die Echtzeitkommunikation gibt der PR nur wenig Zeit, um die Fakten zu prüfen und darauf mit Statements oder Kommentaren zu reagieren. Die Vielzahl der am Dialog Beteiligten macht eine zentrale Steuerung nahezu unmöglich. Wer sich in Social Media bewegt, sollte damit gut leben oder zumindest umgehen können.

Der Social Storm 2009 hat uns gezeigt, dass es fatal ist, wenn ein Unternehmen keine Fans hat, die es im Krisenfall verteidigen. Denn treue Fans stehen auch in schweren Zeiten an der Seite ihrer Marke, wenn diese – vielleicht sogar zu Unrecht – unter Beschuss steht. Diese Erfahrungen durften wir in den letzten Jahren des Öfteren machen, und wir waren sehr dankbar dafür, nicht allein auf weiter Flur stehen zu müssen.

Erfahrungen und Herausforderungen seit 2011

Seitdem wir uns bei Jack Wolfskin möglichst professionell um Social Media und Krisenkommunikation kümmern, hat sich keines der Issues, die Krisenpotenzial gehabt hätten, zu einem Social Storm ausgewachsen. Zugleich haben wir viel Ermunterung für unsere Arbeit bekommen, bei der wir uns auf einem schmalen Grat bewegen.

Das PR- und Social-Media-Team hat in dieser Zeit Angriffe bei folgenden Themen pariert:

- Verwendung von Daunen in Outdoor-Bekleidung
- Kritischer Beitrag eines Aushilfsmitarbeiters zu Kunden von Jack Wolfskin
- Assoziation der Marke mit einer extremen politischen Gesinnung
- Markenrechtsverletzung durch eine slowakische Tierschutzorganisation

Dieser letzte Fall ist zu dem Zeitpunkt, zu dem dieser Beitrag verfasst wird, noch immer aktuell. Die Tierschutzorganisation mobilisierte ihre Fans zu Beiträgen auf Facebook und im Corporate Blog, weil Jack Wolfskin sie wegen der Verwendung eines Tatzenlogos freundlich kontaktiert hatte. Auf ihrer Website greift die Organisation den Vorfall um DaWanda auf, zieht trotz des komplett anderen Vorgehens Vergleiche dazu und wirbt auf aggressive Weise um Spenden. Vorschläge für die Verwendung eines alternativen Logos hat sie bis dato ausgeschlagen oder unbeantwortet gelassen.

Slowakische Nutzer haben uns darüber in Kenntnis gesetzt, dass es hier um Fundraising zulasten von Jack Wolfskin geht, ein Vorwurf, der für uns nicht überprüfbar ist. Wir werden uns in der weiteren Kommunikation exakt am hier geschilderten Vorgehen orientieren, um keinen weiteren Social Storm zu riskieren. Und selbst wenn: Ein Social Storm ist kein Weltuntergang; vor allem dann, wenn die Kommunikation alles richtig gemacht hat.

Wir haben eingangs postuliert, dass Social Media eine Querschnittsaufgabe ist. Das gilt umso mehr, je stärker das Thema im Mainstream ankommt. Vor diesem Hintergrund wachsen die Begehrlichkeiten, soziale Medien für verschiedenste Projekte im Unternehmen und darüber hinaus zu nutzen. Das ist auf der einen Seite gut, weil dadurch Grenzen zwischen Abteilungen eingerissen werden und interdisziplinäres Arbeiten gestärkt wird. Auf der anderen Seite ist es vor allem die PR, die versteht, wie Social Media funktionieren und wie die Community tickt. Hier ist die Expertise für die Krisenkommunikation, wenn es schiefgeht. Umso wichtiger ist es, im Unternehmen Prozesse etabliert zu haben, die sicherstellen, dass Social Media über alle Bereiche hinweg verantwortlich eingesetzt werden. Es ist absolut unabdingbar, dass nicht nur Juristen Vorhaben in Social Media prüfen, sondern genauso sehr Datenschützer und noch viel mehr wir Kommunikatoren. Denn wir sind es, die im Krisenfall für ein Unternehmen die Kohlen aus dem Feuer holen müssen.

Zu den Autoren

Daniel Streuber studierte Englische Sprachwissenschaften, Vergleichende Sprachwissenschaften und Amerikanistik an der Johannes Gutenberg-Universität Mainz. Nach Stationen im Journalismus und in Agenturen wechselte er zu Jack Wolfskin, wo er für die Bereiche PR und Social Media zuständig ist.

Thomas Zimmerling studierte Politik, Publizistik und Jura, ebenfalls an der Universität Mainz. Er verfügt über langjährige Erfahrung in Public Relations, Public Affairs, Krisenkommunikation und Social Media sowohl in Agenturen als auch in Unternehmen. Bei Jack Wolfskin leitet er die Abteilung »Communication«.

Über Jack Wolfskin

Jack Wolfskin ist einer der führenden Anbieter von funktioneller Outdoor-Bekleidung, -Schuhen und -Ausrüstung in Europa und zugleich größter Franchise-Geber im deutschen Sportfachhandel.

Von Cupcakes bis Kaffee – den Corporate Blog effektiv einsetzen

In diesem Kapitel:
- Wozu Corporate Blogs?
- Steckbrief des Tchibo Blogs
- Wie erreiche ich die Vernetzung mit Blogs? Via Blogparade!
- Von Cupcakes, Ringelshirts und Keksen
- Die 10 Schritte zur erfolgreichen Blogparade

Von Sandra Coy
Tchibo

Zusammenfassung: In diesem Beitrag erzähle ich, wie wir unseren Corporate Blog aufgebaut haben. Er ist einer der erfolgreichsten in Deutschland. Außerdem berichte ich, wie wir Blogparaden (eine Art Online-Veranstaltung mit anderen Bloggern) als effektives Mittel für den Aufbau von Blogger Relations nutzen – anhand des Beispiels rund um »Cupcakes«.

Websites: *www.tchibo.com* und *www.tchibo.com/blog*

Wozu Corporate Blogs?

Corporate Blogs sind für Unternehmen eine gute Möglichkeit, um interessante Themen rund um die Marke oder die Produkte in einer ansprechenden Form zu präsentieren. Auch bei Tchibo. Aber nicht nur das. Ein Unternehmensblog eignet sich außerdem hervorragend, um langfristige Beziehungen mit anderen Bloggern aufzubauen. Denn um den Aufbau von qualitativ und quantitativ hochwertigen Kontakten zu Bloggern kommt heute keine Kommunikationsabteilung mehr herum. Vorbei sind die Zeiten, in denen ausschließlich Journalisten mit Infos und Produkten versorgt wurden – mittlerweile berichtet ein Heer von Fach- und Produktbloggern über Unternehmen, Dienstleistungen und Produkte im Netz. Wohl dem, der gute Beziehungen zu ihnen pflegt.

Ein perfektes Tool, um miteinander zu kommunizieren, ist natürlich der eigene Corporate Blog. Hier können fremde Blogger etwa Gastartikel beisteuern oder Produkte des Unternehmens bewerten. Sein Manko ist: Man kann nur einen kleinen Kreis einbeziehen. Darum veranstalten wir bei Tchibo in regelmäßigen Abständen (ca. alle 6 Wochen) eine sogenannte Blogparade. Wie diese genau funktioniert, beschreibe ich später – hier nur in Kürze: Ein größerer Kreis von Fach-Bloggern (z. B. Food-Bloggern) erhält zu testende Produkte von uns. Ihr Backergebnis veröffentlichen wir via Blogparade in unserem Corporate Blog und lassen alle Leser das schöne Ergebnis bewerten. Da die Blogger auch in ihren Blogs über die Tests berichten, zieht das Ereignis schließlich große Kreise im Netz. Für unsere Blogparaden bewerben sich bis zu 300 Blogger, wir kommen durch diese miteinander ins Gespräch und können so unser Netzwerk stetig erweitern.

Steckbrief des Tchibo Blogs

Um einen ersten Eindruck zu bekommen, wie unser Blog aufgebaut ist, folgt hier ein kurzer Steckbrief.

Was wir erreicht haben: Der Tchibo Blog (*www.blog.tchibo.com*) gehört zu den erfolgreichsten Blogs im deutschsprachigen Raum. Wir erreichen monatlich über 60.000 Leser, die sich für Geschichten rund um Tchibo interessieren.

Zielsetzung: Wir wollen kein geschlossener Zirkel sein, sondern Einblicke ins Unternehmen bieten, die Kollegen hinter den Produkten vorstellen (und dabei vielleicht auch neue Kollegen gewinnen), unsere Liebe und unser Wissen zum Kaffee weitergeben, über unsere Nachhaltigkeitsaktivitäten informieren – kurz: exklusive und persönliche Einblicke in das Unternehmen bieten. Unser Ziel: Begeisterung für Tchibo wecken (auch bei unseren Mitarbeitern) und einen Dialog mit Kunden, Journalisten, künftigen Kollegen und NGOs führen.

Autoren: Aktuell (Stand: Sommer 2013) bloggen 12 Kollegen regelmäßig – z. B. aus dem Kaffeeeinkauf, der Personalabteilung oder dem Bereich Corporate Responsibility. Diese sind auch als Autoren mit Bild und Kontaktadresse im Blog hinterlegt. Zusätzlich gibt es immer wieder Gastbeiträge von anderen Mitarbeitern oder auch von externen Partnern.

▲ Abbildung 16-1
Die Startseite des Tchibo Blogs

Redaktionskonzept: Wir wollen einen interessanten, authentischen Inhalt bieten. Die Inhalte dürfen nicht von den Fachabteilungen »plattgebügelt« werden und sind immer einer Person zuschreibbar. Wir verfolgen dabei das 4-Augen-Prinzip. Die Kollegen stellen ihre Beiträge nicht selbst in den Blog ein, sondern alle Texte wandern über den Schreibtisch von »Corporate Communications«. Hier beheben wir dann z.B. Rechtschreibfehler und wählen das entsprechende Bildmaterial final aus. Wir bilden dabei alle relevanten Tchibo Themen ab: *Kaffee*, *Produktwelten*, *Nachhaltigkeit*, *Karriere* und *Unternehmensthemen*. So bloggt zum Beispiel unser Junior-Kaffee-Einkäufer, der gerade für zwei Jahren auf einer Farm in Brasilien arbeitet, über die Plantage und seine Eindrücke vor Ort. Um hier den Überblick zu behalten, erstelle ich einen Themen- und Redaktionsplan, an den sich die Kollegen halten.

Veröffentlichungsfrequenz: Wir veröffentlichen mindestens zwei, meistens jedoch drei oder vier Artikel pro Woche.

Einbindung in die Tchibo Kommunikation: Der Tchibo Blog ist in unsere gesamte Kommunikation eingebunden:

- Verlinkung vom Online-Shop: *www.tchibo.de*
- Einbindung auf der Startseite der *www.tchibo.com*
- Einbindung der Blog-Artikel im Newsroom *www.tchibo.com/newsroom*
- Verweis auf relevante Blogposts unter thematisch passenden Pressemitteilungen
- Verweis von unserem Twitter-Strom (*@tchibo_presse*)
- Bei ausgewählten Artikeln: Verweis von unserer Facebook-Seite
- Bei ausgewählten Artikeln: Verweis von unserer Google+ Seite

Wie erreiche ich die Vernetzung mit Blogs? Via Blogparade!

Beim Start unserer Social-Media-Kanäle Twitter und Corporate Blog im März 2011 hieß es für uns im ersten Schritt, interessante Inhalte zu generieren. Das gelang uns relativ gut und schnell. Doch wie konnten wir – im zweiten Schritt – die potenziellen Leser auf unsere Kanäle aufmerksam machen?

In der kleinen Social-Media-Gemeinde hatten wir uns fix einen respektablen Ruf erworben. Die breite Masse hatten wir damit aber noch lange nicht erreicht – sprich: unsere Kunden, Journalisten, vielleicht auch neue Kollegen. Mit diesen wollten wir ja optimalerweise in einen Dialog treten. Dazu braucht es natürlich wie gesagt zunächst spannende, informative Inhalte mit Mehrwert – nach Möglichkeit visuell und sprachlich interessant aufbereitet. Durch unser Redaktionskonzept (siehe den Steckbrief oben) und viel internes Know-how konnten wir dies gut sicherstellen. Darüber hinaus ist es unerlässlich, diese Themen auch über andere vorhandene

Social-Media-Kanäle zu verlängern (außer über Twitter etwa über Facebook, Google+ und Xing). Diese Kanäle werden bei Tchibo übrigens vom Digital Marketing bzw. Human Resources betreut. Doch reicht das aus?

Gerade für unsere Tchibo-typischen wöchentlich wechselnden Themenwelten wollten wir eine breite Fan-Basis ansprechen. Diese erreicht man – themenbezogen – sehr gut über zielgruppenspezifische Blogs. Modethemen können über Fashion-Blogs gespielt werden, Backthemen über Food-Blogs etc. Doch wie vernetzt sich ein Corporate Blog zunächst einmal mit den Amateur-Blogs und Bloggern? Eine gute Lösung: Blogparaden.

Was ist eine Blogparade?

Bei einer Blogparade übernimmt ein Blogbetreiber die Rolle des Veranstalters und setzt ein bestimmtes Thema fest. Er fordert seine Leser in einem Beitrag auf, innerhalb eines bestimmten Zeitraums dieses Thema in ihren eigenen Blogs zu bearbeiten – in Form von Artikeln, Fotos oder Videos. Die Aktion gewinnt hierdurch an Reichweite. Nach Ablauf der Frist fasst der Blogparaden-Veranstalter alle Artikel oder Bilder in seinem Blog zusammen und vergibt Prämien für die besten oder originellsten Artikel.

◀ **Abbildung 16-2**
Aufruf zum Cupcake-Contest

Von Cupcakes, Ringelshirts und Keksen

In unserem Fall hieß das: Wir nahmen mit zur Wochenwelt passenden Blogs Kontakt auf. Bei unserer ersten Blogparade wollten wir eine Küchenwochenwelt mit dem Schwerpunkt Silikonbackformen in den Fokus stellen. Wir schickten also ausgewählten Food-Bloggern eine Auswahl an Backformen. Ihre Aufgabe: Kreative Cupcakes zu backen, zu fotografieren und auf ihren Blogs zu posten. Doch wie findet man die passenden Blogs? Keine leichte Aufgabe – ist die Zahl der Fashion-, Technik- oder Food-Blogs in der Netzwelt doch gewaltig. Folgende Auswahlkriterien schienen uns relevant:

- In welcher Frequenz werden im Blog Beiträge veröffentlicht?
- Wie viele Kommentare generieren diese, und werden die Beiträge über weitere Social-Media-Kanäle – wie Facebook oder Twitter – verlängert?
- Und natürlich spielte auch solche Fragestellungen eine Rolle: Passt das Blog auch visuell, hat es ein ansprechendes Design?

Es stellte sich schnell heraus, dass es nicht nur eine Unzahl von Food-Blogs gibt, die mit viel Herzblut betrieben werden, sondern dass die Blogger untereinander auch bestens vernetzt sind. So sprach sich unsere Aktion blitzschnell herum – viele Blogs kamen selbstständig auf uns zu.

Tipp   Sind einige relevante Blogs indentifiziert, findet man weitere, spannende Websites oft in deren Blogroll (Leseempfehlungen) und kann so nach dem Schneeballsystem recherchieren.

Einbeziehung der Leser via Online-Voting

Wir bekamen schließlich 12 wunderbare Cupcake-Fotos inklusive Rezepten von unseren Bloggern geschickt. Diese hatten sie zuvor auf ihren eigenen Blogs gepostet. Wir legten einen Artikel plus Bildergalerie an, in dem wir alle Cupcakes und Rezepte vorstellten.

Selbstverständlich verlinkten wir dabei auf alle teilnehmenden Blogs (Linkbuilding erhöht die Auffindbarkeit bei Google!). Doch damit nicht genug. Im zweiten Schritt legten wir eine Umfrage bei einem Voting-Portal, die wir in unseren Beitrag integrierten. Nun konnten die Leser ganz einfach per Mausklick ihren Favoriten wählen. Das Portal zählte die Zugriffe.

Tipp   Über *www.pollphin.de* lassen sich einfach Umfragen erstellen und in einen WordPress-Blog einbinden.

◀ **Abbildung 16-3**
Aufruf zur Keks-Blogparade

◀ **Abbildung 16-4**
Ergebnisse der Keks-Blogparade

Abbildung 16-5
Online-Voting bei der Keks-Blogparade

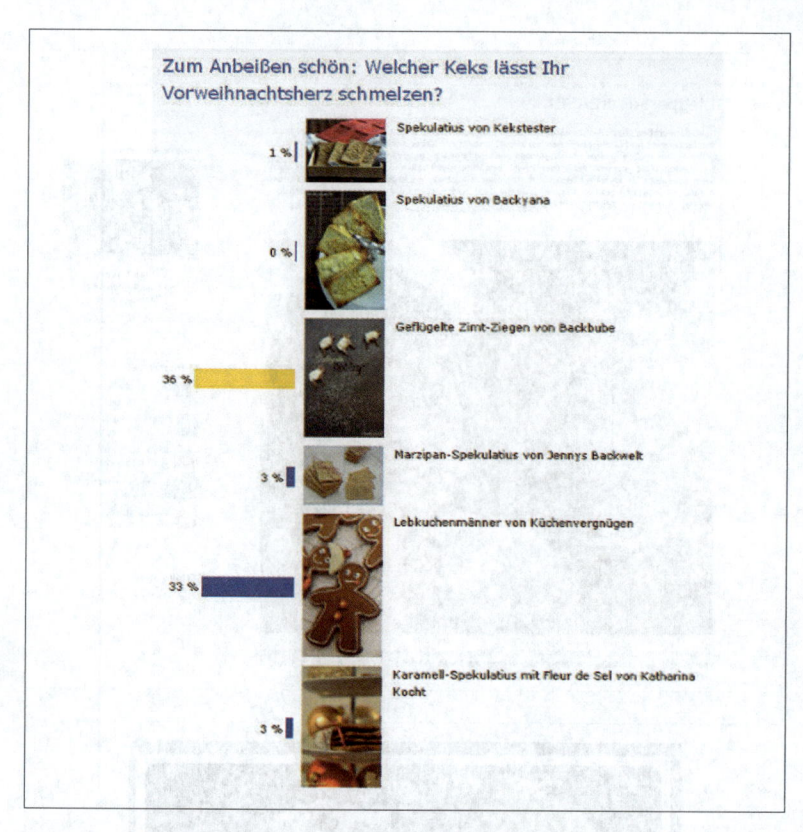

Zum Anbeißen schön: Welcher Keks lässt Ihr Vorweihnachtsherz schmelzen?

- Spekulatius von Kekstester — 1 %
- Spekulatius von Backyana — 0 %
- Geflügelte Zimt-Ziegen von Backbube — 36 %
- Marzipan-Spekulatius von Jennys Backwelt — 3 %
- Lebkuchenmänner von Küchenvergnügen — 33 %
- Karamell-Spekulatius mit Fleur de Sel von Katharina Kocht — 3 %

Virale Effekte in der Netzgemeinde nutzen

Wir haben unsere Back-Wochenwelt also auf vielfältige Weise im Netz publik gemacht: Wir streuten die Cupcake-Aufgabe über 12 reichweitenstarke Blogs, und diese wiederum stifteten ihre Fangemeinde an, für sie zu voten. Zusätzlich veröffentlichten wir in unserem Blog einen Artikel (den wir auf Facebook verlängerten), in dem wir unsere Leser aufriefen, für ihr Lieblingsrezept zu stimmen. Als Anreiz zum Voten gab es nicht nur Preise für unsere Blog-Teilnehmer – unter allen Voting-Teilnehmern verlosten wir zusätzlich Artikel aus der Wochenwelt. Wie haben wir diese ermittelt? Unsere Leser sollten nicht nur anonym über die Plattform abstimmen, sondern auch Kommentare zu unserem Artikel hinterlassen. Über diese konnten wir sie anschließend kontaktieren. Denn im Backoffice hinterlässt jeder Kommentator seine E-Mail-Adresse.

Tatsächlich waren wir mit dieser Vorgehensweise im Food-Bereich sehr erfolgreich. Konnten wir anfangs bei der Cupcake-Parade gut

2.000 Leser auf uns aufmerksam machen, erhöhte sich die Zahl im Sommer bei unserer Steak-Parade schon auf knapp 9.000 Blog-Leser und im Dezember bei der Keks-Blogparade sogar auf fast 10.000. Dieses Erfolgsprinzip konnten wir im Modebereich mittlerweile auch erzielen.

Fazit: Blogparaden sind ein perfektes Tool, um sich mit relevanten Blogs zu vernetzen und mit deren Hilfe auf sein Produkt aufmerksam zu machen – sofern diese Blogs sorgfältig ausgewählt sind und das Produkt passt!

Die 10 Schritte zur erfolgreichen Blogparade

1. Entwickeln Sie ein plakatives Thema, das für Ihr Unternehmen und für Blogger gleichermaßen interessant ist.
2. Identifizieren Sie 10 bis 20 reichweitenstarke Blogs, die zum Thema passen. Konzentrieren Sie sich auf Fach-Blogs! Reine Produkttest-Blogs schaffen keine Aufmerksamkeit im Netz.
3. Suchen Sie attraktive Preise für die Paraden-Gewinner aus.
4. Versorgen Sie diese Blogs mit einer klaren Aufgabe und gegebenenfalls Testprodukten (und natürlich: Machen Sie *keine* Vorgaben, was der einzelne Blogger über Ihre Produkte schreiben »darf«!)
5. Verständigen Sie sich mit den ausgewählten Bloggern auf eine klare Deadline. (Das gilt gleichermaßen für die Bearbeitung der Aufgabenstellung und das Veröffentlichen ihrer Artikel.)
6. Machen Sie Ihre Leser schon im Vorfeld auf die Aktion und die Preise aufmerksam, und verlängern Sie Ihren Blog-Artikel über weitere Social-Media-Kanäle wie Twitter und Facebook.
7. Wenn Sie alle Beiträge zusammen haben, bauen Sie einen optisch und inhaltlich starken Blogparadenbeitrag. Verlinken Sie unbedingt auf alle teilnehmenden Blogs (Linkbuilding!).
8. Integrieren Sie ein Voting für Ihre eigenen Blog-Leser, zum Beispiel mit dem Online-Umfrage-Tool *Pollphin*.
9. Lassen Sie Ihre Leser in einem bestimmten Zeitraum abstimmen: Welcher Beitrag, welches Foto gefällt ihnen am besten?
10. Schreiben Sie einen abschließenden Dankesbeitrag, und erwähnen Sie alle Gewinner.

Zur Autorin

Sandra Coy studierte Neuere Geschichte, Amerikanistik und Soziologie an der Ludwig-Maximilians-Universität (LMU) in München. Nach Auslandsaufenthalten in Paris und San Francisco volontierte sie beim Privatsender Tele 5 und erlernte das Journalistenhandwerk von Grund auf (Kaninchenzüchterverein!) im Lokalteil der Süddeutschen Zeitung. Nach jahrelanger Tätigkeit als Autorin und Redakteurin für private und öffentlich-rechtliche Fernsehsender arbeitete Sandra Coy sechs Jahre lang als Wirtschaftsautorin beim NDR Info Radio in Hamburg. Seit 2008 zeichnet sie als *Chief Editor Corporate Communications* der Tchibo GmbH für die interne Kommunikation sowie für die Online-Strategie der Presse-Kanäle verantwortlich. Das Herzstück der von Kommunikationsseite betreuten Tchibo-Social-Media-Kanäle ist der Corporate Blog.

Über Tchibo

Tchibo steht für ein einzigartiges Geschäftsmodell. In acht Ländern betreibt Tchibo mehr als 1.000 Filialen, rund 30.000 Depots im Einzelhandel sowie nationale Online-Shops. Über dieses Multichannel-Vertriebssystem bietet das Unternehmen neben Kaffee und dem Einzelportionssystem Cafissimo die wöchentlich wechselnden Non-Food-Sortimente und Dienstleistungen wie Reisen, Mobilfunk oder Grüne Energie an. Tchibo erzielte 2012 mit international rund 12.300 Mitarbeitern 3,6 Milliarden Euro Umsatz. Tchibo ist Röstkaffee-Marktführer in Deutschland, Österreich, Polen und Tschechien und gehört zu den führenden E-Commerce-Firmen in Europa.

Für seine nachhaltige Geschäftspolitik wurde das 1949 in Hamburg gegründete Familienunternehmen mehrfach ausgezeichnet: 2012 mit dem Preis für Unternehmensethik und dem Umweltpreis Logistik, sowie 2013 mit dem CSR-Preis der Bundesregierung.

»Einer für alle« auf YouTube

In diesem Kapitel:
- Warum Siemens bei YouTube alles auf einen Kanal setzt
- Hintergrund, Ziele, Struktur
- Prozesse, Implementierung, Evaluierung
- Erfolge, Erfahrungen, Ausblick
- 5 Lektionen aus dem Siemens Brand Channel auf YouTube
- Literatur und Links

Von Florian Hießl
Siemens

Zusammenfassung: In diesem Beitrag beschreibe ich, warum Siemens sich für eine »One-Channel-Strategie« auf YouTube entschieden hat und somit auf der Video-Plattform mit nur einem offiziellen Unternehmenskanal präsent ist. Ich erläutere, wie wir die Strategie umsetzen, und gebe Tipps, welche Herausforderungen zu beachten sind.

YouTube: *www.youtube.com/siemens*

Unternehmenswebsite: *www.siemens.com*

Xing: *www.xing.com/profile/Florian_Hiessl*

Twitter: *@flohie*

Warum Siemens bei YouTube alles auf einen Kanal setzt

2011 hat sich Siemens für eine »One-Channel-Strategie« und den Aufbau eines sogenannten »Custom Brand Channel« auf YouTube entschieden. Seitdem migrieren und integrieren alle Unternehmensbereiche, Länder und Regionen ihre noch bestehenden und neuen Videos in den offiziellen Unternehmenskanal *www.youtube.com/siemens*. Heute, im Frühjahr 2013, hat unser YouTube Brand Channel über 9.800 Abonnenten und mehr als 3.000 hochgeladene Videos. Monatlich verzeichnen wir bis zu 300.000 Zugriffe auf unsere Videos. Als eines der ersten Unternehmen unserer Branche haben wir unser Angebot auf YouTube außerdem mit einer mobilen Version komplettiert. Unter der Adresse *m.youtube.com/siemens* können Nutzer von Smartphones direkt auf die mobile Version unseres Siemens Channel auf YouTube zugreifen, die alle gewohnten Features der klassischen YouTube-Präsenz optimiert für die mobile Nutzung bietet.

Abbildung 17-1 ▶
Der Siemens YouTube-Kanal: Siemens Energy Efficiency

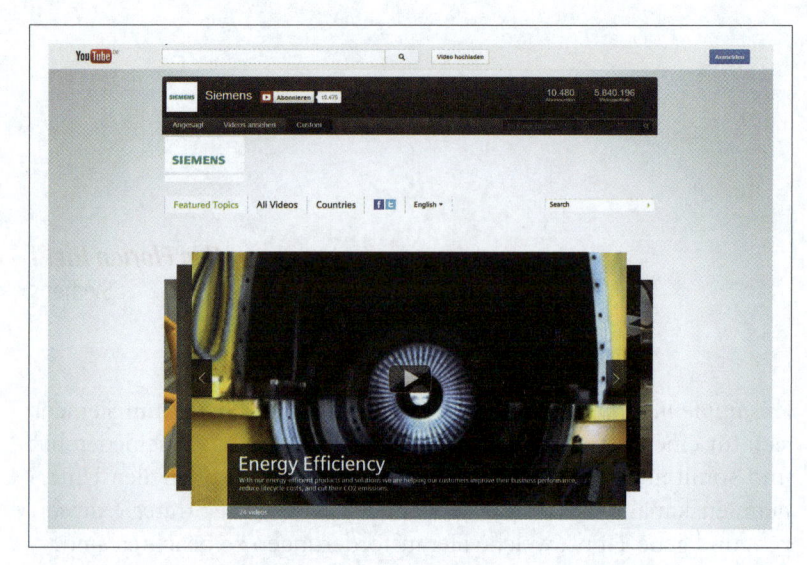

Hintergrund, Ziele, Struktur

YouTube ist mit einer Milliarde einzelnen Nutzern im Monat derzeit weltweit das meistbesuchte Video-Portal im Internet (Stand: März 2013) und nach Google die zweitgrößte Suchmaschine der Welt. Nutzer sehen monatlich vier Milliarden Stunden an Videomaterial, und jede Minute werden 72 Stunden neues Material hochgeladen. Dabei erfolgen 70 Prozent der YouTube-Zugriffe außerhalb der USA.

Aber auch über andere Internet-Plattformen steigt die Zahl der Video-Downloads weltweit rasant an. Der Grund für diese Medienverschiebung im Internet hin zu Video-Inhalten sind immer höhere Bandbreiten, die Möglichkeit, Videos über Social-Media-Plattformen zu teilen, sowie die zunehmende Nutzung von Smartphones und Tablet-PCs sowohl im privaten als auch im geschäftlichen Umfeld.

Die Analysten von *NPD DisplaySearch* gehen davon aus, dass 2013 weltweit mehr als 240 Millionen Tablet-PCs ausgeliefert werden.

Auch in Deutschland beschleunigt sich die Nachfrage nach mobilen Kommunikationsgeräten weiter. Laut Branchenverband *BITKOM* werden bis zum Jahr 2015 zwei Drittel aller Bundesbürger ein Smartphone nutzen und ein Viertel einen Tablet-Computer.

Laptops, Tablets und Smartphones haben sich damit als neue Geräte für Bewegtbild-Inhalte etabliert, und auch die Nutzerzahlen auf der Siemens-Unternehmens-Website *siemens.com* bestätigen den Zusammenhang zwischen der Nutzung mobiler Endgeräte und Videokonsum. Nutzer, die 2012 über einen Tablet-Computer oder ein Smartphone auf die Website kamen, sahen sich 50 Prozent mehr Videos an als Nutzer eines Desktop-PC.

Der Weg zur »One-Channel-Strategie«

Wir sind nach ersten Gehversuchen 2006 in den USA bereits seit 2008 mit einem zentralen Unternehmenskanal auf YouTube präsent. Es existierten damals aber parallel – quasi als Spiegel der weit verzweigten globalen Organisationsstruktur des Unternehmens – noch eine sehr hohe Anzahl dezentraler YouTube-Kanäle, die sich zum Beispiel auf einzelne Länder oder Geschäftsfelder konzentrierten. Dieses Nebeneinander von zentralem Kanal und dezentralen Präsenzen war von der Unternehmenskommunikation kaum zu orchestrieren. 2011 haben wir uns deshalb für eine »One-Channel-Strategie« und den Aufbau eines »Custom Brand Channel« auf YouTube entschieden. Seitdem migrieren und integrieren alle Unternehmensbereiche, Länder und Regionen ihre bestehenden und neuen Videos in den offiziellen Unternehmenskanal *www.youtube.com/siemens*.

Das Design unseres Kanals ist stark individualisiert. Google nennt diese Möglichkeit der Individualisierung »Custom Gadget«. Wir haben damit eine Reihe von Funktionen an der Hand, die für Standardkanäle auf YouTube nicht zur Verfügung stehen, wie zum Beispiel Tracking-Optionen, optimierte Homepage-Strukturierungen oder benutzerdefinierte Bilder (Kanal-Banner und Hintergrundbilder).

Die Motivation für die vom Corporate-Communications-Leitungsteam getragene »One-Channel-Strategie« ist das Ziel, sämtliche Videos zu Siemens-Lösungen und -Themen übersichtlich und konsistent in einem zentralen Kanal zur Verfügung zu stellen. Die klare und eingängige URL *www.youtube.com/siemens* führt Nutzer sehr schnell und direkt zum Unternehmenskanal. Hinter diesem Ansatz steht die Überlegung, dass Nutzer schlicht nicht in Organisations-

oder Länderstrukturen »denken« bzw. »suchen«, sondern sich für allgemeine oder spezielle Inhalte »des« Unternehmens interessieren und diese auch zentral finden möchten.

Durch die »One-Channel-Strategie« ergeben sich außerdem Synergien beim Thema »Zuführung von Videos via Werbung«. Wird zum Beispiel ein Siemens-Video auf YouTube beworben, erhalten Nutzer bei Klick auf das Video parallel eine Auswahl von Videos aus dem Angebot von insgesamt über 3.000 Siemens-Videos, die sie inhaltlich ebenfalls interessieren könnten. Bei der vorherigen dezentralen Struktur von mehreren Hundert Siemens-Kanälen verpufften derartige Zuführungsmaßnahmen via Werbung weitgehend.

Tabelle 17-1 ▶
Siemens-YouTube-Kanal: Entwicklung der Anzahl angebotener Videos und Nutzungszahlen

youtube.com/siemens	2009	2010	2011	2012
Anzahl Videos	230	732	1855	3389
Views	168.028	773.384	2.866.034	6.502.208

Struktur und Aufbau des Kanals – Highlights

Der Siemens-Kanal auf YouTube bietet Nutzern verschiedene Inhaltsbereiche an, die über eine einfache und klare Navigation nutzerfreundlich anzusteuern sind.

Die Homepage verweist in der Hauptnavigation auf acht Hauptkategorien (*Featured Topics*), die den Schwerpunktthemen der globalen Kommunikationsstrategie entsprechen. Daneben haben Nutzer unter dem Menüpunkt »All Videos« die Möglichkeit, mithilfe von redaktionell gepflegten Filtern Videos zu bestimmten Themen oder Organisationsbereichen bzw. per Freitext oder Tag-Cloud zu suchen.

Seit 2012 ist außerdem eine Länder-Filter-Möglichkeit unter »Countries« online. Mittels einer interaktiven Weltkarte können Nutzer Videos mit direktem Bezug zu einzelnen Ländern auswählen. Jedes Land hat für die eingestellten Videos eine eigene Playlist und ist auch über eine eigene URL erreichbar, zum Beispiel: *www.youtube.com/siemens?x=country/united_states*

Vor dem Hintergrund der Frage nach der Akzeptanz der »One-Channel-Strategie« in den Siemens-Landesgesellschaften und -Regionen ist diese Funktion ein mächtiges Feature, um landesspezifische Inhalte auf dem globalen Kanal zu platzieren und unmittelbar »sichtbar« zu machen.

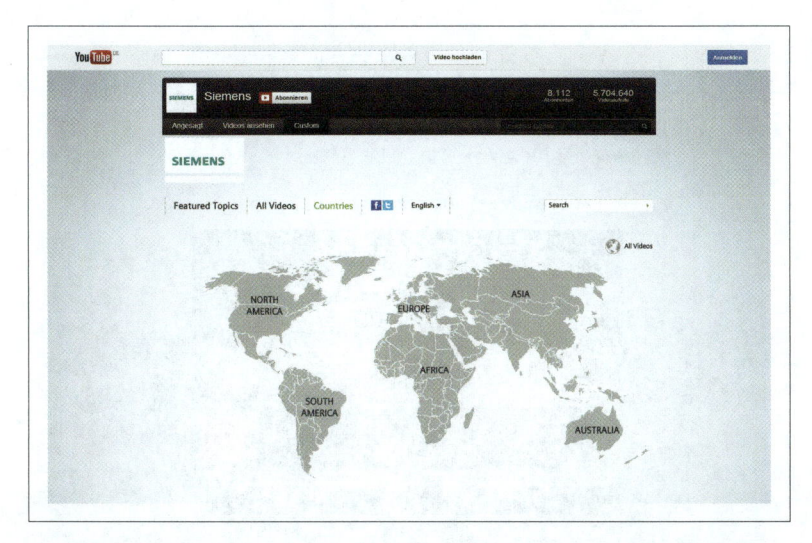

Abbildung 17-2
Die Funktion »Countries«

Ein besonderes Augenmerk legen wir auf die Redaktion von jährlich sechs bis sieben sogenannten Homepage-Specials. Dieses Format ist eine speziell zu einem Thema oder einem Anlass umgebaute Homepage unseres Kanals, die temporär nur dieses eine Thema bespielt. Wir produzieren Homepage Specials anlässlich eines intern als herausragend definierten Kommunikationsereignisses, wie zum Beispiel dem weltweiten Bevölkerungswachstum auf sieben Milliarden Bewohner oder der »Turn your city pink«-Kampagne zur Brustkrebsvorsorge, die zudem mit einem Video-Wettbewerb verbunden war. Der Erfolg der Specials drückt sich besonders anschaulich in Zahlen aus. So wurde das Video »A world with seven billion people« anlässlich der Verkündung durch die UNO von sieben Milliarden Erdenbürgern geschaltet und beworben, was zu über 500.000 Views führte.

Die Specials zeichnen sich dabei immer durch höchste Qualität in der inhaltlichen und visuellen Gestaltung aus, wobei die Struktur und das Design nicht festgelegt sind, sondern pro Special neu definiert und exakt auf das Thema zugeschnitten werden.

Daneben sind die Specials ein anschauliches Beispiel für die Verzahnung von digitalen und nichtdigitalen Kommunikationsaktivitäten. Sie werden nie als isolierte, losgelöste Inhalte produziert, sondern sind immer Teil einer ganzheitlichen Kommunikationsorchestrierung über alle Kanäle hinweg und verlängern die Reichweite des Events in die digitale Welt.

Abbildung 17-3 ▶
Ein Siemens YouTube »Homepage Special« anlässlich des Weltklimagipfels in Rio

Prozesse, Implementierung, Evaluierung

Der zentrale Bereich Corporate Communications ist »Eigentümer« des Siemens-YouTube-Kanals. Das heißt, er

- stellt das Budget bereit und steuert es,
- übernimmt die strategische, konzeptionelle und operative Verantwortung und
- steuert die Implementierung der »One-Channel-Strategie« innerhalb der globalen Organisation durch die sogenannte »YouTube Working Group«.

Zum zentralen Steuerungsgremium gehören die Social-Media- und Online-Verantwortlichen aus den vier Siemens-Sektoren *Industry*, *Infrastructure & Cities*, *Healthcare* und *Energy* sowie Vetreter aus dem Bereich Human Resources.

Diese sogenannten Sector Coordinators übernehmen die Aufgabe, die »One-Channel-Strategie« innerhalb ihrer Teilorganisation umzusetzen. Außerdem stellen sie die inhaltliche Relevanz und die fachliche, gestalterische und rechtliche Qualität der aus ihren Unternehmenseinheiten zugelieferten Videos sicher.

Die operative und technische Umsetzung des Kanals (wie zum Beispiel das Hochladen der Videos, laufende Anpassungen am Design-Framework oder das Monitoring) übernimmt ein externer auf digitale Kommunikationsleistungen spezialisierter Dienstleister, der auch Mitglied des Steuerungsgremiums ist.

Alle Mitglieder dieses Gremiums für den Siemens-YouTube-Kanal sind eng über gemeinsam definierte und verbindliche Arbeitsprozesse verbunden. Virtuelle Treffen sowie Präsenzveranstaltungen gewährleisten einen ständigen Austausch zu Aufgaben wie »Themenplanung für die Homepage Specials«, »Freigabe- und Qualitätssicherungsprozesse«, »Rechtemanagement« oder »die konzeptionelle Weiterentwicklung der Plattform«. So tauschen sich die YouTube-Verantwortlichen aus den Bereichen einmal pro Quartal international per Video-Live-Meeting aus. Zudem kommt das Team möglichst ein- bis zweimal im Jahr an einem Ort zu einem Arbeitstreffen zusammen. Daneben erstellt Corporate Communications für das Steuerungsgremium, aber auch für kommunikationsverantwortliche Mitarbeiter verschiedene, regelmäßig aktualisierte Dokumente, wie Video-Tutorials, ein *Siemens YouTube Manual*, *Legal Guidelines* oder ein *Communications Excellence Training* zum Erstellen von hochwertigen Videos.

Der Upload-Prozess

Das Hochladen eines Videos auf den Siemens YouTube-Kanal erfolgt in mehreren Schritten:

- Die Einreicher eines Videos, also zum Beispiel die YouTube-Verantwortlichen aus einem Unternehmensbereich oder einer Geschäftseinheit, müssen zunächst ein »Meta Template« ausfüllen, das Teil des automatisierten »Video Upload Tools« ist. Extrem wichtig ist außerdem die Bestätigung der Einreicher, dass sämtliche Rechte (zum Beispiel für Bilder oder eingesetzte Musik) geklärt und dauerhaft vorhanden sind.
- Nach Überprüfung der Angaben auf Vollständigkeit und einem Qualitätscheck gemeinsam mit Corporate Communications bzw. den Sector Coordinators lädt der externe Dienstleister das Video auf YouTube hoch, ordnet es den angegebenen Hauptkategorien, Playlists und Länderkategorien zu und stellt die YouTube Links (IDs) für die einzelnen Videos bereit, um die Inhalte auch auf anderen internen und externen Kommuni-

kationskanälen einbauen und weiter streuen zu können. Ausgewählte Videos teasern wir durchgängig auch auf anderen Unternehmenskanälen wie Twitter, Facebook oder unserer Homepage an oder bewerben sie gezielt, um die Nutzung bei unseren Zielgruppen zu steigern.

Das Reporting

Das gesamte Monitoring des Siemens-Kanals auf YouTube übernimmt der externe Dienstleister, der aus den gewonnenen Daten regelmäßige Reports zusammenstellt.

Der monatliche »Traffic Report« wird Anfang des jeweiligen Folgemonats an interne Zielgruppen verteilt. Er enthält Angaben zu »Channel views«, »Video views« und die Anzahl der Abonnenten. Der Report liefert außerdem Detailinformationen, zum Beispiel welches Video die größte Aufmerksamkeit und Reichweite bei den Nutzern erzielte. Damit ist eine direkte Analyse einer eventuellen Rückkopplung zwischen Video-Performance, Thema und Video-Qualität möglich.

Kommentare und Nachrichten von Nutzern auf dem Kanal oder zu einzelnen Videos werden im Rahmen eines Social Media Monitoring täglich zusammengestellt und ausgewertet. Im Fall von kritischen Kommentaren ist ein Informationsprozess etabliert, der die Eskalation an die jeweils verantwortlichen und zwingend einzubeziehenden Siemens-Mitarbeiter regelt.

Für die Darstellung der Reports wurden übersichtliche und eingängige »Dashboards« entwickelt, die einer Art Armaturentafel ähneln. Sie versammeln auf einer Seite alle relevanten Informationen, so dass das Steuerungsgremium und das Management die Entwicklung jederzeit übersichtlich und vor allem auch schnell vergleichbar im Blick haben.

Erfolge, Erfahrungen, Ausblick

Anfang 2013, zwei Jahre nach dem Start der »One-Channel-Strategie«, sprechen schon die Zahlen für den Erfolg des Konzepts:

- insgesamt fast sechs Millionen Video-Aufrufe
- 2012 zwischen 160.000 und 550.000 monatliche Views
- insgesamt über 3.000 hochgeladene Videos
- monatlich Upload von 120 bis 200 neuen Videos

- insgesamt über 9.800 Abonnenten
- Die Abonnentenzahl steigt durchschnittlich um zehn Prozent im Monat.

Dieses Wachstum ist eine beachtliche Erfolgsgeschichte für das gesamte Siemens-YouTube-Team sowie das Ergebnis einer konsequent gemeinsam getragenen und verfolgten Strategie. Die Erfahrungen auf dem Weg waren dabei ungemein vielfältig. Unter dem Stichwort »Qualitätssicherung« lassen sich einige Themen aufzählen, die es zu bewältigen galt und auch immer noch zu bewältigen gilt.

Tatsache ist: Jede und jeder kann in wenigen Schritten einen Account auf YouTube anlegen. Das gilt für Privatpersonen genauso wie für Mitarbeiter von Unternehmen. Um möglichen Widerständen zu begegnen, kommt der Vermittlung des Konzepts und der Chancen der ausschließlichen und verbindlichen »One-Channel-Strategie« innerhalb des Unternehmens eine ganz herausragende Bedeutung zu. Nur wenn die internen Akteure diese strikte Strategie proaktiv erklärt bekommen und sie verstehen, sind sie bereit, diese nicht nur mitzutragen, sondern auch zu gestalten.

Bei der Akzeptanzbildung für die »One-Channel-Strategie« ist ein großer Vorteil, dass der YouTube Brand Channel zentral bei Corporate Communications aufgehängt ist. Der Bereich übernimmt dabei nicht nur das Management des Kanals, sondern auch die Aufwände für die laufende Umsetzung sowie für Sondermaßnahmen wie zum Beispiel die Homepage Specials. Trotzdem bleibt es schon aufgrund der enormen Größe des Konzerns nicht aus, dass immer wieder einmal neue YouTube-Präsenzen von einzelnen Ländern oder Bereichen entstehen. Der Grund hierfür ist meistens, dass Mitarbeiter immer wieder neue Rollen und Aufgaben übernehmen und der Wissenstransfer im Hinblick auf die »One-Channel-Strategie« mitunter nicht nahtlos funktioniert. In unserem regelmäßigen Monitoring identifizieren wir diese »Ausreißer« in der Regel sehr schnell. Zusammen mit den Kollegen starten wir dann umgehend die Migration dieser Inhalte in den zentralen Brand Channel.

Die aus unserer Sicht besonders kritischen Erfolgsfaktoren

Rechtemanagement: Das gesamte Rechtemanagement darf nicht unterschätzt werden. Sind die Rechte für Musik oder Bilder etc. nicht oder nur unzureichend geklärt, kommt es sehr schnell zu Video-Sperrungen oder Abmahnungen, was unbedingt und mit aller Konsequenz zu vermeiden ist. Die Bestätigung der vollständigen Rechte an den Video-Inhalten durch die Einreicher der Videos ist deshalb im Rahmen des Upload-Prozesses unabdingbar und damit ein entscheidendes Erfolgskriterium für den gesamten Kanal.

Technisches Know-how: In der technischen Umsetzung gibt es nahezu jederzeit neue Herausforderungen, zum Beispiel die Durchsetzung einer konsequenten Video-SEO, die Implementierung des Sprachen-Frameworks, notwendige strukturelle Arbeiten, weil Google Änderungen am Custom Brand Channel vornimmt, oder Sicherheitsthematiken bei der Player-Einbindung auf der Firmen-Website.

Konsistente Media-Strategie: Eine sorgfältig auf die Video-Inhalte abgestimmte Media-Strategie mit zum Beispiel Masthead-Anzeigen oder Pre-Roll-Ads ist ein »Reichweitenturbo«. Sie ist in der Gesamtplanung des Kanals und der Budgets unbedingt zu berücksichtigen und eng zwischen Media- und inhaltlich Verantwortlichen abzustimmen.

Ressourcenaufwand: Und schließlich muss der interne und externe Ressourcenaufwand für das Auf- und Durchsetzen einer solchen »One-Channel-Strategie« innerhalb eines Konzerns, der in über 160 Ländern präsent ist, realistisch kalkuliert werden, und es muss ein möglichst hohes Maß an Automatisierung erreicht werden. Das betrifft zum einen die definierten und zuvor beschriebenen Standardaufgaben. Zum anderen müssen aber auch Zusatzaufwände berücksichtigt werden, die zum Beispiel enstehen, weil Google als Besitzer von YouTube die vorgegebene Struktur der Custom Brand Channels optimiert und somit Anpassungen des Framework notwendig werden.

Vom Video-Kanal zum inhaltlichen Qualitätsprogramm

»Today's web is an endless 24/7 cycle fed by content and social actions. In this cycle, brands are realizing that content is currency.« In diesem Zitat von Bryan Rhoads (Intel) steckt der Kern der weiteren Entwicklung des Siemens-YouTube-Kanals bzw. der gesamten digitalen Kommunikation.

YouTube ist integraler Bestandteil der Siemens-Kommunikationslandschaft. Schon heute geht es bei dem Siemens-YouTube-Kanal nicht allein darum, einen einzelnen Kanal einfach nur mit möglichst vielen Inhalten zu bespielen und als Video-Repository des Konzerns zu nutzen. Im Fokus steht vielmehr, die jährlich definierten Kernthemen der Unternehmenskommunikation gezielt und durchgängig zu platzieren sowie den digitalen »Footprint« von Siemens nachhaltig und konsequent zu setzen und in den relevanten Zielgruppen auszuweiten.

Jüngste Entwicklungen – wie das automatisierte »Video Upload Tool«, die automatische Anbindung an ein internes Media Asset Management System, um sämtliche Konzernvideos noch sytematischer für YouTube zu erfassen, oder auch die Umsetzung der mobilen Ausgabe für Smartphones und Tablet-PCs – sind Ausdruck dieser Entwicklung und beschleunigen sie weiter.

Vor diesem Hintergrund und dem derzeit viel zitierten Stichwort der »Content Excellence« ist es deshalb für uns geradezu eine natürliche Entwicklung, den Siemens Brand Channel auf YouTube in naher Zukunft mehr und mehr zu einem inhaltlichen Qualitätsprogramm zu machen.

5 Lektionen aus dem Siemens Brand Channel auf YouTube

1. Engen Kontakt zu Google halten, um individualisierte Features zu planen und immer auf dem Laufenden zu sein, was Google an YouTube-Innovationen plant
2. YouTube nicht nur als Kommunikationskanal, sondern auch als Video-Depot (Repository) nutzen. Das heißt: Alles, was Relevanz haben könnte, in den YouTube Channel integrieren, denn YouTube ist nach Google weltweit die zweitgrößte Suchmaschine (Long-Tail).
3. Als Gegengewicht zum Repository auf der Kanal-Homepage »Programm« machen und in Rubriken gewichtete Themen bespielen.
4. »Think big, start small.« Ein größeres Ziel vor Augen haben, aber immer in kleinen Iterationsschritten herantasten, testen, umbauen, messen.
5. Verstehen und akzeptieren, dass allein die Nutzer die Relevanz bestimmen. Sie entscheiden, was funktioniert und was nicht.

Literatur und Links

Dieses Verzeichnis enthält alle zitierten Quellen sowie weiterführende Literaturhinweise:

- www.youtube.com/siemens
- m.youtube.com/siemens
- www.youtube.com/yt/press/statistics
- www.displaysearch.com
- www.bitkom.org
- http://tv.interone.de

Zum Autor

Florian Hießl studierte Betriebswirtschaftslehre und Informatik an der Ludwig-Maximilian-Universität in München. Als Head des Online Communications Teams verantwortet er die externen Online-Kommunikationskanäle der Siemens AG. Dazu zählen zum Beispiel die Corporate Website *siemens.com*, die globale mobile Website *m.siemens.com*, der globale Siemens App Store Account sowie Corporate-Unternehmenspräsenzen auf Social-Media-Plattformen wie YouTube. Zuvor war Florian Hießl als Abteilungsleiter für Web Management im Bereich Telekommunikation ebenfalls für die Siemens AG tätig. Seine ersten beruflichen Stationen führten ihn zu Osram Sylvania in Boston/USA und BMW Motorrad.

Über die Siemens AG

Die Siemens AG ist ein weltweit führendes Unternehmen der Elektronik und Elektrotechnik. Der Konzern ist auf den Gebieten Industrie, Energie sowie im Gesundheitssektor tätig und liefert Infrastrukturlösungen, insbesondere für Städte und urbane Ballungsräume. Siemens steht seit mehr als 165 Jahren für technische Leistungsfähigkeit, Innovation, Qualität, Zuverlässigkeit und Internationalität. Siemens ist außerdem weltweit der größte Anbieter umweltfreundlicher Technologien. Ende September 2012 hatte das Unternehmen weltweit rund 370.000 Beschäftigte, und erzielte im Geschäftsjahr, das am 30. September 2012 endete, auf fortgeführter Basis einen Umsatz von 78,3 Milliarden Euro und einen Gewinn nach Steuern von 5,2 Milliarden Euro.

Wir leben Autos – und Community-Management

In diesem Kapitel:
- Virales Marketing: Die Königsdisziplin
- Viralität am Beispiel »Franzi Do«
- Der Bahlsen-Keks
- Integration des Customer Service

Von Alexander Lengen
Opel

Zusammenfassung: Gutes Community-Management ist das Erfolgsgeheimnis in Social Media. Was wollen die Menschen, die sich mit einer Marke verbinden, wirklich hören? Wann sind sie am empfänglichsten und vor allem: Wie bringe ich sie dazu, die Inhalte meines Unternehmens in ihrem Freundesnetzwerk zu verbreiten? In diesem Beitrag gebe ich praktische Tipps und einen Einblick, wie Opel in den sozialen Netzwerken agiert.

Facebook: *www.facebook.com/opel; www.facebook.com/opelde*

Blog: *www.opel-blog.com*

Twitter: *www.twitter.com/opel*

Pinterest: *www.pinterest.com/opelofficial*

Website: *www.opel.com*

Virales Marketing: Die Königsdisziplin

Fragen Sie sich selbst: Wann sind *Sie* bereit, Inhalte einer Marke mit *Ihrem* sozialen Netzwerk zu teilen? Zugegebenermaßen doch nur dann, wenn der Content so gut ist, dass Sie sich damit identifizieren können. Denn Sie werden in so einem Fall zum Markenbotschafter. Das machen Menschen nur, wenn sie den Inhalt vertreten können, wenn er besonders informativ oder lustig ist usw. Diese große Hürde gilt es als Unternehmen zunächst mal zu erkennen, und diese Erkenntnis sollte immer die Maßgabe des Handelns sein. Alle Betreiber einer – zum Beispiel – Facebook-Seite sollten sich diese Fragen als Realitäts-Check stellen: »Ist dieser Content wirklich so gut, dass andere ihn weiterleiten? Ist der Content einfach, verständlich, emotional? Würden Sie mit den Augen eines Nutzers dieses Posting interessant finden? Oder ist dies eine weitere belanglose Mitteilung, die nur die Fachabteilung des jeweiligen Unternehmens interessiert?« Viralität ist, so meine These, der wertvollste Faktor für Betreiber einer Social-Media-Präsenz.

In einer breit angelegten Studie der Social-Media-Agentur von Opel (*VI Knallgrau* aus Wien) wurde genau dies untersucht: Was macht Inhalte viral, und wie kann man seine eigene Viralität erhöhen? Untersuchungsgegenstand waren 100 deutschsprachige Facebook-Seiten, und untersucht wurden mehr als 2.300 Postings (die gesamte Studie gibt es unter *www.knallgrau.at*). Die Ergebnisse sind so genial wie einfach:

Weniger ist mehr: Tägliches Posten (oder noch schlimmer: öfter) wirkt sich negativ auf die Viralität aus. Ideal sind Postings alle drei Tage. (Denn wer will schon die ganze Zeit Nachrichten von seiner Versicherung in seinem Newsfeed haben? Nichts gegen Versicherungen, sie werden hier nur mal als Beispiel zur Verdeutlichung genannt.)

Eine ausgewogene Content-Strategie, sprich: der richtige Mix an Themen ist wichtig. Wer seine Facebook-Fans fragt, worüber sie informiert werden möchten, und dies dann auch umsetzt, der ist deutlich im Vorteil. Wir bei Opel führen solche Befragungen in regelmäßigen Abständen durch und haben damit gute Erfolge erzielt. Wir haben einen klaren Content-Mix, der die Lieblingsthemen unserer Community – unter anderem Motorsport, starke Modelle, Design – bespricht. Natürlich sollten Sie auch Ihre eigenen Themen unterbringen, auf die Sie Wert legen, aber es schadet nicht, zu wissen, was die Community eigentlich will.

Antizyklisches Posten: Es scheint so logisch, aber die Wenigsten halten sich dran. Wer als Unternehmen dann postet, wenn alle posten, geht in der Timeline unter, und damit verschlechtern sich die Viralitätswerte. Also posten Sie lieber zu den Randzeiten des Tages und am besten am Wochenende.

Fassen Sie sich kurz: Lange Texte verbreiten sich erheblich schlechter. Texte, die kürzer als vier Zeilen sind, verbreiten sich am besten auf Facebook. Postings mit Bildern performen noch besser.

Links und Videos sind negativ für die Viralität.

◀ **Abbildung 18-1**
Welche Inhalte auf Facebook funktionieren (Ausschnitt); den Link zur vollständigen Infografik finden Sie unter www.knallgrau.at/facebookcontentstudie

Nachdem nun klar ist, was die Viralität erhöht, möchte ich aufzeigen, wie man als Unternehmen Dinge, die bereits viral sind, für sich nutzen kann. Die Wikipedia sagt dazu: »Als Internet-Phänomen (auch Internet-Hype oder Mem) wird ein Konzept in Form eines Links oder einer Bild-, Ton- und Videodatei bezeichnet, das sich schnell über das Internet verbreitet.« Das haben sicherlich alle schon einmal mitgemacht: Man bekommt etwas geschickt – sei es per E-Mail, per Facebook oder Twitter – und findet es so gut, dass man es an seinen Freundeskreis weiterleitet. Man merkt, dass etwas sich wirklich schnell im Netz verbreitet, wenn man das gleiche Mem von mehreren Personen weitergeleitet bekommt.

Mem-Hijacking

Ein relativ neues Phänomen ist das »Mem-Hijacking«. Das bedeutet, dass man ein solches Mem gezielt zu seinen Gunsten adaptiert und für sich als Unternehmen nutzbar macht. Damit haben wir bei Opel gute Erfahrungen gemacht und sehr gute Interaktionswerte auf unseren Facebook-Seiten erzielt. Beispielhaft möchte ich zwei Fälle herausgreifen, von denen es sogar eines bis in die Medien geschafft hat.

Viralität am Beispiel »Franzi Do«

Als eine gewisse »Franzi Do« Ihre Liebesbeziehung zur Deutschen Bahn auf deren Facebook-Seite kündigte, verbreitete sich das Posting wie ein Lauffeuer. Franzi Do beschwerte sich über die dauernde Unpünktlichkeit und fehlende Aufmerksamkeit im Stile einer enttäuschten Freundin und verwies in ihrem Posting auch direkt auf ihre neue Flamme: einen Opel.

Abbildung 18-2 ▶
Franzi Do schreibt einen Abschiedsbrief an die Deutsche Bahn.

Die Bahn hat in der Folge sehr toll reagiert und sich entschuldigt und sich sehr traurig gezeigt, dass direkt ein Neuer im Spiel ist. Beide Postings – sowohl von Franzi Do als auch von der Bahn – wurden hundertfach geliked und geteilt und fanden damit Anfang 2013 eine sehr große Mitleserschaft.

◀ **Abbildung 18-3**
Antwort der Deutschen Bahn

> Gefällt mir · Kommentieren
> 👍 Johannes Ecker und 9.450 anderen gefällt das.
>
> **Gary Fehn** Nett geschrieben - musste ja schon mal schmunzeln... 😊
> 18. Januar um 08:30 · Gefällt mir · 👍 88
>
> **Marc Becker** Applaus! 😊
> 18. Januar um 08:35 via Handy · Gefällt mir · 👍 17
>
> **DB Bahn** Hallo meine liebste Franzi Do,
> es tut mir so leid. Ich weiß, dass ich in der Vergangenheit viele Fehler gemacht habe und nicht immer pünktlich bei unseren Treffen war. Dafür möchte ich mich in aller Form bei Dir entschuldigen. Ich habe die Zeit mir Dir sehr genossen. Manchmal wollte ich, dass sie kein Ende hat. Das ich manchmal anhänglich bin, weiß ich. Es fällt mir schwer loszulassen. Dass ich Dich mit dieser Zuneigung erdrückt habe, ist unentschuldbar und mein größtes Laster. Das wir heute einen Termin hatten, habe ich total vergessen. 😞 Wo und wann waren wir verabredet? Ich schaue dann gerne einmal in meinem Terminkalender nach.
>
> Ich kann verstehen, dass Du dich nach etwas anderem umgesehen hast. Eine Frau wie Du, bleibt natürlich nicht lange alleine, dass weiß ich. Vielleicht gibst Du mir aber noch einmal die Möglichkeit, Dir zu zeigen, wie viel Du mir bedeutest. Ich werde bei unseren nächsten Treffen auch versuchen pünktlich zu sein oder bescheid zu sagen, falls ich mich verspäte.
>
> Ich werde Dich vermissen. 😞 /mi
> 18. Januar um 08:35 · Gefällt mir · 👍 2117

Tipp Wer kein Monitoring Tool hat, der sollte sich zumindest regelmäßig die wichtigsten Wettbewerber seiner Branche anschauen. Zudem ist es sinnvoll, Best-Practise-Seiten zu abonnieren, um sich gegebenenfalls etwas abzuschauen. Im Rahmen einer solchen Beobachtung ist unserer Agentur die Erwähnung von Opel aufgefallen.

Ohne zu aufdringlich zu sein, sind wir auf den fahrenden Zug aufgesprungen und haben als Opel-Fanpage a) große Sympathien geerntet und damit eine Reihe neuer Fans gewonnen und b) unsere Marke als nahbar und persönlich präsentiert. Damit haben wir einen unserer Kernmarkenwerte kommuniziert. Der Fall »Franzi Do« hat es in der Folge bis in die Nachrichten einiger TV-Sender geschafft. Der Fairness halber sei erwähnt, dass ein anderer Autohersteller kurz vorher (obwohl er in dem Originalbeitrag nicht namentlich genannt wurde) noch schneller reagiert hatte.

Jetzt kommt Opel ins Spiel: Unser Community-Management hat diesen Fall sehr genau beobachtet und eine Chance erkannt. Abbildung 18-4 zeigt unsere Antwort:

Abbildung 18-4 ▶
Die Antwort von Opel an Franzi Do

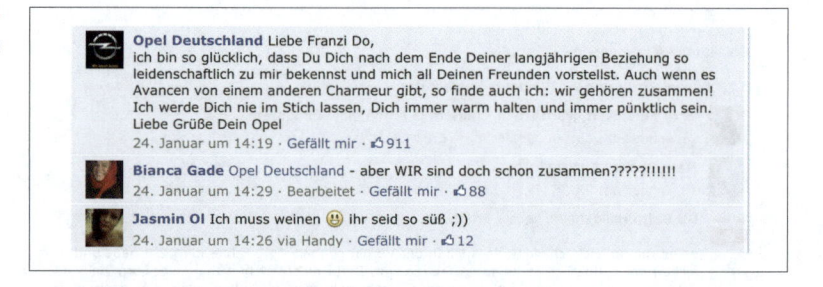

Der Bahlsen-Keks

Auch hier ein sehr medienwirksames Beispiel, das Opel sich zunutze gemacht hat: Anfang 2013 wurde das Wahrzeichen der Firma Bahlsen (ein vergoldeter Keks) als gestohlen gemeldet. In der Folge gab es zu diesem Thema einiges an Berichterstattung in den Massenmedien und eine gewisse Häme und humorvolle Skepsis im Internet. Das haben wir daraus gemacht:

Abbildung 18-5 ▶
Fahndung nach dem gestohlenen Bahlsen-Keks im Opel

Auch hier haben wir es geschafft durch das Kapern eines Internetphänomens viele Sympathien und Aufmerksamkeit auf Opel zu ziehen. Fakt ist: Mit dem schnellen Reagieren und dem Treffen des richtigen Tons der Netzgemeinde kann man ohne große Kosten eine Menge Buzz für sich erreichen. Dazu bedarf es weder Mediageld noch großer Agenturleistungen. Es reicht, das Ohr am Puls der Zeit zu haben und die Fähigkeit zu besitzen, schnelle Entscheidungen zu treffen. Wir sind sogar so weit gegangen, dass wir an jedem Tag kurze Meetings haben, um zu schauen, ob es gerade ein verwertbares Thema gibt, auf das es sich lohnt aufzusetzen. Ich denke, gerade für kleinere Unternehmen oder Fanpages ist dies ein vielversprechender Ansatz, um bekannter zu werden.

Integration des Customer Service

Je größer das Publikum auf einer Fanseite wird, desto größer ist die Wahrscheinlichkeit, dass Nutzer auch Service-Anfragen auf diese Seite posten. Das erscheint ja auch sinnvoll: Nutzer finden Präsenzen in den sozialen Netzwerken schnell, man kann sich unter Umständen Luft machen und gegebenenfalls sogar Gleichgesinnte finden, die ein ähnliches Problem haben.

Ganz klar: Das Netz hat einen Paradigmenwechsel herbeigeführt. Während vorher (in unserem Fall) der Opel-Händler das Gesicht zum Kunden war, ist es Konsumenten nun möglich, sich direkt an das Unternehmen zu wenden. Und die Kunden erwarten natürlich eine Antwort des Unternehmens – am besten schnell. Die direkte Kontaktaufnahme bedeutet für die jeweilige Firma Chance und Risiko zugleich. Man hat die Chance auf direktes Feedback zu Produkten oder Dienstleistungen und auf einen Dialog auf Augenhöhe. Dies sind auch gleichzeitig die Risiken, denn man bekommt auf den sozialen Netzwerken schonungslos die Reaktionen der Menschen zurück: im Guten wie im Schlechten.

Aus meiner beruflichen Erfahrung kann ich sagen, dass man sich auf diese Situation einstellen muss. Eine enge Zusammenarbeit mit der Customer-Service-Abteilung ist absolut erforderlich, und dies kann ich nur jedem Social-Media-Manager empfehlen. Jeder, der eine Fanseite aufbauen will, sollte sich vorher mit der entsprechenden Abteilung zusammensetzen und einen Prozess definieren:

Wer scannt die Anfragen auf den Plattformen? Egal, ob dies manuell oder mit Tools, durch eine Agentur oder intern erfolgt: Anfragen sollten nicht länger als einen Tag unbeantwortet auf der Wall stehen.

Bekommen diese Anfragen eine bevorzugte Behandlung? Hierüber lässt sich trefflich streiten. Solche Anfragen haben eine hohe Visibilität, es ist also durchaus sinnvoll, darüber nachzudenken, solche Beschwerden durch ein gesondertes Service-Team bearbeiten zu lassen. Natürlich kann man auch andersherum argumentieren und damit die Anfragen in die normale Beantwortungsschleife geben. Fakt ist jedoch (wie bereits erwähnt): Anfragen sollten nicht länger als einen Tag gänzlich unbeantwortet auf der Wall stehen.

Was ist der Service-Level (d. h., innerhalb welcher Zeit wird eine Anfrage beantwortet)? Meine Empfehlung: Sie sollten innerhalb von 48 Stunden eine Antwort parat haben.

Dies sind alles Fragen, die im Vorfeld geklärt sein müssen, wenn man nicht überrascht werden will. Denn hat man diese Fragen erst einmal beantwortet und einen Prozess definiert, dann kann man viel gewinnen. Ein Unternehmen, das auf diesen Kanälen schnell und kundenfreundlich reagiert, beweist, dass es nahbar, persönlich und innovativ ist. Viele Verantwortliche werden nun einwenden, dass dies eine Kostenexplosion darstellt, die irgendwann nicht mehr zu stemmen ist. Natürlich ist ein solcher Kontakt mit dem Kunden nicht mit einem E-Mail- oder Telefonkontakt im Callcenter zu vergleichen. Ja, es stimmt, der Kontakt über Social-Media-Kanäle kann unter Umständen teurer und aufwendiger sein. Ich kann nur entgegnen: Die Imageschäden, die dadurch entstehen, dass Service-Anfragen unbeantwortet auf einer Firmenpräsenz stehen, sind weitaus größer. Das Internet vergisst nichts. Solche unbeantworteten Anfragen gewinnen oft durch vielfache Zustimmung anderer Nutzer zusätzliche Aufmerksamkeit und stehen zudem unveränderlich im Netz. Das ist dann schlechte PR.

Das Netz ist der erste Anlaufpunkt von Konsumenten, wenn nach neuen Produkten recherchiert wird – wenn dann gehäuft unbeantwortete Service-Anfragen auf einer Facebook-Seite zu finden sind, dann vergeht vielen potenziellen Neukunden die Lust. Dabei ist mir völlig klar, dass nicht alle Anfragen oder Probleme zur Zufriedenheit des Kunden gelöst werden können. Aber irgendeine Reaktion des Unternehmens ist aus meiner Sicht absolut erforderlich. Und sei es nur, dass man die Unterhaltung in die regulären Customer-Service-Kanäle lenkt und sich dann »offline« darum kümmert. Das ist besser als keine Antwort.

Als kurze abschließende Bemerkung möchte ich einen Einblick in das *Social Customer Care Setup* bei Opel geben. Wir haben insgesamt vier *Customer Care Agents*, die sich um die Anfragen in Facebook und Twitter kümmern. Sie scannen diese Plattformen proaktiv und entscheiden selbst, wann und wie sie eingreifen. Sollte gerade keine Anfrage vorliegen, bearbeiten diese Agents normale E-Mail- oder Telefonanfragen. Der Service Level liegt bei 24 Stunden. Das heißt, spätestens 24 Stunden, nachdem ein Kunde gepostet hat, bekommt er eine Reaktion von Opel. Es wird nicht einfach sein, solch einen Prozess in jedem Unternehmen durchzusetzen, aber Kunden erwarten mehr und mehr diese Form der Problemlösung. Darauf müssen sich alle Unternehmen einstellen, wenn sie Social Media richtig machen wollen.

Meine ganz persönliche Checkliste für alle, die sich einen Stern im Community-Management verdienen möchten:

- Halten Sie sich an die Studie zum erfolgreichen Community-Management aus diesem Beitrag.
- Definieren Sie Themen, machen Sie einen Redaktionsplan, und optimieren Sie diesen.
- Fragen Sie Ihre Community, was diese von Ihnen hören will.
- Knüpfen Sie frühzeitig Kontakte zum Customer-Service-Team Ihres Unternehmens (falls es eines gibt), und definieren Sie einen Prozess für Service-Anfragen auf den Social-Media-Kanälen.
- Nutzen Sie Internet-Meme für sich.

Zum Autor

Alexander Lengen ist Lehrer für die Sekundarstufe II (Fächerkombination Englisch und Sozialwissenschaften) und hat das Staatsexamen an der Universität Bonn abgelegt. Allerdings sind Schüler bisher verschont geblieben. Nach dem Abschluss hat er zunächst als Presseprecher bei Burton Snowboards gearbeitet, bevor er den Sprung in die New Economy gemacht hat. Bei eBay und PayPal Deutschland war er in verschiedenen Positionen in Marketing und Öffentlichkeitsarbeit tätig, zuletzt als Social Marketing Officer bei PayPal, dem größten Online-Bezahldienst der Welt. Seit 2011 ist Alexander Lengen beim Autohersteller Opel für den Bereich Social Media verantwortlich.

Über die Adam Opel AG

Die Adam Opel AG ist als einer der ersten europäischen Autohersteller in Social Media aktiv geworden – schon seit 2008, damals noch mit mehreren Blogs rund um das Thema Entwicklung von Fahrzeugen und für einen Blick hinter die Kulissen. Derzeit (21. Februar 2013, 14:45 Uhr) hat Opel mehr als 1,3 Millionen Fans auf Facebook. Auf der deutschen Seite allein sind es knapp 300.000. Das Besondere daran ist: Dies geschah ohne »Fanning«, das heißt ohne Fanzukauf über Werbung, wie es bei vielen großen Unternehmensseiten durchaus üblich ist. Wie aber, und vor allem über welche Themen unterhält man sich mit der Community? Übrigens ist diese Frage auch für kleine Communities relevant – sie gilt für den kleinen Bioladen um die Ecke, der eine Facebook-Seite mit 20 Fans hat, genauso wie für den Konsumgüterhersteller mit Millionen von Fans.

Gaming auf Facebook in der Likes Lounge

In diesem Kapitel:
- PAYBACK in Social Media
- Die Likes Lounge wird geboren
- Erste Gehversuche und Erfolge
- Neuland mit dem Platzhirsch
- Wohin die Reise geht

Von PD Dr. Cai-Nicolas Ziegler und Dr. Tobias Bürger
PAYBACK

Zusammenfassung: In diesem Kapitel zeigen wir, wie wir mithilfe von Ansätzen aus dem Bereich der »Gamification« in Facebook eine innovative und völlig neue Marketing-Plattform errichtet haben. Die »Likes Lounge« wurde dabei von Cai-Nicolas Ziegler erdacht, konzipiert und auf den Weg gebracht. Er hat auch das Team aufgebaut, das jetzt für die Lounge verantwortlich zeichnet. Nun liegt sie in den Händen von Tobias Bürger, der ihre Geschicke maßgeblich steuert. Sie reichert das bekannte PAYBACK-Programm mit völlig neuen Komponenten an und erschließt neue und junge Zielgruppen. Wir demonstrieren in diesem Kapitel auch, wie diese Plattform verschiedene Typen von Spielernaturen anspricht.

Website: *www.payback.net*

Facebook: *www.facebook.com/payback*

PAYBACK in Social Media

Das Programm PAYBACK mit seinen diversen Angeboten ist außer in Social Media in einer großen Breite von Kanälen präsent, darunter maßgeblich im Online, Mobile und Direct Mailing. So können die Nutzer auch mit einer App Coupons direkt auf ihrem Smartphone empfangen und aktivieren oder auf der Online-Plattform (*www.payback.de*) Angebote zum Sammeln von Punkten (auch bei Partnern im E-Commerce) wahrnehmen.

Seit 2010 ist PAYBACK in Social Media aktiv, vornehmlich in Facebook, aber ebenso mit einem Weblog und – in eingeschränktem Maße – auf Google+. Um das Sammeln von Punkten sozialer und noch spielerischer zu gestalten, beschloss PAYBACK, mit der »Likes Lounge« in Facebook neue Wege zu beschreiten und damit neue und junge Zielgruppen zu erschließen.

Von null auf Social Media

Mit zwei internen Mitarbeitern an Bord und unterstützt von externen Social-Media-Experten wagte sich PAYBACK 2010 voller Tatendrang an das Thema Social Media heran, damals noch ohne die beiden Autoren dieses Kapitels. Erste Erfahrungen mit dem firmeneigenen Blog waren bereits gesammelt, und nun waren alle Augen auf Facebook gerichtet, den Stern am Social-Media-Himmel.

Doch warum eigentlich Facebook, und wieso überhaupt Social Media neben all den anderen existenten digitalen Kanälen im PAYBACK-Programm? Dafür gab es eine Reihe guter Gründe, die bis heute ihre Gültigkeit nie eingebüßt haben:

- PAYBACK hat es sich zum Ziel gesetzt, überall dort zu sein, wo der Kunde ist. Und viele unserer Kunden sind auf Facebook unterwegs, nämlich deutlich über die Hälfte. Von diesen wiederum nutzen über 70 % Facebook sogar täglich. Dies zeigte eine Online-Umfrage mit mehr als 500 ausgewählten PAYBACK-Nutzern sowie ein Panel des bekannten Marktforschungsunternehmens Nielsen.

- Zudem bietet Social Media die einzigartige Möglichkeit, mit unseren Kunden in einen wahren Dialog zu treten und zu erfahren, was sie bewegt: was ihnen gefällt, genauso aber auch was ihnen *miss*fällt.

- Als dritter Faktor lässt sich die Nutzung von Facebook als adäquater Kanal für die Beantwortung von Kundenanfragen im Sinne eines Kundenservice-Centers anführen. Die Telekom geht bei »Telekom hilft« mit bestem Beispiel voran, und PAYBACK tut es ihr gleich, wenn auch nicht mit gleicher Mannstärke.

Folgerichtig baute das Team die Facebook-Fanpage zur Adressierung der drei genannten Punkte auf und aus: Fortan wurden Kampagnen aus anderen Kanälen und programmübergreifende Kampagnen – wie beispielsweise die »5-fach Völler«-Kampagne im Herbst

2011 – für Social Media umgearbeitet und auf dieses Medium angepasst.

Zudem wurden mit den Partnern, allen voran *dm*, Kampagnen und Facebook-Apps eigens für den Kanal Social Media kreiert. Bei den meist kleinen und nur einige Wochen aktiven Apps muss der Nutzer Aufgaben lösen und erhält hierfür PAYBACK-Punkte oder qualifiziert sich für den Gewinn eines Preises – so geschehen beispielsweise bei der Facebook-App »5 Tage, 5 Aufgaben« (siehe Abbildung 19-1), die PAYBACK gemeinsam mit *dm* entwickelte. Während des Kampagnenzeitraums konnte diese App sowohl von der Fanpage von *dm* aus wie auch von der Fanpage von PAYBACK erreicht werden. Das Ziel der App bestand vornehmlich darin, die Fangemeinde von PAYBACK zu der von *dm* zu machen und umgekehrt, was sehr gut funktionierte und beiden Fanpages rund 30.000 neue Fans bescherte – und dies zu einem günstigeren Preis, als es durch das Schalten von Facebook Ads hätte realisiert werden können.

◀ **Abbildung 19-1**
Die App »5 Tage, 5 Aufgaben« wurde von PAYBACK gemeinsam mit dm konzipiert und umgesetzt.

Mittels eines strukturierten Redaktionsplans stimmen wir derartige Kampagnen und jegliche weitere Kommunikation auf unsere Nutzer ab. Dabei findet sich jeder »Post«, der veröffentlicht wird, auch in diesem Redaktionsplan wieder. Dieser wird vom Social Media Marketing Manager im Team von Tobias Bürger mit dem notwendigen zeitlichen Vorlauf mit allen involvierten Parteien abgestimmt. Der Vorlauf bewegt sich in einer Spanne von einigen Tagen bis hin zu mehreren Wochen. Letzteres ist zum Beispiel bei weit im Voraus geplanten Apps der Fall, wie bei der erwähnten »5 Tage, 5 Aufgaben«-App. Wir berücksichtigen stets die goldene Regel, dass pro Tag nicht mehr als ein »Post« abgesetzt werden sollte, um die Nutzer nicht »zuzumüllen«. So kann die Wertigkeit von Content erhalten und die Wahrnehmung als »Spam« vermieden werden.

Tipp Vermeiden Sie inflationäres Posten. Orientieren Sie sich stattdessen an der goldenen Regel »ein Post pro Tag«.

Neben der Außenkommunikation nutzt PAYBACK die Fanpage, um Feedback von den Kunden zu erhalten. Hierzu analysiert einer unserer Community-Manager täglich jegliche Kommentare und Fragen der Nutzer, beantwortet diese und erstellt zugleich eine Zusammenfassung der »top-10 pain points« – also eine Liste der Dinge, welche die Nutzer am PAYBACK-Programm am stärksten monieren. Diese Liste wird einmal pro Monat mit allen Fachabteilungen geteilt, so dass diese entsprechend Maßnahmen ableiten und gegensteuern können.

Service-Requests, wie beispielsweise Anfragen von Kunden, warum Punkte noch nicht gutgeschrieben wurden, werden vom Community-Manager zur Beantwortung an einen Mitarbeiter im Customer Service Center weitergeleitet. Dies hat mitunter den Grund, dass der Kunde zur Beantwortung der Anfrage seine PAYBACK-Nummer nennen muss. Und diese PAYBACK-Nummer sollte sich natürlich nicht als Kommentar auf der Fanpage wiederfinden – für jeden offen und lesbar für die Ewigkeit.

Die Likes Lounge wird geboren

Mitte 2011 beschloss PAYBACK, sein Engagement auf Facebook zu verstärken und komplett neue Wege zu beschreiten, weit über die Nutzung einer Fanpage als bidirektionales Kommunikationsmedium hinaus:

Die Idee der »PAYBACK Likes Lounge« als einer innovativen Plattform in Gestalt einer Facebook-App wurde von Cai-Nicolas Ziegler entwickelt. Er übernahm als Führungskraft und maßgeblicher Architekt der Geschäftsmodelle und spielerischen Mechaniken das Social-Media-Team und erweiterte es um zwei Produktmanager, die nahezu ausschließlich mit der Konzeption und Implementierung betraut waren sowie mit der Betreuung über den Zeitpunkt des Go-Live hinaus.

Die Likes Lounge sollte dem Nutzer zum einen Dienste anbieten, die er aus anderen Kanälen kennt, wie beispielsweise die Anzeige des Punktestands oder die Möglichkeit, seine Coupons direkt dort zu aktivieren. Andererseits sollte sie ihm eine völlig neue Welt bieten, mit innovativen Formaten von Kampagnen. Zwei Attribute charakterisieren dabei die Ausrichtung und Positionierung der Likes Lounge maßgeblich, die als Zielgruppe vor allem die jüngeren PAYBACK-Nutzer zwischen 25 und 35 Jahren anspricht:

Spielerisch: Passend für die Welt von Facebook soll der Nutzer durch spielerische Art und Weise, nämlich das Lösen von Aufgaben und Herausforderungen, in die Lage versetzt werden, noch mehr begehrte PAYBACK Punkte zu sammeln. Diese spielerische Herangehensweise wird auch als »Gamification« bezeichnet, auf deutsch also die »Verspielifizierung« des Punktesammelns.

Gemeinsam: Während der PAYBACK-Nutzer in allen »konventionellen« Kanälen – an der Kasse, online oder mobil – allein seine Punkte sammelt, sollte die Likes Lounge es ihm ermöglichen, gemeinsam mit Freunden zu punkten. Sprich, manche der eben genannten Aufgaben und Herausforderungen lassen sich nur im Verbund mit den Facebook-Freunden lösen, die ebenso PAYBACK-Kunden sind. Dies trägt dem sozialen Charakter von Facebook Rechnung.

Von der Idee zum Konzept ...

Wie nun aber die Idee in ein gangbares Konzept formen und in weiterer Folge umsetzen? In puncto Gamification ist die Likes Lounge mitunter von Foursquare[1] inspiriert, das mit Fug und Recht als die »Mutter aller Gamification-Anwendungen« bezeichnet werden darf.[2] Eines der zentralen Elemente von Foursquare sind die »Bad-

---

1 Siehe *www.foursquare.de*.
2 Interessanterweise entfernt sich Foursquare heute von Gamification und sieht sich mehr als dezentrale Plattform mit lokalem Content.

ges«, eine Art Auszeichnung, die der Benutzer für das Absolvieren von Aufgaben erhält.

Bei Foursquare sammelt der Benutzer fleißig Badges, ohne dass er aus diesen einen realen Vorteil abzuleiten vermag. Bei der Likes Lounge ist dies anders: Hier sind Badges häufig an einen solchen realen Vorteil gekoppelt, meistens in Form von PAYBACK-Punkten, die mit dem Erwerb des Badge einhergehen.

Abbildung 19-2 ▶
Die Idee der Badges ist von Foursquare inspiriert, allerdings sind bei der Likes Lounge reale Vorteile an deren Erhalt gekoppelt.

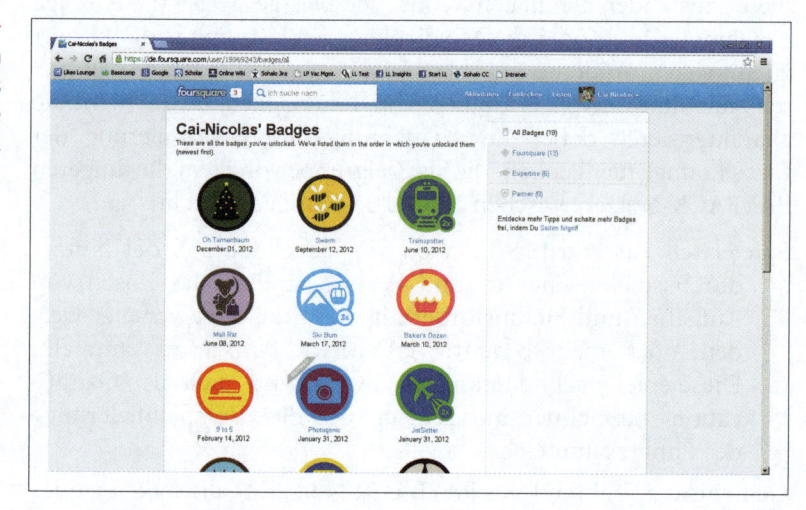

Die Einführung der Badges kommt somit der Etablierung einer »Parallelwährung« gleich, denn nun sammelt der PAYBACK-Nutzer nicht nur Punkte, sondern eben auch Badges. Zumindest in der Likes Lounge.

Abbildung 19-3 ▶
In seinem Badge-Schrank sieht der Nutzer der Likes Lounge sämtliche Badges, die er bereits erspielt hat.

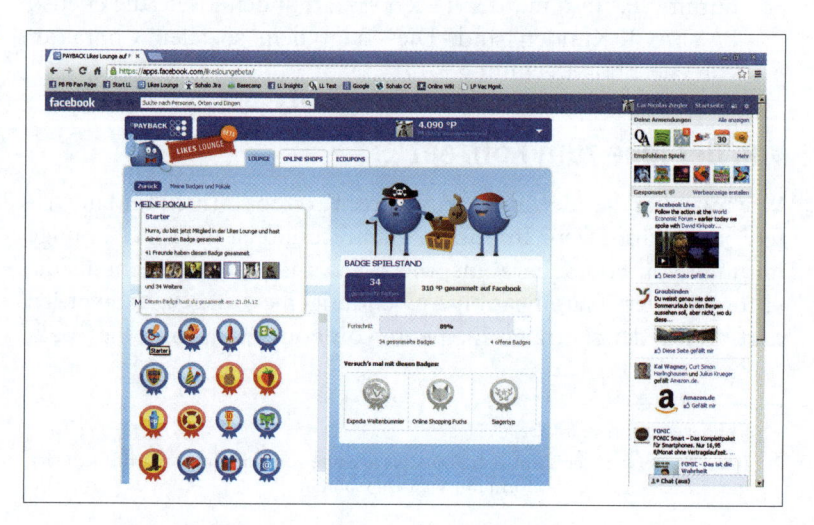

Kapitel 19: Gaming auf Facebook in der Likes Lounge

Die Aufgaben hinter den Badges sind sehr verschieden und beziehen sich auf Herausforderungen, die der Nutzer einerseits *innerhalb* von Facebook absolvieren muss, wie auch auf Dinge, die er *außerhalb*, zum Beispiel im Ladengeschäft eines PAYBACK-Partners erfüllen kann. Die Aufgaben, die zum Erwerb eines Badge führen, werden dabei als »Missionen« bezeichnet. Die Likes Lounge unterscheidet die folgenden Typen von Missionen:

Facebook-interne Missionen: Für das Absolvieren dieser Missionen bewegt sich der Nutzer vorrangig in Facebook. Hier muss der Nutzer zum Beispiel erfolgreich eine App eines Partners durchspielen, an einer Facebook-Umfrage teilnehmen und dabei die richtige Antwort tippen (à la »Wer wird Fußballeuropameister?«) oder einen versteckten »Post« ausfindig machen und »liken«.

Was ist Gamification?

Das Konzept der »Gamification« setzt eine *spielerische* Klammer um jegliche Tätigkeiten, die sich hierzu eignen. Das kann beispielsweise auch das tägliche Herausbringen des Mülls sein.

Es beruht auf der Beobachtung, dass der Mensch von Natur aus spielerisch veranlagt ist und diesen Spieltrieb auch auszuleben sucht – dies eben nicht nur im Rahmen von Computer- oder Gesellschaftsspielen, sondern nahezu immer und überall: sei es morgens in der U-Bahn, wenn es darum geht, sich an den Massen vorbei doch noch in den Waggon hineinzumanövrieren, oder sei es auf der Autobahn, wenn man sich zum Ziel setzt, die täglich gefahrene Strecke zeitlich zu unterbieten.[3]

Gamification-Ansätze hat man sich auch bei den sogenannten »games with a purpose« zunutze gemacht: Dort werden die Nutzer dazu animiert, spielerisch sinnvolle Tätigkeiten durchzuführen, wie etwa das Verschlagworten von Bildern oder die Suche nach auffälligen Mustern in Weltraumaufnahmen.

Bekanntestes Beispiel für angewandte »Gamification« sind jedoch Vielfliegerprogramme, wie beispielsweise »Miles & More« der Lufthansa: Hier werden dem Nutzer, also dem Vielflieger, Herausforderungen gesetzt, die darin bestehen, dass er nach Wegen suchen muss, möglichst viele Statusmeilen zu erfliegen, um so innerhalb eines gesetzten Zeitrahmens den nächsten Statuslevel zu erreichen (zum Beispiel »Senator«).

Gamification-Ansätze können unterschiedlich ausgeprägt sein: Bartle[4] hat eine Klassifikation in verschiedene Grundtypen vorgenommen. Die Einteilung von Spielern erfolgt dabei entlang der Ziele, die sie beim Spielen verfolgen, und eignet sich somit sehr gut für das Aufsetzen eigener Gamification-Konzepte. Bartle unterscheidet folgende vier Typen (siehe auch Abbildung 19-4):

→

---

[3] Aufgrund der offensichtlichen gesundheitlichen Risiken ist diese Form des Auslebens des Spieltriebs durchaus zu überdenken.

[4] Siehe *http://en.wikipedia.org/wiki/Bartle_Test* für weiterführende Information zum Thema »Klassifikation von Spielertypen«

- Der *Achiever* organisiert sich nach Zielen. Die Erfüllung eines Ziels, wie beispielsweise das Erreichen des nächsten Status-Levels, ist dabei die oberste Maxime.
- Hingegen zieht der *Killer* seine Befriedigung aus dem Besiegen anderer Mitspieler, Kollegen etc. Er möchte nicht nur gewinnen, sondern insbesondere *gegen* andere gewinnen.
- Der *Socializer* ist oftmals weiblich und vornehmlich bestrebt, soziale Bindungen aufzubauen. Dieser Spielertypus ist der Grund, warum es im Multi-Player-Spiel »World of Warcraft« möglich ist, zu heiraten.
- Zu guter Letzt ist da noch der *Explorer*, dessen Leitmotiv in der Entdeckung von Neuem und Ungesehenem liegt.

Die Likes Lounge adressiert vornehmlich den Spielertypus »Achiever« und »Socializer«, ebenso aber auch den »Explorer«.

Facebook-externe Missionen: Repräsentanten dieser Gattung von Missionen erfordern die Nutzung des PAYBACK-Programms. Eine Facebook-externe Mission ist z. B. der »All Star«: Bei dieser Mission muss der Nutzer bei mindestens drei der vier großen Partner von PAYBACK, also *Galeria Kaufhof*, *dm*, *Aral* und *real*, innerhalb eines bestimmten Zeitraums PAYBACK-Punkte gesammelt haben – und zwar eben nicht in Facebook (wobei dies zum Teil auch möglich ist), sondern ganz konventionell im Ladengeschäft.

Abbildung 19-4 ▶
Bartle klassifiziert Spieler nach vier Basistypen.

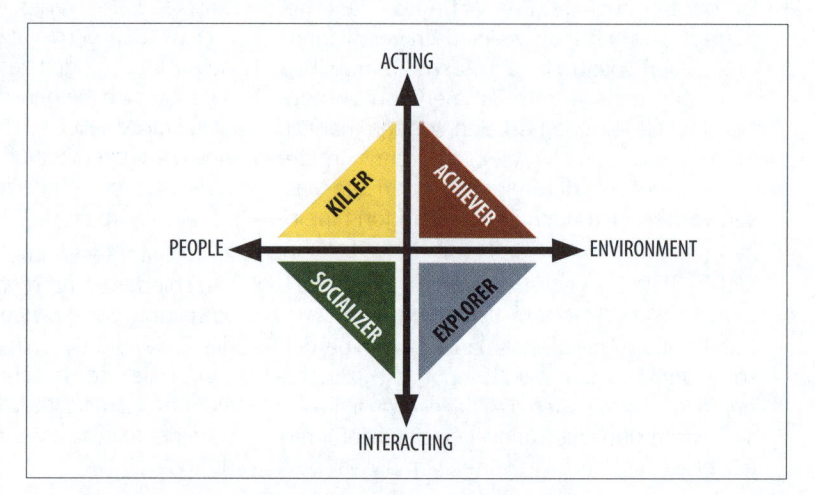

... und vom Konzept zur Umsetzung

Die Implementierung der Likes Lounge wurde im November 2011 begonnen und im Mai 2012 nach erfolgreichem Testen und Qualitätssicherung vollendet.

Dann fiel der Startschuss, und unsere Schöpfung wurde der Feuertaufe unterzogen. Ausgestattet mit 20 Missionen, die pro Monat im Schnitt um zwei weitere Badges ergänzt werden, wurde die Likes Lounge als integraler Bestandteil auf der PAYBACK-Fanpage eingebunden.

Erste Gehversuche und Erfolge

Die ersten Missionen in der Likes Lounge decken das gesamte Spektrum ab: Die Nutzer können zum Start Facebook-interne Missionen sowie Missionen mit PAYBACK-Programm-Bezug absolvieren. Daneben gibt es auch »hybride« Missionen, die Charakteristika von beiden Typen in sich vereinen. Bestes Beispiel hierfür ist die »Punkte-Quartett«-Mission: Bei dieser muss der Nutzer, gemeinsam mit seinen Facebook-Freunden in der Likes Lounge, innerhalb eines gewissen Zeitraums eine bestimmte Anzahl PAYBACK-Punkte sammeln.

Spielbare Missionen werden dem Nutzer immer im Bereich »Deine Missionen« angezeigt (siehe Abbildung 19-5). Hier verfolgen wir das Ziel, dem Nutzer immer seinen »nächsten Schritt« zu erläutern und ihn dazu zu motivieren, kontinuierlich weiterzuspielen.

◀ **Abbildung 19-5**
Der Spieler erhält einen kleinen Überblick über noch ausstehende Missionen in der Box »Deine Missionen«.

Zu Beginn wird der Nutzer durch einen Badge belohnt, den er für die Installation der Likes Lounge bekommt. Einen weiteren Badge erhält direkt im Anschluss für die Verknüpfung der App mit seinem PAYBACK-Konto. Diese und andere Basis-Badges haben zum Ziel, dem Nutzer auf spielerische Weise die Mechanismen und Funktionsweise der Likes Lounge näherzubringen.

Aller Anfang ist leicht

Zudem ist es durchaus gewollt, dass jene ersten Badges leicht zu erlangen sind. Wir orientieren uns damit an einem Prinzip, auf das sich sämtliche Spiele stützen: Das Ermöglichen früher Erfolge, welches das menschliche Belohnungssystem anspricht und dadurch den Aufwand kompensiert, den der Nutzer erbringen muss, um die grundlegenden Konzepte zu erlernen. Im späteren Verlauf steigt der Schwierigkeitsgrad hinsichtlich der Erfüllung von Mission linear und zum Teil auch überproportional an.

Das Erlernen der Likes Lounge wird weiterhin durch geheime Missionen motiviert, die dem Nutzer nicht näher erläutert werden. Er muss somit selbst herausfinden, wie er sie lösen kann. Geheime Badges kann er zum Beispiel erlangen, nachdem er bestimmte Aktionen in der Likes Lounge durchgeführt hat oder sich positiv durch verstärkte Interaktion mit anderen Spielern auf der Fanpage hervorgehoben hat. Wie unschwer zu erkennen ist, sprechen wir mit diesen geheimen Badges verstärkt den »Explorer«-Wesenszug von Spielern an.

Erhält ein Nutzer einen Badge für die erfolgreiche Durchführung einer geheimen Mission, so werden seine Freunde darauf aufmerksam und wollen den Badge auch bekommen – ein Prinzip, dessen sich sämtliche »social games«, allen voran das bekannte Farmville[5] von Zynga, bedienen.

Spielerisch und sozial

Einige Missionen fördern die spielerische Auseinandersetzung mit dem PAYBACK-Programm, da ihre erfolgreiche Durchführung eine gewisse Aktivität im Programm erfordert, wie etwa das Sammeln einer bestimmten Anzahl von Punkten bei einem zuvor festgelegten Partner im PAYBACK-Programm.

Andere Badges wiederum fördern die Zusammenarbeit mehrerer Freunde in der Likes Lounge und appellieren somit an die »Socializer«-Komponente des menschlichen Spieltriebs. Dies ist z.B. der Fall beim zuvor erwähnten »Punkte-Quartett«, wo der Nutzer die

---

5   Siehe *www.facebook.com/farmville*

Mission nur dann erfolgreich abschließen kann, wenn er mit seinen Freunden gemeinsam 400 Punkte innerhalb eines Kalendermonats gesammelt hat.

Die »Glorreichen Sieben« und der Status

Schon früh nach dem Start der App haben wir den ersten Status-Badge eingeführt, der die Nutzer motivieren soll, sich anhand ihrer monatlich gesammelten Punkte mit ihren Freunden zu messen: den »Glorreiche Sieben«-Badge. Dieser Badge wird jeden Monat neu an die Spieler vergeben, die von allen Spielern in der Likes Lounge die meisten monatlichen Punkte im Programm gesammelt haben.

◀ **Abbildung 19-6**
Gewinner des »Glorreiche Sieben«-Badges »outen« sich und geben den anderen Likes-Lounge-Spielern Tipps.

Der »Glorreiche Sieben«-Badge ruft Reaktionen in der Nutzerschaft hervor, wie wir sie aus Frequent-Flyer-Programmen kennen: Anerkennung und Neid. Die Nutzer zollen den erfolgreichen Gewinnern in Anbetracht ihrer erzielten Leistung Respekt, sind zugleich aber auch neidisch, da der besagte Badge so eine seltene und hohe Auszeichnung ist, die sie selbst noch nicht erlangt haben. Dies führt so weit, dass Nutzer auf der Fanpage von PAYBACK die Frage stellen, wie man im PAYBACK-Programm so viele Punkte sammeln kann.

Hier kommt nun das uralte menschliche Prinzip von Status zum Tragen: Dieses besagt, dass Status nur dann einen positiven Effekt für seinen Besitzer hat, wenn er ihn auch zeigen kann: Und genau das tun viele der erlauchten »Glorreichen Sieben« – sie »outen« sich und geben sich auf der Fanpage als solche zu erkennen (siehe Abbildung 19-6). Mit dem Effekt, dass sie den anderen Nutzern erzählen, wie sie noch mehr punkten können.

Die Partner kommen an Bord

Einige Monate nach dem Launch und motiviert ob der guten Ergebnisse sprangen die ersten Partner auf den Zug auf, um eigene Badges in der Likes Lounge zu vergeben, mit dem Ziel, den Nutzern spielerisch ihre Marke näherzubringen.

Partnerkampagnen in der Likes Lounge können hierbei unterschiedliche Zwecke erfüllen:

- Unterstützung der Viralisierung von Kernbotschaften
- Stärkung der Präsenz des Partners in Facebook
- Erhöhung der Markenbekanntschaft bei den Kunden
- Stärkung der Bindung des Kunden an eine Marke

So haben sich Partner-Badges auch als probates Mittel erwiesen, um den Facebook-Kampagnen der jeweiligen Partner (zum Beispiel in Form von Gewinnspiel-Apps) einen signifikanten Zustrom von Nutzern zu bescheren. In vielen Fällen waren mehr als die Hälfte der Nutzer jener Partner-Apps treue Anhänger der Likes Lounge, die über den respektiven Badge in die App gelangt waren.

Seit dem Beginn der Likes Lounge sind mehr als 50 Badge-Kampagnen durchgeführt worden. Mehr als 120.000 Spieler haben zusammen 550.000 Badges gesammelt.

Im September übernahm Tobias Bürger das Social-Media-Team und leitete fortan die Geschicke vor allem auch der Likes Lounge. Das Social-Media-Team ist nun als eines von fünf Teams der Abteilung *Online Product Management* zugeordnet, die Cai-Nicolas Ziegler im gleichen Zug übertragen wurde.

Neuland mit dem Platzhirsch

Im Februar 2013 führten wir den ersten wirklichen Status-Badge ein, der die »Offline-Welt« mit der »Online-Welt« verbindet: den Platzhirsch. Den Platzhirsch erhält derjenige Spieler, der von allen Nutzern der Likes Lounge in einem Monat die meisten Punkte in einer Filiale eines Partners sammelt – es wird hierbei in jeder *Filiale* heftig um den Platzhirsch gekämpft. Im nächsten Monat kann sich der Platzhirsch dann über eine Vervielfachung seiner gesammelten Punkte in allen Filialen dieses Partners freuen.

Der Platzhirsch wurde in einer Testphase mit unserem Partner *dm* erprobt, und schon nach dem ersten Monat konnten wir eine vollständige Abdeckung über alle *dm*-Märkte in Deutschland erreichen – es wurden mehr als 1.500 Platzhirsche gekürt.

Das Konzept des Platzhirsches ist dem Mayorship-Konzept in Foursquare ähnlich. Allerdings hat Letzteres den entscheidenden Nachteil, dass neben dem Erhalt des Titels »Mayor« für eine Lokalität meist kein weiterer Vorteil für den Spieler ableitbar ist. Beim Erhalt des Platzhirsches hingegen ist genau dieser reale Vorteil gegeben, nämlich durch die Vervielfachung der im nächsten Kalendermonat beim entsprechenden Partner gesammelten Punkte.

Bereits im ersten Monat der Auslobung dieses Badge war die Resonanz darauf sehr gut, was sich vor allem durch die hohe Zahl an Kommentaren auf der Fanpage widerspiegelte – wie auch dadurch, dass in nahezu allen der knapp 1400 *dm*-Märkte ein Platzhirsch gekürt werden konnte.

Gleichwohl war die Resonanz nicht auf alle Badges so gut wie auf die gezeigten. Insbesondere Badges, die auf den Kauf von Produkten bei kleineren Partnern abzielen, und Badges bezogen auf das Einlösen von Punkten in Prämien hatten häufig eine deutlich geringere Reichweite.

Wohin die Reise geht

Obwohl es uns gelungen ist, bereits nach neun Monaten mehr als 125.000 Spieler in die Likes Lounge zu locken, besteht eine der größten Herausforderungen darin, noch weiter zu wachsen und das Potenzial der aktuell 650.000 Fans[6] auf der PAYBACK-Fanpage noch weiter auszuschöpfen.

---

6 Stand: Januar 2013

Wir planen durch das kontinuierliche Veröffentlichen von neuen herausfordernden Missionen, durch das Testen neuer Formate und mittels eines umfassenden Statuskonzeptes, das die Aktivität in der Likes Lounge, aber auch im PAYBACK-Programm widerspiegelt, noch mehr Nutzer in die Likes Lounge zu locken und die Aktivität der bestehenden Nutzer zu steigern.

Die Entwicklung der Nutzerzahlen der Likes Lounge ist auch sehr stark an PR- und Marketingaktivitäten in anderen PAYBACK-Kanälen geknüpft, wie etwa Newsletter oder Website. Ein großer Anstieg der Nutzerzahlen konnte interessanterweise oft dann erreicht werden, nachdem Print-Mailings über die Likes Lounge berichtet hatten.

Aus diesem Grund versuchen wir, die Verknüpfung der Likes Lounge mit den anderen PAYBACK-Kanälen zu erhöhen, indem wir etwa Badges für mobile Aktionen vergeben, sowie daran arbeiten, den Badge-Schrank als Kernelement der Website zu etablieren. Dies alles tun wir mit dem großen Ziel vor Augen, das gesamte PAYBACK-Programm spielerischer und sozialer zu gestalten und hierdurch auch gerade in jüngeren Kundenschichten die Durchdringung noch weiter zu erhöhen.

The game is on.

Zu den Autoren

Cai-Nicolas Ziegler studierte Informatik an der Universität Passau und der Université Laval in Québec, Kanada. Im Anschluss promovierte er an der Universität Freiburg und der University of Minnesota im Bereich Künstliche Intelligenz über maschinelles Lernen. Nach der Doktorarbeit arbeitete er drei Jahre bei der Siemens AG, Corporate Technology, und setzte nebenher seine Habilitation fort. Danach wechselte er als Strategieberater für knapp drei Jahre zur Boston Consulting Group, zuletzt als Project Leader, wo er auch seine Habilitation vollendete. Seit über zwei Jahren ist er bei der PAYBACK GmbH, baute dort das Social-Media-Programm der Likes Lounge auf und leitet aktuell die Abteilung *Global Product Management Online* mit fünf Teams, darunter auch Social Media.

Tobias Bürger studierte ebenfalls an der Universität Passau Informatik. Im Anschluss daran verbrachte er fünf Jahre in verschiedenen Forschungsinstitutionen, wo er in großen europäischen Projekten – zum Teil in leitender Funktion – die Zukunft des Internets mitgestaltete. Während seiner Zeit an der Universität Innsbruck hat er in Informatik promoviert und dort ein Team geleitet, das sich mit Incentivierungstechniken, kollaborativer Wissengenerierung und der Unterstützung von sozialen Applikationen (wie etwa Wikis) mittels semantischer Technologien beschäftigte. Daneben hat er jahrelange praktische Erfahrung im Online-Bereich gesammelt und wirkte aktiv an Web-Standards im W3C mit. Zuletzt arbeitete er bei der Unternehmensberatung Capgemini an IT-Projekten im Medienbereich. Seit einem Jahr ist er bei der PAYBACK GmbH und leitet dort die Themen Personalisierung und Social Media.

Über Payback

PAYBACK ist Deutschlands größtes Bonusprogramm, das im Jahr 2000 vom Erfinder und Gründer Alexander Rittweger gemeinsam mit den Gesellschaftern Lufthansa und Roland Berger ins Leben gerufen wurde. Heute zählt das Programm über 20 Millionen Teilnehmer in Deutschland und ist auch in anderen Ländern, etwa in Indien, Polen und Mexiko, marktführend.

PAYBACK zeichnet sich dadurch aus, dass der Kunde nicht nur bei *einem* Anbieter Punkte für getätigte Einkäufe sammeln kann, sondern bei einer *Vielzahl* von Partnern. Die Bandbreite der Partner deckt nahezu alle Bereiche des täglichen Konsums ab – im stationären Handel, aber auch online und mobil. Dazu zählen zum Beispiel die Drogeriekette dm-drogerie markt, die Warenhauskette Galeria Kaufhof, der Hypermarket real, der Mineralölkonzern Aral, die Online-Reiseplattform expedia.de usw. Die erworbenen Punkte kann der PAYBACK-Nutzer in Warengutscheine der Partner oder in attraktive Prämien einlösen. Er kann sie aber auch spenden oder in Miles&More-Meilen umwandeln.

Gestern noch belächelt, heute voll integriert: Recruiting via Twitter

In diesem Kapitel:
- Ins Social Web gestolpert
- Twitter – was sonst?
- Erst denken, dann handeln
- Zwei Jahre später die Nr. 1
- Auf einem Bein steht es sich schlecht
- Und was bringt's nun?

Von Robindro Ullah
Deutsche Bahn

Zusammenfassung: Mit diesem Beitrag erhalten Sie Einblicke in einen 5-jährigen Prozess bei der Deutschen Bahn (DB): meinen Start in Social Media. Wie das bei einem der größten Arbeitgeber Deutschlands ablief, stelle ich Ihnen in diesem Beitrag vor. Erstaunlicherweise sind aber viele Erfahrungen konzernunabhängig – es mag sogar sein, dass die Größe der Deutschen Bahn einiges vereinfacht hat, was im ersten Moment absurd klingen mag. Wir sind damals unprofessionell in der Social-Media-Wüste Deutschland als einer der ersten gestartet und haben uns bis heute zu einem professionellen Social-Media-Player in der deutschen Unternehmenswelt im Kontext Human Resources entwickelt. Heute gibt es ein Team mit der »Hütchenfunktion« Social Media. Was aber viel wichtiger ist: Heute gibt es im Recruiting der Deutschen Bahn das Bewusstsein, dass Social Media von allen gemeinsam gelebt und gestemmt werden muss. Letzteres ist der wirkliche Erfolg, den wir vorweisen können.

Websites: *www.db.de, https://karriere.deutschebahn.com*

Twitter: *www.twitter.com/dbkarriere*

Facebook: *www.facebook.com/dbkarriere*

YouTube: *www.youtube.com/dbkarriere*

Ins Social Web gestolpert

Es begann alles 2007, als man mich aus den Tiefen der angewandten Mathematik ins damalige »Hochschulmarketing« holte. Die DB hatte längst erkannt, worin das Problem bei der Rekrutierung junger Hochschulabsolventen bestand: mangelnde Transparenz. Die vielfältigen Berufe und Entwicklungswege des Konzerns waren in der Öffentlichkeit schlichtweg nicht bekannt. Einfache Komplexitätsreduktion oder eben vorherrschender Informationsmangel hatten das Bild der DB auf zwei Berufsbilder schrumpfen lassen: das des Lokführers und das des Schaffners. Die weitaus vielfältigere Jobpalette blieb hinter einer analogen »Post & pray«-Mentalität verborgen: Man schaltete Anzeigen und wartete dann einfach auf Bewerbungen.

Mein Auftrag war klar: »Schaffen Sie Transparenz.«

Zu der Zeit fielen mir die ominösen und verschrienen »Social Media« in die Hände. Getarnt als StudiVZ machten sie Schlagzeilen, und man berichtete vom gläsernen Menschen und dem Verlust der Privatsphäre – kurzum: von der absoluten Transparenz. Auf die Spitze wurde dies dann 2008 mit den ersten größeren Berichten zu Twitter getrieben. Jeder, der sich dort registrierte, wurde angeblich quasi bei der Registrierung zu einem offenen Buch, von jedermann einsehbar. In den Augen eines noch unerfahrenen Personalers im Bereich Personalmarketing war das die Allzweckwaffe, um dem verkannten Konzern auf die Beine zu helfen.

Twitter – was sonst?

Sich direkt auf Twitter zu stürzen, war genauso wie auch heute wenig plausibel. Die Wahl war lediglich aus dem Umstand geboren, dass StudiVZ längst erkannt hatte, dass man sich Dienstleistungen im Bereich Personalmarketing gut bezahlen lassen kann. Facebook hatte sich damals in Deutschland noch keinen Namen gemacht, und mir stand kein Budget zur Verfügung. Ich folgte also der einfachen »Kein Budget, keine Ahnung, aber großes Presse-Echo«-Logik und entschied mich für den Kanal Twitter.

Nun kann man gern der alten »Connecting the dots«-Strategie folgen, im Sinne von »Im Rückblick hat man alles richtig gemacht« und behaupten, der Erfolg von *@DBKarriere* war von vornherein klar, und es musste ja so kommen – aber letzten Endes waren es zwei Dinge, die mir geholfen haben:

- der »FirstMover«-Bonus – also der Bonus derjenigen, die sich als erste in ein Medium hineinwagen
- die Tatsache, dass es damals noch niemanden interessierte, welche Fehler ich beging

Hätte ich heute die Möglichkeit, ein Unternehmen ins Social Web zu führen, würde ich vermutlich andere Wege gehen als damals.

Erst denken, dann handeln

Ende 2008 war meine Entscheidung nun aber auf Twitter gefallen, und zwar in Form eines »Corporate Accounts«. Es gibt meiner Meinung nach verschiedene Varianten, wie man einen Account – ein Unternehmenskonto – gestalten kann. Eine dieser Varianten ist der Corporate Account (das Unternehmenskonto) mit persönlichem Gesicht. Das heißt, der Leser weiß, wer für den Corporate Account schreibt. Weitere Varianten können Sie meinem Blog unter *http://s293054628.online.de/WordPress/2009/11/die-twitter-typologie/* entnehmen (z. B. reines Unternehmenskonto, Zwitterkonto, Mitarbeiterkonto etc.).

Erste Ideen und Ansätze, Mitarbeiter täglich über ihre Arbeit twittern zu lassen, waren an verschiedensten Hürden gescheitert. Sie erwiesen sich nicht zuletzt aber auch wegen mangelnder twitternder Mitarbeiter als nicht umsetzbar. Im zweiten Schritt, der dann zur Eröffnung von *@DBKarriere* geführt hat, habe ich auf große Beteiligungsrunden verzichtet. Die ursprüngliche Rückmeldung, dass Social Media eine vorübergehende Erscheinung sei, und ich gern ein wenig herumspielen könne, setzte ich in die Tat um.

Bei der Eröffnung eines Kanals – ganz gleich, in welchem Netzwerk Sie dies tun wollen – sollten Sie sich ganz wesentliche Fragen stellen:

- Ist meine Zielgruppe oder sind mögliche Multiplikatoren vertreten?
- Habe ich eine Kanalstrategie bzw. eine übergreifende Social-Media-Strategie?
- Stehen mir die Ressourcen zur Verfügung, die ich benötige, um meine Ziele umzusetzen?

Diese drei Fragen habe ich mir eingangs nicht gestellt. Mein Sinn für die Tragweite von Social-Media-Aktivitäten hatte sich damals noch nicht entwickelt, und mir waren die Ausmaße in keiner Weise bewusst. Zum Glück interessierte das damals jedoch tatsächlich niemanden – die Masse der Personalmanager bewegte sich eben noch nicht im Social-Media-Umfeld. Meine Optimierungen und Verbesserungen konnten relativ unbemerkt online durchgeführt werden. Lediglich die Erfolge wurden zur Kenntnis genommen. Heute würden Ihnen die Medien eine derartige Social-Media-Bauchlandung wohl kaum noch verzeihen. Das Öffnen eines Kanals im Social Web können Sie mit dem Auflegen einer neuen Zeitschrift vergleichen. Liegt diese erst mal im Kiosk, ist es zu spät, etwas daran zu ändern. Meine Top 5 Fehler (rückblickend) möchte ich Ihnen an dieser Stelle gern darlegen, um Sie zu ermutigen, diese zu vermeiden. Sie betreffen folgende Punkte:

- Motivation
- Persönlichkeit
- Stringenz
- Struktur
- Monitoring

Motivation

»Ein Corporate Account erklärt sich doch von selbst« oder »Meine Leser werden schon merken, worauf ich hinauswill« sind Mantras, die mich anfangs – wenn auch nicht explizit ausformuliert – begleiteten. Erst nachdem ich die ersten Follower gewonnen und durch unklare Botschaften wieder verloren hatte, begann ich, mich gewissenhafter mit der Selbstpräsentation in Form der »Bio« zu beschäftigen. Die Bio ist ein kleines Feld auf ihrem Twitter-Account, das Ihnen Raum gibt, sich selbst oder eben das Unternehmen darzustellen. Viele Möglichkeiten bietet Twitter nicht, um sich als Unternehmen oder Privatperson zu positionieren. Stellen Sie daher sicher, dass aus Ihrem Account hervorgeht, warum Sie diesen eröffnet haben. Sie sollten im Feld »Bio« kurz und knapp folgende Fragen zu beantworten:

- Was wollen Sie kommunizieren? Thema?
- Wen wollen Sie adressieren?

Persönlichkeit

Social Media ist ein dialogbasiertes Medium. Das schließt Monologe nicht per se aus, dennoch sollten Sie sich an dieser Philosophie orientieren. Zum Dialog gehört aber mehr, als sich nur mitzuteilen.

Neben dem Zuhören ist es wichtig, Dialoge auf Augenhöhe zu führen. Ein wesentlicher Baustein, der zu Letzterem beiträgt, ist die transparente Offenlegung derer, die die Kanäle operativ führen. Dem Arbeitgeber im Social Web ein oder mehrere Gesichter zu geben, hatte ich eingangs versäumt. Ich legte zunächst wenig Wert darauf, mich persönlich vorzustellen, merkte aber nach wenigen Monaten, dass es ein Unternehmen deutlich sympathischer macht und zugänglicher wirken lässt, wenn bekannt ist, wer hinter dem Twitter-Account steckt.

Stringenz

Versprechen Sie nichts, was Sie nicht halten können. Dazu gehört z.B., dass Sie Ihren Account nicht »Jobs« nennen sollten, wenn Sie gar keine Jobs posten. Sie sollten Ihre Bio auch nicht in englischer Sprache verfassen, wenn Sie auf Deutsch twittern – ein Fauxpas, den ich bei meinen Social-Media-Anfängen ebenfalls beging. Gestraft wurde diese Irreführung mit enttäuschten Englisch sprechenden Followern, die sich, nachdem sie die Bio gelesen hatten, einen englischsprachigen Twitter-Account erhofft hatten. Wer liest schon gern Tweets in einer Sprache, die er nicht versteht? Denken Sie an den Zeitschriftenvergleich. Wenn die Zeitschrift nicht das enthält, was auf dem Titel steht, produzieren Sie enttäuschte Leser. Gleiches gilt eben auch für Ihren Twitter-Account.

Struktur

Meine anfängliche Einstellung zu Redaktionsplänen und Struktur im Zusammenhang mit Social Media musste ich schnell revidieren. Authentizität, Transparenz und Spontaneität schließen Struktur und Planung nicht aus. Ganz im Gegenteil: Bei einem professionell geführten Unternehmenskanal helfen Ihnen Redaktionspläne, den Überblick zu behalten und eine gewisse Regelmäßigkeit sicherzustellen. Die Einführung des Redaktionsplans für *@DBKarriere* mit verschiedenen Tweet-Kategorien, Zeiten und Verantwortlichkeiten brachte im Sommer 2009 den Durchbruch für den Auftritt. Dies erfolgte alles federführend durch mich. Budget stand bis 2010 keines zur Verfügung. Meine Faustregel war: Ich benötige ca. 8 Stunden pro Woche pro Account. Hierin eingerechnet habe ich allerdings kein übergreifendes Monitoring.

Monitoring

Die Bedeutung von Monitoring hatte ich zu Beginn ebenfalls verkannt. Monitoring dient im Zusammenhang mit Twitter nicht nur der Erfolgsmessung, sondern vor allem der Steuerung. Es ist immens wichtig zu wissen, wer den Account liest bzw. ihm folgt. Hierzu müssen Sie regelmäßig Ihre Followerschaft beobachten. Treffen die Inhalte und die Sprache, die Sie gewählt haben, den Geschmack Ihrer Zielgruppe?

Nach meinem ersten Follower-Review musste ich feststellen, dass fast ausschließlich Personalberater, Journalisten und andere »Personalmarketeers« unsere Tweets lasen, woraufhin ich das inhaltliche Programm komplett umstieß und zielgruppenadäquater gestaltete. Anfangs durch die Twitter-Euphorie bestärkt, drehten sich ca. 90 % meiner Tweets um das Thema Twitter. Das sich davon keine Studenten angesprochen fühlten, war im Grunde klar. Nach dem ersten Review sprach ich dann das Verbot, auf Twitter über Twitter zu schreiben, aus, damit der Fokus auf Karrierethemen gelegt werden konnte.

Durch weitere Monitorings ließ sich so langfristig auch ein signifikanter Anstieg des Anteils an Studenten und potenziellen Bewerbern unter unseren Followern feststellen. Die beste Kennzahl bzw. Auswertung war leider die Auswertung der Bios von Hand. Dies haben wir einmal bei ca. 1.500 Followern durchgeführt und dann noch einmal 1.000 Follower später. Heute wäre das ein Aufwand, der nicht mehr zu rechtfertigen ist.

Kennzahlen

Kennzahlen, die wir uns des Weiteren ansehen sind:

- die Follower-Zahlen
- die Anzahl der Listungen (Diese Zahl finden Sie direkt neben ihrer Follower-Zahl auf Ihrem Account.)
- die Second-Order Follower (Das ist die Anzahl der Follower Ihrer Follower; vgl. bei Xing »Kontakte meiner Kontakte«.)
- die Zahl der Unfollows/Follows

Letzteres ist aus meiner Sicht die zweitwichtigste Erhebung. Nur weil Ihre Follower-Zahlen steigen, heißt das nicht, dass Sie nicht vielleicht doch von etlichen wieder verlassen werden. Letzteres ist in der Regel der Fall. Twitter zeichnet sich durch eine sehr sensible Leserschaft aus. Die Follower kommen und gehen, und dies im Auge zu behalten, kann Ihnen bei Ihrer Programmgestaltung sehr helfen.

Zwei Jahre später die Nr. 1

Im Jahr 2009 wurde @*DBKarriere* schließlich zur Nummer 1 im deutschen Personal-Twitter-Umfeld. Die Bedeutung des Accounts wuchs extern deutlich schneller als in der internen Wahrnehmung. Erst Mitte 2010 erregte @*DBKarriere* auch intern größere Aufmerksamkeit. Die zunehmende Anzahl an Followern (wir hatten zu dem Zeitpunkt ca. 4.000 Follower, Tendenz steigend) und die damit verbundene Medienmacht beeindruckten plötzlich nicht nur externe Personaler-Kollegen, sondern auch die interne Kommunikation und den Marketingbereich. Social Media war an vielen Stellen im Konzern zum Hauptgesprächsthema geworden. Dies führte auf der einen Seite zu einer wachsenden Reputation des Recruiting-Bereichs, rief auf der anderen Seite aber auch Neider auf den Plan, und Kompetenzkämpfe kündigten sich an.

Nachfolgeplanung

Anfang 2010 machte sich dann ein weiterer Stolperstein bemerkbar, und zwar der des Wissenstransfers. Ich sollte den Job wechseln. Über Jahre einen Kanal mit zunehmender Bedeutung aufzubauen, ohne sich über die nachhaltigen personellen Ressourcen Gedanken zu machen, kann fatal sein.

Social Media ist kein Thema, das Sie einfach an einen x-beliebigen Nachfolger übertragen können. Es muss eine Bereitschaft bestehen, das Thema aufzunehmen und es ein Stück weit zu leben. Einen Nachfolger für mich zu finden, der sich auch dieses Themas annehmen wollte und konnte, stellte sich 2010 als größere Herausforderung heraus.

Die Präsenzen der DB sowohl auf Twitter als auch auf Facebook und YouTube hatten sich zu relevanten Größen entwickelt. Wir machten gerade unsere ersten Gehversuche auf »Location Based Services« (das sind standortbasierte Netzwerke, wie *Foursquare*, *Gowalla* oder *Facebook Places*) – alles war im Aufstreben. Social Media war nicht länger mehr das Hirngespinst der Personalabteilung, sondern bekam konzernweit Bedeutung. Vertrieb, Unternehmenskommunikation und weitere Bereiche hatten erkannt, dass es sich um keinen vorübergehenden Trend handelte.

In dieser Phase war es nicht denkbar, durch den Weggang einer Person alle Aktivitäten »On Hold« zu setzen, bis ein Nachfolger gefunden war. Hat man die Social-Media-Welt erst einmal mit einem Unternehmen betreten, gibt es, salopp gesagt, kein Zurück mehr. Also erklärte ich mich bereit, dieses Thema neben meiner neuen Tätigkeit weiter mit zu betreuen und fortzuführen. Eine Chance, die Sie nur haben, wenn der-/diejenige so wie ich innerhalb des Unternehmens wechselt.

Auf einem Bein steht es sich schlecht

Das Social Web bringt tagtäglich Neuerungen hervor, die oftmals sehr spitz gedacht sind. In einem Medium, an dem sich potenziell die ganze Welt beteiligen kann, müssen Netzwerke eigentlich keine Allrounder mehr sein. Spezialisierungen treffen oft auf ausreichend Teilnehmer. So haben verschiedene Netzwerke ihre Stärken und Schwächen. Mit dieser Erkenntnis wird man zwangsläufig zu dem Ergebnis kommen, dass man als Unternehmen eine umfassende Social-Media-Strategie benötigt, die sich über mehrere Netzwerke erstreckt. So kam es, dass auch wir uns von einer Twitter-Fokus-Strategie lösten und dazu übergingen, uns Netzwerke bewusst auszuwählen, die unseren Vorstellungen und Wünschen entsprachen. Ausgehend von den Stärken der verschiedenen Netzwerke haben wir uns, wie bereits erwähnt, nach Twitter an Facebook und YouTube herangetastet. Im Folgenden möchte ich kurz die Rolle der einzelnen Netzwerke innerhalb der Gesamtstrategie skizzieren.

Twitter

Eine besondere Stärke des Netzwerkes Twitter ist die enorme Geschwindigkeit, mit der die Informationen verbreitet werden können. Das Netzwerk an sich ist derart einfach gestrickt, dass keinerlei Hürden die volle Entfaltung von viralen Effekten verhindern. Die Menge an Informationen, die platziert werden können, ist allerdings stark eingeschränkt, weswegen sehr viele Tweets Links zu weiterführenden Informationen enthalten. In eine Gesamtstrategie übersetzt, kann Twitter als Speerspitze eingesetzt werden, als Teaser, als Übermittler und Ankündiger.

Bei uns konkret sind dies oft Messeankündigungen. Wir machen via Twitter z.B. darauf aufmerksam, dass man unsere Recruiter in 2 Wochen auf der *bonding Aachen* treffen kann. Dann twittern i.d.R die Recruiter live vor Ort, und im Nachgang wird ein Facebook-Post mit Fotos und ggf. anderen Materialien eingestellt.

◀ **Abbildung 20-1**
DB Karriere auf Twitter

Facebook

Eines der mittlerweile größten sozialen Netzwerke ist bekanntlich Facebook. Kaum eine Zielgruppe ist dort nicht vertreten. Von diesem Reichtum an Profilen darf man sich aber nicht leicht blenden lassen, denn nicht jede Zielgruppe, die auf Facebook unterwegs ist, möchte auch über dieses Medium angesprochen werden. Das Netzwerk ist stark bilateral orientiert. Der überwiegende Anteil an Beziehungen muss bestätigt werden, und Informationen können nicht ohne Weiteres Freundeskreise verlassen. Kennzahlen wie der »EdgeRank« beschneiden die Viralität und Sichtbarkeit.

Hinweis	Der EdgeRank ist eine Kennzahl, die – vereinfacht gesagt – bestimmt, ob das, was Sie posten, bei Ihren Freunden in der Kategorie »Hauptmeldungen« landet oder unter »Neueste Meldungen« verschwindet. Sie bestimmt damit die Sichtbarkeit Ihrer Posts.

Von unschätzbarem Wert sind aber die Ausdrucksmöglichkeiten auf Unternehmens-Fanpages. Ihnen stehen deutlich mehr Zeichen zur Verfügung als bei Twitter, und es besteht die Möglichkeit, Berichte durch Fotos und Videos aufzupeppen. Hier werden Geschichten greifbar, und die Bündelung der Kommentare und Likes bietet mehr Übersicht. Hier können Sie also hervorragend Geschichten erzählen und den Dialog aufgreifen. Was wir immer wieder gern über Facebook publizieren, sind unsere Special Events. Zum Beispiel haben wir am Valentinstag Rosen an Passanten im Münchner Hauptbahnhof verteilt, die alle am Stil ein kleines Karrierekärtchen hatten. Wir sind an dem Tag mit sehr vielen Menschen ins Gespräch gekommen und konnten die DB als Arbeitgeber positionieren. Aber was wir vor allem auch gemacht haben, sind Fotos. Diese haben wir dann im Nachgang inklusive Bericht bei Facebook eingestellt, was noch mehr Aufmerksamkeit erregt hat.

Abbildung 20-2 ▶
DB Karriere auf Facebook

YouTube

Stärker noch als Worte sind Bilder. Filme und Fotos sind die Zukunft des Social Webs – Bilder aufgrund ihrer Barrierefreiheit in Bezug auf Sprachgrenzen, Videos aufgrund der potenzierten Möglichkeiten, Emotionen darzustellen.

Die besondere Stärke dieses Kanals liegt nicht nur darin, die Videos überall unkompliziert einbinden zu können, sondern vor allem auch in der Entwicklung zu einer der größten Suchmaschinen weltweit. Will ich als Zielgruppe beispielsweise wissen, was der Beruf *Fahrdienstleiter* bei der DB eigentlich beinhaltet, kann ich via YouTube-

Suche einen Film finden, der mir diesen Beruf anschaulich erläutert bzw. einen Fürsprecher zeigt.

Wir haben zuletzt unseren »Kein Job wie jeder andere«-Film dort eingestellt und von dort aus in andere Medien eingebunden. Unter anderem konnten Mitarbeiter auf diese Weise unkompliziert den Film über den Embedded Code in ihren Blog einfügen, was einen weiteren Vorteil dieser Plattform zeigt.

Fazit

Das sind also die drei Kanäle, die wir uns ausgesucht haben und die sich in einer umfassenden Kommunikationsstrategie hervorragend ergänzen. Jedes dieser Netzwerke bietet einen Baustein, der uns hilft, eine crossmediale Strategie aufzubauen und umzusetzen.

Twitter dient als Speerspitze und Bote, Facebook ist der Content-Lieferant und Geschichtenerzähler, und YouTube ist der Künstler, der alles bunt und greifbar macht.

Und was bringt's nun?

Die Anfänge von Social Media haben uns gezeigt, dass es zunächst kein »Rekrutierungs-Tool« ist. Die Stärke dieses Mediums bzw. der verschiedenen »sozialen Medien« liegt klar im Personalmarketing, und so positionierten wir eher die Arbeitgebermarke, als dass wir harte Rekrutierungserfolge vorweisen konnten. Hierin lag aber auch die wesentliche Botschaft an die Personalentscheider. Social Media ist ein Personalmarketing-Tool und muss in eben diese Prozesse voll integriert werden. Die Kennzahlen, an denen man den Erfolg misst, dürfen daher im ersten Schritt nicht aus den Einstellungszahlen abgeleitet werden.

Wir mussten erst lernen, zu verstehen, dass Social Media ein unfertiges »Tool« ist. Es ist nichts, was Sie einkaufen können und was dann von der ersten Stunde an funktioniert. Social Media entwickelt erst Potenziale, wenn Sie

- die Nutzung perfekt beherrschen und die Kanäle in das Tagesgeschäft voll integriert haben;
- die notwendige Reputation eigenständig aufgebaut haben. In diesem Medium gibt es keine Reputation, die Sie sich leihen können, wie es bei einer Zeitungsanzeige der Fall sein kann.

Mit diesem Wissen ging die Entscheidung einher, das Social-Media-Personalmarketing auf professionellere Beine zu stellen.

Content is King

Bei der Deutschen Bahn hat es knapp drei Jahre gedauert, bis Twitter als Tool nicht mehr aus dem operativen Personalmarketing wegzudenken war. Irgendwann muss der Punkt kommen, an dem Sie sagen, dass Twittern Teil des Tagesgeschäfts eines Recruiters ist. Sie denken die Tweets automatisch mit und liefern Content.

Im Grunde genommen waren es am Anfang zwei Schritte, die uns das Ziel »voll integrierter Social-Media-Auftritt« in greifbare Nähe gebracht haben:

- Der erste Schritt war der Aufbau eines Redaktionsplanes. Zunächst war in diesen lediglich Twitter eingebunden. Nachdem wir weitere Kanäle eröffnet haben, wurde der Redaktionsplan um Facebook und YouTube erweitert. Hierbei ging es nicht nur darum, zu planen, wann welche Inhalte wo geliefert werden. Vielmehr war die Intention, aus einer Geschichte das Maximum an Viralität und Inhalt durch Einsatz verschiedener Netzwerke mit unterschiedlichen Stärken herauszuholen.
- Schritt zwei war die Befähigung der Recruiter, die Kanäle adäquat zu bedienen und zu nutzen. Sie mussten Content entdecken, diesen einschätzen lernen und je nach Art entweder in den Redaktionsplan einfließen lassen oder direkt posten.

Für die Schulung meiner Recruiter wurde ich 2012 mit dem *HR Excellence Award* ausgezeichnet. Viele der Schulungsinhalte finden Sie ebenfalls auf meinem Blog wieder, und Sie können mich über diesen auch gern direkt kontaktieren, sollten Sie noch Fragen haben.

Wo stehen wir heute?

Wir haben heute ein eigenständiges Online-Personalmarketing-Team, das einen starken Social-Media-Fokus hat. Fünf Jahre, nachdem das Projekt Social Media mit Twitter gestartet ist, kann man heute von einer Integration in Rekrutierungs- und Personalmarketingprozesse sprechen. Personelle Ressourcen wurden bereitgestellt, und man hat die Bedeutung und die Macht dieser Welt verstanden. Denn Social Media steckt zu kleinen Anteilen in der Arbeit aller Recruiter und Personalmarketingverantwortlichen – selbst wenn es ein oder zwei Hauptverantwortliche gibt. Nichtsdestotrotz ist es ein nie endender Prozess von Lernen, Entdecken und Umsetzen.

Wenn Sie mich heute fragen, was ich rückblickend anders machen würde, kann ich Ihnen sagen: »Nichts.«

Wenn Sie mich jetzt fragen, ob ich ein Unternehmen heute wieder so ins Social Web führen würde, kann ich Ihnen sagen: »Nein.«

Rückblickend habe ich mir mithilfe des DB-Auftritts die sozialen Medien für das Personalmarketing erschlossen – dabei habe ich Glück gehabt, ein wenig Narrenfreiheit und Rahmenbedingungen, wie man sie heute wohl nie wieder vorfinden wird. Der gesamte Prozess war aber ein sehr wertvolles Learning, der uns als Unternehmen dorthin geführt hat, wo wir heute stehen. Deshalb würde ich rückblickend alles genauso wieder tun.

Startet man erst heute, so steht man vor ganz anderen Rahmenbedingungen, und man kann daher mein Vorgehen von damals nicht kopieren. Fehler, die andere Unternehmen bereits gemacht haben, sollte man nicht wiederholen. Das Social Web bietet mittlerweile ausreichend Transparenz, um sich all die Fehltritte auch ansehen zu können. Ein heutiger Launch sollte hoch analytisch betrachtet werden und sehr genau geplant sein. »Einfach mal machen« war gestern – heute steht Professionalität an oberster Stelle. Damit möchte ich Sie nicht davon abbringen, Dinge auszuprobieren. Ich möchte Sie lediglich davor bewahren, Fehler zu wiederholen, die andere schon einmal gemacht haben.

Zum Autor

Als studierter Wirtschaftsmathematiker entdeckte Robindro Ullah das Personalmanagement erst Mitte 2007 für sich. 2005 bei der *DB Fernverkehr AG* als Trainee im Bereich *Revenuemanagement* eingestiegen, baute er ab Anfang 2008 das Thema Social Media im Bereich Personal bei der DB auf. Ende 2009 gründete der Social-Media-Pionier bei der DB den Bereich *ZusatzServices* für den Konzern. Die Aufgabe war, innovative neue Wege der Beschäftigungssicherung überwiegend älterer Mitarbeiter zu finden. Parallel zur Leitung des Bereichs *ZusatzServices* trieb Robindro Ullah weiterhin das Thema Social Media im Personalbereich voran. Seit Anfang 2012 leitet er den Bereich *Personalmarketing und Recruiting Süd* der Deutschen Bahn, wo er sich unter anderem mit Konzepten zum »Recruiter 2.0« oder »Recruiting the next Generation« befasst.

Über die Deutsche Bahn

Die Deutsche Bahn ist ein internationaler Anbieter von Mobilitäts- und Logistikdienstleistungen und agiert weltweit in über 130 Ländern. Kern des Unternehmens ist das Eisenbahngeschäft in Deutschland mit mehr als fünf Millionen Kunden täglich im Personenverkehr und mehr als einer Million Tonnen beförderter Güter pro Tag. Mehr als zwei Millionen Kunden sind täglich mit unseren Bussen in Deutschland unterwegs. Insgesamt wickeln wir auf unserem modernen, rund 33.600 Kilometer langen und für Wettbewerb geöffneten Streckennetz täglich über 30.000 Zugfahrten ab.

Spezial-Reiseveranstalter als Facebook-Experiment

In diesem Kapitel:
- Die Founding Story
- Relevant Content is King!
- Fans sind wichtig – aktive Fans sind wichtiger
- Aufwand und Manpower
- Die Fans als »Reason why«
- Meine persönlichen Tipps

Von Jürgen Sievers
KiteWorldWide

Zusammenfassung: Auf dem Hamburger Weihnachtsmarkt entstand die »Glühwein-Idee«, einen Spezial-Reiseveranstalter für Kitesurfer zu gründen. Anfangs eher als Hobby gedacht, wurde mithilfe von Social Media, geschicktem Content Marketing und außergewöhnlichen Reiseangeboten der inzwischen beliebteste Anbieter für diese kleine, aber feine Zielgruppe.

Websites: *www.kiteworldwide.com*, *www.27social.de*

Facebook: *www.facebook.com/kiteworldwide*

Blog: *www.kiteworldwide.com/blog*

Vimeo: *www.vimeo.com/kiteworldwide*

Die Founding Story

Anfang 2009 wurde aus der am Glühweinstand in Hamburg Altona enstandenen Idee ein konkreter Plan. Mein Geschäftspartner York Neumann und ich hatten einen Stichtag anvisiert. Zum jährlich im Sommer stattfindenden Kitesurf Worldcup in St. Peter Ording – dem weltweit größten Kitesurf-Event – sollte das Grundgerüst stehen.

Ich war seit 2002 als Kitesurfer in der ganzen Welt unterwegs – in Brasilien, Vietnam, zum Segeln in der Karibik oder einfach nur auf Rügen und in St. Peter Ording. Alles mit nur einem Ziel: Wind und Wellen mit Board und Kite surfen und eine gute Zeit haben. Immer

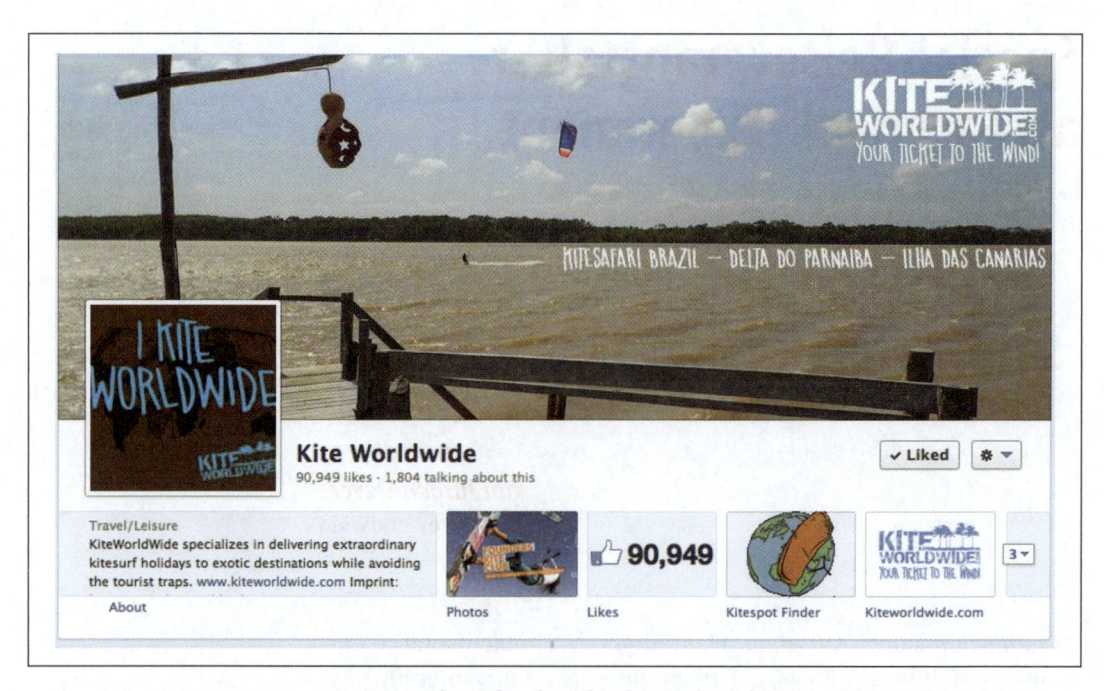

Abbildung 21-1 ▲
Facebook-Seite von KiteWorldWide

mit Freunden, die das gleiche Ziel verfolgten. Aber jedes Mal mussten wir unsere Reisen selber organisieren. Es gab keine vernünftigen Informationsquellen außer Google Earth und eher weniger verlässlichen Windstatistiken.

So kam die Idee auf, doch mal »richtige« Kitereisen abseits des Massentourismus und der eingefahrenen Ziele anzubieten. Es sollten außergewöhnliche Destinationen sein und auf die Kunden abgestimmte, sinnvolle Pakete, die auch Anfängern in diesem jungen Sport den Einstieg so einfach und sicher wie möglich machen.

Da wir keine verlässlichen Zahlen über die Marktgröße hatten, haben wir uns einfach gedacht: »Lass uns mal anfangen.« Aber als richtiges Business, von dem nicht nur unsere Mitarbeiter, sondern auch wir eventuell wirklich leben können, haben wir unser kleines Baby erst viel später betrachtet.

Startkapital hatten wir auch. Immerhin 1.000 Euro. Insgesamt.

Die Basis bildete die bestehende GmbH des Mitgründers York, die alle notwendigen Lizenzen und Versicherungen zum Betrieb eines Reiseveranstalters inklusive einer kleinen Bürofläche in Hamburg St. Pauli bot. Hinzu kamen Kontakte und Zufälle, die den Grundstein für die ersten drei Produkte – also drei verschiedene Reiseangebote – legten.

Eine Website wurde von einem befreundeten Grafiker designt und von einem Entwickler umgesetzt. Dazu gab es noch einen Flyer, den wir beim Worldcup an Autofenster klemmten.

Heute ist KiteWorldWide Marktführer im deutschsprachigen Raum und der lebende Beweis, dass man ein Business auf der Basis von Social Media Marketing aufbauen kann. Das Kitesurf-Magazin »Kitelife« unternahm im Dezember 2012 eine Studie mit über 2.000 Teilnehmern, in der KiteWorldWide als der beliebteste Reiseveranstalter für Kitesurf-Reisen genannt wurde.

Kitesurfen und die Kitesurfer

Kitesurfen ist ein recht junger Funsport. Anfang dieses Jahrtausends aufgekommen, entwickelt sich diese Sportart erst seit ca. 2007 zum Massenmagneten. Bis dahin konnte man Kitesurfen mangels breitentauglichen und wirklich sicheren Materials als Extremsport bezeichnen. Doch die Entwicklung neuer Kites – diese ca. 8 bis 15 Quadratmeter großen Lenkdrachen, die den Sportler mithilfe des Windes auf einem kleinen Surfbrett-ähnlichen Ding über das Wasser gleiten lassen – ließ diesen Sport in den letzten Jahren boomen. Neue Technologien, Schnitte, Materialien und nicht zuletzt Sicherheitssysteme haben zu einer erheblichen Risikominimierung geführt, die Unfälle bei sachgemäßer und sorgsamer Handhabung ausschließt. Heutzutage kann eigentlich jeder relativ schnell die Grundzüge dieser faszinierenden Sportart erlernen – egal ob als sechsjähriges Kind oder als 66-jähriger Senior.

Kitesurfen ist ein teurer Sport und wird daher – entgegen der landläufigen Meinung – nicht nur von Jungspunden ausgeübt. Es sind vielmehr besserverdienende, nach Abenteuer und Freiheit lechzende Mittdreißiger bis -fünziger, die die Kernzielgruppe bilden.

Nichtsdestotrotz ist Kitesurfen eine Nischensportart. Und Kitesurf-Reisen sind sicherlich eine der kleinsten Nischen, die man sich als Reiseveranstalter suchen kann. Die Deutschen sind Reiseweltmeister; jedes Jahr werden fast 70 Mio. Urlaubsreisen unternommen. Aktuelle Schätzungen besagen, dass davon etwa zwei Millionen mit dem Hauptmotiv »Sport« gebucht werden. Kitesurf-Reisen wurden allerdings nur ca. 15.000 unternommen. Mehr Nische geht also wirklich kaum.

Unsere Kunden sind also die sprichwörtliche Nadel im Heuhaufen. Neben der Website, die unsere Produkte beschreibt und als erste

Kontaktmöglichkeit dient, suchten wir deshalb nach einem Magneten, der die Nadeln aus dem Heuhaufen zieht.

Unser Magnet: Facebook

Direkt mit dem Start der Website, dem ersten Flyer und dem Worldcup war die KiteWorldWide-Facebook-Seite live. Den Anstoß hierzu gab ein Freund, der gerade aus New York nach Berlin gezogen war und vom Facebook-Hype in den USA erzählte.

Der Titel dieses Kapitels lautet »... als Facebook-Experiment«, denn ein klarer Fokus des Marketings lag bei KiteWorldWide seit jeher auf Facebook. Wir sind seit dem Start unseres Unternehmens mit einer Facebook-Seite online. Das war im Juli 2009, als nur wenige deutschsprachige Unternehmen in dem Netzwerk vertreten waren. Seither und immer noch geben wir knapp Dreiviertel des Marketingbudgets für diesen Kanal aus.

Ich habe irgendwann mal im Physikunterricht gelernt, dass man bei einem Experiment immer nur eine Stellschraube verändert, um die Auswirkungen dieser Veränderung bestimmen zu können: »Im typischen naturwissenschaftlichen Experiment werden bestimmte Einflussgrößen einer Situation systematisch verändert und die dadurch hervorgerufenen Änderungen anderer Größen, der abhängigen Variablen, gemessen«, sagt Wikipedia zum Thema Experiment und dessen Variablen.

Sicherlich ist »Dreiviertel« für ein wirklich wissenschaftliches Experiment nicht ausreichend. Zumindest aber übersteigt es die von Henry Ford bezifferten 50% des Marketings. (»Ich weiß, die Hälfte meiner Werbung ist hinausgeworfenes Geld. Ich weiß nur nicht, welche Hälfte.«)

Gerne bezeichne ich also KiteWorldWide als Facebook-Experiment. Wir sind ein Unternehmen, das aufgrund einer Kern-Marketingmaßnahme seit inzwischen fast vier Jahren kontinuierlich wächst und die direkte Konkurrenz überholt hat. Ursache und Wirkung sind also klar erkennbar.

Eine Facebook-Seite ist zwar kostenlos, sinnvolles Marketing auf der Plattform ist es aber nicht. Es erfordert zum einen einen hohen Aufwand bei der Produktion und beim Kuratieren relevanter Inhalte. Zum anderen ist die Schaltung von Facebook-Anzeigen essenziell für den nachhaltigen Fan-Aufbau, die Erhöhung der Reichweite und damit den Erfolg der Seite.

Relevant Content is King!

Wir verstehen dabei unsere Facebook-Seite nicht als Werbeplattform. Vielmehr haben wir durch redaktionelle Inhalte eine Informationsplattform aufgebaut, die eher einem Online-Magazin ähnelt.

▼ **Abbildung 21-2**
Beispiel für einen Beitrag mit Link

Dabei posten wir nicht nur eigene Inhalte, sondern auch Videos, Bilder und News anderer Anbieter. Da wir im Gegensatz zu gedruckten Magazinen nicht auf Anzeigenschaltungen angewiesen sind, können wir eine objektive Auswahl gewährleisten und damit ausschließlich relevante Inhalte posten. Content ist also immer King, die Relevanz für die Nutzer entscheidend.

Direkte Kaufangebote mit Preisen sind dabei ein absolutes Tabu. Wir halten auch nicht viel von der Integration von Shops innerhalb von Facebook. Unser Vertriebskanal ist und bleibt die Website. Zu dieser lenken wir die Nutzer durch redaktionelle Inhalte und einen Link, der zu passenden Reisen führt. So verbinden wir Bilder, Videos und News, die mit unseren Angeboten zu tun haben, mit unserer Website.

Fans sind wichtig – aktive Fans sind wichtiger

Noch immer messen die meisten Unternehmenslenker und Entscheider den Erfolg einer Facebook-Seite an der Anzahl der Fans: mein Auto, mein Haus, meine Yacht, meine Facebook-Fans.

So kommt es, dass eine Seite zwar zig-tausend Fans haben kann, aber einzelne Beiträge oft nicht mehr als eine Handvoll »Likes« und noch weniger Kommentare erzeugen.

Das Stichwort heißt *Edge Rank*. Dieser ausgeklügelte Algorithmus, der im Hintergrund jeder digitalen Bewegung und Aktion auf Facebook läuft, bestimmt, was die User sehen – und was sie nicht zu sehen bekommen.

Deshalb ist es von essenzieller Bedeutung, die Performance der Beiträge und damit auch der Facebook-Seite zu messen. Facebook selber bietet hierfür ein umfassendes Statistik-Tool namens *Insights* an, mit dem die Anfänge sicherlich stark erleichtert werden.

Man bekommt einen Überblick über die Aktivität auf der eigenen Seite und die Performance der einzelnen Beiträge. Ebenso über die demografische Verteilung der Fans nach Alter, Geschlecht, Wohnort bzw. Land und Sprachen. Interessant ist auch die Reichweite der Seite, die ein Indikator für die Qualität der Beiträge bzw. der Fans ist. Nur gute und relevante Beiträge treffen einen Großteil der Nutzer, andere erreichen meist nur einen Bruchteil der Fans.

Social Media Monitoring

Wenn man tiefer in die Materie einsteigen will, um bspw. seine eigene Seite mit anderen zu vergleichen, kommt man an der Nutzung eines externen Tools kaum vorbei. Wir nutzen hierfür das kostenpflichtige Tool *socialBench*.

Mit socialBench (*www.socialbench.de*) lässt sich die Performance einer beliebigen Facebook-Seite anhand von KPIs messen. Hierzu gehören neben der Fan-Anzahl und deren Wachstum auch die Interaktionen mit Beiträgen und die Aktivität von Usern auf der Fanpage. Außerdem lassen sich Events in der Vergangenheit auswerten und die Entwicklung historisch betrachten. Wir generieren daraus nützliche Informationen über das Nutzerverhalten und die Relevanz von unseren Beiträgen. Ebenso vereinfacht dies die Beobachtung von Mitbewerbern sowie weiterer relevanter Seiten auf Facebook.

Ausblick – Differenzierung

Der Edge Rank ist der Grund, warum wir jetzt dazu übergehen, für einzelne Destinationen eigene Facebook-Seiten zu erstellen. Denn in manchen Orten, z.B. Kapstadt (siehe Abbildung 21-3), produzieren wir so viel spannenden Content, dass wir damit unsere Hauptseite überfluten würden. Diejenigen Fans, die sich mit einem einzelnen Reiseziel explizit auseinandersetzen wollen, können sich mit der entsprechenden Reiseziel-Facebook-Seite verbinden. Dort bekommen sie Content, der für ihr Interesse relevant ist. Das bedeutet natürlich Mehraufwand, aber wir merken, dass auch schon kleine Facebook-Seiten mit einer noch spitzeren Zielgruppe eine Bedeutung für Verkäufe haben können.

◀ **Abbildung 21-3**
Screenshot der Facebook-Seite »KiteWorldWide Mansion Cape Town«

So haben wir für einzelne unserer Destinationen eigene Facebook-Seiten aufgebaut. Wenn wir die vielen Inhalte, die wir aus manchen Zielen bekommen, auf der KiteWorldWide-Page posten würden, könnte dies für die Masse uninteressant werden. Für diejenigen, die sich mit einer so speziellen Seite verbinden, ist es wiederum sehr relevant, und somit ist die Chance auf Interaktion höher.

Aktive Zielgruppenansprache durch Word-of-Mouth und Facebook-Anzeigen

Neben den möglichst relevanten Beiträgen auf der Facebook-Seite nutzen wir die Möglichkeit der Facebook-Anzeigen, um bspw. eine höhere Reichweite und Interaktion von Beiträgen zu erwirken. Wir setzen Facebook-Anzeigen auch für ausgewählte Kampagnen ein und um die Zahl unserer Fans stetig zu steigern.

Insbesondere die Targeting-Möglichkeiten sind für uns als Anbieter in einem sehr kleinen Nischenmarkt sehr vorteilhaft.

Exkurs: Facebook-Anzeigen

Bei Facebook-Anzeigen hat man zunächst einmal die Wahl, für eine Sache auf Facebook oder eine externe Seite zu werben. Es gibt dabei unterschiedlichste Anzeigenplatzierungen. Die wohl bekanntesten sind die Anzeigen am rechten Bildschirmrand. Aber inzwischen kann man auch Anzeigen gezielt für den Desktop- oder Mobile-Newsfeed schalten. Ein unter kleinen Unternehmen eher unbekanntes Format ist der *Log Out Screen*, also die Seite, die man nach dem Ausloggen aus Facebook sieht. Hier können z. B. Banner oder Videos platziert werden. Letztere kann man auch nur direkt bei Facebook und ab einem bestimmten Volumen buchen, wohingegen die anderen Anzeigen im Anzeigenmanager auf Facebook selbst gestaltet und geschaltet werden können.

Hier kann auch die Zielgruppe ausgewählt werden. Mögliche Stellschrauben sind dabei typische Merkmale wie Geschlecht, Alter und Region. Aber auch Beziehungsstatus, Arbeitsplatz und Ausbildung sind Merkmale, nach denen man filtern kann. Wirklich spannend wird es bei der Auswahl der Interessen. Jede Facebook-Seite spiegelt dabei ein sogenanntes Interesse wider – sei es nun ein Hobby, ein Künstler, eine Musikrichtung, eine Marke oder ein Land.

Man sollte bei der Zielgruppenauswahl eine gewisse Kreativität an den Tag legen und sich fragen, was seinen potenziellen Kunden gefallen könnte. So richten wir unsere Anzeigen nicht nur an Kitesurfer, sondern auch an solche, die evtl. irgendwann welche werden könnten, da sie bestimmte Interessen haben. So sind für uns sicherlich Windsurfer oder Snowboarder interssant. Im Anzeigentool ausgewählte Interessen dieser User können also die ausgeübten Sportarten sein. Aber wir denken auch weiter und zielen beispielsweise auf Leute, die bestimmte Musik hören oder Fans von bestimmten Sportlern sind.

Bereits während der Justierung dieser Zielgruppenauswahl zeigt Facebook an, wie viele Personen mit der Anzeige erreicht werden können, also wie viele Leute diese Merkmale aufweisen.

Als sehr hilfreich für die Erstellung einer Vielzahl von Anzeigen hat sich der *Facebook Power Editor* erwiesen. Hierbei handelt es sich um eine für den Browser Chrome erhältliche App, in der man Anzeigen offline und in Bulk erstellen kann.

Mehr Infos zum Power Editor gibt es hier: *https://www.facebook.com/help/332626706817162/*

Facebook veröffentlicht in unregelmäßigen Abständen umfassende Informationen zu den Angeboten für Werbetreibende. Ein aktuelles Media Kit mit Infos zu allen erdenklichen Anzeigenformaten kann man u. a. im Facebook-Blog von *Allfacebook* runterladen:

http://allfacebook.de/wp-content/uploads/2013/01/Facebook-Media-Kit-2013.pdf

Das Facebook-Anzeigentool für schnelle MaFo

Man kann sich das Anzeigentool aber auch zur ganz schnellen Marktforschung (MaFo) zunutze machen. Wie oben erwähnt, zeigt Facebook die Anzahl der Nutzer in einer bestimmten Zielgruppe an. Wir standen 2012 vor der Entscheidung, einen weiteren Markt zu bearbeiten, und konnten so mit dem Facebook-Anzeigentool das Potenzial konkret des Reiseziels xy – also die Anzahl der evtl. für unsere Reisen infrage kommenden Nutzer – abschätzen.

▼ **Abbildung 21-4**
Anzeigentool Zielgruppenauswahl: Das Facebook-Anzeigentool inkl. Zielgruppenauswahl

Aufwand und Manpower

Wir werden oft nach dem Aufwand gefragt, den wir für die Pflege unser Social-Media-Präsenz betreiben. Für KiteWorldWide gibt es insgesamt eine Person, die die Facebook-Seite(n) betreut und die Inhalte aggregiert. Da wir diesem Kanal eine sehr hohe Bedeutung zusprechen, habe ich dies persönlich als Geschäftsführer übernommen. Geschätzt nimmt es sicherlich zwischen 10 und 20% meiner Arbeitszeit ein.

Social-Media-Manager – intern oder extern?

Sicherlich kann nicht in jedem Unternehmen der Geschäftsführer oder Vorstand selber anfangen, eine Facebook-Seite aufzubauen. Es ist aber von essenzieller Bedeutung, dieser Person die nötigen Kompetenzen einzuräumen, als Sprachrohr des Unternehmens zu fungieren. Hinzu kommt, dass diese Person die Sprache der Kunden spricht und sich im Social-Media-Umfeld wohlfühlt.

Sollte sich intern also keine passende Person finden, so ist die Beauftragung einer Agentur für diesen Job bestimmt sinnvoll. Diese muss allerdings einen kompetenten Ansprechpartner und ein sehr gutes Briefing bekommen, um das Unternehmen auch repräsentieren zu können.

Für uns hat sich die Frage nach einer Agentur nie gestellt. Als wir mit Facebook-Marketing angefangen haben, war dies in der deutschen Werbelandschaft noch kein Thema. Abgesehen von der Tatsache, dass wir uns zu dem Zeitpunkt keine Agentur hätten leisten können, gab es schlichtweg keine Dienstleister, die es hätten übernehmen können.

Wir haben in den letzten Jahren sehr viel Erfahrung in der Ansprache unserer Zielgruppe gesammelt, und die User schätzen unsere authentische Kommunikation. So ist die gesamte Social-Media-Arbeit weiterhin in-house angesiedelt.

Da ich bei KiteWorldWide die meisten Inhalte selber plane und poste, gestaltet sich der Prozess der Inhaltsgenerierung recht einfach. Es gibt also keine Freigabe-Ketten o.Ä.

Ich arbeite mit einem fließenden Redaktionsplan, der stark auf aktuell verfügbare Inhalte eingeht. So werden uns von Kitesurf-Profis, Materialherstellern und Video-Produktionsfirmen Inhalte zugespielt, die wir bewerten und – wenn wir sie für gut befinden – zu einem geeigneten Zeitpunkt posten.

Die Fans als »Reason why«

Egal wie aktiv die Fans sind, man darf die Wirkung einer gewissen Anzahl von Fans auf die potenziellen Kunden nicht vernachlässigen.

Am Anfang unseres Geschäfts war es wichtig, Glaubwürdigkeit und Vertrauen aufzubauen. Denn manche unserer Reisen sind recht kostenintensiv – teilweise kann man bis zu 5.000 Euro für so ein zweiwöchiges Abenteuer hinlegen. Hinzu kommt die Tatsache, dass das Geld für Reisen vorab bezahlt werden muss. Ab einem gewissen Reisewert ist den Kunden die Zeit, die sie in ihren Urlaub investieren, allerdings noch wichtiger als das Geld, das sie dafür ausgeben. Logisch: Eine Reise kann man auch nicht einfach so zurückschicken. Unsere Zielgruppe erst einmal davon zu überzeugen, dieses extrem kostbare Gut – teilweise den einzigen wirklichen Jahresurlaub – einem so jungen Unternehmen anzuvertrauen, war eine Hürde, die wir nehmen mussten.

Die hohe Fan-Anzahl war für manche unserer Kunden ein entscheidender Faktor, vergleichbar mit einem Qualitätssiegel. Ende 2009, also zu einer Zeit, in der die größten Reiseunternehmen Deutschlands noch nicht einmal darüber nachgedacht hatten, eine Facebook-Seite aufzubauen, hatten wir schon fast 10.000 Fans! Man sollte also als Marktteilnehmer sicher auf die direkte Konkurrenz achten und möglichst eine ähnliche Fan-Anzahl aufbauen. Und auch die Vorstände, Geschäftsführer und andere Stakeholder werden über die Arbeit der Social-Media-Abteilung anders denken, wenn sie erst einmal den direkten Konkurrenten eingeholt hat.

Ein wichtiges Tool, um diesen Wettbewerbsvorteil zu kommunizieren, war von Anfang an die *Like Box*. Hier wird, neben den aktuellen Beiträgen, auch die Fan-Anzahl einer Seite angezeigt. Wir haben dieses sogenannte *Social Plug-In* von Anfang an direkt sehr prominent auf der Startseite unserer Website eingebunden.

Noch ein kleiner Nebeneffekt und Vorteil der Einbindung: Die User können sich per One-click mit der Seite verbinden, müssen also nicht einmal die Unternehmenswebsite Richtung Facebook verlassen, um Fan zu werden.

Abbildung 21-5 ▶
Like Box: Die Facebook Like Box mit Newsstream, Face Pile und Fan-Anzahl

Exkurs: Social Plug-Ins

Social Plug-Ins sind Werkzeuge, die Betreiber von Websites nutzen können, um Facebook-Funktionalitäten in ihre Seite zu integrieren. Facebook bietet eine Fülle von Möglichkeiten, um die soziale Erfahrung auch in das normale Web zu tragen. Zu den bekanntesten gehören:

Like Button: Hiermit kann man mit einem Klick einzelne Seiten einer Website in seinem Facebook-Profil teilen, und die Anzahl der Fans wird angezeigt.

Comments: Dieses Plug-In lässt User jegliche Art von Inhalt einer Website kommentieren. Diese Aktivität wird auch im Facebook-Profil des Users geteilt. Außerdem darf man nicht unterschätzen, dass dieses Kommentarfeld nicht anonym ist, dadurch deutlich weniger Spam-Kommentare enthält als andere Kommentarfunktionen und so zu einer immensen Minimierung von Spam-Kommentaren führt.

Like Box: Mit der Like Box können sich User direkt mit einem Klick mit der Seite verbinden, also Fan werden. Außerdem zeigt sie den aktuellen Feed der Facebook-Seite.

→

> **Facepile:** Hier werden die Profilbilder von Usern angezeigt, die schon mit der Seite verbunden sind. Sollten sich darunter Freunde des Website-Besuchers befinden, so werden ihm diese zuerst angezeigt. So wirkt Facepile wie ein Freunde-Empfehlen-Tool. Diese Ansicht kann auch direkt in die Like Box integriert werden.
>
> Der Einbau dieser Plug-Ins ist mit HTML-Grundkenntnissen recht einfach machbar. Man geht auf die Seite des jeweiligen Tools und kann sich mit unterschiedlichen Parametern einen HTML-Code ausgeben lassen, den man dann auf seiner Website platziert.
>
> Mehr dazu finden Sie unter: *http://developers.facebook.com/docs/plugins/*
>
> Sollte man Social Plug-Ins auf seiner Website verwenden, so ist ein entsprechender Hinweis im Impressum der Seite unerlässlich – wie auch bspw. bei der Nutzung von Google Analytics. Hierfür finden sich im Internet viele geprüfte Beispiele.

Lohnt sich Facebook-Marketing für Unternehmen?

Ich kann zwar nicht beurteilen, wo wir wären, wenn wir unser Budget und unsere Energie in andere Marketingmaßnahmen gesteckt hätten. Was ich aber durch unterschiedlichste Tests mit Sicherheit belegen kann, ist die Tatsache, dass eine Vernachlässigung dieses Kanals direkt in geringerem Umsatz resultiert.

So war ich im September 2012 zwei Wochen unterwegs in Kenia und Sansibar und somit fast von der Online-Welt ausgeschlossen. Die Beiträge auf Facebook blieben aus und somit auch ein beträchtlicher Teil des Traffics auf unserer Website. Als Resultat davon mussten wir einen merklichen Rückgang unserer Buchungen verzeichnen.

Ich kann abschließend für uns sagen, dass wir sicherlich ohne Facebook momentan nicht da wären, wo wir heute sind. Ein Großteil unseres Marketingbudgets investieren wir in Facebook-Anzeigen, und das Hauptaugenmerk des Marketings liegt auf der Betreuung der Facebook-Seiten.

2011 und 2012 haben wir unsere Buchungszahlen jeweils verdreifacht. Im März 2012 wurden wir sogar durch den Besuch des Hamburger Bürgermeisters Olaf Scholz geehrt, dessen Besuch durch das Team von Facebook Hamburg initiiert wurde.

So ist die Antwort auf die Frage, ob sich Facebook-Marketing für uns lohnt, eine relativ simple, rationale Betrachtung. Die fast einzige Marketing-Stellschraube im »Experiment KiteWorldWide« ist Facebook, und wir freuen uns, dass das Unternehmen, die Anzahl unserer Mitarbeiter und natürlich die der zufriedenen Gäste stetig wächst.

Abbildung 21-6 ▶
Das KiteWorldWide-Team mit Olaf Scholz und Scott Woods: Olaf Scholz, Hamburgs Erster Bürgermeister (Mitte), Scott Woods, Commercial Director Facebook Germany (links), und das Team von KiteWorldWide im März 2012

Meine persönlichen Tipps

- Wir hatten beim Einstieg in 2009 noch eine gewisse »Narrenfreiheit« und haben unser Profil mit der Zeit erarbeitet. Heute sollte eine Social-Media-Präsenz besser geplant werden. Man sollte sich – wie bei allen Maßnahmen – fragen, was man überhaupt mit einer solchen Präsenz erreichen möchte.

- Wichtig ist auch, dass die Kompetenzen des Social-Media-Teams geklärt sind und so eine schnelle Reaktion gewährleistet ist. Dieses Team sollte vor allem in der Lage sein, authentisch und auf Augenhöhe mit dem User zu kommunizieren.

- Man muss sich aber vor allem im Klaren darüber sein, dass das Aufsetzen einer Facebook-Seite zwar kostenlos ist. Alles was folgt, also die redaktionelle Arbeit und auch Facebook-Anzeigen, setzt Manpower und auch Media-Budget voraus.

Zum Autor

Jürgen Sievers ist einer der beiden Gründer und Inhaber des Kitesurf-Reiseveranstalters KiteWorldWide, der mithilfe von Facebook-Marketing innerhalb von drei Jahren zum beliebtesten Sparten-Anbieter im deutschsprachigen Raum wurde.

Über KiteWorldWide

KiteWorldWide setzt sich durch seinen außergewöhnlichen Qualitätsanspruch vom Wettbewerb ab – mit Event-Reisen, bei denen aktuelle Weltmeister und die absoluten Stars der Szene als Guides und Lehrer mit den Gästen aufs Wasser gehen, sowie mit selbst betriebenen, exklusiven Hotels und eigenen Kiteschulen.

Die Facebook-Seite bildet dabei mit fast 100.000 Fans die mit Abstand größte Kitesurf-Community der Welt und den Kern des Unternehmenserfolgs.

Per Social-Media-Crowdsourcing zum neuen Eis

In diesem Kapitel:
- Fünf Stufen bis zur Eiszeit – Projekt-Phasen und Erkenntnisse
- Erfahrungen und Tipps für vergleichbare Projekte

Von Mirco Lange
EDEKA

Zusammenfassung: Der Dialog mit Verbrauchern folgt den Regeln der zwischenmenschlichen Kommunikation. Dazu zählen Offenheit, Respekt, Wertschätzung und Ehrlichkeit. Wenn diese berücksichtigt werden, ist schon vieles richtig gemacht worden. Dies war uns auch beim EDEKA-Eis wichtig. Social Media und insbesondere Crowdsourcing ist immer ein Dialog-Projekt auf Augenhöhe. Die Fans dürfen dabei nicht instrumentalisiert werden. Dieser Beitrag soll ein erfolgreiches Crowdsourcing-Projekt von A bis Z schildern und zeigen, dass die Fans immer im Vordergrund stehen – schließlich ist es »ihr« Produkt.

Facebook: *www.facebook.com/edeka*, *www.facebook.com/booster*

Website: *www.edeka-verbund.de*

Fünf Stufen bis zur Eiszeit – Projekt-Phasen und Erkenntnisse

Crowdsourcing gehört zu den Königsdisziplinen im Social-Media-Segment. Für EDEKA war es daher von zentraler Bedeutung, konkrete Erfahrungen auf diesem Gebiet zu sammeln. In dieser Hinsicht betraten wir als Unternehmen im Herbst 2012 mit unserem »Dein EDEKA Eis«-Projekt Neuland.

Unser Ziel war es, erstmals durch intensive und unmittelbare Beteiligung der Kunden Schritt für Schritt ein neues Produkt kreieren zu lassen und dieses später exklusiv in die Regale der EDEKA-Märkte zu bringen. Im Zuge des Projektes galt es zudem, möglichst viele Besucher der Website *www.edeka.de* anzusprechen sowie Facebook-Fans zu mobilisieren und einzubeziehen, um gleichzeitig umfassende Erkenntnisse für mögliche künftige Aktionen dieser Art zu gewinnen. Fest stand: Es sollte ein direkter inhaltlicher Bezug zum Eigenmarken-Programm unter der Dachmarke »EDEKA« hergestellt werden.

Ein wesentliches Kriterium für unsere Wahl: Es sollte sich um ein beliebtes, emotionales und unkompliziertes Produkt handeln – hier entschieden wir uns für ein Eis. In der Folge entstand der »Dein EDEKA Eis«-Konfigurator, in dem die User online Vorschläge für ihr ganz persönliches Lieblingseis eingeben und ihren Kreationen eigene Namen geben konnten. In der anschließenden Voting-Phase sammelten die User Stimmen für ihre Eis-Sorte. Die sieben bestplatzierten Geschmacksrichtungen wurden von EDEKA in die Endrunde geschickt, vorproduziert, später einer Fachjury vorgestellt und von dieser verkostet. Das dabei gewählte Sieger-Eis: »EDEKA CheesyMaplePie«.

Vorbereitung und Rahmenbedingungen

Um unser Projekt koordiniert aus der Taufe heben zu können, war es vorab notwendig, alle hierfür relevanten Geschäftsbereiche der EDEKA-Zentrale zu definieren und an einen Tisch zu bringen. In diesem konkreten Fall stellte die effiziente Verzahnung des Wareneinkaufs, des Marketings, des Qualitätsmanagements und der Unternehmenskommunikation einen entscheidenden Erfolgsfaktor dar. Im Rahmen der Konzepterstellung zahlte sich dabei vor allem die regelmäßige und zeitnahe Kommunikation maßgeblicher Projektschritte an alle Beteiligten aus. Bereits in einem frühen Stadium fiel die Entscheidung, umfassende Tests während des gesamten Projektverlaufs durchzuführen. Wir erarbeiteten einen Katalog mit Schlüsselfragen – beispielsweise:

- Welche Browser nutzen die User?
- Sind sie mobil im Netz unterwegs?

- Wie hoch ist der Anteil stationärer Rechner?
- Kommen die User aus ländlichen Regionen oder eher aus den Städten?

Interessant waren diese Erkenntnisse, um Vergleiche zur Nutzung der klassischen Website – *www.edeka.de* – anzustellen.

Parallel zur Projekt-Website mit eigener URL ging die entsprechende Facebook-App an den Start. Beide sind über Android-Smartphones, iPhones und weitere Mobile Devices (wie Tablet-PCs) zugänglich. Darüber hinaus legten wir großen Wert darauf, von Beginn an eine klare Kommunikation zu den Usern zu etablieren und alle Teilnahmebedingungen transparent zu dokumentieren. Grundsätzlich stand für das gesamte Projekt-Team im Fokus, die Hürden zur Teilnahme an »Dein EDEKA Eis« stets so niedrig wie möglich zu halten. Unsere Formel: Uneingeschränkte Benutzerfreundlichkeit für uneingeschränkten Spaß und einen authentischen Entertainment-Effekt im EDEKA-Stil. Dieses Vorgehen hat sich auch rückblickend als der richtige Weg erwiesen. Wir haben so gut wie keine Fragen oder kritischen Anmerkungen zum Ablauf der »Dein EDEKA Eis«-Aktion erhalten.

Phase I – Motivation, Information, Konfiguration

Essenziell für den erfolgreichen Verlauf von »Dein EDEKA Eis«: Innerhalb der kurzen Laufzeit von drei Wochen mussten so viele Menschen wie möglich erreicht und gleichzeitig motiviert werden, ihr Lieblingseis anhand unseres Konfigurators zusammenzustellen. Der Aufruf dazu erfolgte zum einen mit Postings unter unseren Facebook-Fans. Außerdem wurden alle Abonnenten des EDEKA-Newsletters informiert, Teaser auf der EDEKA-Website geschaltet und darüber hinaus gezielt Blogger angesprochen. Durch eine Embed-Funktion des »Dein EDEKA Eis«-Konfigurators konnten insbesondere Vertreter dieser Zielgruppe ihn in ihren Blogs oder Websites integrieren und so als wichtige Multiplikatoren gewonnen werden. Und die Präsenz unseres Wettbewerbs dehnte sich auf diese Weise über die EDEKA-eigenen Medien hinaus aus. Die Konfiguration der individuellen Eis-Sorten bestach durch klares Oberflächen-Design und intuitive Nutzerführung. Jeder Schritt wurde einfach gestaltet, so dass der Spaß-Faktor für die Teilnehmer jederzeit im Mittelpunkt stehen konnte.

Abbildung 22-1 ▲
Die Aktionsmechanik

Heraus sprang ein buchstäblich cooles Ergebnis: mehr als 19.500 eingereichte Eis-Kreationen innerhalb der dreiwöchigen Konfigurationsphase und gut 42.000 abgegebene Bewertungen im Zuge der darauf folgenden Voting-Phase. Insgesamt über 100.000 Interessierte beteiligten sich bis zum Stichtermin für das Online-Voting am Nikolaustag 2012 auf der EDEKA-Website und der Facebook-Fanpage oder schauten sich auch danach einfach nur in der Online-Galerie um. Die hohe Teilnehmerzahl hat uns gezeigt: Sowohl mit der Produktwahl als auch mit der genutzten Mechanik konnte EDEKA eindrucksvoll bei den Usern punkten.

Wie kommt man zu Teilnehmern?

Während der gesamten Aktion haben wir darauf geachtet, über alle eigenen Kanäle auf diese Aktion hinzuweisen. Dabei war es wichtig, die Eigenschaften der einzelnen Kanäle zu berücksichtigen. So lag der Fokus bei unserer eigenen Facebook-Seite auf Dialog und Multiplikation durch Schaffung von Gesprächsanlässen. Durch prominente Teaser auf der EDEKA-Website und Integration in den Newsletter wurde deren hohe Reichweite genutzt. Auf klassische Banner-Werbung wurde verzichtet, lediglich auf Facebook wurde ein moderates Budget eingesetzt.

Phase II – Das Voting und der virale Effekt

Mit dem Start des Online-Votings endete gleichzeitig die Konfigurationsphase. Jetzt waren die Eis-Designer gefragt, für ihre virtuellen Schöpfungen auf Stimmenfang zu gehen. Die Kunst bestand für sie darin, ihren Freundes- und Bekanntenkreis zu aktivieren. Zeitgleich entfaltete für EDEKA der virale Hebel seine Wirkung, da unser Projekt nun auf die nächste Bekanntheitsebene gehoben wurde. Mit sieben Tagen bewegte sich speziell die Voting-Phase an der unteren zeitlichen Grenze. Und dennoch wurden mehr als 42.000 Stimmen abgegeben – nicht zuletzt dank einer wiederum denkbar simpel gehaltenen Mechanik.

> **Warum die kurze Voting-Phase?**
>
> Grundsätzlich gibt es beim Crowdsourcing kein allgemeingültiges Timing. Die Voting-Phase war entscheidend für den Aufbau von Reichweite. Hier waren die Eis-Kreateure gefragt – sie sollten ihre Freunde mobilisieren. Nach meinem Dafürhalten sollten sich die Konfigurations- und die Voting-Phase auf etwa 60/40 verteilen.
>
> Infolgedessen hätten wir gerne 10 bis 15 Tage vorgesehen. Durch das Timing der geplanten Markteinführung im Mai 2013, der vorgelagerten Produktion sowie der Verpackungsgestaltung mussten wir uns auf sieben Tage beschränken.

Auch in dieser Phase begleiteten EDEKA-eigene Medien wie der Facebook-Kanal, der EDEKA-Newsletter und unser Kundenmagazin »Mit Liebe« das Projekt, um die Menschen zum Abstimmen zu animieren. Mit dem Startschuss unseres Projektes galt die Maxime: Es soll ein Eis von den EDEKA-Fans für die EDEKA-Fans werden, eine Aktion, die unsere Kunden und ihre Vorlieben ins Zentrum des Geschehens stellt. Auch aus diesem Grund haben wir uns dafür entschieden, durch das Voting eine Rangliste entstehen zu lassen, an deren Spitze die Top-7-Eis-Sorten vorproduziert und im Rahmen einer Fachjury-Sitzung verkostet wurden.

Abbildung 22-2 ▲
Das Voting-Ergebnis: die Top 7

Phase III – Wenn aus etwas Virtuellem etwas ganz Reales wird

Es liegt auf der Hand: Über 42.000 Voter am ultimativen Geschmackstest partizipieren zu lassen, ist in dieser Form nicht realisierbar. Diese Aufgabe – und ohne Frage das Vergnügen – kam einer Fachjury zu, die nach klar definierten Kriterien ihre Entscheidung über das Gewinner-Eis treffen musste. Zu den Auswahlkriterien zählten beispielsweise die Fragen:

- Wie gut harmoniert das Zusammenspiel der einzelnen Aromen?
- Passt der vom Kunden vorgeschlagene Name zu Aussehen und Geschmack?

Mit dabei waren Eiskenner verschiedener Disziplinen: Einkauf, Unternehmenskommunikation, Qualitätsmanagement und Marketing probierten und diskutierten zusammen mit einer EDEKA-Einzelhändlerin, einer Food-Bloggerin sowie einem Eisproduzenten. Sie alle hatten die Qual der Wahl und die schwierige Aufgabe, die leckeren Kreationen zu bewerten. In einer anonymen Abstimmung wurde das Sieger-Eis nach dem Mehrheitsprinzip ermittelt. An dieser Stelle sei nur so viel gesagt: Es war ein Kopf-an-Kopf-Rennen, das auf spannende Weise den Übergang von der virtuellen in die reale Welt markierte. Was mit Klicks und Likes begonnen hatte, wurde nun zu einem greifbaren Produkt: zu einer köstlichen Eiscreme mit Käsekuchengeschmack, Ahornsirup-Aromen und einer weißen Schokoladenhülle mit karamellisierten Walnuss-Stückchen – eben das »Cheesy Maple Pie«.

Die Kommunikation mit Teilnehmern und Fans wurde auch zu diesem Zeitpunkt nicht vernachlässigt. Ein Filmteam und ein Fotograf dokumentierten die Entscheidungsfindung. Nach Verkündung des Ergebnisses konnten die Facebook-Fans von EDEKA die Fotoserie begutachten. Der Film wurde im Zuge der vierten Phase, der Produktion, in dem sozialen Netzwerk gepostet. Sowohl die fachliche Bewertung als auch die Veröffentlichung der Jury-Sitzung war ein wichtiger Bestandteil des Gesamtprojekts.

◀ **Abbildung 22-3**
Die Verkostung: die Qual der Wahl
(Foto: Christian Schmid)

Abbildung 22-4 ▶
Die Jury (Foto: Christian Schmid)

Phase IV – Reif für die Produktion, reif für den Markt

Im Sinne dieses außergewöhnlichen Produkts, das zu einhundert Prozent aus der Kreativität unserer Kunden entstand, folgte der nächste logische und konsequente Schritt: die Offenlegung des Produktionsprozesses. Erneut kam dabei ein Filmteam zum Einsatz. Vor Ort, bei der Herstellung von »Cheesy Maple Pie«, wurden die verschiedenen Produktionsschritte in Bild und Ton festgehalten und später zusammengefasst. Zusammen mit dem Mitschnitt der Jury-Sitzung veröffentlichten wir den Film auf der EDEKA-Facebook-Seite. Von da an dominierte die Vorfreude: auf die offizielle Markteinführung dieser fangemachten Eis-Sorte und den Tag im Mai 2013, an dem »Cheesy Maple Pie« erstmals und exklusiv in einem EDEKA-Regal präsent sein würde – übrigens mit einem QR-Code auf der Verpackung, der es Eisliebhabern per Scan ermöglicht, das »Dein EDEKA Eis«-Projekt von EDEKA noch einmal Revue passieren zu lassen.

◀ **Abbildung 22-5**
Von der Produktion ...
(Foto: Christian Schmid)

◀ **Abbildung 22-6**
... bis zum fertigen Produkt

Fünf Stufen bis zur Eiszeit – Projekt-Phasen und Erkenntnisse

Erfahrungen und Tipps für vergleichbare Projekte

Das A und O war für uns der regelmäßige Austausch innerhalb des gesamten Projekt-Teams. Ist die komplette Aktion dann erst einmal in einer Roadmap vorgezeichnet, müssen sich alle Akteure darauf fokussieren. Davon abweichen gilt nicht! Ein weiteres, ganz elementares Erfolgsgeheimnis: Die Meinungen von Kunden und Fans müssen im Projekt zu jedem Zeitpunkt mit sensiblen Antennen erfasst, respektiert und ernst genommen werden. Eine Crowdsourcing-Aktion mit daran gekoppelter Produkteinführung darf nicht zu einer geschlossenen Gesellschaft der Initiatoren werden. Das Zauberwort lautet: »Transparenz gegenüber den Usern«. Denn unter dem Strich ist es ihr »Baby«.

Und den Erfolg sehen nicht nur wir so. Auch die Jury des »Deutschen Preises für Onlinekommunikation« fand dieses Projekt gelungen – und verlieh uns den Preis in der treffenden Kategorie »Product Launch«.

Abbildung 22-7 ▶
Deutscher Preis für Onlinekommunikation 2013 in der Kategorie »Product Launch« (Quelle: Deutscher Preis für Onlinekommunikation 2013)

Zum Autor

Mirco Lange ist *Senior Manager Digitale Kommunikation*. Er steuert und realisiert sämtliche Social-Media-Aktivitäten der EDEKA-Zentrale in Hamburg sowie die Unternehmens-Website *www.edeka-verbund.de*.

Über EDEKA

Das Profil des mittelständisch und genossenschaftlich geprägten EDEKA-Verbunds basiert auf dem erfolgreichen Zusammenspiel dreier Stufen: Bundesweit verleihen über 4.000 selbstständige Kaufleute EDEKA ein Gesicht. Sie übernehmen auf Einzelhandelsebene die Rolle des Nahversorgers, der für Lebensmittelqualität und Genuss steht. Unterstützt werden sie von sieben regionalen Großhandelsbetrieben, die täglich frische Ware in die EDEKA-Märkte liefern und darüber hinaus von Vertriebs- bis zu Expansionsthemen an ihrer Seite stehen. Die Koordination der EDEKA-Strategie erfolgt in der Hamburger EDEKA-Zentrale. Sie steuert das nationale Warengeschäft ebenso wie die erfolgreiche Kampagne »Wir ♥ Lebensmittel«. Von hier erfolgen die Impulse zur Realisierung verbundübergreifender Ziele, wie beispielsweise dem Schaffen durchgängiger IT-Strukturen oder zur Entwicklung zeitgemäßer Personalentwicklungs- und Qualifizierungskonzepte für den Einzelhandel. EDEKA erzielte 2012 mit seinen rund 11.700 Märkten und 318.000 Mitarbeitern einen Umsatz von 44,8 Mrd. Euro. Mit rund 18.200 Auszubildenden ist EDEKA einer der führenden Ausbilder in Deutschland.

Social-Media-Nischennetzwerke – gleich und gleich gesellt sich gern

In diesem Kapitel:
- Einleitung
- Warum ich mich mit Nischennetzwerken beschäftige?
- Warum Nischennetzwerke die Nähe zu Facebook suchen sollten
- Wie macht man ein Nischennetzwerk durch Marketingmaßnahmen bekannt?
- Fazit zu Nischennetzwerken
- Fazit zu »foodboard«

Von Sara Urbainczyk
Bauer Media Group

Zusammenfassung: Gemeinsame Interessen verbinden – auch im Netz. Warum sich Menschen auch abseits von Facebook in Nischennetzwerken treffen und warum diese Netzwerke trotzdem immer etwas mit Facebook zu tun haben sollten, das beschreibe ich in diesem Beitrag. Als praktisches Beispiel dient mir das neueste Social-Media-Portal der Bauer Media Group *foodboard.de* – eine Rezepte-Pinnwand für Kochfreunde.

Websites: *foodboard.de, lecker.de*

Einleitung

Denkt man an Facebook, denkt man automatisch an die Masse von Menschen, die sich mittlerweile auf Facebook versammelt haben. Unter den Social Networks ist Facebook der Riese – weltweit vernetzen sich hier Freunde und Familien, um digital in Kontakt zu bleiben. Menschen, die sich im realen Leben aus den Augen verloren haben, finden sich auf Facebook wieder. Doch neben Facebook können auch thematische Nischennetzwerke eine wichtige Rolle spielen – *foodboard.de* ist so ein Nischennetzwerk.

Aber wenden wir uns zuerst einmal Facebook zu. Allein in Deutschland kann Facebook 25 Millionen registrierte Nutzer vorweisen, international sogar 1,1 Milliarden. Das Social-Media-Portal ist allgegenwärtig und ist als festes Kommunikationsinstrument für Menschen und Unternehmen nicht mehr wegzudenken. Jede Zielgruppe kann man über Facebook erreichen, und eine ausgefeilte und gut gepflegte Fanpage ist für jede Marke mittlerweile Pflicht.

Facebook-Nutzer verbinden sich hauptsächlich mit bestehenden sozialen Kontakten. Neue Freundschaften von Menschen, die die gleichen Interessen haben, kommen auf Facebook leider nicht all zu häufig vor. Nutzer, die ein gemeinsames Hobby haben, können sich zwar auf Facebook-Fanpages treffen, aber treten nicht zwingend miteinander in Kontakt, wenn sie nicht proaktiv auf andere Nutzer zugehen.

Doch genau dieser Wunsch hat sich bei einigen Social-Media-Usern herauskristallisiert. Sie beschäftigen sich mit ein und demselben Thema und möchten sich darüber noch intensiver austauschen – auf anderen, neuen Plattformen.

Und hier kommen thematische Nischennetzwerke ins Spiel. Ob Sport-, Musik- oder Dating-Community – digitale Special-Interest-Vereinigungen gibt es mittlerweile für ganz viele unterschiedliche Bereiche. Und das Angebot wird immer vielfältiger und spezialisierter. Viele Nutzer entscheiden sich parallel zu Facebook für die Anmeldung in einem Nischenportal und fördern damit die Reichweiten-Entwicklung. Und obwohl sich das Wort »Nischennetzwerk« nach einer kleinen Benutzergruppe anhört, haben sich viele Portale sehr hohe und stolze Traffic-Zahlen erarbeitet. Eine Konkurrenz bedeutet das für Facebook nicht, denn die exorbitanten Nutzerzahlen des Riesen sind schlichtweg durch Themen-Portale nicht zu erreichen. Einen Teil des Ganzen kann man sicherlich dennoch ergattern, wenn man es richtig angeht. Und das bedeutet: Man muss einem thematischen Fokus treu bleiben, Qualitätsinhalte bieten – und man sollte eine direkte und strategisch eingesetzte Facebook-Nähe haben.

Warum ich mich mit Nischennetzwerken beschäftige?

Im Dezember 2012 launchte die Bauer Media Group ein neues Social-Media-Portal – *foodboard.de*, eine Community-Erweiterung zur digitalen Markenfamilie von *www.lecker.de*.

Lecker.de begeistert bereits seit mehreren Jahren Online-Nutzer mit hochwertigen Profi-Rezepten und einer umfangreichen Rezept-Datenbank und konnte sich im Web und auf Social-Media-Kanälen, wie beispielsweise auf Facebook (*facebook.com/leckerde*) mit über 60.000 Fans und auf YouTube (*youtube.com/leckerde*) mit über 2 Millionen Videoaufrufen, einen großen Namen machen. Auch auf Pinterest ist *Lecker.de* vertreten (über 1.000 Follower) und pinnt dort eigene Rezepte – vor allem, weil die ansprechenden Food-Fotos von Usern gelobt und geteilt werden. Die *Lecker.de*-Bilder passen sehr gut zu der visuellen Pinnwand-Optik von Pinterest und sortieren sich harmonisch in die bereits vorhandenen Fotos ein. Mittlerweile ist das Thema »Essen« bzw. »Rezepte« auf Pinterest sogar so beliebt, dass es den zweitgrößten Teil der Inhalte ausmacht.

◀ **Abbildung 23-1**
Das Logo von »foodboard.de«

Der Wunsch nach mehr

Eine Vielzahl von Usern und Food-Bloggern äußerten gegenüber der Lecker.de-Redaktion, dass sie ihre favorisierten Rezepte auf einer zentralen Plattform digital sammeln und auch eigene Rezeptkreationen hochladen möchten. Zusätzlich gab es das starke Bedürfnis, sich untereinander zu vernetzen und Wissen und Tipps zum Thema Kochen und Backen zu teilen.

Das Potenzial für eine neu geschaffene Social-Media-Plattform mit dem Zentralthema »Rezepte« wurde deutlich. Nach einer Marktbetrachtung wurde die Idee des foodboards geboren. Und zwar sollte es die Form einer digitalen Pinnwand haben, denn die Erfahrungen mit Pinterest zeigten, wie gut dieser Stil von Nutzern angenommen wird.

Auf *www.foodboard.de* können nun User in 45.000 Profi-Rezepten von *Lecker.de* stöbern, ausgewählte Rezepte in persönliche digitale Ordner, sogenannte Boards, legen und mit anderen Usern in Kontakt treten. Außerdem bietet die Website die Möglichkeit, eigene

Rezepte mit Bild, Zutatenliste und Step-by-Step-Anleitung zu präsentieren und mit der Food-Community zu teilen. Das *foodboard* richtet sich gezielt an kochaffine Internet-User und kann ganz einfach mit einem bestehenden Facebook-Account genutzt werden.

Als Haupt-Marketingmaßnahme wurde bewusst auf Facebook gesetzt, und eine Fanpage (*www.facebook.com/foodboard*) wurde ins Leben gerufen – dazu später mehr.

Technisch wurde das Portal mit einem Responsive Webdesign umgesetzt und passt sich damit dem Endgerät des Users problemlos an. Durch die Anbindung an Facebook war diese Entscheidung besonders wichtig, da die mobile Nutzung von Facebook und den entsprechenden Fanpages stetig steigt. Laut offizieller Facebook-Statistik nutzen mittlerweile zwei Drittel aller Facebook-Nutzer das Netzwerk auch mobil mit dem Smartphone oder Tablet. Nach dem Launch ging es darum, die Marke *foodboard.de* bekannt zu machen und möglichst viele potenzielle *foodboard*-User zu erreichen. Kurz gesagt: Es ging darum, ein Nischennetzwerk aufzubauen und zum größtmöglichen Erfolg zu führen.

Abbildung 23-2 ▶
foodboard.de – die neue Rezepte-Pinnwand

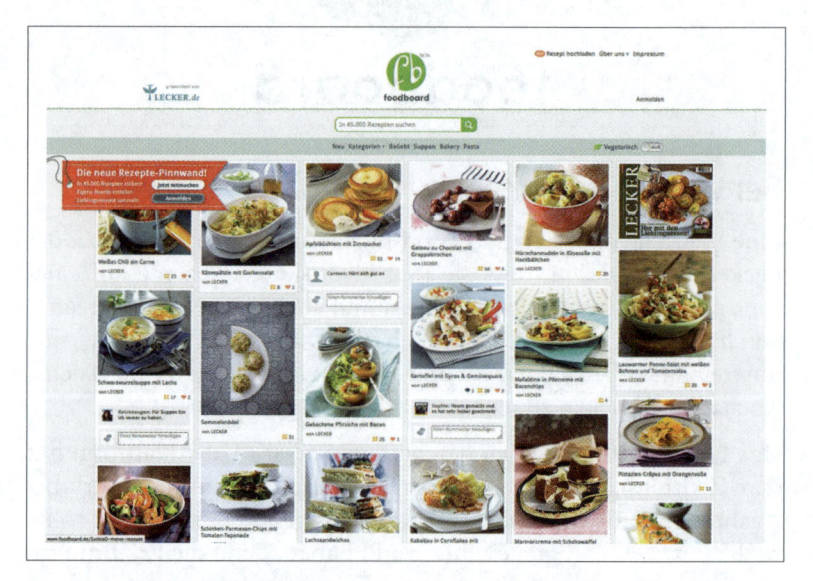

Die spezielle Zielgruppe

Die *foodboard*-Zielgruppe konnte durch die Nähe zur Markenfamilie von *Lecker.de* und durch die vielen Erfahrungen dank der bestehenden digitalen Aktivitäten genauestens definiert werden.

Die Website richtet sich vornehmlich an Frauen im Alter von 20 bis 45 Jahren, die online nach Rezepten suchen und selbst gerne kochen. Sie sind offen für neue Produkte und lieben Trends aus der jungen Küche. Sie tauschen sich im Internet untereinander aus und besitzen – und hierin liegt der Unterschied zur Zielgruppe von *Lecker.de* – ein Facebook-Profil.

Nischennetzwerke konzentrieren sich auf die Zusammenführung von Usern mit den gleichen Interessen. In unserem Fall ist es die Leidenschaft für schmackhaftes Essen.

Warum Nischennetzwerke die Nähe zu Facebook suchen sollten

An Facebook kommen neu gelaunchte Social-Media-Portale nicht vorbei. Denn wie eingangs bereits erwähnt wurde, weist Facebook nach neuesten Statistiken weltweit 1,1 Milliarden Registrierungen aus. Jede Zielgruppe ist auf Facebook zu finden und kann durch die angebotenen Targeting-Möglichkeiten auf Facebook angesprochen werden. Frauen nutzen Facebook und andere Social-Media-Kanäle besonders aktiv. Sie kommentieren häufiger Beiträge anderer Nutzer und informieren ihren Freundeskreis öfter in Form neuer Statusmeldungen. Diese Daten stimmen mit der von uns definierten User-Beschreibung überein, und es war klar, dass wir im Pool der Facebook-Userinnen Aufmerksamkeit für unser Produkt erzeugen mussten.

Aufgrund der Erfahrungen mit der bestehenden Facebook-Fanpage von *Lecker.de* (*facebook.com/leckerde*) wussten wir, dass man die breite Facebook-Nutzerschaft sehr konkret auf ein Thema lenken kann und dass hier sehr große Wachstumspotenziale bestehen. Die Lecker-Fanpage hat aktuell über 60.000 Fans mit einem sehr hohen Aktivitätslevel. Viele Postings erhalten mehr als 300 Likes und werden im Schnitt 150-mal geteilt. So war schnell klar, dass auch das *foodboard* eine eigene Fanpage als Marketinginstrument erhalten musste, die direkt zum Start des Projektes mitveröffentlicht wurde.

Viel wichtiger war uns allerdings die Implementierung von Facebook auf dem Nischennetzwerk selbst. Beim *foodboard* wurde zur Steigerung der Userschaft und der Aktivität folgendes unternommen:

Facebook Connect: Die Registrierung und Anmeldung auf dem *foodboard* ist mit ganz wenigen Klicks per »Facebook Connect« möglich. Der User kann sich mit seinen Daten, die bereits auf seinem persönlichen Facebook-Account hinterlegt sind, auch auf dem *foodboard* anmelden. Die Vorteile sind: Der User muss sich nur einen Login-Datensatz merken und muss sich beispielsweise für kein neues Passwort entscheiden. Interessierte User können so ganz schnell und unkompliziert Teil der Community werden. Nach Bestätigung der Facebook Permission können sie als neuer User auf dem *foodboard* aktiv werden. Die Hürde einer Registrierung ist durch den Einsatz von Facebook Connect sehr niedrig – ein Service, der bei einem modernen Social-Media-Netzwerk quasi ein Muss ist (mittlerweile bieten viele Nischenportale sogar nur noch die Anmeldung per Facebook an und besitzen keinen eigenen Login mehr).

Seamless Sharing: Hat ein User sich mit seinen vorhandenen Facebook-Daten registriert, werden seine Aktivitäten auf dem *foodboard* im eingeloggten Zustand automatisch auch auf seinem Facebook-Profil mitgeteilt. So erfahren auch die Facebook-Freunde des Users, dass er auf dem *foodboard* aktiv war und Mitglied der Community ist: ein Mechanismus, um schnell, sehr viel Aufmerksamkeit zu erregen. Das sogenannte Seamless Sharing ist bereits auf vielen neuen Social-Media-Portalen rege im Einsatz. Pinterest oder der Musik-Stream-Dienst Spotify nutzen Seamless Sharing, um neue Nutzer auf ihre Seiten zu ziehen. Nur müssen Portalbetreiber diese Funktion mit einer gewissen Vorsicht verwenden. Seamless Sharing kann von den Usern durchaus kontrovers angenommen werden. Das automatische Teilen von Aktivitäten sollte daher immer in den Nutzer-Einstellungen eines Profils deaktiviert werden können.

Facebook Invite: Ein weiterer Mehrwert, den der Facebook-Login bzw. die Nutzung der Facebook-Daten bietet, ist der unkomplizierte Weg, neue User auf die Plattform einzuladen. Hier stellt Facebook sogar ein eigenes Freunde einladen-Plug-In zur Verfügung, das relativ einfach in das eigene Netzwerk eingebunden werden kann. Per Klick kann der User beispielsweise so seine Facebook-Freunde zur Nutzung des *foodboard*s aufrufen.

Like-Button: Der Like-Button von Facebook hat sich eigentlich auf allen Websites als Standard-Feature entwickelt. Der User kann durch Betätigung des Buttons seinen Facebook-Freunden zeigen, für welche Artikel oder Inhalte er sich interessiert oder welche er eben besonders gut findet. Auf dem *foodboard* ist über jedem Rezept ein Like-Button integriert.

Tipp Facebook bietet noch viele weitere Möglichkeiten an, Websites und Netzwerke mit Facebook-Funktionen auszustatten. Eine Übersicht aller Module findet man hier: *https://developers.facebook.com/docs/plugins/*

Beispiel-Websites, die Facebook nutzen, um ihre Inhalte zu personalisieren und sozial zu gestalten, findet man hier: *https://developers.facebook.com/showcase/apps/*

Wie macht man ein Nischennetzwerk durch Marketingmaßnahmen bekannt?

Die Facebook-Fanpage

An einer Facebook-Fanpage geht kein Weg vorbei. Sie ist kostenlos und schnell einzurichten und neben der Community selbst die beste Möglichkeit, um mit Usern direkt in Kontakt zu treten. So sind viele User, die noch nicht den Weg zur *foodboard*-Community gefunden haben, bereits Fan der *foodboard*-Fanpage. Die Content-Strategie für eine Fanpage sollte bereits vor ihrem Launch existieren. Hier ist es wichtig, dass man sich als Betreiber schnell verdeutlicht, was das eigentliche Ziel der Fanpage sein soll. Sollen die Facebook-User mit den Inhalten der Postings interagieren, sollen also viele Kommentare, Likes oder Shares generiert werden? Oder besteht die Strategie vielleicht sogar darin, die Facebook-User auf eine neue Website zu lenken, wie es bei der Facebook-Seite des *foodboard*s der Fall ist? Da das *foodboard* eine externe Community sein soll, war es uns sehr wichtig, die User nicht nur auf Facebook zu halten. Folgende Regeln wurden zum Aufbau einer erfolgreichen Facebook-Fanpage vom Redaktionsteam befolgt:

- 3 bis 5 Posts pro Tag – hauptsächlich die Vorstellung von Rezepten (Text-und-Bild-Kombination) mit Link auf *foodboard.de*
- Die Rezepte werden textlich nie komplett auf Facebook dargestellt, sondern nur angeteasert – das ganze Rezept ist nur auf dem *foodboard* zu finden.
- Der Rezeptname macht Lust auf das Gericht, deswegen immer ausschreiben.
- Die Rezept-Bilder sollten hochauflösend sein und den Größen der Facebook-Timeline angepasst werden. Laut Facebook sollte ein Foto idealerweise die Auflösung von 600 x 600 Pixel oder höher haben.

- Es darf nie langweilig werden: Abwechselnde Rezepte-Kategorien posten, wie Kuchen, Hauptspeisen, Vorspeisen, Nachspeisen, Snack, Party, Frühstück, Fisch, Fleisch. Nie zwei Postings aus einer Kategorie hintereinander!
- In expliziten Posts vor dem Link eine »Call to Action«-Aufforderung wie »Das ganze Rezept findest du hier« – einbauen, das erhöht die Klickrate.
- Schnell und ehrlich auf Feedback antworten: Das *foodboard* wurde als Beta-Version gelauncht und befindet sich stetig in der Weiterentwicklung: Hier war es uns besonders wichtig, schnell auf Supportanfragen von Usern zu antworten.
- Damit die Texte der Posts kurz und knackig bleiben, einen Kurz-URL-Dienst wie *Bit.ly* verwenden.

Link-Tipp   Bit.ly (*bitly.com*) ist ein kostenloser Dienst zum Verkürzen von Links. Registrierte und auch nicht registrierte Nutzer können einen Link auf bitly.com eingeben und erhalten anschließend automatisch eine kürzere Version. Ein positiver Nebeneffekt: Bit.ly bietet für registrierte Nutzer hervorragende Statistik-Möglichkeiten an, um den Erfolg des geposteten Link direkt zu überprüfen.

Ein Rezept-Link ohne Bit.ly sieht so aus: *http://www.foodboard.de/rezept/leichte-bauernpfanne-mit-putenstreifen-6226.html*.

Der gleiche Rezept-Link mit Bit.ly: *http://bit.ly/1c2piUh*.

- Content-Kooperationen: Aufgrund der Anbindung an das *Lecker.de*-Netzwerk konnten wir die *foodboard*-Fanpage auch auf der Fanpage von *Lecker.de* promoten. So wurden direkt viele User auf das neue Produkt aufmerksam. Neue Facebook-Seiten ohne internes Netzwerk sollten nach potenziellen Content-Kooperationspartnern auf Facebook suchen. Bestimmt gibt es Fanpages, die den eigenen Inhalt gut ergänzen und bereits Fans in der anvisierten Zielgruppe gewonnen haben.
- Ganz wichtig: Die bereits begeisterten Facebook-Fans motivieren, für die eigene Website Werbung zu machen. Ein Post mit dem Text: »Bitte helft uns, foodboard.de noch bekannter zu machen und TEILT DIESEN BEITRAG!« wurde letztendlich 560-mal von Fans geteilt.

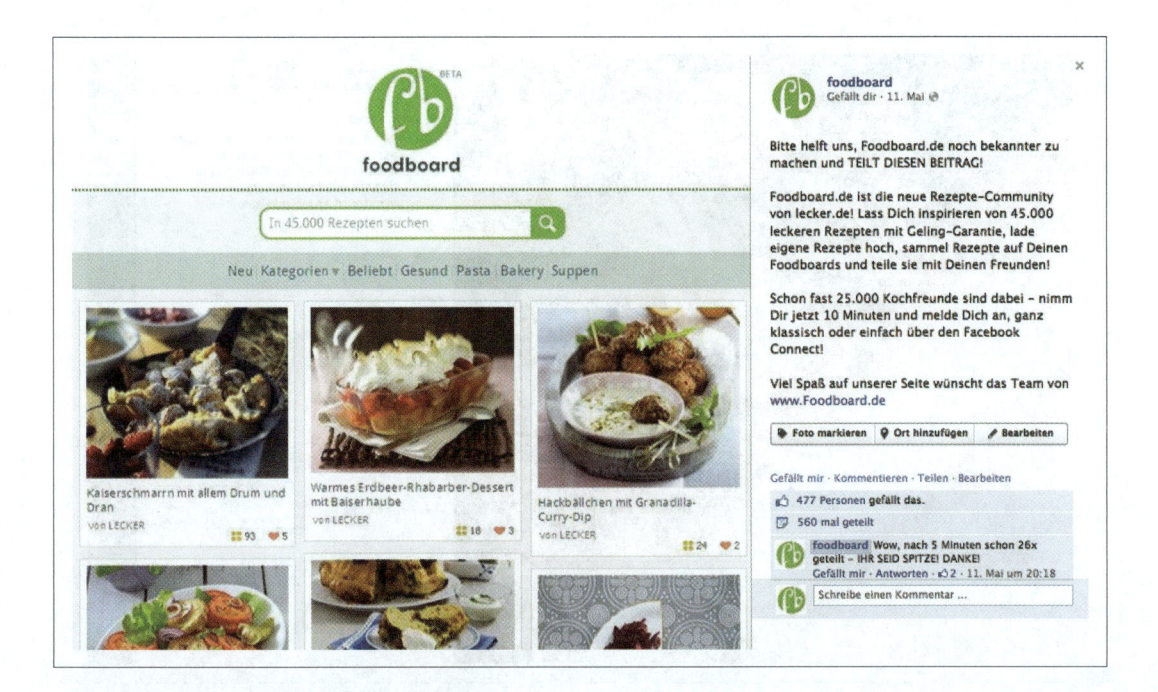

▲ Abbildung 23-3
Post auf Facebook mit Werbeaufruf

Weitere Social-Media-Auftritte

Neben der Fanpage auf Facebook wurden für das *foodboard* noch eine Google+ Seite, ein Twitter-Profil und ein Instagram-Account eröffnet. Für eine neue Präsenz ist es wichtig, möglichst viel Aufmerksamkeit auf allen Kanälen zu erlangen. Doch Betreiber eines neuen Produktes sollten ehrlich zu sich selbst sein: Kann ich mit meinen bestehenden Ressourcen alle Seiten gleichermaßen pflegen? Wo liegt mein Hauptaugenmerk, und passt mein Content auf allen Plattformen? Da es beim *foodboard* auch um User-Rezepte und Rezept-Fotos geht, war eine Anmeldung auf Instagram zwar nicht notwendig, aber ein interessantes Feature. Hier postet das *foodboard*-Team nun in regelmäßigen Abständen Fotos von Gerichten und taggt die Bilder mit bekannten Hashtags der Food-Fotografie-Szene. Verwendete Hashtags sind: #foodstagram, #foodie, #foodblogger, #foodporn, #foodspotting.

Abbildung 23-4 ▲
foodboard-Foto auf Instagram

Kooperation mit Food-Bloggern

Kurz nach dem Launch von *foodboard.de* haben wir mit dem Aktionsblog »Post aus meiner Küche« (PAMK) kooperiert. Der Blog wird von drei bekannten Food-Bloggerinnen aus Deutschland betrieben und organisiert Tauschrunden unter vielen kleineren Blogs. Zu einem festgelegten Thema können sich interessierte Blogger bei »Post aus meiner Küche« anmelden und werden vom PAMK-Team einem zufälligen Tauschpartner zugeteilt. Anschließend schicken sich die Blogger, passend zum Thema, Pakete per Post zu. Das *foodboard* und »Post aus meiner Küche« haben beim Thema »Kindheitserinnerungen« zusammengearbeitet und einen Online-Rezeptwettbewerb organisiert. PAMK-User der Tauschrunde und *foodboard*-User konnten auf dem *foodboard* ihre Rezepte zum Thema Kindheitserinnerungen hochladen, und eine Jury aus der *foodboard*-Redaktion prämierte drei Gewinnerrezepte mit einem Preis. Viele namenhafte Food-Blogger haben sich an dieser Aktion beteiligt und dem Rezeptwettbewerb zum Erfolg verholfen. Durch die Food-Blogger und ihre inhaltliche Kompetenz sind nicht nur viele externe Links von Blogs zum *foodboard* entstanden, sondern auch zahlreiche sehr hochwertige Rezepte, die das *foodboard* bereichern.

▲ Abbildung 23-5
Das Board mit Rezepten zum Thema »Kindheitserinnerungen«

Fazit zu Nischennetzwerken

- Neue Social-Media-Portale müssen ihre Zielgruppe auf Facebook durch die Einbindung von Facebook-Tools abholen.
- Nischennetzwerke müssen sich durch einen thematischen Fokus bzw. einem inhaltlichen Mehrwert von Facebook differenzieren.
- User, die auf Nischennetzwerken aktiv sind, schätzen dort die Möglichkeit, auf neue Menschen mit den gleichen Interessen oder Hobbys zu treffen.
- Die Erstellung und gute Pflege einer Facebook-Fanpage ist mittlerweile ein Muss für neu gegründete Unternehmen und damit auch für Nischennetzwerke.
- Nischennetzwerke können trotz Eingrenzung eines Themas hohe Reichweiten erzielen.

Fazit zu »foodboard«

- Schon nach vier Monaten haben sich 5.000 Kochfreunde auf dem *foodboard* zusammengefunden und registriert.
- Proof-of-Concept: Die Idee des Nischennetzwerkes wurde schnell verstanden, und die Funktionen des Social-Media-Portals werden genutzt: Die User erstellten bisher über 15.000 Boards.
- Die Facebook-Fanpage hat bisher über 25.000 Fans und einen hohen Aktivitätsindex.

Zur Autorin

Sara Urbainczyk, 31, verantwortet als »Director Woman and Food« die Websiten *wunderweib.de* und *lecker.de* der Bauer Media Group. Sie studierte Angewandte Kommunikations- und Medienwissenschaften an der Universität Duisburg-Essen und ist seit 2008 im digitalen Geschäftsbereich der Verlagsbranche zu Hause. Sie war unter anderem für den Launch und die Online-Strategien von mehreren Websites verantwortlich und ist Ideengeberin eines Social-Media-Nischennetzwerkes für Tierfreunde.

Über die Bauer Media Group

Die Bauer Media Group ist eines der erfolgreichsten Medienhäuser weltweit. Mehr als 570 Zeitschriften, über 300 digitale Produkte und 50 Radio- und TV-Stationen erreichen Millionen Menschen rund um den Globus. Mit ihrer globalen Positionierung unterstreicht die Bauer Media Group ihre Leidenschaft für Menschen und Marken. Der Claim »We think popular.« verdeutlicht das Selbstverständnis der Bauer Media Group als Haus populärer Medien und schafft Inspiration und Motivation für die mehr als 11.000 Mitarbeiter in 16 Ländern.

Fazit und Erfolgsfaktoren aus Teil 2: Social-Media-Kanäle und Kampagnen

In diesem Kapitel:
- Von Twitterwalls bei Greenpeace bis zum neuen Edeka-Eis per Crowdsourcing
- Was geht gar nicht?
- Was geht gut?
- Und wie geht's weiter?

Von Twitterwalls bei Greenpeace bis zum neuen Edeka-Eis per Crowdsourcing

In Fachbüchern zu Marketing und Kommunikation (oder in der »Geschichtsbuch-Variante« von Wikipedia) wird später stehen, dass der Großteil der Social-Media-Kanäle Anfang des 21. Jahrhunderts entstanden ist – im Jahr 2004 Facebook, YouTube 2005 und Twitter 2006. Jedes Jahr mischte ein neuer Newcomer die bestehende Infrastruktur auf, z.B. Instagram 2008, Pinterest im Jahr 2010 und Google+ im Jahr 2011. Diese Entwicklung wird sich fortsetzen – täglich starten weltweit neue Player, die versuchen, das nächste Facebook oder Google zu werden. Hier Schritt zu halten und keine Chancen zu verpassen ist eine der großen Herausforderungen für die Kommunikationsverantwortlichen von heute.

Auf der anderen Seite bleibt es eine Herausforderung, umsichtig zu bleiben und nicht immer jedem Trend unbedacht hinterherzurennen. Denn welche Kanäle für Ihr Unternehmen oder Ihre Organisation die richtigen sind, hängt letztendlich von Ihren Zielen und Ihrer Zielgruppe ab. Dies mussten auch die meisten unserer Autoren immer wieder lernen. Und auch welche Art der Kampange für Sie zum Ziel führt, hängt ebenfalls immer davon ab, was Sie erreichen möchten.

Wichtig ist, dass Sie zuhören, beobachten, ausprobieren und schauen, was zu Ihnen passt. Wenn dies gelingt, entstehen so kreative Ansätze wie eine der ersten und wohl auch bekanntesten Social-Media-Kampagnen von Old Spice in den USA (*http://www.indiskretionehrensache.de/2010/07/old-spice-social-media/*). Oder das Kommunikationsfeuerwerk, mit dem die Metro Melbourne 2012 in Australien ihre Sicherheitshinweise (die ja per se nicht unbedingt ein Thema sind, das besonders »sexy« ist) weltweit bekannt gemacht hat (*http://dumbwaystodie.com*).

Das wollen Sie auch? Woran Sie sich bei der Auswahl von Kanälen orientieren können und was die Grundlagen der erfolgreichen Kampagnen unserer Autoren waren, haben wir hier für Sie zusammengefasst.

Was geht gar nicht?

Im Internet ist alles möglich? Das mag stimmen, diese Punkte sind aber auf jeden Fall schwierig, wenn Sie erfolgreiche Kampangen machen und auf Ihren Social-Media-Kanälen Erfolg haben wollen:

Ohne Plan starten: »Wenn Sie mich jetzt fragen, ob ich ein Unternehmen heute wieder so ins Social Web führen würde, kann ich Ihnen sagen: ›Nein.‹ Rückblickend habe ich mir mithilfe des DB-Auftritts die sozialen Medien für das Personalmarketing erschlossen – dabei habe ich Glück gehabt, ein wenig Narrenfreiheit und Rahmenbedingungen, wie man sie heute wohl nie wieder vorfinden wird.« (Robindro Ullah, Deutsche Bahn). Einfach mal so starten wurde in den Anfängen der Social-Media-Ära verziehen, da alle Anfänger waren.

Heutzutage erwarten Nutzer und Kunden professionelle Kommunikation, die mit allen anderen Marketingaktivitäten verzahnt ist. Denn auf Facebook haben Marken heutzutage schnell 20.000 Fans, und da sollte man nicht aus Versehen mal das falsche Foto o. Ä. teilen, weil man sich in der Datei vertan hat. Des Weiteren können Sie bei einer solchen Reichweite sofort mit vielen Beschwerden rechnen, wenn eine Kampagnen-Website oder Anwendung nicht funktioniert. Und so kann Ihre mühevoll erarbeitete Kampagne im Sturm der Beschwerden zum Misserfolg verurteilt sein.

KiteWorldWide startete in ähnlicher Weise auf Facebook wie Robindro Ullah bei Twitter. Daher kommt Jürgen Sievers von KiteWorldWide zu einem ähnlichen Schluss: »Wir hatten beim Einstieg in 2009 noch eine gewisse »Narrenfreiheit« und haben unser Profil mit der Zeit erarbeitet. Heute sollte eine Social-Media-Präsenz besser geplant werden. Man sollte sich – wie bei allen Maßnahmen – fragen, was man überhaupt mit einer solchen erreichen möchte.«

Auf allen Kanälen das Gleiche funken: »Wir nehmen jeden ... Blog ernst und überprüfen, ob er zu uns und unseren Zielen passt.« (Harriet Weiler, Tom Tailor). Egal ob bei Bloggern oder bei anderen Zielgruppen, entscheidend für den Erfolg und Misserfolg auf jedem Social-Media-Kanal oder in jeder Kampagne ist, dass die Ziele und die Zielgruppe im Vorfeld klar definiert sind. Im Anschluss geht es darum, zu analysieren, wo diese erreicht werden können. Diesen Aspekt bringt Sandra Coy von Tchibo in ihrem Beitrag über Blogger auch auf den Punkt, denn die Aktivitäten lohnen sich nur... »Sofern diese ... sorgfältig ausgewählt sind und das Produkt passt!«. Denn die beste Kampagne und der schickste Kanal bringt nichts, wenn die Zielgruppe sich nicht davon angesprochen fühlt.

Alles auf einmal machen: »Think big, start small. Ein größeres Ziel vor Augen haben, aber immer in kleinen Iterrationsschritten herantasten, testen, umbauen, messen. Verstehen und akzeptieren, dass allein die Nutzer die Relevanz bestimmen. Sie entscheiden, was funktioniert und was nicht.« (Florian Hießl, Siemens). In Social Media gilt die Devise: »Zuhören, Plan machen, ausprobieren und ajustieren.« Das bedeutet, dass man den Aufbau schrittweise machen kann; ein Parallel-Start auf z. B. vielen Plattformen kann dazu führen, dass Fehler nicht zweimal gemacht werden. Denn z. B. auf Facebook lernt man nicht nur etwas über den Kanal, sondern jeden Tag etwas über Community-Management. So kann man auf Basis des Gelernten auch die Ressourcen und das Know-how für andere Kanäle planen – und das Engagement Schritt für Schritt aus- und aufbauen.

1:1 Marketing-Slogans posten: »Fragen Sie sich selber: wann sind *Sie* bereit, Inhalte einer Marke mit *Ihrem* sozialen Netzwerk zu teilen? Zugegebenermaßen doch nur, wenn der Content so gut ist, dass Sie sich mit dem Content identifizieren können.« (Alexander Lengen, Opel).

»Dieses Waschmittel wäscht wirklich weißer als weiß«, »Dieses Shampoo zaubert 50 % mehr Glanz in dein Haar« – überlegen Sie selbst einmal, wann Sie schon mal eine klassische Marketingbotschaft 1:1 weitererzählt haben? Ein Slogan funktioniert bei Twitter, Facbook und Co nur bedingt – und auch nur dann, wenn die Geschichte dahinter stimmt. Erzählen Sie besser Geschichten, die Ihre Zielgruppe interessieren. Teilen Sie zum Beispiel die Empfehlung einer Kundin, die Ihr Produkt ausprobiert hat und nun ein echter Fan von Ihnen ist.

Silodenken: »Umso wichtiger ist es, im Unternehmen Prozesse etabliert zu haben, die sicherstellen, dass Social Media über alle Bereiche hinweg verantwortlich eingesetzt werden.« (Daniel Streuber, Jack Wolfskin). Social Media erfordert Umdenken in Unternehmen. Denn auf einmal werden Fragen von Kunden öffentlich gestellt oder Probleme unmittelbar sichtbar, die vorher in E-Mail-Postfächern oder am Telefon im Privaten blieben. Also ist es essenziell, sich im Unternehmen bei der Betreuung von Kanälen und der Umsetzung von Kampagnen so aufzustellen, dass man schnell auf Fragen reagieren kann. So empfiehlt auch Alexander Lengen von Opel: »Knüpfen Sie frühzeitig Kontakte zum Customer-Service-Team ihres Unternehmens (falls es eines gibt), und definieren Sie einen Prozess für Service-Anfragen auf den Social-Media-Kanälen«.

Was geht gut?

Ohne Anspruch auf Vollständigkeit sind dies die Ideen und Ansätze der Experten, die in diesem Buch-Teil zu Wort kommen: Folgende Kanal- oder Kampagnen-Maximem sind daher erfolgreich erprobt.

Mit Menschen kommunizieren: »Stellen Sie nicht sich oder ein Produkt, das Sie bewerben wollen, in den Vordergrund, ... sondern die potenziellen Teilnehmer Ihrer Veranstaltung.« (Sachar Kriwoj, E-Plus). Bei Kampagnen und Kanälen im Social Web ist es wie auch bei Events wichtig, dass man immer im Hinterkopf hat, dass es um Kommunikation mit echten Menschen geht. Das heißt, es geht darum, sich zu fragen: Was berührt diese Menschen (die in meinem internen Sprech dann auch meinetwegen »Zielgruppe« heißen dürfen)? Welche Inhalte begeistern sie so sehr, dass sie sich dazu animiert fühlen, mitzumachen, anzuschauen, zu kommentieren etc.?

Die Community kennen und Botschafter aktivieren: »User, die auf Nischennetzwerken aktiv sind, schätzen dort die Möglichkeit, auf neue Kontakte mit den gleichen Interessen zu treffen.« (Sara Urbainczyk, *foodboard*). Je höher das sogenannte »Involvement« Ihrer Community ist, umso leichter fällt der Einstieg in die Kommunikation via Social Media. Wenn Sie also wissen, dass Ihre (potenziellen) Kunden Feuer und Flamme für Ihr Thema sind (z.B. begeisterte Hobbyköche, passionierte Katzenliebhaber etc.), nutzen Sie diese (potenziellen) Kunden als Botschafter für Ihre Marke. Animieren Sie sie in ihren Communities oder bieten Sie Ihnen »Ihre« Plattformen als Kommunikationsort an. Sie werden ihr Wissen begeistert teilen, Fragen stellen und gegenseitig beantworten.

Gut zuhören: »Die Meinungen von Kunden und Fans müssen im Projekt zu jedem Zeitpunkt mit sensiblen Antennen erfasst, respektiert und ernst genommen werden.« (Mirco Lange, Edeka). Zu diesem Schluss kommt auch Alexander Lengen von Opel: »Fragen Sie Ihre Community, was diese von Ihnen hören will.« Bei Social Media ist »Marktforschung« – mindestens aber ein Meinungsbild – quasi umsonst. Denn Sie können im Rahmen ihrer Kampagne die eigenen Fans immer wieder einbinden und z. B. erfragen, welche Themen interessieren oder auf welche Aktionen sie mal Lust hätten. Dass dies nur funktioniert, wenn Sie dann auf diese Wünsche auch eingehen, versteht sich von selbst.

Nutzungsverhalten kennen: »Ist bei den Teilnehmern der Veranstaltung eine ausreichende Medienkompetenz bezüglich Twitter erwartbar? Wie sieht das Mediennutzungsverhalten aus (Smartphones, Tablets etc.)?« (Benjamin Borgerding, Greenpeace). Auch die technologischen Voraussetzungen sind wichtig, wenn man Kampagnen plant. Denn wenn ich eine große Aktion plane und möchte, dass die Community Fotos oder Videos macht, dann sollten diese möglichst unkompliziert mitmachen können. Dafür müssen sie zum Beispiel ein Smartphone besitzen, eine mobile Internet-Flatrate und einen guten Grund haben (Gewinne, persönliches Engagement – siehe die passionierten Katzenliebhaber) mitmachen zu wollen. Jedoch machen Sie die Aufgabe nicht zu kompliziert. Denn Kampagnen funktionieren oft am besten, wenn die Aufgabe möglichst simpel ist.

Marketingmaßnahmen verknüpfen: »Ein großer Anstieg der Nutzerzahlen konnte interessanterweise oft dann erreicht werden, nachdem Print-Mailings über die Likes Lounge berichtet hatten« (Ziegler und Bürger, Payback). Nicht zuletzt ist es enorm wichtig, bei allen Aktivitäten Online- mit Offline-Maßnahmen zu verknüpfen. Dies fängt bei Broschüren an und hört bei Events auf, wo Sie die Menschen dazu auffordern, Facebook-Fan zu werden. Je besser Sie Social Media in alle Aktivitäten integrieren, umso erfolgreicher werden Sie insgesamt sein. Dies bestätigt auch Volker Gaßner von Greenpeace: »Die Detox-Kampagne entwickelte eine hohe Wirkungskraft durch die Verknüpfung von Aktionen im Netz und Aktionen vor den Fashion-Stores.«

Und wie geht's weiter?

Welche Kanäle und Kampagnen werden uns in Zukunft begegnen? Wir – und auch unsere Autoren – erahnen nur, wo die Reise hingeht. Selbst ob Facebook in 10 Jahren noch das größte soziale Netzwerk sein wird, ist nicht sicher. Seit einigen Jahren melden sich damalige Early Adopters von Facebook ab. Wie sich das am Ende auf Ihr Unternehmen oder Ihre Organisation auswirkt, müssen Sie selbst beobachten und für sich analysieren.

Jedenfalls können wir feststellen, dass Social Media nicht mehr »weggeht« und es sich lohnt, eine Präsenz aufzubauen und erste Kampagnenerfahrung zu sammeln. Und dies tut man nicht mehr nur, um die Digital Natives und die Menschen unter 30 zu erreichen. Denn die Mediennutzung zeigt über viele Jahre hinweg, dass die TV-Nutzung sinkt und die Internet-Nutzung steigt. In einigen Ländern übersteigt letztere in jüngeren Altersgruppen schon die Zeit vom Fernseher. Also starten Sie, und legen Sie los. Die Autoren im folgenden Teil unseres Buches beschreiben, wen Sie dafür in Zukunft eventuell einstellen sollten.

Teil III:
Job-Profile im Social Web

- Kapitel 25: »Wir neuen Markenbotschafter« – der Spagat zwischen Unternehmens- und Privatperson
- Kapitel 26: Mit dem persönlichen Facebook-Profil im Recruiting-Einsatz
- Kapitel 27: Community-Manager: Social-Media-Rockstars
- Kapitel 28: Berufsbild Crossmedia-Redakteur: Jagen, Sammeln und Verwerten
- Kapitel 29: Fit für Social Media? Mitarbeitertraining beim UNO-Entwicklungsprogramm
- Kapitel 30: Alltag eines Social-Media-Managers: Aufgaben, Tools und Zeitmanagement
- Kapitel 31: Vernetzen statt bewerben
- Kapitel 32: Wir lieben Bloggen! Food, Interior, Crafting, Travel – Lifestyle zum Mitlesen
- Kapitel 33: Fazit und Erfolgsfaktoren aus Teil 3: Job-Profile im Social Web

Teil III

»Wir neuen Markenbotschafter« — der Spagat zwischen Unternehmens- und Privatperson

In diesem Kapitel:
- Was sind Markenbotschafter?
- Markenbotschafter und Markenbotschafter
- In soziale Netzwerke gehört nichts Privates, nur Persönliches
- Die Grenzen verschwimmen
- Was ist der wichtigste Kanal für Markenbotschafter?
- Exkurs: Analyse privat vs. geschäftlich
- Fazit und Erkenntnisse

Von Jan-Paul Schmidt
Scout 24-Gruppe

Zusammenfassung: Ich betreue das Thema Social Media im *Corporate Communications-Team* der Scout24-Gruppe. In dieser Funktion arbeite ich an marktplatzübergreifenden strategischen Themen und verantworte sowohl konzeptionell als auch redaktionell das Scout24 Corporate Blog. Knowledge Sharing, Relationship Management und Social Media Monitoring sind zudem typische Themengebiete meiner Arbeit.

Website: *www.scout24.com*

Twitter: *@scout24_de, @jan_paulschmidt*

Corporate Blog: *www.blog.scout24.com*

Was sind Markenbotschafter?

Das Konzept des Markenbotschafters ist nicht neu. Unternehmen setzen seit den Anfängen der Werbung gezielt Personen ein, um Marken(werte) zu kommunizieren oder Produkte zu positionieren: Haribo und Thomas Gottschalk, die Klitschko-Brüder und Milchschnitte oder unvergessen: Marcell D'Avis, Leiter Kundenzufriedenheit bei 1&1. Ob Werbe-Ikone oder Testimonial – alle standen oder stehen für eine begrenzte Zeit mit ihrem Gesicht für das jeweilige Unternehmen. Man sieht sie und verbindet die jeweilige Person idealerweise mit Claim, Markenkern, Produkt oder Firma.

Durch die Entwicklung sozialer Medien bekommen Kunden immer mehr Kontaktpunkte mit Unternehmen. Sie erleben sie nicht nur in Werbung oder Presse, sondern können auf Blogs, Facebook und Twitter mit ihnen interagieren und sich gezielt Informationen einholen – ohne zwischengeschaltete Medien. Dabei leben Unternehmen in sozialen Medien von engagierten Mitarbeitern, nicht wie in der Werbung von mehr oder weniger prominenten Testimonials. Wer keine echten Menschen zu Wort kommen lässt und sich anonym hinter Markennamen versteckt, der verliert in sozialen Netzwerken an Glaubwürdigkeit. Markenbotschafter, also diejenigen Mitarbeiter, welche die Marke im Netz vertreten, dort als Ansprechpartner fungieren, schnell, offen und transparent kommunizieren und so zum »Gesicht der Marke im Internet« werden, werden für Firmen immer wichtiger. Die Verbreitung von Firmenthemen durch Markenbotschafter gilt als glaubwürdig. Das kann allerdings nur funktionieren, wenn sie sich leidenschaftlich mit ihrem Unternehmen identifizieren[1].

Aber, werden diese Mitarbeiter so zum kostenlosen Marketingtool, wie Klaus Eck[2] in den digitalen Raum wirft? Oder gar zum Maskottchen der Unternehmen? Können Markenbotschafter auf ihren persönlichen Social-Media-Profilen überhaupt noch als Privatpersonen präsent sein? Wie viel Geschäftliches gehört auf diese Kanäle? Ein Einordnungsversuch.

Markenbotschafter und Markenbotschafter

Markenbotschafter ist nicht gleich Markenbotschafter. Jeder Mitarbeiter, der über seine eigenen Social-Media-Kanäle mit dem Unternehmen in Verbindung gebracht wird, kann ein wertvoller Botschafter sein. Das kann durch die Nennung des Unternehmens im jeweiligen Profil (also z. B. durch eine Angabe des Arbeitgebers oder Jobtitels) oder durch das Teilen von Firmeninformationen geschehen. Dies ist ein sehr wünschenswerter Effekt. Es zeigt, dass sich Mitarbeiter mit ihrem Arbeitgeber identifizieren (das Thema besitzt somit große Relevanz für die interne Kommunikation und den Personalbereich) und so dazu beitragen, dass sich Inhalte verbreiten. Das bedeutet aber auch, dass Arbeitgeber ein großes Augenmerk

---

1 Eck, Klaus (2010): Transparent und glaubwürdig. München. 227 ff.
2 Eck, Klaus (2011): Das menschliche Marketing-Tool, PR Blogger, *http://pr-blogger. de/2011/10/28/menschliche-marketing-tool/*

auf Governance und Guidance legen müssen, um Mitarbeiter zu sensibilisieren und ihnen Hilfestellungen anzubieten[3]. Schließlich sollen sie als Markenbotschafter das Unternehmen nach außen adäquat repräsentieren.

Die andere Sorte von Markenbotschaftern sind diejenigen Mitarbeiter (und um die geht es hier), die sich sowohl auf gebrandeten Accounts als auch in persönlichen Profilen öffentlich als Mitarbeiter eines Unternehmens zu bestimmten Themen bewusst positionieren: teilweise mit direktem Auftrag, teilweise, weil es zu ihrem Job dazu gehört. Es gibt Positionen, die ohne Netz-Öffentlichkeit gar nicht mehr denkbar sind – gerade in Marketing oder PR, aber immer stärker auch im HR- und Servicebereich. Es geht um Social-Media- und Community-Manager, die Sprecher bzw. Ansprechpartner im Netz, die in sozialen Netzwerken Stellung für ihren Arbeitgeber beziehen und mit ihren jeweiligen Zielgruppen interagieren. Sehr sichtbar mit Foto, Namen und Kontaktdaten. Ich bin einer von ihnen.

In soziale Netzwerke gehört nichts Privates, nur Persönliches

Ich verantworte das Thema »Social Media« im Corporate Communications-Team der Scout24 Holding GmbH. Zu meiner täglichen Arbeit gehört es, gebrandete Facebook-Seiten zu pflegen, über den Scout24-Twitter-Account zu kommunizieren und auf unserem Corporate Blog Beiträge zu veröffentlichen. Ich habe den Auftrag, im Netz für mein Unternehmen zu sprechen, mich zu vernetzen und in Diskussionen einzubringen. Das funktioniert jedoch nur, wenn ich auch meine eigenen Profile – abseits der offiziellen Scout24-Kanäle – dazu nutze. Diskussionen in Blogs, Facebook oder über Twitter kann ich nur bedingt über offizielle Scout24-Accounts führen. Zielgruppen können über persönliche Profile gezielter adressiert werden; die Kommunikation ist glaubwürdiger und authentischer. Menschen wollen mit Menschen reden, nicht mit Marken. Es ist daher notwendig, meine persönlichen Profile zu nutzen, um meine Arbeit professionell zu erledigen.

---

[3] Iyilikci, Ergin / Schmidt, Jan-Paul (2011): Kultureller und struktureller Wandel durch Social Media. In: Dörfel, Lars / Schulz, Theresa (Hrsg.): Social Media in der Unternehmenskommunikation. Berlin 2011

Abbildung 25-1 ▶
Die Startseite meines persönlichen Twitter-Profils

Dabei hilft mir ein Grundsatz, um den Spagat zwischen Unternehmens- und Privatperson hinzubekommen: In soziale Netzwerke gehört für mich nichts Privates, nur Persönliches. Für mich sind soziale Netzwerke kein Ort für eine öffentliche Zurschaustellung meines Privatlebens – auch wenn das Viele anders sehen. Das bedeutet aber nicht, dass ich auf persönliche Eindrücke und Anekdoten (auch zu unternehmens- und branchenfremden Themen) verzichte. Ich nehme natürlich Stellung zu Dingen, die mir persönlich wichtig sind, ich verbreite Inhalte, über die ich schmunzeln muss, und ich unterhalte mich sowohl mit Arbeitskollegen und beruflichen Kontakten als auch mit meinen privaten Freunden über unterschiedlichste Sachen. Aber weiter geht die öffentliche Nutzung dieser Kanäle bei mir nicht. Ich versuche auf allen Kanälen ein persönliches und vor allem konsistentes Bild von mir abzugeben. Und dazu gehören viele unterschiedliche Rollen: unter anderem auch die des Social-Media-Ansprechpartners bei Scout24. Aber das wirklich Private findet in Chats und geschlossenen Gruppen statt, via E-Mail, Telefon oder tatsächlich face-to-face. Ein Beispiel: Dass ich verheiratet bin, dürfen meine Kontakte auf Facebook und Twitter natürlich wissen. Meine Hochzeitsfotos sowie Details aus meinem Familienleben sind für mich jedoch zu privat und finden daher nicht auf diesen Kanälen statt.

Ich nutze neben Facebook und Twitter auch Xing und Google+, allerdings mit unterschiedlichen Schwerpunkten. Während ich Google+ und Xing ausschließlich im Businesskontext einsetze und keinerlei persönlichen Nutzen abseits meiner Unternehmensfunktion daraus ziehe, setze ich Facebook und Twitter sowohl zur Pflege persönlicher Kontakte als auch für die berufliche Vernetzung ein. Gleichzeitig sind es aber auch diese beiden Kanäle, die für mich am relevantesten sind, um Unternehmensthemen zu verbreiten und mich für meinen Arbeitgeber zu positionieren. Die Herausforderung dabei: Ich muss versuchen, so zu kommunizieren, dass keine meiner Zielgruppen das Interesse (an mir) verliert.

Die Grenzen verschwimmen

Aber wie sehen andere User überhaupt die Profile, wenn sie sich durch die Timeline eines Markenbotschafters klicken? Werde ich immer sofort mit Scout24 in Verbindung gebracht? Nehmen User Uwe Knaus (Manager des Daimler Blogs) auf seinem persönlichen Twitter-Account als Privatperson oder als Daimler-Vertreter war? Gibt es Stefan Keuchel (Pressesprecher Google) im Internet überhaupt noch ohne Google-Bezug? In sozialen Medien verschwimmen die Grenzen zwischen privat und beruflich; wer sich über Google informiert, kann oft nicht zwischen Privatperson und Unternehmensvertreter unterscheiden. Alles zahlt auf ein ganzheitliches Bild ein.

Oft macht genau dieses Verschwimmen – die Mischung bestehend aus persönlichen Ansichten, Anekdoten und professionellem Businesskontext – den Reiz aus, bestimmten Menschen überhaupt zu folgen, sich für sie zu interessieren. Wenn ich mich im Businesskontext positionieren will, bieten ausschließlich private Inhalte dieser Zielgruppe keinen Mehrwert, ausschließlich Unternehmensinhalte wirken schnell langweilig und wenig authentisch. Markenbotschafter befinden sich in ihren sozialen Netzwerken in einem ständigen Spagat zwischen unterschiedlichen Rollen und Zielgruppen. Sie müssen versuchen, auf ihren Kanälen private Kontakte mit Businesskontakten zu vereinen. Zudem wird die Pflege verschiedener Accounts immer wichtiger. Es reicht nicht, nur in Xing oder in Facebook oder auf Twitter zu sein. Verschiedene Accounts, die möglichst konsistent und kontinuierlich bespielt werden müssen, sind für die Positionierung von Markenbotschaftern enorm wichtig, um möglichst viele Zielgruppen anzusprechen.

Die Vermischung zwischen beruflich und privat, die unwiderruflich stattfindet, sowie das öffentliche Auftreten auf diversen Kanälen muss man wollen. Allerdings ist beides, wie schon angedeutet, in einigen Branchen mittlerweile unumgänglich. Jobs in PR und Marketing werden in Zukunft ohne digitale Öffentlichkeit nicht mehr machbar sein – das muss man wissen und akzeptieren, wenn man in diesen Bereichen erfolgreich sein will. Eine Verlagerung aller Aktivitäten ins Digitale ist generell nicht mehr aufzuhalten, eine Trennung von digitalem und realem Ich nicht mehr möglich.

Was ist der wichtigste Kanal für Markenbotschafter?

Eine pauschale Antwort auf diese Frage ist nicht möglich. Für die einen ist es Twitter, für andere Facebook, Google+ oder gar Xing. Manche haben ein eigenes Blog, das Ausgangspunkt ihrer persönlichen »Social-Media-Strategie« ist, andere bewegen sich auf vielen Kanälen gleichzeitig, ohne dass ein eindeutiges Zentrum festzustellen ist. Alles ist abhängig von persönlichen Befindlichkeiten, von Themen, von der Branche und von den anvisierten Zielgruppen.

Für mich – und ich denke, vielen PR-Kollegen geht es ähnlich – ist Twitter der wichtigste Kanal. Das hat verschiedene Gründe:

Vernetzung: Ob PR-Kollegen, Social-Media-Manager, Blogger oder Journalisten – die meisten von ihnen nutzen Twitter für ihre Arbeit. Ohne Twitter würde ich ein großes »Vernetzungspotenzial« verschenken.

Schnelligkeit: Durch Twitter weiß ich in kürzester Zeit, was in der Welt, Branche, bei Kollegen etc. los ist. Das schafft kein weiterer Social-Media-Kanal in dieser Form.

Schnelligkeit II: Durch Twitter habe ich die Möglichkeit, meine Themen schnell zu verbreiten und meinen Followern öffentlich zugänglich zu machen.

Frequenz: Über Twitter kann ich deutlich öfter Inhalte teilen als auf anderen Kanälen.

Positionierung: Twitter ist in Deutschland bisher ein Medium mit einer spitzen Zielgruppe; eine Positionierung mit meinen persönlichen Spezialthemen ist sehr gut möglich.

Exkurs: Analyse privat vs. geschäftlich

Ich nutze meinen Twitter-Kanal sowohl, um persönliche Ansichten zu für mich interessante Themen zu posten, als auch, um Inhalte meines Unternehmens zu verbreiten. Ich versuche, die Tweets nicht zu einseitig werden zu lassen. Das ist jedenfalls mein Gefühl. Ich hatte mir aber noch nie explizit Gedanken darüber gemacht, in welchem Verhältnis sich die Inhalte zusammensetzen – sowohl bei mir als auch bei anderen Markenbotschaftern. Gibt es Muster oder gar unterschiedliche Formen des »Markenbotschaftertums«? Wie sieht der ideale Einsatz von Social Media aus?

Das Schreiben dieses Kapitels brachte mich auf die Idee (und somit zu diesem Exkurs), mir dies mal genauer anzusehen. Eine Analyse über Twitter – weil frei zugänglich und von den meisten benutzt – schien mir am besten dafür geeignet. Ich habe jeweils einhundert Tweets von zehn Markenbotschaftern, die für ihr Unternehmen in sozialen Netzen als Ansprechpartner auftreten, genauer unter die Lupe genommen.

Hinweis Einige der hier genannten Markenbotschafter haben übrigens auch ein Kapitel zu diesem Buch beigetragen: Sachar Kriwoj zum Thema Events (Kapitel 13), Annabel Atchinson zur Social-Media-Strategie von Microsoft (Kapitel 2) und Robindro Ullah (Kapitel 20) zu den Anfängen von Twitter bei der Deutschen Bahn.

Die Kriterien für meine Analyse: Wie viele Tweets sind explizite Unternehmensinfos (Namensnennung von Unternehmen oder Produkt, Link auf Firmenwebsite); wie viele sind unternehmensnah bzw. für die berufliche Positionierung relevant, jedoch ohne direkten Bezug zum Unternehmen (Branchenthemen); und wie viele sind rein persönlicher Natur? In die Analyse eingeflossen sind:

- Stefan Keuchel (Google; *@frischkopp*)
- Uwe Knaus (Daimler; *@uknaus*)
- Sachar Kriwoj (E Plus; *@sachark*)
- Charles Schmidt (Krones; *@charlesdschmidt*)
- Hermin Bartelheimer (Coca Cola; *@herminberlin*)
- Annabelle Atchison (Microsoft; *@mrsatoz*)
- Tina Kulow (Facebook, *@tkkinstant*)
- Stefanie Weyrauch (Zimpel; *@sweyrauch*)

- Robindro Ullah (Deutsche Bahn; *@robindro*)
- Und ich: Jan-Paul Schmidt (Scout24, *@jan_paulschmidt*)

Die kurze Analyse fand am 20. Februar 2013 statt, ausgewertet wurden die zu diesem Zeitpunkt erschienenen letzten einhundert Tweets. Nicht in die Wertung einbezogen wurden Inhalte, die nicht eindeutig zuzuordnen waren.

Tabelle 25-1 ▶
Analyse Inhaltszusammensetzung Markenbotschafter

Markenbotschafter (Zeitraum Tweets)	Unternehmen	Branche	Persönlich
Stefan Keuchel (8.2.13 – 20.2.13)	52	28	20
Uwe Knaus (6.2.13 – 20.2.13)	20	47	33
Sachar Kriwoj (11.12.12 – 20.2.13)	37	45	18
Charles Schmidt (2.2.13 – 20.2.13)	62	19	19
Hermin Bartelheimer (3.5.12 – 17.12.12)	50	35	15
Annabelle Atchison (17.1.13 – 19.2.13)	9	45	46
Tina Kulow (9.5.12 – 14.2.13)	56	28	16
Stefanie Weyrauch (1.11.12 – 19.2.13)	35	50	15
Robindro Ullah (13.11.12 – 19.2.13)	52	40	8
Jan-Paul Schmidt (14.11.12 – 19.2.13)	31	48	21

Es kristallisieren sich zwei Cluster heraus, wie Markenbotschafter Twitter nutzen. Zum einen setzen Stefan Keuchel, Charles Schmidt, Hermin Bartelheimer, Tina Kulow und Robindro Ullah den Kanal vorwiegend dafür ein, *ihr Unternehmen zu positionieren*. Bei ihnen liegt der Anteil der Unternehmens-Tweets an den Gesamt-Tweets bei über 50 Prozent. Das persönliche Twitter-Profil ist für sie somit ein starkes Werkzeug der Unternehmenskommunikation. Das Feld führt Charles Schmidt mit 62 Prozent an – er ist Spitzenreiter, wenn es darum geht, sein Unternehmen, die Krones AG, auf Twitter zu platzieren. Bei allen eben genannten folgen die Branchenthemen auf dem zweiten Platz mit einer Spanne von 19 bis 40 Prozent an den Gesamt-Tweets. Persönliche Tweets sind eher selten, die Spanne reicht von 8 bis 20 Prozent.

Tweets zur Positionierung des Unternehmens:

◀ **Abbildung 25-2**
Twitter-Timeline von
Stefan Keuchel

◀ **Abbildung 25-3**
Twitter-Timeline von
Charles Schmidt

Exkurs: Analyse privat vs. geschäftlich

Abbildung 25-4 ▶
Twitter-Timeline von Hermin Bartelheimer

Hermin Bartelheimer @HerminBerlin — 7. Dez.
Was steckt hinter unserer SoMe-Strategie und Digital #Ubiquity? @PatrickKammerer und ich im Interview mit @jodeleit: bit.ly/YDctf9
Öffnen

Coca-Cola Germany @CocaCola_De — 6. Dez.
Christmas #CokeFacts gebündelt auf einen Blick. Unsere Coca-Cola Infografik zu Weihnachten: cot.ag/QJMQEW (^HB)
Retweetet von Hermin Bartelheimer
Öffnen

Thomas Pleil @tp_da — 17. Nov.
Teil 2 zu "Blogger verstehen und identifizieren". Jetzt geht's um die Einordnung von Bloggern aus PR-Sicht bit.ly/TPTreE
Retweetet von Hermin Bartelheimer
Foto anzeigen

Hermin Bartelheimer @HerminBerlin — 16. Nov.
@CompuMasterGmbH Danke für den Beitrag und die Blumen! prozessoptimierung-blog.de/ick-war-ein-be… #cmt12
Öffnen

Hermin Bartelheimer @HerminBerlin — 13. Nov.
.@indiskretion über die neue Content-Strategie von Coca-Cola: indiskretionehrensache.de/2012/11/coca-c…
Öffnen

Abbildung 25-5 ▶
Twitter-Timeline von Tina Kulow

Tina Kulow @tkkinstant — 13. Feb.
Neues Wort im Wortschatz: "mid-core" - gamasutra.com/blogs/MikeGosl… #games
Öffnen

Tina Kulow @tkkinstant — 6. Feb.
RT @fscottwoods: Kreativdirektor im Interview: „Facebook ist wie früher das Fernsehen" handelsblatt.com/7742050.html
Öffnen

Tina Kulow @tkkinstant — 29. Jan.
Genau - RT @heiseonline: Facebook: In der Graphsuche greifen Sichtbarkeitseinstellungen heise.de/-1793305/ftw
Öffnen

Tina Kulow @tkkinstant — 18. Jan.
@JohannesLenz @thomashutter merci! und TGIF (hommage an @frischkopp)
Gespräch zeigen

Tina Kulow @tkkinstant — 18. Jan.
Weil Freitag ist: Parodie Lanz + Wowereit bit.ly/XjLIeD - habe sehr gelacht.
Medien anzeigen

◀ **Abbildung 25-6**
Twitter-Timeline von Robindro Ullah

Das andere Cluster setzt sich aus den Markenbotschaftern zusammen, die sich *über Branchenthemen positionieren* (Uwe Knaus, Sachar Kriwoj, Stefanie Weyrauch und ich). Bei diesen Personen sind demnach Branchen-Tweets am stärksten vertreten (45 bis 50 Prozent). Zudem nutzen diese Markenbotschafter den Kanal häufig, um Unternehmensthemen (31 bis 37 Prozent) zu platzieren – persönliche Tweets finden sich auch in der Timeline (15 bis 21 Prozent) – aber in einem geringeren Anteil. Nur bei Uwe Knaus dominieren neben Tweets mit Branchenbezug die persönliche Eindrücke (33 Prozent); Updates zu Daimler kommen seltener vor (20 Prozent).

Tweets über Branchenthemen

Abbildung 25-7 ▶
Twitter-Timeline von Uwe Knaus

> **Uwe Knaus** @uknaus — 13. Feb
> Wenn du keine Idee hast, wie du deinen Dienst nach vorne bringst, dann sag allen Nutzern, dass sie zu den Top10% gehören #ViralesMarketing
> Öffnen

> **Uwe Knaus** @uknaus — 13. Feb
> @markush Das erzählen die jedem, damit mehr kommuniziert wird.
> 💬 Gespräch zeigen

> **Stefan Oßwald** @StefanOsswald — 13. Feb
> Schönster Tag im Karneval!
> 🔁 Retweetet von Uwe Knaus
> Öffnen

> **Uwe Knaus** @uknaus — 12. Feb
> Dunkeldenker sind mutiger, fokussierter und sie dehnen die Zeit tinyurl.com/at3b8kq
> Öffnen

> **Uwe Knaus** @uknaus — 12. Feb
> Blogger Relations: So identifiziert man Influencer und analysiert sein Netzwerk mcschindler.com/2013/02/12/sag...
> Öffnen

Abbildung 25-8 ▶
Twitter-Timeline von Sachar Kriwoj

> **Sachar Kriwoj** @sachark — 12. Feb
> LinkedIn hat jetzt mehr als 200 Mio. Mitglieder. Finde ich ganz schön krass.
> Öffnen

> **Sachar Kriwoj** @sachark — 12. Feb
> Ganz tolle Übersicht: So identifiziert man Influencer mcschindler.com/2013/02/12/sag...
> Öffnen

> **Sachar Kriwoj** @sachark — 12. Feb
> Dieses Buch kann ich nur empfehlen: "Start with why".
> audible.de/pd/B004I3UDFM
> Öffnen

> **Sachar Kriwoj** @sachark — 12. Feb
> Social Media ist tot, lang lebe Content Marketing. faz.net /aktuell/wirtsc...
> Öffnen

> **Sachar Kriwoj** @sachark — 12. Feb
> @ChristophKappes Tolles Unternehmen (eine der wenigen dt. Erfolgsgeschichten im Internet) mit entsprechend spannendem Bereich.
> 💬 Gespräch zeigen

◀ **Abbildung 25-9**
Twitter-Timeline von Stefanie Weyrauch

◀ **Abbildung 25-10**
Twitter-Timeline von Jan-Paul Schmidt

Die einzige aus dem Panel, die Twitter vorwiegend für persönliche Inhalte nutzt (46 Prozent) ist Annabelle Atchison, danach geht es bei ihr eher um Branchenthemen (45 Prozent). Sie ist auch diejenige, die deutlich am wenigsten über ihr Unternehmen postet bzw. auf Unternehmensseiten verlinkt (9 Prozent).

Abbildung 25-11 ▶
Twitter-Timeline von Annabelle Atchison

> **Annabelle Atchison** @mrsatoz 20. Feb
> Film-Tipp: 12 Video-Formate für die Unternehmenskommunikation | karrierebibel.de karrierebibel.de/film-tipp-12-v... via @karrierebibel
> Öffnen
>
> **Annabelle Atchison** @mrsatoz 20. Feb
> So. Jetzt ab zum Flughafen und in die Lüfte gen Köln (aber nur ein Mini-Visit). #PartnerDigitalAcademy
> Öffnen
>
> **Annabelle Atchison** @mrsatoz 19. Feb
> @warp5 gleichfalls ;) und leider hab ich sonst keinen schönen türkisen Toaster gefunden.
> Gespräch zeigen
>
> **Annabelle Atchison** @mrsatoz 19. Feb
> Say hi to my newest kitchen appliance. :) So pretty. instagr.am/p/V7WwqjFEwR/
> Öffnen
>
> **Annabelle Atchison** @mrsatoz 19. Feb
> The Future of PR annabelleatchison.com/?p=262 My topic for the European Communication Summit 2013. #ecs2013
> Öffnen

Bis auf Tina Kulow und Hermin Bartelheimer, die Twitter selten einsetzen, twittern alle anderen durchschnittlich mindestens ein- bis zweimal am Tag. Die Frequenz gibt einen weiteren Anhaltspunkt, wie der Kanal für die eigene Positionierung eingesetzt wird. Wird der Kanal aus eigenem Antrieb genutzt oder als Tool gesehen, um Unternehmensinhalte zu posten? Es gibt Heavy User, die durchschnittlich mehr als fünf Tweets pro Tag absetzen (Stefan Keuchel, Uwe Knaus, Charles Schmidt), moderate Nutzer, die auf durchschnittlich ein bis zwei Tweets kommen (Sachar Kriwoj, Annabelle Atchison, Stefanie Weyrauch, Robindro Ullah und ich) und Markenbotschafter, die wenig twittern bzw. auf Anlässe reagieren (Hermin Bartelheimer, Tina Kulow). Auffällig ist, dass bei den beiden Extremgruppen (Heavy und wenig) die meisten Tweets einen Unternehmensbezug haben (Ausnahme Uwe Knaus). Das ist bei den moderaten Twitter-Usern nicht der Fall – dort stehen branchennahe Themen im Vordergrund.

Diese kurze Analyse zeigt, wie unterschiedlich Markenbotschafter Social Media nutzen. Dabei sind diese Ergebnisse natürlich nicht repräsentativ. Sie geben aber einen ersten Anhaltspunkt über verschiedene Nutzungsformen. Für aussagekräftigere Ergebnisse müssten die Inhalte von mehr Markenbotschaftern über einen längeren Zeitraum auf verschiedenen Kanälen untersucht werden. Zudem müsste sowohl die jeweilige Bedeutung des Unternehmens in die Analyse einfließen. Auch die Motivation der Tweets spielt eine Rolle. Sind es aktive Botschaften oder Antworten auf Anfragen? Markenbotschafter von Facebook oder Google werden wahrscheinlich öfter zu Unternehmensthemen Stellung nehmen müssen als Vertreter von Zimpel oder Krones.

Fazit und Erkenntnisse

Festzuhalten ist, dass persönliche Profile – neben offiziellen Unternehmens-Accounts – durchweg dazu eingesetzt werden, um explizite Unternehmensinhalte zu platzieren. Dabei gehen die einen sehr offensiv an das Thema heran und nutzen nahezu jeden zweiten Tweet, um Firmen-News zu verbreiten. Andere nutzen Social Media subtiler und lassen neben den hauptsächlich verbreiteten Brancheninfos sowohl Unternehmensthemen als auch private Tweets einfließen.

Welche Strategie dabei am erfolgreichsten ist, kann an dieser Stelle sicher nicht endgültig beantwortet werden. Die Qualität ist entscheidend – und die kann durch exklusive Unternehmensthemen genauso hergestellt werden wie durch informative Branchennews. Allerdings muss die Kommunikation auf diesen Kanälen »natürlich« sein – oder wenigstens so wirken. Die Kanäle müssen zum (digitalen) Leben dazugehören und nicht nur genutzt werden, weil es das »Markenbotschaftertum« so von einem verlangt. Wer krampfhaft versucht, irgendetwas zu posten, nur um seiner »Pflicht« nachzukommen, der wird höchstwahrscheinlich nicht als Markenbotschafter akzeptiert werden. Eine authentische Kommunikation ist die Basis für den Erfolg.

Die Frage, ob Markenbotschafter persönliche Profile für die Positionierung benötigen, muss eindeutig mit »ja« beantwortet werden. Nur so ist eine authentische und glaubwürdige Kommunikation überhaupt möglich. Dies wird sich auch weiter verstärken – PR und Marketing, aber auch Bereiche wie HR und Support verlagern sich immer mehr ins Digitale. Kunden, Interessenten oder Bewerber fordern persönliche Ansprechpartner. Das bedeutet für immer mehr Mitarbeiter, das »Visier zu öffnen« und öffentlich auf diesen Kanälen für ein Unternehmen Stellung zu beziehen. *Die Vermischung von*

Privat- und Unternehmensperson ist in vielen Bereichen nicht mehr aufzuhalten. Alles, was digital passiert, zahlt auf ein ganzheitliches Bild ein. Die hier erwähnten Kollegen und ich nutzen ihre persönlichen Kanäle auf vielfältigste Weise, und doch haben alle eins gemeinsam: Sie sind dort auch Botschafter ihrer Unternehmen. Eine strikte Trennung zwischen beruflich und privat existiert nicht mehr. Sie ist schlicht nicht mehr möglich. Und das wird auch akzeptiert.

Eins steht für mich allerdings fest: Es ist ein Grundsatz meiner Social-Media-Nutzung, keine privaten Inhalte öffentlich preiszugeben. Trotzdem pflege ich natürlich auch mein privates Netzwerk über diese Kanäle und poste persönliche Eindrücke. Das eine schließt das andere nicht aus. Für mich sind soziale Medien Alltag – egal ob beruflicher oder privater. Dabei versuche ich, es je nach Kanal und somit Zielgruppe so interessant wie möglich für alle zu gestalten. Und ich hoffe, dass mir dieser Spagat weiterhin gelingt.

Zum Autor

Jan-Paul Schmidt ist *Manager Corporate Communications & PR* der Scout24-Gruppe.

Über die Scout 24-Gruppe

Scout24 ist eine der führenden Unternehmensgruppen von Online-Marktplätzen in Europa. Die sechs Marktplätze der Scout24-Gruppe – ImmobilienScout24, AutoScout24, FriendScout24, FinanceScout24, JobScout24 und TravelScout24 – sind in 22 Ländern präsent.

Mit dem persönlichen Facebook-Profil im Recruiting-Einsatz

In diesem Kapitel:
- Facebook-Karriere-Fanpages vs. Facebook-Profil
- Vom Wert des Persönlichen im Recruiting
- Wo kommen die Inhalte her?
- Erreichbarkeit: 24/7 oder feste Öffnungszeiten?
- Die neuen Anforderungen an Personaler

Von Carl-Christoph Fellinger
Beiersdorf

Zusammenfassung: Wer bei der Gewinnung von Mitarbeitern auf Facebook setzen möchte, kann neben der Facebook-Karriere-Fanpage – oder zur Not auch anstelle dieser – das persönliche Profil einsetzen. Für eine erfolgreiche Rekrutierung über Facebook ist auch eine gute Planung und gewissenhafte Kontaktpflege erforderlich. Welche Facebook-Einstellungen wichtig sind, welche Inhalte man posten sollte und wie man eine Vielzahl von Kontakten managt, beschreibe ich im folgenden Artikel.

Website: *www.beiersdorf.com*

Facebook: *www.facebook.com/carllson*

Facebook-Karriere-Fanpages vs. Facebook-Profil

Eins möchte ich direkt vorwegnehmen: die Arbeit mit einem Facebook-Profil und die Betreuung einer Facebook-Fanpage haben nur oberflächlich etwas gemeinsam. Das eine ist ein personenbezogenes Kommunikationsmedium, das andere eine unternehmensweite Präsentations- und Dialogplattform. Die Fanpage ist wunderbar für das Employer Branding geeignet; das Profil ist sehr hilfreich für Kontaktpflege und Rekrutierung von vielversprechenden Nachwuchstalenten. Mein Name ist Christoph Fellinger, und meine

Aufgabe bei Beiersdorf ist genau diese Kontaktpflege mit High Potentials, die schlussendlich zur Rekrutierung und Besetzung von Stellen im Unternehmen führt. Neben den einschlägigen Business-Plattformen Xing und LinkedIn setze ich dabei auch ein berufliches Facebook-Profil ein.

Vom Wert des Persönlichen im Recruiting

Während sich Xing und mittlerweile auch LinkedIn im deutschen Sprachraum fest als Netzwerke für geschäftliche Kontakte etabliert haben, wird Facebook weithin als privates Netzwerk verstanden und genutzt. Dies ist für die berufliche Arbeit mit einem Facebook-Profil zu gleichen Teilen Chance und Mahnung. Es ist eine Chance, da ein Kontakt über Facebook aufgrund seiner persönlichen Natur einen deutlich höheren Bindungsfaktor mit sich bringt – ein Faktor, der insbesondere bei Personen, die die Wahl zwischen mehreren Arbeitgebern haben, unter Umständen den Ausschlag gibt. Denn bei aller Virtualität ist meine Erfahrung, dass der persönliche Kontakt in ein Unternehmen (durchaus auch zum Recruiter oder Talent Relationship Manager) bei der Arbeitgeberwahl häufig das Zünglein an der Waage ist und Entscheidungen positiv beeinflussen kann. Kein anderes soziales Netzwerk ist dafür besser geeignet als Facebook.

Aber gleichzeitig muss dieser persönliche Charakter auch Mahnung sein, sensibel mit den Informationen und Kontakten umzugehen. Der Umgang miteinander ist am besten vergleichbar mit dem unverfänglichen Gespräch über Jobmöglichkeiten auf einer Party oder bei einem zufälligen Treffen. Ein vorsichtiges Abtasten des Gegenübers ist in Ordnung, eine echte Prüfung oder ein Abfragen von Formalitäten ist tödlich. Denn es ist gerade der informelle Charakter, der bei den Nachwuchstalenten zu Vertrauen und Bindung führt. Aber keine Angst vor klaren Ansagen: Nur weil bei Facebook alle »Freunde« heißen, bedeutet es nicht, dass man keine realistische Einschätzung von Chancen widerspiegeln darf. Auch das gehört zu solch einem informellen Austausch.

Eines ist Facebook jedoch par excellence: ein Kommunikationsmedium. Insbesondere für die Arbeit mit jungen Zielgruppen ist der Facebook-Einsatz sehr lohnenswert, da in diesem Kreis ein Großteil der Kommunikation über das soziale Netzwerk läuft. Ich stelle immer wieder fest, dass E-Mails, die mich von Studierenden erreichen, viel förmlicher und distanzierter formuliert sind als Anfragen, die ich über Facebook bekomme. Wenn es um Ansprechbarkeit geht, ist Facebook das Medium der Wahl.

◀ **Abbildung 26-1**
Auch ohne vorherigen persönlichen Kontakt erreichen einen Fragen zu Einstiegsmöglichkeiten als persönliche Nachricht über Facebook.

Die Gretchenfrage: Wie trennen Sie Privates und Berufliches?

Die Frage, ob man sich mit einem eigenen, privaten Facebook-Profil auf die Jagd nach interessanten Kontakten für das eigene Unternehmen macht, sollte wohl überlegt sein. Wie viel Privates darf im Beruflichen enthalten sein, wie viel Berufliches möchte ich meinen privaten Kontakten zumuten? Diese Frage stellt sich quasi jedem Social-Media-Manager, und es gibt keine allgemeingültige Antwort, sondern nur individuelle Entscheidungen. Grundsätzlich gibt es zwei Möglichkeiten:

- *die Verwendung der Facebook-Listenfunktion:* Alle Kontakte werden bestimmten Listen zugeordnet (vereinfacht dargestellt »Private Freunde« oder »Geschäftskontakte«), und bei den eigenen Statusmeldungen wird jeweils die Gruppe, für die der Eintrag sichtbar sein soll, ausgewählt. Vorteil: alles in einem Profil, kein lästiges Springen zwischen Identitäten. Nachteile: bloß nicht schusselig sein, und bei den Partybildern von gestern Abend vergessen, die Einstellungen anzupassen. Und dann sind da noch die sich regelmäßig ändernden Sicherheitseinstellungen von Facebook, denen man mit Argusaugen folgen muss, um nicht unvermittelt für die falsche Gruppe sichtbar zu sein.

- *die Verwendung von zwei getrennten Facebook-Identitäten:* Das ist eigentlich nicht von Facebook erlaubt, dennoch ungemein hilfreich, um den Spagat zwischen Privatem und Beruflichem zu meistern. Vorteil: eindeutige Trennung zwischen den Welten. Nachteile: Das Springen zwischen den Profilen ist notwendig (man ist *immer* gerade mit dem falschen eingeloggt); aus manchen beruflichen Kontakten werden private Freunde – wann wechselt man?

Ich persönlich habe mich für die Verwendung von zwei Profilen entschieden, da mir die saubere Trennung wichtig war und ich die Listeneinstellung für mich als zu fehleranfällig ansehe.

Abbildung 26-2 ▶
Sein Gesicht auf dem beruflichen Profil zu zeigen, ist sinnvoll, um auf Veranstaltungen wiedererkannt zu werden. Ebenso wichtig sind Elemente, die zum Unternehmen gehören – Produkte oder Logos. Wer letztere in das kleine Profilfoto einbaut, ist auch in seinen Kommentaren immer als Unternehmensvertreter identifizierbar.

◀ Abbildung 26-3
Mein privates Profil sieht nicht nur anders aus, sondern hat auch deutlich striktere Privatsphären-Einstellungen.

Soziales Netzwerk heißt Kontaktpflege

Wie kommt man nun zu den gewünschten Kontakten? Ich habe mir angewöhnt, Unternehmenspräsentationen bei Veranstaltungen immer mit meinen Kontaktdaten zu beenden. Neben meiner E-Mail-Adresse und den Business-Netzwerken verweise ich explizit auch auf die Möglichkeit, mich über Facebook anzusprechen. Insbesondere in Rahmen von Kooperationen mit Studentenorganisationen oder Netzwerken, bei denen man als Personalvertreter immer wieder auftritt, wird dieses Angebot gut angenommen. Zudem erwähne ich bei persönlichen Zusammentreffen neben den Business-Netzwerken auch die Möglichkeit, über Facebook Verbindung aufzunehmen. Im Unterschied zu diesen ist es bei Facebook viel einfacher, in Kontakt zu bleiben. Ein kurzer Kommentar hier, ein Like an anderer Stelle und die Anfrage mit einem Jobangebot – etwa wenn das Studienende sich nähert oder sich eine passende Stelle ergeben hat – ist viel einfacher bzw. die Reaktion auf ein Stellenangebot auf dem eigenen Profil ist wahrscheinlicher. Dabei habe ich noch keine merkwürdige Reaktion erlebt, dass ich dies als Unternehmensvertreter tue. Im Gegenteil, ich agiere ja als »Gesicht« des Unternehmens und verleihe ihm damit die gewünschte Nahbarkeit, die sich positiv auf die Entscheidung für Beiersdorf als Arbeitgeber auswirkt.

Allerdings muss man sich darüber im Klaren sein, dass die Recruiting-Arbeit mit einem Facebook-Profil eben diese Beziehungspflege erforderlich macht und dass man ihr Zeit einräumen muss. Ich werfe wochentags mindestens einmal am Tag einen Blick auf meinen Newsfeed, um zu sehen, was sich bei meinen Kontakten getan hat, und um ggf. zu reagieren. Dabei ist es wichtig zu beachten, wie man die Neuigkeiten der eigenen Startseite einstellt. So kann man zum Beispiel die Meldungsfrequenz einzelner Kontakte individuell einstellen (»Alle Aktualisierungen«, »Die meisten Aktualisierungen«, »Nur wichtige Aktualisierungen«). Damit lässt sich der eigene Newsstream recht gut moderieren.

Abbildung 26-4 ▶
Facebook bietet abgestufte Einstellungen für die Anzeige von Aktualisierungen der eigenen Facebook-Freunde an.

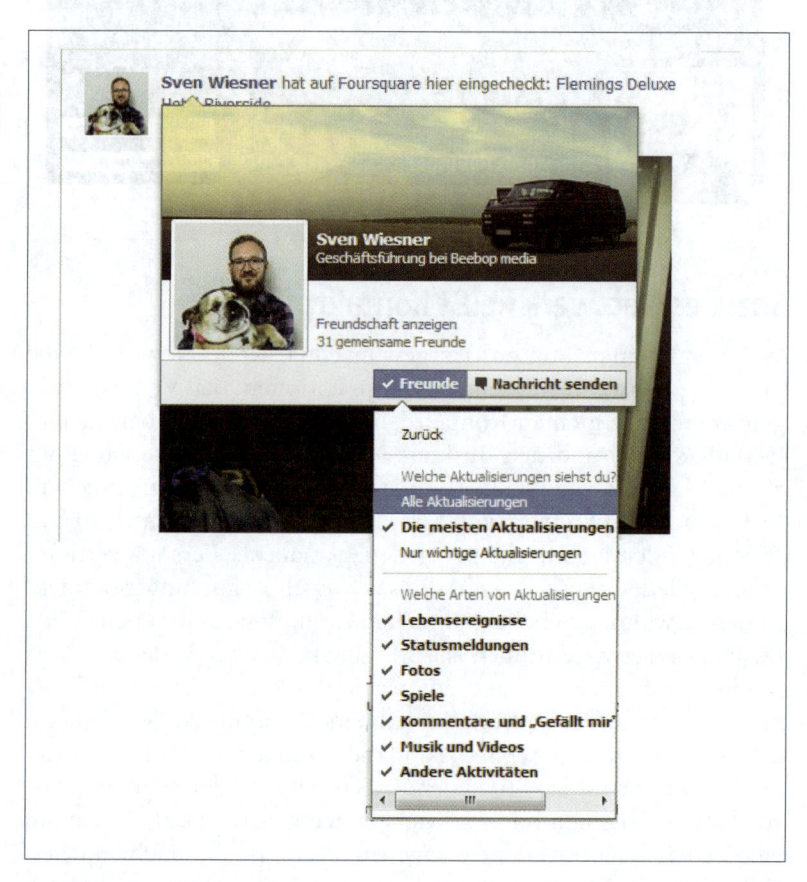

Zudem bietet Facebook die Möglichkeit, sich individuell nur die Meldungen einer bestimmten Listengruppe anzeigen zu lassen. Diese werden in der linken Spalte angezeigt. Mit einem Klick auf die einzelne Liste werden nur noch Meldungen von diesen Kontakten angezeigt.

Ich kann jedem nur empfehlen, diese Funktionen zu nutzen, um den eigenen Newsfeed anzupassen. Die Verfolgung und Pflege der Kontakte kann sonst schnell unübersichtlich und damit zeitintensiv werden. Alle Einzelheiten zur Anpassung der Meldungen auf der eigenen Startseite finden sich auf den Facebook-Hilfeseiten unter *Hilfebereich → Chronik* (*https://www.facebook.com/help/335291769884272/*).

◀ **Abbildung 26-5**
Besonders wichtige Listen lassen sich gut verfolgen, wenn man sie zu den Favoriten hinzufügt. Diese werden ganz oben in der linken Spalte angezeigt. Um diese Funktion anzuzeigen, reicht es, mit der Maus auf die einzelne Liste zu gehen.

Alles Freunde hier?

Ein soziales Netzwerk ähnelt in einem Punkt dem realen Leben: Nicht mit allen Personen, die einem begegnen, möchte oder kann man in Kontakt bleiben. Anders als im realen Leben ist die Schwelle zur Kontaktaufnahme aber bei Facebook viel niedriger, und einer Kontaktablehnung fehlen komplett die Zwischentöne menschlicher Kommunikation. Von daher lehne ich kaum Freundesanfragen ab, bevorzuge aber diejenigen, denen ein persönlicher Kontakt voranging, oder jene, die sich zumindest die Mühe einer kleinen Intro-Nachricht machen. Hier differenziere ich deutlich zwischen meinem privaten und meinem beruflichen Profil: Als Privatperson ignoriere ich jegliche Anfrager, die ich nicht persönlich kenne. Als Unternehmensvertreter und besonders als »Talent Relationship Manager« ist es für mich selbstverständlich, Anfragen anzunehmen, hinter denen ich ein Interesse an Beiersdorf und einer Tätigkeit in der Welt der Kosmetik vermuten und die ich über mein Profil mit passenden Informationen versorgen kann. Aus demselben Grund ist mein berufliches Profil auch weitestgehend auf »Öffentlich sichtbar« eingestellt, sodass ich gut über Suchmaschinen zu finden bin und meine Beiträge mit wenigen Ausnahmen für jedermann einsehbar sind. Denn letzten Endes dienen sie ja der Vermarktung von Beiersdorf als Arbeitgeber.

Abbildung 26-6 ▶
In den Privatsphären-Einstellungen lässt sich steuern, ob man über Facebook und externe Suchmaschinen gefunden werden kann und wem die Inhalte der persönlichen Chronik angezeigt werden.

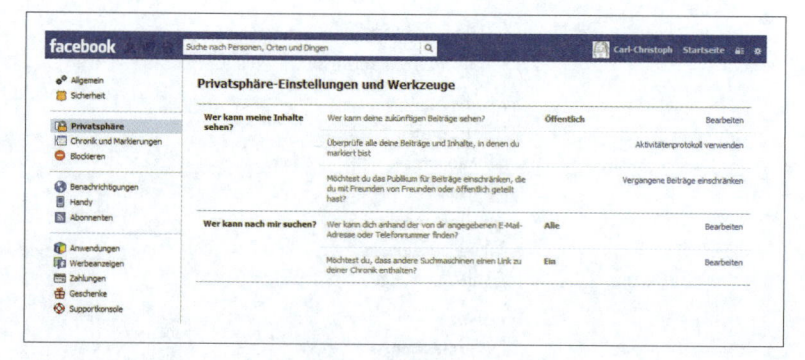

Vorsichtiger bin ich bei den Einstellungen meiner Chronik: Nicht jeder darf auf mein Profil posten oder mich in Beiträgen markieren. Das ist meinen direkten Kontakten vorbehalten. Auch dies lässt sich in den persönlichen Einstellungen unter »Chronik und Markierungseinstellungen« regulieren.

Ich empfehle, diese Einstellungen in regelmäßigen Abständen zu überprüfen, da es immer sein kann, dass einem eine Ergänzung oder Veränderung der Optionen durch Facebook entgangen ist!

Abbildung 26-7 ▶
Wer etwas auf Ihre Chronikseite schreiben und wer dies sehen darf, ist Ihre eigene Entscheidung.

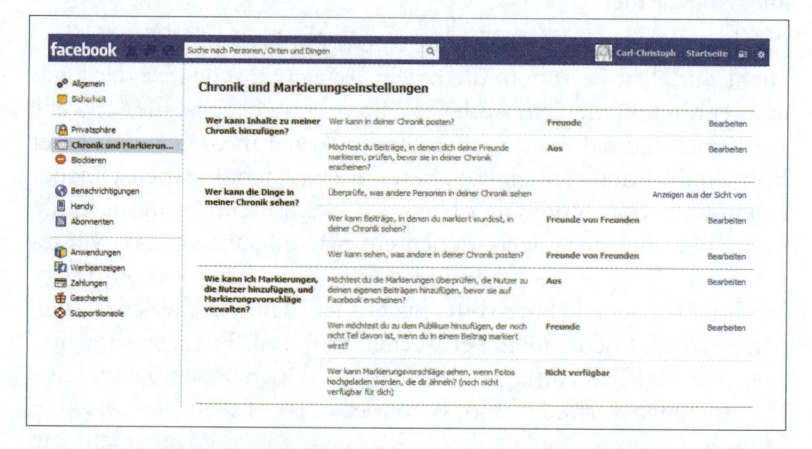

Woher kenn ich den bloß?!

Um bei seinen Kontakten den Überblick zu behalten, empfiehlt sich der Einsatz der eingangs erwähnten Listenfunktion. So kann man Freunde bestimmten Netzwerken oder Organisationen zuordnen, sie nach Veranstaltungen gruppieren oder nach Arbeitsgebieten, für die sie infrage kommen. Denn nichts ist peinlicher, als bei einer Nachricht zunächst mal recherchieren zu müssen, aus welchem Kontext man die Person kennt. Zum anderen erlaubt einem eine gut gepflegte Listenfunktion das gezielte Posten von Beiträgen für bestimmte Gruppen – zum Beispiel eines spannenden Interviews aus dem Marketing exklusiv für Marketing- und Vertriebskontakte oder Einstiegsmöglichkeiten für Absolventen nur für Studierende.

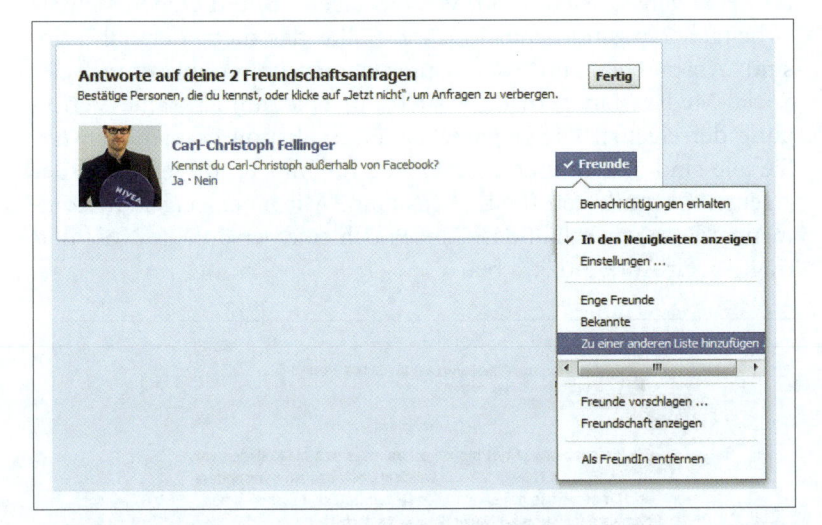

◀ **Abbildung 26-8**
Am einfachsten ist es, Personen sofort bei der Freundesbestätigung Listen zuzuordnen.

Je nachdem, wie offen man mit seinen Kontakten umgehen möchte, empfiehlt es sich jedoch, deren Sichtbarkeit einzuschränken. Vielleicht möchten Sie nicht, dass jedermann diese sehen kann? Denn sie werden grundsätzlich jedem Besucher Ihres Profils angezeigt. Dies lässt sich auf Ihrer Freunde-Übersicht unter »Bearbeiten« ändern. Bedenken Sie bei den Einstellungen aber den Netzwerk-Effekt, der durch gemeinsame Bekannte entsteht. Sind ihre Kontakte nur für Sie allein sichtbar, verlieren sie diesen Effekt gänzlich. Ein guter Kompromiss kann die Einstellung »Freunde von Freunden« sein.

◀ **Abbildung 26-9**
Um die für jedermann sichtbaren Freunde nur noch für sich anzeigen zu lassen, klickt man auf den »Freunde«-Link im eigenen Profil und ändert die Einstellungen unter »Bearbeiten«.

Wo kommen die Inhalte her?

Ähnlich wie bei einer Facebook-Karriere-Fanpage gehört auch zur Arbeit mit einem persönlichen Profil ein gewisser Themenfahrplan oder zumindest ein gutes Verständnis für Themen, die auf dem Profil geeignet sind, Werbung für das eigene Unternehmen zu machen. Idealerweise liegt dem natürlich ein Employer Branding zugrunde, also eine genaue Definition, wie das eigene Unternehmen sich als Arbeitgeber positionieren möchte. Sollte das nicht der Fall sein, sind Absprachen mit der Unternehmenskommunikation oder Social-Media-Managern oder auch nur eine aufmerksame Verfolgung der eigenen Unternehmenskommunikation empfehlenswert. Sie alle sind zudem eine gute Quelle für Inhalte, die man auf der eigenen Chronik veröffentlichen kann. Mit einem eigenen Kommentar versehen, erhält das Ganze noch eine persönliche Note und trägt so zur Authentizität bei.

Abbildung 26-10 ▶
Das Teilen von Inhalten aus anderen Social-Media-Kanälen des Unternehmens ist eine gute Quelle für Inhalte auf der eigenen Chronik.

Der beste Inhalt für die eigene Chronik stammt jedoch von eigenen Veranstaltungen, sei es die Teilnahme an einer Karrieremesse oder der eigene Inhouse-Event. Für Letztere habe ich es mir zur Angewohnheit gemacht, professionelle Fotografen zu engagieren, um nicht selbst für das Fotografieren verantwortlich zu sein und um wirklich gute Fotos zu bekommen. Die Erfahrung zeigt: Je besser die Fotos sind, die man im Nachgang einer Veranstaltung online stellt, desto eher werden diese von den Teilnehmer markiert und geteilt. Damit nutzt man optimal den Netzwerk-Effekt von Facebook. Aber bitte denken Sie daran, vor einer Veröffentlichung von Veranstaltungsfotos auf Facebook die Einwilligung der Teilnehmer einzuholen! Zumindest müssen Sie Ihr Vorhaben vor dem Start der Veranstaltung ankündigen.

▼ **Abbildung 26-11**
Ein gutes Gruppenfoto gehört zum Standard jeder Veranstaltung. Aber lassen Sie den Fotografen auch etwas vom Tag dokumentieren.

Wo kommen die Inhalte her?

Abbildung 26-12 ▲
Ein Foto und einen kleinen Kommentar kann man schnell mal zwischendurch posten.

Aber auch der wache Gang durch das Unternehmen und das beiläufige Einfangen von typischen Momenten sind Möglichkeiten, um Einblicke in die Arbeitswelt zu gewähren. Dabei sind Fotos – oder sogar kurze Videos – zu bevorzugen. Vielleicht gibt es in Ihrem Unternehmen auch einen Foto- oder Videoclub? Diese Kollegen sind eine wunderbare Unterstützung bei der Produktion von Inhalten, ohne dass man eine teure Agentur beauftragen muss.

Hier kommt ein weiterer Vorteil von Facebook-Profilen im Gegensatz zu Fanpages zum Tragen: Niemand wird Ihnen Amateurhaftigkeit von Aufnahmen vorwerfen. Bitte beachten Sie dennoch jederzeit bestehende Film- und Fotoverbote. Seit ich einmal unserem Werkschutz Rede und Antwort stehen musste, frage ich vorher lieber einmal zu viel als zu wenig.

Wieviel Persönliches gehört dabei zum Beruflichen?

Bei aller Unternehmensdarstellung darf jedoch die persönliche Note nicht zu kurz kommen. Richtig: Ich setze das Facebook-Profil als Unternehmensvertreter ein. Dennoch ist es das Profil einer echten Person und darf keine bloße Präsentationsplattform für Unternehmensnachrichten sein.

Persönliche Kommentare oder sogar gelegentlich ein Urlaubsfoto dürfen durchaus sein und machen mich als Person hinter dem Profil sichtbar. Alles andere würde sich bei Facebook auch unnatürlich anfühlen.

▲ Abbildung 26-13
Gute Fotos verbreiten sich leichter im Netzwerk und promoten Ihren Event dort weiter.

Mit Interviews überzeugen

Interviews mit Mitarbeitern sind ein nicht zu unterschätzendes Mittel, um einzelne Arbeitsfelder im eigenen Unternehmen interessant zu machen oder um interessante Personen, mit denen man auf Facebook in Kontakt steht, gezielt anzusprechen.

So habe ich, um einen Top-Absolventen von Beiersdorfs Traineeprogramm zu überzeugen, kurzerhand ein kleines Interview mit einer Trainee-Kollegin gedreht und ihm als Nachricht geschickt. Das Ganze hat nicht mehr als dreißig Minuten gedauert (das Interview selbst nur fünf Minuten), aber es war bei ihm der Anlass, sich näher mit dem Programm zu beschäftigen und schließlich seinen Vertrag bei Beiersdorf zu unterschreiben und nicht bei einem der drei anderen Unternehmen, deren Verträge er bereits vorliegen hatte.

Dies mag als weiteres Beispiel dienen, dass bei besonderen Kandidaten ein persönlicher Bezug den entscheidenden Unterschied machen kann. Außerdem konnte ich das Interview danach noch bei anderen Gelegenheiten einsetzen.

Abbildung 26-14 ▶
Ein Interview muss nicht aufwendig gedreht sein und lange dauern – wenn man ein paar Kniffe bedenkt.

Tipps zur Interviewproduktion

Interviews sind der einfachste Weg, um einen authentischen Einblick in das Unternehmen zu geben. Wenn man ein paar Regeln berücksichtigt, kann man mit einfachen Mitteln erstaunliche Ergebnisse produzieren.

- Für die Produktion reicht zwar zur Not ein Smartphone, einfacher geht es aber mit einer digitalen Videokamera. Falls Sie selbst keine besitzen, findet sich bestimmt jemand unter Ihren Kollegen, der ein wahrer Video-Experte ist. Solche Kontakte sind Gold wert.
- Verdoppeln Sie die Qualität Ihrer Videos durch Verwendung eines Stativs und eines externen Mikrofons: Das beste Interview verliert an Wirkung, wenn eine wackelnde Kamera oder ein verrauschter Ton nervt. Gerade das externe Mikro ist eine lohnenswerte Investition.
- Schauen Sie sich Interviews im Fernsehen an: Welche Hintergründe wirken gut, welche Kamera-Einstellungen? Das probieren Sie einfach selber aus.
- Planen Sie voraus, und überlegen Sie sich 4 bis 5 Fragen. Achten Sie darauf, dass diese kurz und schnell zu erfassen sind, sonst verlieren Sie Ihren Zuschauer schon bei der Fragestellung – und Ihren Interviewpartner erst recht.
- Weniger ist mehr: Alles, was länger als 2:30 Minuten ist, muss schon sehr fesselnd sein.
- Lassen Sie die Kamera laufen. Jeder moderne PC und selbst die meisten Smartphones haben mittlerweile Videoschnittprogramme installiert, und Sie können Versprecher oder zu lange Antworten hinterher herausschneiden, um auf die gewünschte Länge zu kommen.
- Blenden Sie die Fragen als Untertitel oder Textgrafik ein, oder bitten Sie Ihren Interviewpartner diese vor der Antwort als rhetorische Frage zu wiederholen.
- Sie sind der Regisseur: Ihr Interviewpartner wird für ein wenig Anleitung dankbar sein (selbst wenn er ein paar Hierarchiestufen über Ihnen steht)! Ist eine Antwort zu lang, bitten Sie einfach um eine Wiederholung, die noch knackiger ist. Ist das Video erst mal im Kasten, ist eine Wiederholung schwierig.
- Wählen Sie den Interviewpartner mit Bedacht aus: Nicht alle, die eigentlich spannende Geschichten zu erzählen haben, können diese auch spannend rüberbringen.

Erreichbarkeit: 24/7 oder feste Öffnungszeiten?

Die Frage, ob man rund um die Uhr erreichbar sein sollte, ist nicht einfach zu beantworten. Wenn beim Community-Manager einer Fanpage vielleicht noch klar ist, dass dieser angestellt ist, um die Seite zu betreuen, und irgendwann Feierabend hat, wird das persönliche Facebook-Profil von den Geschäftskontakten als so normal wie das der Freunde wahrgenommen: kein Feierabend, kein Urlaub. Wo der persönliche Charakter sonst Segen ist, kann er hier zum Fluch werden. Eine Abgrenzung ist dringend angeraten. So schalte ich die Chat-Funktion in meinem beruflichen Profil nur sehr gezielt ein und verweise bei Kommentaren oder Nachrichten gegebenenfalls darauf, dass ich mich am kommenden Tag aus dem Büro dazu melde, falls ich keine Lust habe, diese nach Feierabend zu beantworten. Allerdings verpflichtet das eigene Profil meiner Meinung nach dazu, dieses auch regelmäßig zu checken und zumindestens mit einem Hinweis zeitnah zu reagieren.

Die neuen Anforderungen an Personaler

Um Facebook in der beschriebenen Art und Weise einzusetzen, muss man ein bisschen von allem sein: Personaler, Marketing-Experte, Social-Media-Manager und Vertriebler.

Als Personaler weiß ich, welche Profile wir für Beiersdorf suchen, und besitze die Fähigkeiten, diese zu identifizieren und einzuschätzen. Als Marketing-Mann weiß ich, welche Kommunikationsmittel auf welche Zielgruppe in gewünschter Weise wirken, und kann diese gezielt einsetzen. Als Social-Media-Manager weiß ich um die Eigenheiten und ungeschriebenen Gesetze der verschiedenen Netzwerke und kann mich angemessen in ihnen bewegen. Und letztlich benötige ich auch die Fähigkeiten eines Vertrieblers, um die Jobs und das Unternehmen im direkten Kontakt an den Mann und an die Frau zu bringen. Gelernt habe ich das meiste dabei durch Ausprobieren – insbesondere in Bezug auf die Arbeit mit Facebook im Recruiting.

Die Anforderungen an Personaler in Hinblick auf Personalgewinnung steigen nicht nur durch den viel diskutierten Fachkräftemangel, sondern auch durch die sich ändernde Mediennutzung. Diese hat längst alle Zielgruppen erreicht: Klassische Medien verlieren an Reichweite, digitale Medien und die sogenannte Word-of-mouth-Kommunikation gewinnen an Bedeutung. Um damit Schritt zu halten, kann ich nichts mehr empfehlen, als selber die Medien aktiv zu nutzen, die diejenigen nutzen, die man einstellen möchte. Und wer nutzt Facebook nicht?

Tipp Wer sich zu Social Media, Employer Branding und Personalmarketing auf dem Laufenden halten möchte, dem empfehle ich folgende Blogs – von denen ich viel gelernt habe und immer noch lerne:

Wollmilchsau: *www.wollmilchsau.de*

Personalmarketingzwonull: *personalmarketing2null.de*

Saatkorn: *www.saatkorn.com*

Recrutainment: *blog.recrutainment.de*

Personalmarketingblog: *www.personalmarketingblog.de*

Zum Autor

Christoph Fellinger ist Talent Relationship Manager bei Beiersdorf. Er hat Medienmanagement in Hannover studiert und ist ursprünglich mehr Kommunikationsmann als Personaler. Nach mehreren Jahren in der Unternehmenskommunikation eines Musikkonzerns arbeitet er seit 2003 im Personalbereich der Beiersdorf AG. Seit 2008 ist er in verschiedenen Positionen für das Personalmarketing des Kosmetikkonzerns verantwortlich und setzt sich dabei besonders intensiv mit der Zielgruppe der 20-30 jährigen Absolventen und Young Professionals auseinander.

Über Beiersdorf

Das Kosmetikunternehmen Beiersdorf AG hat seinen Sitz in Hamburg und beschäftigt weltweit rund 16.500 Mitarbeiter. Mit NIVEA führt es die weltweit größte Hautpflegemarke. Daneben gehören unter anderem Eucerin sowie La Prairie, Labello, 8x4 und Hansaplast zum international erfolgreichen Markenportfolio. Das Tochterunternehmen tesa SE ist einer der weltweit führenden Hersteller selbstklebender Produkt- und Systemlösungen für Industrie, Gewerbe und Konsumenten. Beiersdorf verfügt über mehr als 130 Jahre Erfahrung in der Hautpflege.

Community-Manager: Social-Media-Rockstars

In diesem Kapitel:
- Kommunikation und Social Media aus Leidenschaft
- Berufsbild: Was ist ein Community-Manager?
- Tipps rund ums Community-Management
- Was macht einen guten Community-Manager aus?

Von Vivian Pein

Vivian Pein ist Social-Media- und Community-Managerin aus Leidenschaft.

Zusammenfassung: Das Web ist meine Passion. Wie ich aus dieser Leidenschaft meinen Beruf gemacht habe und was Community- und Social-Media-Manager eigentlich so tun, darum geht es in diesem Kapitel. Dazu gibt es noch eine Menge Tipps für den Alltag der Community-Manager, den wahren Social-Media-Rockstars.

Website: *http://www.vivianpein.de*

Xing: *https:// www.xing.com/profile/Vivian_Pein*

Kommunikation und Social Media aus Leidenschaft

Ich war schon immer ein sehr neugieriger, kommunikativer und technikaffiner Mensch; das Internet kam mir deswegen gerade recht. Wir gehörten damals, Mitte der Neunziger, zu den ersten in der Klasse, die einen Internetanschluss besaßen. Die Geräusche des Modems habe ich noch genau im Kopf, und die blinkende, endlos erscheinende Welt dahinter zog mich sofort in Ihren Bann. Foren gehörten, neben den vielen Möglichkeiten, zu lernen, sofort zu meinem bevorzugten Zeitvertreib im Netz. Schon damals lernte ich, dass die Kommunikation im Internet anders ist als offline, oftmals direkter und ohne den Filter des persönlichen Gesprächs. Viel schneller wurden private Details, aber auch Beleidigungen austauscht. Die Anonymität (hinter einem Pseudonym versteckte Identität) nimmt Scham und bei manchen auch das gute Benehmen. Wenn Sie als Community-Manager arbeiten möchten, sollten Sie mit diesem Detail vertraut sein. Persönlich glaube ich, dass es an dieser Stelle hilft, viel Erfahrung mit den unterschiedlichsten Menschen und ein ausgeprägtes Helferwesen zu haben. Ich denke, das ist einer der Gründe dafür, warum viele Community- und Social-Media-Manager einen vielseitigen Hintergrund haben.

Eine vielseitige Ausbildung

Das ist bei mir genauso – mein Lebenslauf ist so bunt wie meine heutige Tätigkeit. Was als Wirtschaftsinformatik-Studium an einer Präsenzuniversität begann, endete mit einem Diplom in Betriebswirtschaft an der Fernuniversität in Hagen. Meine Lerngruppen waren in Foren organisiert, und dazu hatte ich meine Lieblingskommilitonen und meinen Professor in Skype. Als Schwerpunkte hatte ich Marketing und Unternehmensführung gewählt, als Nebenfach Psychologie, einfach weil mich interessiert, wie Menschen ticken. In meiner Diplomarbeit untersuchte ich in dem Spannungsfeld zwischen BWL, VWL und Psychologie, wie lange es für einen Menschen sinnvoll ist, sich selbst zu betrügen. Die dahinter liegende »Theorie der kognitiven Dissonanz« gehört zu den Grundprinzipien der Werbepsychologie und sei jedem ans Herz gelegt, der gerne mehr über die Hintergründe des menschlichen Verhaltens lernen möchte. Das zugehörige Buch von Leon Festinger ist hier der Klassiker zum Einstieg. Neben dem Studium übernahm ich das Marketing im Gärtnerei-Betrieb meines Vaters und machte Praktika in einer Werbeagentur sowie bei einem Anbieter für Bezahlsysteme. Hier entwarf ich in 2005 ein klickbares Konzept für einen Online-Gutscheinshop.

Direkt im Anschluss daran begann ich als Research Analyst bei Gemini Executive Search. Hier konnte ich mein Faible für das Internet professionell optimieren und lernte eine Menge über Unternehmensstrukturen, Projektmanagement und mit dem ersten eigenen Firmenhandy, dass »das Büro verlassen« noch lange nicht Feierabend bedeutet.

Privat fing ich zu der Zeit an, zu bloggen und mich im Social Web (damals »Web 2.0«) mit anderen zu vernetzen.

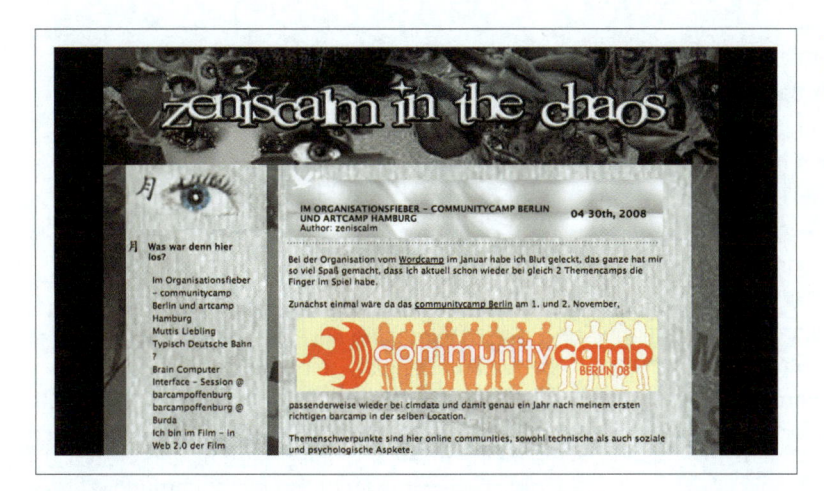

◀ **Abbildung 27-1**
Damals war nicht alles besser: mein altes Blog in 2008

Pionierarbeit

2007 bekam ich dann die Chance, meine private Leidenschaft mit dem Beruflichen zu verschmelzen. Diese Chance manifestierte sich in der Projektleitung für ein »internes soziales Netzwerk«, das mein Unternehmen standortübergreifend vernetzen und damit Wissensaustausch und Kommunikation erleichtern sollte. Von der Konzeption über die Umsetzung und den Rollout bis hin zur Schulung und Betreuung der Community-Manager in den Niederlassungen, lag das Projekt komplett in meiner Hand. Basiert hat dieses Social Intranet auf *mixxt*, dem Anbieter, der auch das Zuhause der meisten Barcamps in Deutschland war und bis heute ist.

Was ist ein Barcamp?

Barcamps sind sogenannte Unkonferenzen, bei denen die Organisatoren nur den Rahmen schaffen und die Teilnehmer für die Inhalte selbst verantwortlich sind. Für mich ist diese Form der Konferenzen das Pendant zu Social Media, denn jeder hat die Chance, mitzugestalten. Der Grundgedanke eines Barcamps basiert auf der Prämisse, dass es keine Zuschauer, sondern nur Teilnehmer gibt. Dies bedeutet: Jeder vor Ort ist dazu aufgerufen, etwas zum Erfolg der Konferenz beizutragen, ganz egal ob dies das Anbieten einer Session, die aktive Teilnahme an einer solchen, das Berichten darüber oder das Mithelfen beim Aufräumen ist.

Das Barcamp-Konzept gibt nur sehr wenige Regeln vor, die dafür aber wirklich beherzigt werden sollte. Die Regeln sind übrigens eine Parodie auf die Regeln im Film »Fight Club«:

→

1. Du sprichst über das Barcamp.
2. Du bloggst über das Barcamp.
3. Wenn du präsentieren möchtest, schreibst du deinen Namen und dein Thema in einen der Session-Slots.
4. Nur drei Wörter zur Vorstellung.
5. Es gibt so viele Sessions parallel, wie es der Veranstaltungsort erlaubt.
6. Keine vorangekündigten Präsentationen, keine Touristen, sondern nur Teilnehmer.
7. Präsentationen dauern so lange, wie sie dauern oder bis die folgende Präsentation beginnt.
8. Wenn es dein erstes Mal auf einem Barcamp ist, dann musst du präsentieren. (Okay, du musst nicht wirklich, aber du solltest versuchen, mit jemandem gemeinsam zu präsentieren, oder zumindest aktiv Fragen stellen und ein interaktiver Teilnehmer sein.)

Der Ablauf eines Barcamps beginnt meistens mit einer Vorstellungsrunde der Teilnehmer, darauf folgt die Sessionplanung. In dieser schlagen Freiwillige einen Vortrag, Workshop oder eine Diskussionsrunde vor und erfragen das Interesse im Raum. Entsprechend den Meldungen wird dann ein Platz auf dem vorbereiteten Stundenplan belegt. Es ist immer wieder faszinierend, zu sehen, dass dieses Konzept funktioniert und wie viel Wissen und Erfahrung auf einem Barcamp ausgetauscht und weitergegeben wird. Dazu ist die Stimmung auf einem Barcamp ansteckend – hat einen der Barcamp-Spirit gepackt, lässt er einen nicht so schnell wieder los.

Barcamps organisiere ich ebenfalls seit 2007, darunter auch das *Communitycamp*, von dem wir stolz behaupten können, dass es die größte Fachkonferenz speziell für Community- und Social-Media-Manager in Deutschland ist (*http://communitycamp.mixxt.de*). Hier wurde 2008 der Grundstein für den nächsten Schritt in meiner Laufbahn gelegt: der Wechsel von meinem kleinen Intranet zu der Community des Business-Netzwerkes Xing. Neben der Moderation der 60.000 Mitglieder starken Xing-Moderatoren-Gruppe, gehörte die Aktivierung der Community zu den Aufgaben unseres Teams. Darüber hinaus durfte ich hier den Grundstein für das Engagement in Social Media legen. Ich erinnere mich noch sehr gut daran, wie ich den Marketingleiter davon überzeugen musste, dass es sich lohnt, Zeit in Twitter zu investieren. In diesem Moment wurde mir eine Sache klar: Es ist essenziell, von einer Sache absolut überzeugt zu sein, wenn das Ziel ist, jemand anderen für etwas zu begeistern.

Blicke über den Tellerrand

Anfang 2010 nahm ich mir drei Monate Auszeit, die ich in Shanghai verbrachte. Ich tat es wegen der Kultur, der Sprache und um hier einen Anbieter von unterschiedlichen Communities im Bereich Community-Management und Social Media zu beraten. Die nächste Herausforderung fand ich als Social-Media-Managerin für die *Hermes Logistik Gruppe* in Deutschland. Neben der Ausarbeitung und Umsetzung der Strategie hatte ich hier die Aufgabe, ein Community-Team zu etablieren, und das Glück, hier eines der besten Community-Support-Teams zu finden, das ich je gesehen habe. Für mich ist das ein klares Zeichen dafür, dass der Community-Support von Profis aus dem Kundenservice übernommen werden muss. Niemand sonst hat so ein großes Herz für Kunden und das Wesen dafür, diesen Job trotz Tag täglicher Beleidigungen professionell-gelassen zu erledigen. Hier können sich Community-Manager eine Menge abgucken.

Aktuell gehe ich einer ganz besonderen Aufgabe nach, der Elternzeit. Parallel engagiere ich mich nach wie vor in meinen ehrenamtlichen Projekten wie der Organisation des Communitycamps, des Barcamps Hamburg und der Twitter-Charity-Aktion »Twestival«. Darüber hinaus ist diesen Sommer ein Buch zum Thema »Social Media Management« erscheinen, das meinen Namen als Autorin trägt.

Berufsbild: Was ist ein Community-Manager?

Das Berufsbild des Community-Managers ist nicht eindeutig festgelegt und weist eine Reihe von Überschneidungen mit den Aufgaben des Social-Media-Managers auf. Daher sollten Sie Stellenbeschreibungen stets auf deren Inhalt prüfen, bevor Sie sich für eine Stelle bewerben.

Warum dies so ist, wird klar, wenn man sich die Entwicklung der Begrifflichkeiten genauer anschaut. Beide Berufsbilder verbindet in Deutschland der *Bundesverband Community Management e.V. für digitale Kommunikation und Social Media* (BVCM), der sich seit Jahren mit der Entwicklung dieser digitalen Berufsbilder beschäftigt. Der BVCM definierte den Begriff Community-Management im Jahre 2010 wie folgt:

> »Community Management ist die Bezeichnung für alle Methoden und Tätigkeiten rund um Konzeption, Aufbau, Leitung, Betrieb, Betreuung und Optimierung von virtuellen Gemeinschaften sowie deren Entsprechung außerhalb des virtuellen Raumes. Unterschieden wird dabei zwischen operativen, den direkten Kontakt mit den Mitgliedern betreffenden und strategischen, den übergeordneten Rahmen betreffenden, Aufgaben und Fragestellungen.«
> (Quelle: *http://bvcm.org*)

Seitdem hat sich das Berufsbild weiter gewandelt, besser gesagt ausdifferenziert. Das, was in der obigen Definition unter »Community-Management« zusammengefasst war, lässt sich heute in »Community-Management und Teilaspekte des Social-Media-Managements« unterscheiden. Dabei wird der übergeordnete, strategische Rahmen des Social-Media-Engagements dem Social-Media-Manager zugeordnet. Die Kernaufgabe des Community-Managers ist der direkte Dialog mit Mitgliedern, Kunden, Fans, Followern und Co. Der Community-Manager ist das Gesicht des Unternehmens und gleichzeitig das Sprachrohr der Kunden. Er ist verantwortlich für Moderation und Krisenkommunikation sowie für die Produktion von Inhalten. Auf strategischer Ebene hat er die Weiterentwicklung und Aktivierung der Community fest im Blick und weiß jederzeit, wie die Stimmung gerade ist. Perspektivisch ist die Leitung eines Teams möglich.

Abbildung 27-2 ▶
Social-Media-Berufsbilder
(Quelle: BVCM)

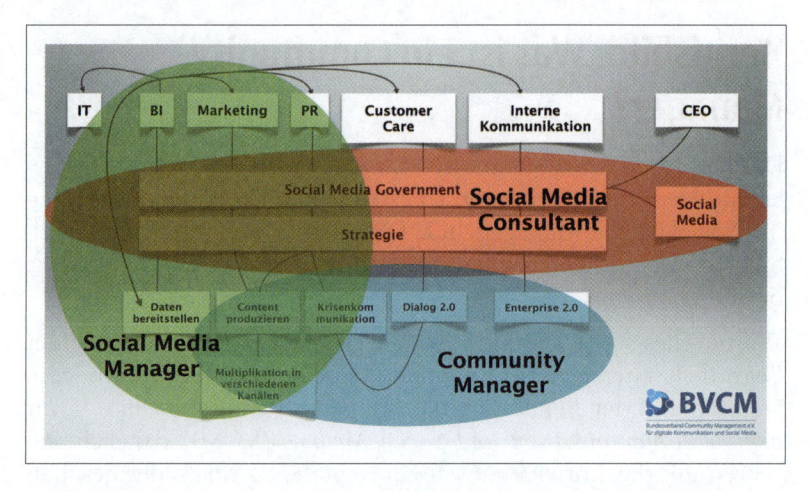

Abbildung 27-2 zeigt Ihnen noch einmal die Aufteilung der Berufsbilder Community- und Social-Media-Manager auf Unternehmens- und Verantwortungsbereiche. Eine differenzierte Aufschlüsselung der Berufsbilder nach persönlichen Kompetenzen und dem erforderlichen Fachwissen finden Sie auf der Website des BVCM unter *http://bit.ly/BCVM_Berufsbilder*.

Nun kennen Sie die Theorie. In der Realität werden Sie immer wieder Social-Media-Manager finden, die zusätzlich den Dialog mit ihren Fans führen, und Community-Manager, die für die gesamte Social-Media-Strategie verantwortlich sind.

Tipps rund ums Community-Management

Die praktischen Erfahrungen, die Sie als Community-Manager sammeln, sind wertvoller als jede theoretische Zeile, die Sie lesen oder hören werden. Dennoch möchte ich Ihnen hier ein paar Tipps und Tricks rund um das Community-Management mit auf den Weg geben, die Ihnen als Inspiration dienen sollen.

Social Media ist Dialog, nicht Marketing

Verabschieden Sie sich von klassischen Marketing-Nachrichten: Niemand möchte hören, wie toll Sie und Ihre Produkte sind. Ihre Fans wollen einen Mehrwert von Ihnen, Einblicke hinter die Kulissen, besonderen Service, Aktionen, und sie wollen mitbestimmen, wie das neue Produkt aussieht. Seien Sie kreativ, nutzen Sie multimediale Inhalte, und versuchen Sie, sich positiv von der Menge an Inhalten abzuheben, die Ihre Fans tagtäglich sehen. Geben Sie Ihnen einen guten Grund, Fan zu bleiben!

Inhalte nach Plan

Auch wenn es ein wenig konservativ klingt: Erstellen Sie sich einen Redaktionsplan. In diesem halten Sie fest, wann Sie Ihre Community mit welchen Inhalten informieren und unterhalten möchten. Evaluieren Sie anhand der Reaktionen, welche Inhalte gut ankommen und welche nicht. Sehr ans Herz legen kann ich Ihnen die Redaktionsplan-Vorlage von Rita Löschke, die Ihnen neben einer Übersicht auch eine Auswertung Ihrer Inhalte liefert. Sie finden die Vorlage unter *http://bit.ly/RedaktionsplanWMDS*.

▼ **Abbildung 27-3**
Redaktionsplan-Vorlage von Rita Löschke

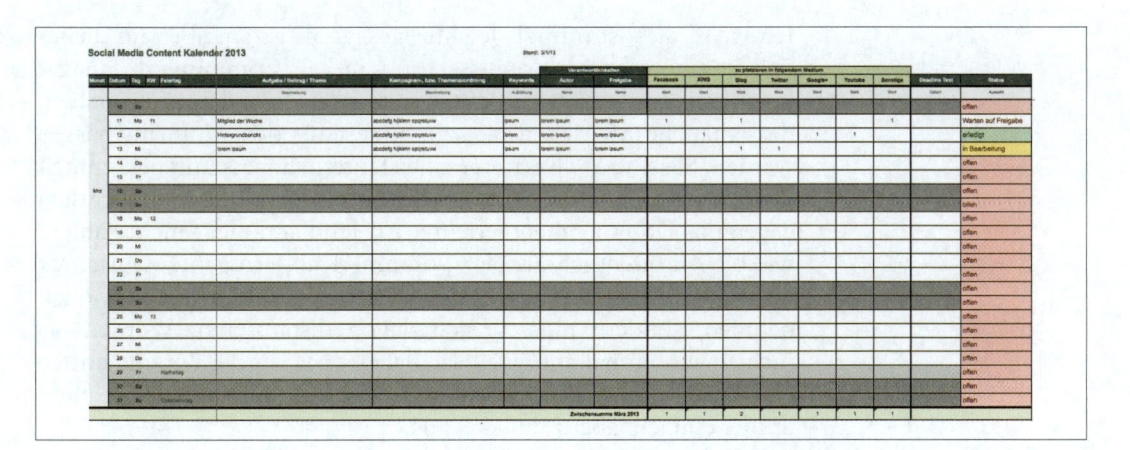

Keine Textbausteine!

Textbausteine verärgern schon in E-Mails, aber in öffentlichen Antworten führen sie im schlimmsten Falle zum Eklat. In Social Media ist persönlicher Dialog essenziell wichtig, deswegen sollten Sie auf Textbausteine und Standardantworten verzichten.

Die dünne Linie zwischen Zensur und gerechtfertigter Löschung

Es gibt Menschen, die der Meinung sind, dass Löschen generell tabu ist. Ich habe hier ganz andere Erfahrungen gemacht. Schwere Beleidigungen, Drohungen und persönliche Angriffe haben nichts in der Öffentlichkeit zu suchen und können sogar strafrechtlich relevant sein. Derartige Kommentare sollten Sie ausblenden oder löschen, nachdem Sie einen Screenshot zur Dokumentation gemacht haben. Wichtig dabei ist, dass Sie den Verfasser mit einer persönlichen Nachricht darüber informieren und ihm die Gründe dafür erklären. Wird in einem solchen Fall »Zensur« geschrien, antworten Sie klar auf den Vorwurf, dass es hier um die Beleidigung und nicht um die sonstigen Inhalte ging. Lassen Sie sich nicht mit der Zensurkeule trollen!

Sachlich vorgebrachte Kritik dagegen erfordert eine ebenso sachliche Antwort. Machen Sie nicht den Fehler, Kommentare zu löschen, die Ihnen nicht gefallen oder schlechte Erfahrungen eines Kunden widerspiegeln. Sehen Sie diese Kommentare als Chance, zu retten, was zu retten ist.

Trainieren Sie sich ein dickes Fell an

Ich weiß, dies ist oftmals leichter gesagt als getan, aber ein dickes Fell ist eine wichtige Voraussetzung, um als Community-Manager langfristig erfolgreich zu sein. Sie müssen sich darauf einstellen, dass manche Menschen Sie, zumindest für den Moment, hassen werden. Sie sind Stellvertreter eines Unternehmens und bekommen in diesem Moment die Wut und die Enttäuschung ab, die eigentlich gegen das Unternehmen gerichtet ist. Ich kann nicht mehr zählen, wie oft ich öffentlich als Nazi, dumme Kuh, arrogantes Miststück oder Arschloch tituliert wurde. Dies dürfen Sie nicht persönlich nehmen, sondern müssen sich davon distanzieren. Werden Sie nicht zu emotional, im Zweifelsfall gehen Sie vor die Tür und atmen einmal tief durch, bevor Sie eine Antwort schreiben. Das ist nicht immer einfach, aber zahlt sich aus.

Community-Management findet nicht nur »online« statt

Treffen Sie Ihre Community so oft es geht offline! Bieten Sie Treffen auf Konferenzen und Messen an, die Sie besuchen, gehen Sie auf Events, die von Ihren Fans organisiert werden, und organisieren Sie selbst welche, wenn es das Budget zulässt. Sie werden kaum glauben, wie sich das zwischenmenschliche Verhältnis nach einem guten Gespräch offline ändert. Ich erinnere mich da an einen Fall mit einem sehr kritischen Nutzer, der sich online immer sofort angegriffen fühlte. Nach einem Treffen auf dem Hamburger Weihnachtsmarkt, im Rahmen eines unserer Events, war dies plötzlich anders. Dies lag nicht nur daran, dass diese Person mich davor für einen Mann hinter einem in Photoshop kreierten Photo gehalten hatte, sondern auch daran, dass dieses Photo aus seiner Sicht sehr viel Strenge und Kühle ausstrahlte. Er sagte mir am Ende des Abends (und nach ein paar Gläsern Glühwein), dass ich überhaupt nicht so sei, wie mein Profilbild vermuten ließe, sondern ein ganz liebenswürdiges Wesen. Seit diesem Abend war der ehemalige Kritiker meistens auf meiner Seite, nahm mich vor anderen in Schutz und klärte viele Fragen lieber per privater Nachricht als mit bewusst provozierender Formulierung in der Öffentlichkeit.

Privatleben vs. Beruf

Mitunter verschwimmen die Grenzen zwischen Privatleben und Beruf, wenn man als Community-Manager unterwegs ist. Behalten Sie dies immer im Hinterkopf, und zeigen Sie auch auf Ihren privaten Profilen in sozialen Netzwerken nur das, was Sie öffentlich von sich preisgeben möchten. Persönlich habe ich zum Beispiel sehr klare Regeln dafür, wen ich in welchem Netzwerk als Kontakt annehme. Zu Xing-Zeiten passierte es einmal, dass ich einen Kontakt ablehnte, weil ich diesen noch nicht persönlich getroffen hatte. Die Person beschwerte sich über Twitter darüber und war merklich aufgebracht. Lassen Sie sich davon nicht unter Druck setzen, sondern bleiben Sie Ihren Prinzipien treu. Umgekehrt ist es wichtig, dass Sie auch lernen, mal bewusst abzuschalten.

Zeitmanagement

Community-Management ist kein klassischer Nine-to-five-Job, trotzdem sollten Sie darauf achten, dass Sie mit Ihrer Zeit haushalten und die wichtigsten Dinge innerhalb der Arbeitszeit erledigen. Legen Sie beispielsweise feste Zeiten für das Erstellen von Inhalten fest, und sorgen Sie dafür, dass Sie in dieser Zeit nicht gestört werden. Das bedeutet: Facebook, Twitter und Co. zumachen und mit voller Konzentration ans Werk! Es gibt jedoch auch Situationen, in denen man zu den ungewöhnlichsten Zeiten da sein muss, um eine Eskalation zu verhindern. Ich erinnere mich noch gut, wie ich um 4:00 morgens von Saigon aus meinem Community-Team beistand, weil ein negativer TV-Beitrag ausgestrahlt wurde. In solchen Situationen muss man einfach da sein. Aus diesem Grunde ist es wichtig, dass Sie einen Ausgleich für diese Stunden erhalten.

Seien Sie Sie selbst

Zu zeigen, dass kein Roboter, sondern ein echter Mensch auf der anderen Seite des Bildschirms sitzt, kann wahre Wunder wirken. Trauen Sie sich deswegen, Sie selbst zu sein. Zeigen Sie ein Stück Ihrer Persönlichkeit, und geben Sie so Ihrem Unternehmen ein Gesicht gegenüber der Community. Wer weiß, vielleicht haben auch Sie das Zeug zum Social-Media-Rockstar, denn als solche werden so manche Community-Manager von Ihren Fans gefeiert!

Was macht einen guten Community-Manager aus?

Das wichtigste Merkmal eines wirklich guten Community-Managers ist eine echte, herausragende Persönlichkeit – charakterstark, sympathisch und irgendwie besonders. Leidenschaft ist das nächste Schlüsselwort. Wie bei einem Musiker macht echte Passion für die Aufgabe den Unterschied zwischen einem mäßigem Künstler und einem Rockstar. Community-Management ist mehr als ein Job: Es ist eine Philosophie, eine Lebenseinstellung. Nur wer dies beherzigt, wird zu den Besten des Fachs gehören.

Über die Autorin

Vivian Pein ist Social Media und Community Managerin aus Leidenschaft. Sie integriert Social Media in Firmenkulturen und war unter anderem für Xing und Hermes tätig. Sie ist gebürtige Hamburgerin und hat eine Tochter, die bereits mit einem Jahr genau wusste, wie man ein iPad bedient.

Berufsbild Crossmedia-Redakteur: Jagen, Sammeln und Verwerten

In diesem Kapitel:
- Informationen statt Büffel
- Einblick in den Alltag
- Was braucht es für diesen Beruf?
- Organisation von Crossmedia bei SBB Cargo
- Was die Zukunft bringt

Von Martin Radtke
SBB Cargo

Zusammenfassung: Ich, Martin Radtke, leite das Crossmedia-Team bei *SBB Cargo*, der Güterbahn der Schweizerischen Bundesbahnen, SBB. SBB Cargo ist in der Schweiz Marktführerin im Güterverkehr. Welche Fähigkeiten und Fertigkeiten müssen Sie mitbringen, wenn Sie als Crossmedia-Redakteurin oder -Redakteur in einem mittelgroßen B2B-Unternehmen arbeiten wollen? Wie ist ein Crossmedia-Team organisiert? Antworten auf diese Fragen finden Sie im folgenden Beitrag.

Website: *www.sbbcargo.com*

Unternehmensblog: *http://blog.sbbcargo.com*

Newsroom: *www.sbbcargo.com/de/newsroom*

Facebook: *www.facebook.com/sbbcargo*

Twitter: *www.twitter.com/sbbcargo*

YouTube: *www.youtube.com/sbbcargo*

Issuu: *www.issuu.com/sbbcargo*

Informationen statt Büffel

»Ich bin ein moderner Indianer«, antworte ich stets, wenn ein Kind mich fragt, was ich den ganzen Tag mache. »Ich jage und sammle. Dann verwerte ich alles. Die Indianer haben damals Büffel gejagt und danach alles verarbeitet: das Horn ist zum Trinkbecher, die Schulterblätter sind zur Hacke geworden. Doch statt mit Büffeln arbeite ich mit Informationen.« Diese Metapher spiegelt meine Haltung als Crossmedia-Fachmann wider.

Die Inspiration für mein Verständnis von Crossmedia-PR stammt aus Christiane Planks Buch »Public Relations – crossmedial«[1]. Hier ihre Definition: »Crossmedia-PR ist eine Strategie zur Kommunikation bestimmter Themen auf unterschiedlichen Medieneinheiten, deren Inhalte thematische Bezüge aufweisen und Nutzern einen Anreiz bieten, zu einer anderen Medieneinheit zu wechseln. Die Inhalte erhalten dabei eine Markierung, um den Wechsel zu ermöglichen, der deutlichen Mehrwert bietet.«

Das Teilen, Liken, Austauschen und Sich-miteinander-Vernetzen – also die Charakterzüge von Social Media – sind für mich die Voraussetzungen für Crossmedia-PR.

In diesem Beitrag gebe ich an einem praktischen Beispiel einen Einblick in den Alltag eines Crossmedia-Redakteurs[2]. Zudem gehe ich der Frage nach, was für Voraussetzungen, Fähigkeiten und Fertigkeiten jemand braucht, der diesen Beruf ausübt oder ausüben will. Schließlich zeige ich, wie unser Crossmedia-Team bei SBB Cargo organisiert ist.

Einblick in den Alltag

Was tut ein Crossmedia-Redakteur genau? Am Beispiel der Geschichte »Wie von Geisterhand bewegt«[3] führe ich durch die einzelnen Arbeitsschritte. In der Praxis betreut ein Crossmedia-Redakteur mehrere Geschichten gleichzeitig, die unterschiedlich weit fortgeschritten sind.

---

1 Christiane Plank, Public Relations – crossmedial, Viola Falkenbergverlag, Bremen 2011
2 Redakteurinnen sind nachfolgend immer mitgemeint.
3 http://bit.ly/1axrtvt

◀ **Abbildung 28-1**
»Wie von Geisterhand bewegt«: Reportage im Cargo Magazin

Michael Schildknecht, Spezialist regionale Cargo-Produktion

Wie von Geisterhand bewegt

Der Joystick, der per Funk mühelos 2000 PS dirigiert, das neue iPad im Führerstand und ein Handy, das im Notfall selbstständig die Ambulanz alarmiert – auf Schweizer Rangierbahnhöfen kommt modernste Elektronik zum Einsatz. Ein Besuch bei RCP-Spezialist Michael Schildknecht in Romanshorn zeigt die Gegenwart und Zukunft des Rangierens.

Crossmedial arbeiten

Das *Monitoring* steht am Anfang. Mir ist beim Beobachten der Web-Community aufgefallen, dass Interesse an Geschichten über das iPad im Führerstand besteht. Das iPad erleichtert seit Anfang 2013 unseren Lokomotivführern die Arbeit.

Im *Dialog* innerhalb von SBB Cargo signalisierten mir die Verantwortlichen Interesse daran, einen Rangierspezialisten als modernes Berufsbild zu zeigen. Entscheidend: Die Geschichte passt ins strategische Kommunikationsziel »SBB Cargo als innovative Güterbahn zeigen«.

Nun folgt die *Planung der crossmedialen Inhalte:* Die Geschichte lässt sich in Form einer Reportage erzählen. Ein Reporter kann erleben, wie ein Rangierspezialist heute arbeitet und welche technischen

Hilfsmittel er dabei einsetzt. Die »Leitform der Darstellung« ist gefunden: Es wird ein Text im *Cargo Magazin*, unserer Unternehmenspublikation. Die »Folgeformen der Darstellung« sind ein Kurzporträt als Videobeitrag sowie eine Bildstrecke mit Erklärungen.

In Zusammenarbeit mit unserer Agentur wird die *Geschichte konzipiert, geplant und umgesetzt*. Vor Ort sind schließlich ein Filmer sowie ein Fotograf, der gleichzeitig den Text verfasst. Ein Bild vom Dreh twittere ich noch am Tag der Recherche.

Abbildung 28-2 ▶
Die Follower auf Twitter sehen ein Bild vom Dreh noch am gleichen Tag.

Planung der crossmedialen Vernetzung: Jetzt lege ich fest, was in welcher Reihenfolge in welchem Medium publiziert wird. In der schriftlichen externen Kommunikation setzt SBB Cargo auf die drei Pfeiler *Cargo Website*, *Cargo Blog* und *Cargo Magazin*. Dabei hat die gedruckte Ausgabe des Cargo Magazins eine Leitfunktion. Ich will den Lesern vom Cargo Magazin einen Mehrwert bieten. Sie sollen nicht nur über die Hauptperson lesen. Die Leser sollen die Hauptperson auch bei der Arbeit sehen und sie sprechen hören. In dieser Reihenfolge *publizieren* wir:

- Zuerst das Kurzporträt als Videobeitrag auf dem Cargo Blog[4].
- Beim Posten auf dem Cargo Blog entsteht eine Webadresse (URL). Ein Linkverkürzer generiert einen Kurzlink.

---

4 http://bit.ly/12MA8JA

Tipp Mit einem Linkverkürzer (Shortener) können Webadressen (URLs) verkürzt werden. Kurze Links sind vorteilhaft für Mikroblogging-Systeme wie Twitter und für gedruckte Publikationen. Bekannte Linkverkürzer sind *www.bit.ly* und *www.goo.gl*. Wer einen Account einrichtet, kann darüber statistische Daten abrufen und sehen, wann der Link wie viele Male genutzt wurde.

- Die gedruckte Ausgabe vom Cargo Magazin erscheint. Darin ist die Reportage »Wie von Geisterhand bewegt«. Die Markierung am Ende des Textes verweist auf den Videobeitrag.

Tipp Eine Markierung enthält ein visuelles Element (häufig ein Icon), den Link (oder einen QR-Code) sowie einen Verweis. Der Verweis muss dem Leser erklären, was ihn erwartet, wofür er belohnt wird.

> http://bit.ly/12MA8JA
> Ein Video über Michael Schildknecht und das Berufsbild Rangierspezialist finden Sie im Cargo-Blog.

◀ **Abbildung 28-3**
Beispiel einer Markierung aus dem Cargo Magazin

- Eine Woche nach der gedruckten Ausgabe lancieren wir die Online-Ausgabe[5] des Cargo Magazin über den Cargo Blog, die Cargo Website und über soziale Medien. Darin ist auch die Reportage zu lesen.

Tipp Online-Ausgaben von Publikationen können einfach über *www.issuu.com* veröffentlicht werden. Wer einen Account hat, kann Dokumente im PDF-Format hochladen und publizieren. Issuu lässt sich gut einbinden in Websites, Blogs, auf Facebook, Google+ etc. Der Mehrwert für Leser: Sie können die Publikation in einem Blättermodus betrachten. Auch Tablets können Issuu lesen: In die Publikation integrierte Links sind aktiv, der Leser kann sie nutzen und beispielsweise ein Video anschauen.

- Später folgt die Publikation der Bildstrecke auf dem Cargo Blog. Wir verlinken innerhalb des Blogs auf den bereits erschienenen Beitrag sowie auf die Online-Ausgabe des Cargo Magazin.
- Ich führe über Facebook, Twitter und den Cargo Blog den *Dialog mit der Community und den internen Verantwortlichen* und erfahre, wie das Magazin und die Reportage angekommen sind.

---

5 http://bit.ly/13fzu5F

Und ich lerne über Bemerkungen und Kommentare weitere Bedürfnisse kennen. Das sind Hinweise für Verbesserungen.
- Schließlich folgt die *Auswertung der crossmedialen Aktivität*. Ich analysiere und vergleiche, wie häufig der Videobeitrag, die Seite auf dem Cargo Blog und auf der Cargo Website angeklickt worden ist, wie viele Male und wann der Kurzlink gedrückt worden ist (Jeder Klick bedeutet einen Medienwechsel.) sowie die Anzahl Besucher der Online-Ausgabe vom Cargo Magazin.
- Die *Erkenntnisse* fließen in die Planung der nächsten Aktivitäten.

Arbeitsschritte im Überblick

- Monitoring
- Dialog mit der Community und mit internen Verantwortlichen
- Planung der crossmedialen Inhalte
- Beiträge konzipieren, planen und umsetzen
- Planung der crossmedialen Vernetzung
- Publikation der Beiträge mit den entsprechenden Verlinkungen
- Dialog mit der Community und mit internen Verantwortlichen
- Auswertung der crossmedialen Aktivität
- Erkenntnisse für weitere Beiträge

Was braucht es für diesen Beruf?

Voraussetzung ist eine solide Kommunikationsausbildung. Wer als Crossmedia-Redakteur arbeiten will, muss zudem folgende Eigenschaften mitbringen: Neugier, Kreativität, Beharrlichkeit, Flexibilität, Präzision und Affinität zu technischen Themen. Weiter braucht es Gestaltungswillen sowie Lust und Freude am Umgang mit Menschen und mit der Sprache.

Voraussetzungen im Überblick

- Solide Kommunikationsausbildung
- Neugier, Kreativität, Beharrlichkeit, Flexibilität, Präzision, Affinität zu technischen Themen
- Gestaltungswille
- Lust und Freude am Umgang mit Menschen und Sprache

Fähigkeiten

Es gibt Menschen, die können ein Lied nach einmaligem Hören fehlerfrei auf dem Klavier nachspielen. Diese Fähigkeit hat ihnen der liebe Gott in die Wiege gelegt. Womit sollte ein Crossmedia-Redakteur gesegnet sein?

Vernetzt denken

Einem Crossmedia-Redakteur bereitet vernetztes Denken keine Mühe. »Vernetzt denken« bedeutet für mich, eine Geschichte für ein externes Medium, zum Beispiel eine Fachzeitschrift oder ein Fachblog, breit zu recherchieren. So breit, dass beispielsweise genug Antworten von der Projektleiterin vorliegen, damit noch ein Porträt in der internen Zeitung entstehen kann. Oder: Die Nutzungsrechte mit den Fotografen so aushandeln, dass ich die Bilder auch im Internet verwenden darf.

Thematischen Überblick behalten

Unternehmenskommunikatoren beschäftigen sich häufig mit Themen, die komplex sind. Regelmäßig stehen Entscheidungen noch aus, Schlüsselpersonen sind schwer erreichbar, und der Redaktionsschluss rückt näher. Diese Herausforderungen machen die Arbeit spannend. In der Regel beschäftigt sich ein Unternehmen über längere Zeit mit einem bestimmten Thema. Wer sich eingearbeitet hat, kann sich leicht auf dem Laufenden halten. Crossmedia-Redakteure müssen thematisch den Überblick behalten können und erkennen, wann ein Thema »reif« für die Kommunikation ist.

Leitform und Folgeform der Darstellung erkennen

In der Unternehmenskommunikation ist der Text die dominierende Darstellungsform für viele Sachverhalte. Das Bewegtbild ist dem Text überlegen, wenn zum Beispiel Betonungen, Sprechgeschwindigkeit, Gestik und Mimik der Konzernchefin vermittelt werden sollen. Gerade bei Anleitungen und Instruktionen bringen zwei oder mehrere Bilder (»richtig!« – »falsch!«) die zentrale Aussage auf den Punkt. Der Inhalt bestimmt also die Form der Darstellung. Der Crossmedia-Redakteur erkennt, welche Leitform der Darstellung beim definierten Thema die erwünschte Wirkung am besten erzielt. Und was mögliche Folgeformen sind.

In Zeiteinheiten denken

Realisationszeiten von Bildern, Texten, Tondokumenten, Bewegtbildern und Illustrationen sind unterschiedlich lang. Zudem sollen verschiedene Geschichten und Beiträge zu einem Thema oft nicht gleichzeitig, sondern gestreckt über einen Zeitraum publiziert werden. Das erhöht und verlängert die Wirkung. Beides – die unterschiedliche Länge der Produktion und die gestaffelte Publikation – verlangen vom Crossmedia-Redakteur ein ausgeprägtes Denken in Zeiteinheiten. Wenn ich die Medienmitteilung, die auf der Website publiziert ist, mit einem Video ergänzen will, muss dieses zuvor produziert und hochgeladen sein. Nur so kann ich den Link generieren und einbinden.

Fähigkeiten im Überblick

- Vernetzt denken und handeln
- Thematischen Überblick behalten
- Leitformen und Folgeformen der Darstellung erkennen
- In Zeiteinheiten denken

Fertigkeiten

Schneeketten montieren oder schwimmen – das kann man sich zeigen lassen. Oder es sich selber beibringen. Welche Fertigkeiten braucht ein Crossmedia-Redakteur?

Zu Hause im Social Web

Crossmedia-Redakteure sind im Social Web zu Hause. Wer professionell für das Unternehmen zwitschert und postet, hat seine Erfahrungen bereits privat gemacht. Konten anlegen, verwalten und optimieren, Informationsflüssen folgen, zuhören und sich einbringen, regelmäßig interessante Inhalte verbreiten und teilen, öffentlich diskutieren und angemessen auf Kommentare reagieren, sich über die wesentlichen Entwicklungen der einzelnen Plattformen auf dem Laufenden halten, Freunde, Kontakte, Follower, Personen, Nutzer finden und halten – all das darf kein Problem sein.

Geschichten erkennen und erzählen

Menschen erzählen sich seit jeher Geschichten. Gute Geschichten bleiben haften. Was ist eine gute Geschichte? Viele Geschichten sind im Kern gleich aufgebaut: Am Anfang steht das unlösbar scheinende Problem, eine »Heldin« oder ein »Held« – die Hauptperson – überwindet die Hürden dennoch, und die Welt ist wieder in Ordnung. Zugegeben: Im Unternehmensalltag ist das nicht so simpel. Beim Geschichtenfinden hilft mir folgender Gedanke: Wie und was vom Gehörten, Gelesenen oder Gesehenen will ich meinen Kolleginnen oder meinen Freunden in der Kantine oder beim Bier erzählen?

Den Stoff für eine gute Geschichte finde ich oft dort, wo sich etwas bewegt, wo Meinungen aufeinanderprallen, wo Menschen etwas umsetzen wollen und wo Probleme gelöst werden.

Beim Augenschein vor Ort sauge ich die Bilder innerlich auf, fokussiere auf ein Detail, stelle mich gedanklich auf eine Wolke und schaue von oben auf das Geschehen. Oft bringe ich Erlebtes bereits jetzt im Kopf in eine Reihenfolge, suche einen Anfang und ein Ende. Und einen Höhepunkt.

Journalistisches Handwerk beherrschen

Wer nicht gerne schreibt, der wird es als Crossmedia-Redakteur schwerhaben. Denn Schreiben macht einen großen Teil des Alltags aus: Hier muss ein Teasertext für die Website formuliert werden. Dort braucht es eine Kurzmeldung für den Newsletter. Eine Recherche zeigt, dass der Gesprächspartner fürs Interview nicht zur Verfügung steht, dennoch ist das Thema abzuhandeln, nun eben als Bericht. Da hilft das Wissen um die Eigenheiten von journalistischen Darstellungsformen – und das Können, sie anzuwenden.

Im Alltag schreibe ich mehr kurze Texte als lange. Viele Informationskanäle – interne wie externe – verbreiten Kurzmeldungen. Bei uns sind das intern die Newskanäle für Top-Kader, Kader und Mitarbeiter. Extern zähle ich vor allem Plattformen wie Facebook, Twitter, Cargo Blog etc. dazu. Es ist anspruchsvoll, komplexe Themen in weniger als 1000 Zeichen abzuhandeln. Manchmal ist es auch unmöglich.

Techniken der Ton-, Bild- und Bewegtbild-Produktion kennen

Bei Bild-, Ton- und Bewegtbild-Produktionen geht es ums Geschichtenerzählen – wie beim Textschreiben. Wer schon mal ein Drehbuch geschrieben, Szenen gefilmt, den Rohstoff geschnitten und vertont hat, der weiß, wie aufwendig die einzelnen Schritte sind. Wer hohe Ansprüche und keine Zeit hat, überlässt die Produktion Dritten.

Weitere Fertigkeiten

- Monitoring-Programme und Publishing-Systeme als unverzichtbare Arbeitsinstrumente beherrschen.
- Verständnis haben für die Funktionsweise von Suchmaschinen und wissen, wie Inhalte für sie optimiert dargestellt werden.
- Produktionsprozess von Printprodukten kennen.
- Urheberrechte, Nutzungsrechte, Rechte zum Schutz der Persönlichkeit etc. gelten auch im Internet. Wer die Bestimmungen in seinem Land kennt, erspart sich und seiner Firma Ärger.

Fertigkeiten im Überblick

- Im Social Web zu Hause sein
- Geschichten erkennen und erzählen können
- Journalistisches Handwerk beherrschen
- Techniken der Ton-, Bild- und Bewegtbild-Produktion kennen
- Monitoring-Programme und Publishing-Systeme beherrschen
- Wissen, wie Suchmaschinen arbeiten
- Produktionsprozesse von Printprodukten kennen
- Rechtliche Grundkenntnisse

Organisation von Crossmedia bei SBB Cargo

SBB Cargo ist mit einem Anteil von rund einem Viertel der Transportleistung des Güterverkehrs in der Schweiz Marktführerin in der Schweiz. Aber die Güterbahn schreibt Verluste. Politische Vorlagen, womöglich auch mit Volksabstimmungen in den nächsten Jahren, stellen das Schienengütergeschäft in der Schweiz auf eine neue gesetzliche Basis. Zudem diskutiert die Öffentlichkeit Infrastrukturvorhaben für Container. Der Hintergrund: In den kommenden Jahren wird sich die Anzahl der Container verdoppeln, die von den Nordseehäfen in die Schweiz gelangen. Dies sagen aktuelle Studien. SBB Cargo will die Container über eine möglichst lange Strecke auf der Schiene transportieren. Die Feinverteilung erfolgt idealerweise auch auf der Schiene. Dafür braucht es Umschlagterminals für Container. Gegen diese Vorhaben regt sich Widerstand. Schlimmstenfalls können die Terminals nicht gebaut werden. Für SBB Cargo bedeutet der kombinierte Verkehr mit Containern einen Wachstumsmarkt.

Zusammengefasst: SBB Cargo steht vor zahlreichen Weichenstellungen, die je nach Entscheid den Markt und damit das Unternehmen nachhaltig verändern. Kommunikativ ist das eine Herausforderung, auch weil die Mittel äußerst knapp sind. Es bleibt nur die Konzentration aufs Notwendige. Und was erarbeitet ist, muss möglichst breit und über viele Kanäle mit Mehrwert verbreitet werden. Zudem geben Rückmeldungen Anhaltspunkte, wo was verbessert werden kann.

SBB Cargo hat eine eigene Abteilung *Unternehmenskommunikation*. Der SBB-Konzern verantwortet zwar die Medienarbeit, hat die Aufgaben in Teilen aber an SBB Cargo delegiert. Die Marketing-Kommunikation von SBB Cargo ist dem Vertrieb zugeordnet. Die Zusammenarbeit mit der Unternehmenskommunikation ist gut und eng.

Zusammenarbeit zwischen Beratung und Crossmedia

Die Unternehmenskommunikation gliedert sich in zwei Teams: Das Berater-Team ist Ansprechpartner (Businesspartner) für alle internen Bereiche. Das Crossmedia-Team verantwortet oder beliefert die insgesamt fast zwanzig schriftlichen Kommunikationskanäle nach innen und nach außen (inkl. Kanäle vom Konzern).

Alle zwei Wochen besprechen alle vom Kommunikationsteam anstehende Themen. Die Themenliste hält fest, wann welches Thema über welche Kanäle kommuniziert wird und was für Reaktionen aus der Community kommen.

Nach der Themensitzung übergeben die Berater mit einem *Faktenmail* das Thema dem Crossmedia-Team.

Tipp Ein Faktenmail beantwortet die Fragen: wann, was, warum, wie, wo und wer (6 Ws). Zudem gibt es Kontaktdaten von internen und externen Fachleuten und Hinweise für Illustrationen oder Bilder sowie kommunikative Stolpersteine. Andere Kommunikationsprofis im Unternehmen arbeiten mit diesen Angaben rasch und zuverlässig weiter.

Grundsätze des Crossmedia-Teams

Die Grundsätze der Kommunikation sind im Kommunikationskonzept festgeschrieben. Beispiele für die Grundsätze: Wir informieren Betroffene zuerst und interne Dialoggruppen vor externen. Wir informieren wo immer möglich mündlich; die schriftliche Kommunikation flankiert die mündliche.

Das Crossmedia-Team arbeitet mit zehn ergänzenden Grundsätzen:

1. Wir kommunizieren nur Themen mit Relevanz. Ein Thema ist dann relevant, wenn es eine große Anzahl interner oder externer Personen betrifft. Die Aussagen sind auf die Empfänger zugeschnitten und ermöglichen ihnen einen Mehrwert.
2. Die Themenplanung ist das verbindliche Dokument für die Themen, die recherchiert, aufbereitet und kommuniziert werden.
3. Für unsere Kommunikationsarbeit ist der Sprachleitfaden der SBB verbindlich. Für Texte auf den Plattformen der sozialen Medien gilt das Sprachleitbild »So schreiben wir auf sozialen Plattformen«.
4. Wo immer möglich, erzählen wir Geschichten (Storytelling).
5. Alle Themen, die wir aufbereiten, entwickeln wir für zwei und mehr Kanäle. Kein Thema publizieren wir nur über einen Kanal. Wir achten darauf, dass jeder Kanal gegenüber einem anderen Kanal einen Mehrwert aufweist. Wir verlinken die Kanäle systematisch miteinander.
6. Auf den sozialen Plattformen pflegen wir den Dialog.
7. Wir ermuntern und unterstützen Kolleginnen und Kollegen beim Engagement auf sozialen Plattformen.
8. Wir setzen die Social-Media-Guidelines durch.
9. Wir überprüfen die Kommunikationskanäle laufend auf ihre Wirkung und verbessern sie, wo es nötig ist.
10. Bei der Entwicklung unserer Kommunikationskanäle arbeiten wir eng mit anderen Organisationseinheiten des SBB-Konzerns zusammen.

Aufgabenteilung im Alltag

Das Crossmedia-Team umfasst vier Personen, die sich rund 300 Stellenprozent teilen. Die Teammitglieder stammen aus dem Journalismus, der Markenkommunikation, der Unternehmenskommunikation oder haben einen IT-Hintergrund. Im Alltag hat sich die Aufgabenteilung in zwei Rollen bewährt. Wir nennen sie die die *themenverantwortliche Person* und die *tagesverantwortliche Person*.

Das Portfolio der Rolle *themenverantwortliche Person* sieht so aus:

1. Falls nötig, das Faktenmail beim Businesspartner einfordern
2. Detailrecherche beim Inhaltslieferanten
3. Form der Darstellung, Kanalmix, crossmediale Übergänge im Detail festlegen
4. Zeitplan fixieren
5. Für jeden Kanal: Text verfassen, Bilder beschaffen sowie Ton, Bewegtbild, Illustration etc. organisieren
6. Inhalte beim Inhaltsverantwortlichen und beim Businesspartner freigeben lassen
7. Inhalte beim Leiter Kommunikation freigeben lassen
8. Inhalte ins Französische und Italienische übersetzen lassen, wenn die Ausgangssprache Deutsch ist[6]
9. In der Datenablage alle Inhalte und alle Freigaben speichern
10. Information über den Speicherort an die *tagesverantwortliche Person* übermitteln

Die Rolle *themenverantwortliche Person* wird dem Crossmedia-Mitarbeiter zugewiesen, der bereits Vorkenntnisse oder noch freie Kapazitäten hat. Bei Bedarf kann die themenverantwortliche Person weitere Ressourcen anfordern.

Das Portfolio der Rolle *tagesverantwortliche Person* sieht so aus:

1. Monitoring der Social-Media-Aktivitäten bei den eigenen Accounts, die SBB Cargo aktiv bewirtschaftet (Cargo Blog, Facebook, Twitter, YouTube), sowie bei anderen bahnaffinen Accounts
2. Antworten auf Anfragen oder auf Bemerkungen verfassen (gemäß dem Sprachleitbild *Social Media SBB Cargo*)
3. Inhalte (Text, Bild, Ton, Bewegtbild, Illustrationen) rechtzeitig zum Publishing an die Stelle schicken, die die Inhalte publiziert (beispielsweise von der Konzernkommunikation)
4. Inhalte auf den eigenen Social-Media-Accounts publizieren
5. Publikation und weiterführende Links überprüfen
6. Kommentare beobachten und beantworten

Die Rolle ist fix zugeteilt (Präsenztage der Mitarbeiter). Auch Wochenenden und Ferien sind abgedeckt.

---

[6] SBB Cargo kommuniziert in Deutsch, Französisch und Italienisch – wie alle andern Unternehmen in der Schweiz, die landesweit tätig sind.

Was die Zukunft bringt

Das Berufsbild »Crossmedia-Redakteurin/Redakteur« entwickelt sich laufend weiter. Personen in diesem Beruf lieben flexibles Arbeiten und mögen es, wenn Inhalte, Abläufe und Ansprechpersonen öfter in Bewegung sind.

Das berufliche Fundament ist zwar wichtig, es spielt aber keine Rolle, was für eine Kommunikationsausbildung und welche Erfahrungen man im Rucksack hat. Viel wichtiger ist die Bereitschaft, sich immer wieder auf Neues einzulassen, zu lernen und dieses anzuwenden. Es braucht ein inneres Feuer fürs Jagen, fürs Sammeln und fürs Verwerten. Nur wer stets mit anderen Menschen und von anderen Menschen lernt, wird in diesem Beruf glücklich.

Zum Autor

Martin Radtke leitet das Crossmedia-Team bei SBB Cargo. Das Team betreut sämtliche Kommunikationskanäle des Unternehmens, ausgenommen die Medienarbeit. Eine wichtige Aufgabe ist, die einzelnen Kanäle miteinander zu verbinden und zu einem Ganzen mit Mehrwert zu verknüpfen.

Martin Radtke ist seit 2004 bei SBB Cargo und war in verschiedenen Funktionen der Unternehmenskommunikation mit dem Schwerpunkt Print- und Online-Publikationen tätig. Davor arbeitete er für mehrere Kommunikationsagenturen und leitete die Kommunikationsabteilung der Baudirektion des Kantons Zürich. Er ist eidgenössisch diplomierter Public-Relations-Berater. Er hat bei der *Schweizerischen Text Akademie* Nachdiplomstudien absolviert und sich im professionellen Schreiben sowie in Digital Publishing und in Corporate Publishing weitergebildet.

In seiner Freizeit unterstützt Martin Radtke die *Spitex zur Mühle AG* kommunikativ. Die Spitex zur Mühle[7] ist eine private Organisation, die Menschen zu Hause betreut und pflegt. Die Kunden haben hohe Ansprüche an die Qualität. Er ist an diesem Startup-Unternehmen beteiligt, das seine Frau führt. Die Spitex zur Mühle hat mehrere Jungunternehmerpreise gewonnen.

---

7 www.spitex-zur-muehle.ch

Über SBB Cargo

SBB Cargo ist die Nummer eins im Schweizer Güterverkehr. Fast ein Viertel der Transportleistung in der Schweiz fährt die Güterbahn. Das Unternehmen gehört den *Schweizerischen Bundesbahnen*, SBB. Knapp 3000 Mitarbeiter arbeiten bei SBB Cargo.

SBB Cargo und andere Güterbahnen fahren in der Schweiz ein dichtes Netz von Bedienpunkten im Wagenladungsverkehr regelmäßig an. Dieses Transportsystem ist für die Schweiz von großer Bedeutung. Das Netz ist im europäischen Vergleich sehr dicht. SBB Cargo ergänzt ihr Angebot im Wagenladungsverkehr durch einen etappierten Ausbau des Kombinierten Verkehrs für Transporte innerhalb der Schweiz.

SBB Cargo hat zwei Tochtergesellschaften: *SBB Cargo International* ist auf internationale Traktionsleistungen auf der Nord-Süd-Achse spezialisiert. 25 Prozent am Unternehmen hält der Kombioperateur Hupac. *ChemOil Logistics* ist die Spezialistin für Transporte von chemischen Produkten und Mineralöl.

Fit für Social Media? Mitarbeitertraining beim UNO-Entwicklungsprogramm

In diesem Kapitel:
- Schlüsselqualifikation für Mitarbeiter im digitalen Zeitalter
- Von der Strategie zur Trainings-Praxis
- Was braucht die Social-Media-Referentin einer global operierenden Organisation?

Von Silke von Brockhausen
UNDP (Entwicklungsprogramm der Vereinten Nationen)

Zusammenfassung: Silke von Brockhausen ist zuständig für Social-Media-Kampagnen des UNO-Entwicklungsprogramms (UNDP), den Aufbau seiner Netzwerk-Community und die Social-Media-Mitarbeitertrainings. In diesem Artikel zeigt sie am Beispiel des UNO-Entwicklungsprogramms, wie Organisationen ihre Social-Media-Kapazität ausbauen können, gibt praktische Tipps, wie Mitarbeiter sich zu digitalen Botschaftern fortbilden und beschreibt zentrale Kompetenzen eines globalen Social-Media-Managers.

Twitter: *www.twitter.com/svbroc*

Disclaimer: Der Beitrag spiegelt meine persönliche Meinung wider. Diese entspricht nicht unbedingt in allen Punkten der meines Arbeitgebers.

Schlüsselqualifikation für Mitarbeiter im digitalen Zeitalter

Unabdinglich für die optimale Nutzung sozialer Netzwerke ist das Verständnis, dass Social Media nicht nur Aufgabe der Kommunikationsabteilung ist, sondern von allen Mitarbeitern aktiv genutzt werden muss. Die Chefin des UNO-Entwicklungsprogramms UNDP, Helen Clark, ist selbst große Nutzerin und Verfechterin von Social Media und das bereits seit ihrem Amtsantritt beim UNDP im Jahr

2009. Helen Clark unterstüzt die Verbreitung von Social Media organisationsweit persönlich und betont bei Treffen mit wichtigen UNO- und UNDP-Entscheidern regelmäßig die Wichtigkeit von Social Media für das UNDP. Mittlerweile haben alle leitenden Mitarbeiter des UNDP ihre eigene Twitter-Seite, und die Mitarbeiter-Twitterliste umfasst bereits über 150 Namen (*https://twitter.com/ UNDP/colleagues*) bei etwa 8.000 Mitarbeitern insgesamt.

Abbildung 29-1 ▲
UNO-Entwicklungschefin Helen Clark nutzt Twitter und Facebook

Mitarbeiter können als digitale Botschafter zum Renommée einer Organisation beitragen, zudem profitiert ihre Arbeit vom wissenschaftlichen Austausch sowie den in Social Media hinzugewonnenen Kontakten. Mit über 8.000 Mitarbeitern und etwa 6.000 Projekten im Bereich Entwicklungszusammenarbeit ist das UNDP eine der größten UNO-Sonderorganisationen – da liegt es nahe, dass sie ihre Kollegen dabei unterstützen, das Potential sozialer Netzwerke zu nutzen, um sich untereinander, mit Partnern und der globalen Öffentlichkeit zu vernetzen.

UNO-Mitarbeiter sind per Vertrag dazu verpflichtet, immer im Interesse ihres Arbeitgebers – also des UNO-Generalsekretärs sowie der UNO-Mitgliedsstaaten – zu handeln und unterliegen bestimmten ethischen Verhaltensregeln, wenn sie auf sozialen Netzwerken kommunizieren. Grundlegende Prinzipien sind Neutralität und Objektivität sowie beispielsweise die Unterlassung von rassistischen, diskriminierenden oder solchen Aussagen, die zu Gewalt anstiften. Um der Verletzung dieser Regeln sowie den Ängsten vieler UNO-Mitarbeiter vor einem »Twitter-Skandal« oder Ähnlichem vorzubeugen und um einen einheitlichen Markenauftritt zu gewährleisten, müssen zudem standardisierte Richtlinien und Trainingsmöglichkeiten geschaffen und ausreichend vermittelt werden.

Das Mitarbeiter-Training nimmt somit einen hohen Stellenwert in der Strategieumsetzung ein: Hier geht es darum, das UNDP fit für Social Media zu machen und Ausrutscher zu vermeiden. Dadurch erhalten die Mitarbeiter außerdem Schlüsselqualifikationen, die sie für die eigene Karriere nutzen können.

Von der Strategie zur Trainings-Praxis

Für alle Trainings gilt: Es geht beim »sozialen Netzwerken« nicht primär um die Nutzung oder das Meistern einzelner technischen Plattformen – denn wer weiß, ob Facebook in ein paar Jahren noch das meistgenutzte globale Netzwerk sein wird. Vielmehr geht es darum, dass sich Kommunikationsweisen und -paradigmen grundsätzlich ändern und wir unsere Kompetenzen anpassen müssen.

Grundvoraussetzung für ein erfolgreiches Trainingsprogramm ist, dass sich die Social-Media-Verantwortlichen selbst kontinuierlich fortbilden und über neue Entwicklungen unterrichten, um diese Inhalte vermitteln und Rückfragen beantworten zu können. Dazu gehört die Teilnahme an zentralen Konferenzen zum Thema, z. B. an der weltweit stattfindenden *Social Media Week*, an *Mashable Connect* sowie am jährlichen *Social Good Summit* (*http://mashable.com/sgs/*), der mittlerweile vom UNDP mitveranstaltet wird.

Die Bildung eines Experten-Netzwerks zum Austausch der Praktikern unterinander ist ebenfalls ein guter Weg, auf dem Laufenden zu bleiben. Mittlerweile treffen sich die Referenten für soziale Netzwerke fast aller UN-Organisationen in New York, Bonn, Genf, Rom und Nairobi – die »UN Social Media Community of Practice« – per Konferenzschaltung monatlich, um erfolgreiche Kampagnen, neue technische Entwicklungen und Plattformen zu besprechen sowie von eingeladenen Social-Media-Experten zu lernen.

Mitarbeiter sollten außerdem einfachen Zugriff auf Informationsmaterial zur Nutzung von Social Media haben. Um die Länderbüros zur Nutzung von sozialen Medien zu ermuntern, verschickt das Social-Media-Team des UNDP aus der Zentrale in New York regelmäßig E-Mails mit Listen von Beispiel-Tweets und -Postings aus aktuellen Kampagnen. Diese Beispieltexte können die Länderbüros übersetzen und in ihren eigenen Netzwerken nutzen.

Zudem erhalten die Kommunikationsreferenten des UNDP alle zwei Wochen einen Newsletter mit zusätzlichen Weiterbildungs-Materialien, das sogenannte »Social Media Update«.

Abbildung 29-2
Der Newsletter »Social Media Update« enthält Tipps und Tricks zum sozialen Netzwerken für Kollegen

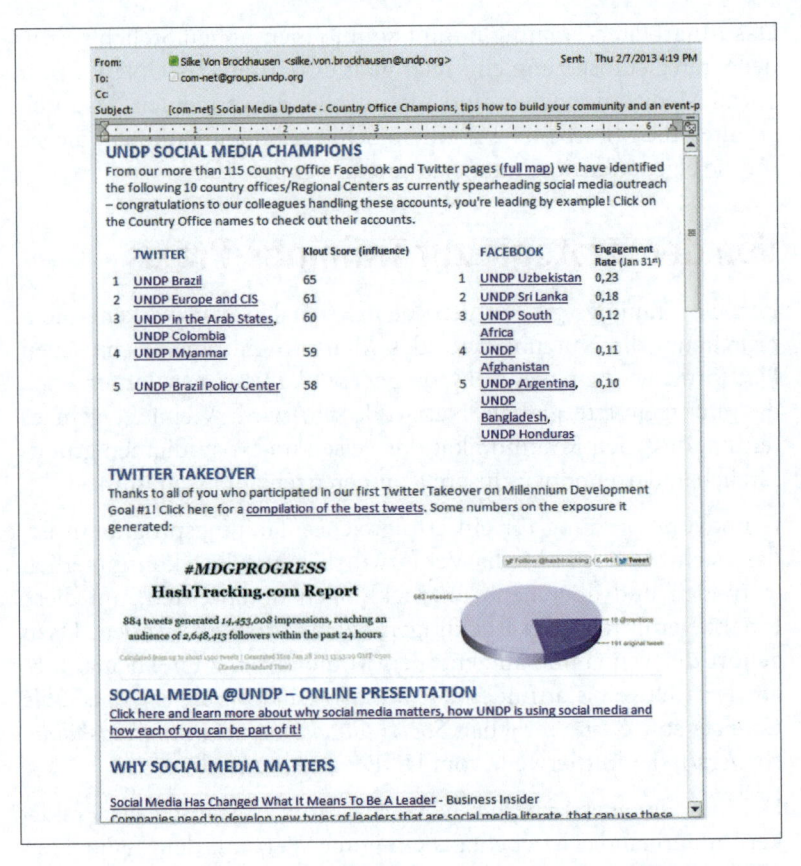

Das organisationsinterne soziale Netzwerk »Teamworks« (*https:// undp.unteamworks.org*) enthält ein Social-Media-Wiki. Hier finden die Mitarbeiter vielerlei Material und Links: Tipps zur Nutzung verschiedener Plattformen, Trainingspräsentationen, Social-Media-Richtlinien, Links zu Online-Artikeln über neue Trends, Diskussionsforen sowie Blog-Beiträge von sozialen Netzwerkern und vieles mehr. Alle Mitarbeiter können die Materialien selbst aktualisieren und ergänzen.

Wikis

Ein Wiki (Hawaiianisch für »schnell«), ist eine Sammlung von Intranet- oder Internetseiten (also eine Website), die von den Benutzern nicht nur gelesen, sondern auch in Echtzeit online geändert werden kann. Wikis ermöglichen es, dass verschiedene Menschen gemeinschaftlich an Texten arbeiten können (Autorengemeinschaft). Quelle: *http://www.digitalks.at/2007/11/12/was-sind-wikis/*

Um Mitarbeiter über organisationsinterne Richtlinien zu informieren, hat die UNDP-Kommunikationsabteilung gemeinsam mit dem Lernzentrum sowie den Personal-, Ethik- und Rechtsabteilungen des UNDP ein kurzes animiertes Video zu diesen Richtlinien erstellt, das Bestandteil des Willkommenspakets für neue Mitarbeiter werden soll. Ein grundlegendes und tiefergehendes Social-Media-Training ist mittlerweile auch fester Bestandteil des jährlichen Trainings von Führungs- und Nachwuchskräften.

Trainings-Tipps

Mitarbeiterumfrage: Um den Trainingsbedarf systematisch festzustellen und die Qualität der Trainings zu sichern, hat UNDP eine Umfrage entwickelt. Sie dient gleichzeitig dem Zweck, das Bewusstsein der Mitarbeiter für Social Media generell zu fördern. (Der vollständige Fragebogen kann über @svbroc angefragt werden.) Vor dem Training einer Abteilung oder eines Länderbüros wird so ermittelt, welche Kenntnisse die Teilnehmer bereits haben und welche Schwerpunkte im Training gelegt werden sollen.

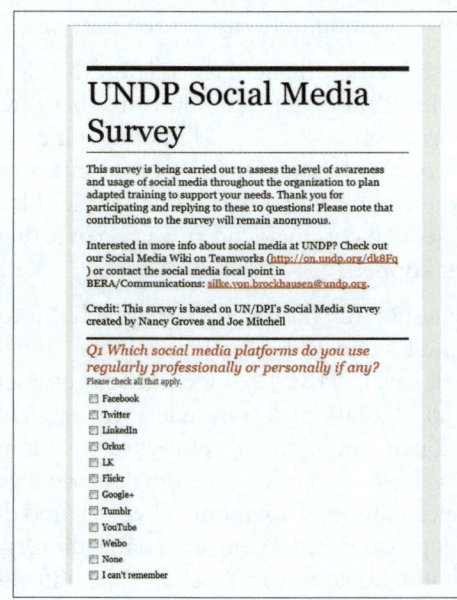

Informationsmaterial: Das UNDP hat eine Grundlagen-Präsentation veröffentlicht, die einen Überblick über die Social-Media-Nutzung des UNDP gibt (*http://ow.ly/ixCmZ*) sowie ein praktisches Twitter- und Hootsuite-Training für fortgeschrittene Nutzer (*http://ow.ly/ixCpL*). Beide werden regelmäßig aktualisiert und organisationsweit genutzt.

Externe Trainer: Trainings sind oft besonders wirksam, wenn sie von ausgewiesenen Experten geleitet werden. Dies ermöglicht außerdem eine externe Perspektive und kann Mitarbeitern neue Ideen und Impulse für die Nutzung sozialer Netzwerke geben. Das UNDP lädt regelmäßig externe Experten z.B. von Facebook und Twitter für Mitarbeitertrainings ein. Damit auch Mitarbeiter außerhalb New Yorks davon profitieren, werden einige der Präsentationen live übertragen und aufgezeichnet, wie beispielsweise die Veranstaltung »UN and Social Media: An Outside the UN Perspective« (*http://storify.com/undp/social-media-an-outside-the-un-perspective-undpcom*).
Für gemeinnützige Organisationen bietet es sich überdies an, mit akademischen Einrichtungen vor Ort zusammenzuarbeiten.

◄ Abbildung 29-3
Die Ergebnisse dieser Mitarbeiterumfrage dienen als Grundlage für die Festlegung der Trainingsinhalte.

→

Anreize: Um kontinuierliches Training zu ermöglichen, sollte jede Organisation Anreize für Mitarbeiter schaffen, sich weiterzubilden. So werden erfolgreiche Teilnehmer des Twitter-Trainings in die offizielle Twitter-Kollegen-Liste des UNDP aufgenommen und ihre Tweets auf der Twitter-Seite des UNDP geteilt. In einem halbjährlichen Benchmarking werden die fünf Kommunikationsreferenten namentlich in einem Newsletter erwähnt, deren soziale Netzwerk-Auftritte die höchsten *Engagement*-Raten (Facebook-Seiten) beziehungsweise den höchsten Kloutscore (Twitter) erreicht haben.

Webinare: Damit alle weltweit verstreuten Mitarbeiter sich im Bereich Social Media weiterbilden können, hält die UNDP-Kommunikationsabteilung regelmäßig Webinare zu unterschiedlichen Themengebieten. Dafür wird die Präsentations-Software Prezi benutzt (*www.prezi.com*), mit der man online Präsentationen erstellen und teilen kann. Webinar-Teilnehmer erhalten den Link zur Präsentation per E-Mail und können in Echtzeit die Präsentation am Bildschirm mitverfolgen. Den Ton dazu hören sie über eine Skype-Konferenzschaltung.

Was braucht die Social-Media-Referentin einer global operierenden Organisation?

Für die Durchführung erfolgreicher Mitarbeitertrainings und grundsätzlich für die erfolgreiche Umsetzung einer globalen Social-Media-Strategie muss ein Social-Media-Referent bei einer internationalen Organisation wie dem UNDP bestimmte Kompetenzen mitbringen.

Aus meiner Sicht ist eine solide berufliche Basis mit Erfahrung in strategischer Kommunikation und Kampagnenführung, beispielsweise in den Bereichen Journalismus, PR oder Marketing, eine gute Voraussetzung, um erfolgreich globale Online-Communities zu managen. Es ist einfach, die technischen Besonderheiten der Plattformen zu erlernen – es ist jedoch entscheidend zu wissen, wie diese strategisch genutzt werden können.

Ebenfalls wichtig ist ein Gespür für die richtige Ansprache unterschiedlicher Zielgruppen und Kanäle. Dies kann man erlernen, indem man regelmäßig kontrolliert, welche Posts besonders gut ankommen, und indem man die Social-Media-Kanäle besonders erfolgreicher gemeinnütziger Organisationen und Firmen aufmerksam verfolgt. Ich lasse mich beispielsweise gerne von den Ideen meiner Kollegen bei der Weltbank, dem Welternährungsprogramm, UNICEF und der Bill & Melinda Gates-Stiftung inspirieren. Wenn man dabei die Organisations- und Kommunikationsziele fest im Blick behält, hilft dies dabei, aus dem Überangebot an Inhalten die relevanten herauszufiltern und zielgruppengerecht ins Netz zu stellen.

Zudem lese ich regelmäßig über erfolgreiche Kampagnen und abonniere Facebook- & Twitter-Seiten von einschlägigen Ratgeberplattformen wie Mashable (*http://mashable.com/social-media/*) und Techcrunch (*http://techcrunch.com/*). Außerdem bilde ich mich weiter, indem ich an wichtigen Konferenzen zum Thema teilnehme und mich regelmäßig mit anderen Social-Media-Referenten im UNO-System austausche. Zu dem Zweck und um UNO-weite Kampagnen besser koordinieren zu können, organisiere ich monatliche Treffen meiner Kollegen in New York, zu denen sich Kollegen in Brüssel, Genf, Bonn, Rom, Washington und Nairobi per Konferenzschaltung einwählen.

Da Social Media in vielen Organisationen noch ein relativ neues Betätigungsfeld ist, sollte der Social-Media-Referent auch Freude daran haben, das eigene Wissen weiterzugeben und andere zu motivieren. Viele Mitarbeiter müssen erst von dem Nutzen der Netzwerke überzeugt werden und die Grundkompetenzen erlernen, ehe sie sie aktiv bei der Arbeit einsetzen.

Außerdem spielt Kreativität und das Ausprobieren neuer Ideen und Plattformen eine wichtige Rolle in meiner täglichen Arbeit. UNDP hat relativ früh Profile auf Foursquare, Tout, Soundcloud, Pinterest, Google+, Reddit, Instagram und Rebelmouse angelegt, die wir für bestimmte Gelegenheiten nutzen, aber aufgrund von Personalmangel nicht regelmäßig updaten können.

Auf LinkedIn war das UNDP eine der ersten UN-Organisationen mit einer sogenannten »Company«-Präsenz und wurde kürzlich von LinkedIn als Best Practice für den Auftritt einer gemeinnützigen Organisation ausgewählt. Wir versuchen, neue Trends wie Design-Änderungen von Facebooks Timeline sowie neue Möglichkeiten wie Facebook-Questions und Twitters Videofunktion Vine so kreativ wie möglich zu nutzen. Mangels Budget und Personal können wir zahlungspflichtige Dienste wie Promoted Tweets oder Facebook-Werbeanzeigen nicht nutzen, um neue Fans zu gewinnen.

Als Social-Media-Referentin bin ich für alle zentral verwalteten Social-Media-Kanäle des UNDP mitverantwortlich. Französisch- und Spanisch-Kenntnisse sowie fließendes Englisch gehören daher meiner Meinung nach zumindest in den Vereinten Nationen zur Grundvoraussetzung, um erfolgreich eine globale Online-Präsenz managen und die Konversationen über das UNDP in den Arbeitssprachen verfolgen zu können.

Darüber hinaus benötigt man Gespür dafür, welcher Inhalt für welche Zielgruppe passt, sowie Erfahrung im Redigieren von Texten.

Vor allem auf sozialen Netzwerken gilt als Maßstab, dass Inhalte so aufbereitet werden sollten, dass sie auch eine Zwölfjährige verstehen könnte.

Erforderlich sind außerdem Multitaskingfähigkeit und effektives Zeitmanagement. Auch wenn die beiden Begriffe mittlerweile etwas abgenutzt erscheinen, sind diese Fähigkeiten beim Managen von Social Media in einer globalen Organisation unerlässlich. Denn da Zuhören, Dialog und Real-time-Reporting eben in Echtzeit stattfinden sollten und soziale Netzwerke 24 Stunden und auch am Wochenende aktiv sind, gehören gute Planung und die schnelle Reaktion auf aktuelle Geschehnisse zur täglichen Arbeit eines Social-Media-Referenten.

Zur Autorin

Silke von Brockhausen ist Referentin für soziale Netzwerke beim UNO-Entwicklungsprogramm UNDP, das in über 170 Ländern Armut bekämpft. Sie ist zuständig für die Koordinierung von Social-Media-Kampagnen des UNO-Entwicklungsprogramms, den Aufbau seiner Netzwerk-Community und Social-Media-Mitarbeitertrainings. In diesem Artikel zeigt sie am Beispiel des UNO-Entwicklungsprogramms, wie internationale Organisationen soziale Netzwerke nutzen, um Aufmerksamkeit auf globale Probleme zu lenken und Unterstützung für ihre Arbeit zu gewinnen. Sie beschreibt Besonderheiten, Risiken und Chancen des sozialen Netzwerkens für globale gemeinnützige Organisationen und zeigt, wie man Kommunikationsziele mit einem mehrsprachigen, heterogenen Zielpublikum auf Social Media erreichen kann.

Über das UNDP

Das Entwicklungsprogramm der Vereinten Nationen (United Nations Development Programme, UNDP) wurde 1965 gegründet und hat seinen Sitz in New York. Es ist die zentrale Organisation der UN-Entwicklungsfonds und -programme und hat eine Schlüsselrolle inne bei der Umsetzung der Millenniumsentwicklungsziele und der Formulierung neuer Ziele nach 2015. Es arbeitet mit über 170 Ländern zusammen. UNDP unterstützt Partnerländer mit Politikberatung und dem Auf- beziehungsweise Ausbau von Fähigkeiten/Kapazitäten in folgenden Bereichen: demokratische Regierungsführung, Armutsbekämpfung, Frauenföderung, Krisenvorsorge und Konfliktbewältigung, Menschenrechte, Energie und Umwelt sowie HIV/AIDS.

Alltag eines Social-Media-Managers: Aufgaben, Tools und Zeitmanagement

In diesem Kapitel:
- Aus dem Arbeitsalltag einer Social-Media-Managerin
- Hilfreiche Tools für das Social-Media-Management
- Recherchequellen
- Social-Media-Manager vernetzt
- Zeitmanagement in der digitalen Ära
- Zusammenfassung: 5 Tipps für Social-Media-Manager

Von Anja Beckmann
Red Mod Communications

Zusammenfassung: Ich bin Beraterin für Social Media, PR und Marketing mit acht Jahren Unternehmenserfahrung (Starbucks und Kraft Foods). Mit *Red Mod Communications* betreue ich namhafte Kunden aus den Bereichen Konsumgüter, Lifestyle, Tourismus, Bildung und Gesundheit. Im Social-Media-Bereich unterstütze ich mit Konzeption, Seminaren, mit dem Aufbau der Social-Media-Kanäle und mit Community-Management, Corporate Blogs und Blogger Relations. In diesem Beitrag erzähle ich aus meinem Berufsalltag.

Website: *http://www.redmod.de*

Blog: *http://www.redmodblog.de*

Website: *http://www.travelontoast.de*

Twitter: *https://twitter.com/redmod_de*

Facebook: *https://www.facebook.com/redmod.de*

Aus dem Arbeitsalltag einer Social-Media-Managerin

Wie mein typischer Arbeitstag aussieht? Das Schöne: Es gibt keinen typischen Arbeitstag. Wenn man Social-Media-Manager ist, verläuft jeder Tag anders.

Ein Tag könnte sich so gestalten: Morgens nach dem Aufwachen gucke ich erst mal auf mein iPhone. Dort checke ich meine E-Mails und die verschiedenen Social-Media-Accounts, die ich für Kunden und meine eigene Agentur betreue. Nach Butterbrot und Kaffee gehe ich in mein Büro im Kölner Viertel Ehrenfeld, es ist nur 15 Minuten entfernt.

Im Büro checke ich auf FourSquare ein, schaue nach dem Anrufbeantworter und meiner Post.

Gerade habe ich für einen Kunden aus dem Handelsbereich eine Kommunikationsstrategie entwickelt; mit meiner Ansprechpartnerin stimme ich mich jetzt telefonisch dazu ab.

Unter meinen Kunden haben einige ein Corporate Blog, die meisten setzen jedoch auf Facebook, Twitter und YouTube. Als Community-Managerin überprüfe ich diese Kanäle regelmäßig, recherchiere neue Themen, poste Beiträge in verschiedenen Formaten (z.B. Text, Umfragen, Fotos, Videos) und interagiere mit den Fans und Followern.

Abbildung 30-1 ▶
Facebook-Seite des Gebäckherstellers Lambertz

Für einen Kunden aus dem Nahrungsmittelbereich identifiziere ich relevante Blogger, die ich z.B. zu einem Bloggertreffen einladen oder denen ich Kooperationen anbieten kann. Dabei schaue ich auf die Reichweite, aber auch auf weitere Faktoren: Wie gut ist der

Blogger etwa über die übrigen Social-Media-Kanäle vernetzt? Wie professionell ist sein Blog gestaltet? Und passen seine Themen zu dem Kunden?

◀ **Abbildung 30-2**
Blogger Relations für Lambertz

Dann wechsle ich in den B2B-Bereich und tue etwas für mein Eigenmarketing. Ich aktualisiere den Redaktionsplan meines Red Mod Blogs, auf dem ich regelmäßig über Social Media, PR und Marketing schreibe. Das Ziel des Blogs ist es, meine Bekanntheit zu erhöhen, mich als Expertin zu positionieren und potenziellen Unternehmenskunden interessante Inhalte zu bieten. Ich entwerfe einen neuen Blogbeitrag, stelle ihn in das WordPress-Blog ein, setze Fotos dazu, verlinke auf interessante Quellen und kündige den Artikel auf meinen verschiedenen Social-Media-Kanälen an.

Abends gehe ich zum Stammtisch des *Bundesverbandes Community Management* (BVCM). Dort bin ich Mitglied, wie auch in der *Deutschen Public Relations Gesellschaft* (DPRG). Der Austausch ist mir wichtig – oft können andere bei Themen oder Fragestellungen weiterhelfen, und wir unterstützen uns gegenseitig beim Vermarkten der Inhalte, z. B. durch Retweeten, Likes oder Kommentare.

Abbildung 30-3 ▶
Das Blog meiner Agentur
»Red Mod Communications«

Ich habe damit alles andere als einen Nine-to-five-Job. Diesen Text schreibe ich an einem Sonntag fertig, und gleich fliege ich nach Berlin. Dort gebe ich an der Berliner Journalistenschule Social-Media-Seminare für PR- und Marketing-Mitarbeiter. Auch am Wochenende und am klassischen Feierabend muss ich also »ran«. Mein Freund unterstützt mich toll.

Und da ich selbstständig bin und viel auf Projektbasis arbeite, nehme ich mir regelmäßig einen Monat im Jahr frei, um eine Fernreise zu machen. Denn seit meiner einjährigen Weltreise vor einigen Jahren habe ich den »Travel Bug«.

In diesem Jahr war ich in Australien, Malaysia und Thailand. Gleichzeitig habe ich für deutsche Kunden gearbeitet und für mein Reise&Food-Blog *www.travelontoast.de* geschrieben. Das fand mein Freund teilweise nicht so schön, da ich dadurch weniger Zeit für ihn hatte. Ein Social-Media-Manager macht sich also nicht immer beliebt damit, dass er fast immer »im Dienst« ist. Umso wichtiger ist es, dass der Partner grundsätzlich Verständnis für diese Art von Beruf hat. Ich habe da wirklich Glück.

Zusammengefasst: Ich habe einen sehr abwechslungsreichen Job, der viele unterschiedliche Aufgaben vereint. Wie ich dorthin gekommen bin?

Mein Weg zum Social-Media-Manager

Ganz am Anfang wollte ich Journalistin werden, denn ich habe schon immer gerne geschrieben. Deshalb habe ich vor und während des Studiums sieben Jahre lang für Tageszeitungen und Hörfunk gearbeitet.

Dann habe ich durch Praktika die PR für mich entdeckt. Ich war Volontärin bei der Agentur *fischerAppelt*, betreute als Pressesprecherin bei *Kraft Foods* die gesamte Markenkommunikation (z. B. für Jacobs, Milka, Philadelphia) und war Leiterin Unternehmenskommunikation bei *Starbucks*.

Social Media hat mich schon früh interessiert. So habe ich zu meiner Weltreise 2008 ein Blog geführt und schnell auch die anderen Social-Media-Kanäle für mich entdeckt. Starbucks ist eine der erfolgreichsten Marken im Social Web, dort habe ich viel gelernt. Und dann nahm ich 2010 als Beta-Testerin am ersten Lehrgang der *Social Media Akademie* (SMA) teil. Dort boten tolle Referenten wie Klaus Eck, Matias Roskos und Carsten Ulbricht einen sehr guten Rundumschlag.

Für Social-Media-Manager halte ich diese Fähigkeiten für wichtig: Texten, Fotografieren und Filmen können, technisches Verständnis, Kenntnisse zu PR, Marketing, Krisenkommunikation, Corporate Design, SEO und rechtlichen Aspekte, Offenheit für Neues und Networking-Qualitäten.

Als ich mich vor vier Jahren selbstständig gemacht habe, habe ich angefangen, viele verschiedene Jobs zu bündeln:

Beraterin für Social Media, PR & Marketing: Ich unterstütze Unternehmen und Marken mit Konzeptionen, Community-Management, bei Corporate Blogs, Blogger Relations, PR 2.0 und Krisen-PR 2.0.

Dozentin: Ich gebe Social-Media-Seminare inhouse bei Unternehmen und bei Seminaranbietern (z. B. bei depak Deutsche Presseakademie, beim Euroforum und bei der Berliner Journalistenschule).

Fach- und Buchautorin: An mehreren Büchern habe ich mitgearbeitet, an einem eigenen schreibe ich gerade mit meinem Kollegen Boris Borchert. Zudem habe ich die DVD »Facebook-Marketing« herausgegeben.

Bloggerin: Ich schreibe auf *www.redmodblog.de* über die Themen Social Media, PR und Marketing. Bei *www.travelontoast.de* gebe ich Reisen&Speisen-Tipps für die Ferne, Europa und Deutschland.

Ressortleitung Social Media beim PR-Journal: Beim PR-Journal betreue ich das »Social Web«-Ressort.

Abbildung 30-4 ▶
Ich vereine verschiedene Jobrollen.

Zeitmanagement: 24/7 im Einsatz?

Oft heißt es, Social-Media-Manager müssten rund um die Uhr die Social-Media-Kanäle betreuen. Große Firmen mit hohem Risikopotenzial (z. B. Beschwerden oder Spam auf der Facebook-Seite), die weltweit aktiv sind, tun natürlich gut daran, ein umfassendes Monitoringsystem mit mehreren verantwortlichen Mitarbeitern aufzusetzen. Doch gerade für kleinere Firmen mit regionalem Schwerpunkt ist das weder von den personellen noch von den finanziellen Ressourcen her machbar – und oft auch nicht nötig. Das erfahre ich immer wieder in der Arbeit mit Kunden und aus Gesprächen mit Unternehmen.

Übrigens haben auch große Firmen, wie z. B. der Kundenservice der Telekom oder der Bahn »Öffnungszeiten«. Bei der Bahn heißt es etwa: »Das Twitter-Team der DB antwortet auf alle servicerelevanten Fragen zum Personenverkehr von Mo–Fr 6–22 & Sa–So von 10–22 Uhr!«

Bei meinen Kunden arbeite ich teilweise – meist abhängig von der Größe des Unternehmens – mit externen Monitoringdienstleistern wie *Meltwater Buzz* oder *Landau Media* zusammen. Oder ich recherchiere selbst. Tools wie Google Alert oder *www.socialmention.com* sind da hilfreich.

Zum Thema »Ständige Erreichbarkeit« hat mein Branchenkollege Daniel Rehn den Leitspruch: »Wenn nicht schlafend, dann online.« Das unterschreibe ich völlig. Ich muss nicht ständig online sein, will es aber. Der Suchtfaktor ist schon sehr hoch. Und manchmal muss ich mich wirklich zwingen, das iPhone mal beiseite zu legen. Ich würde anderen Social-Media-Managern raten, die Frage nach den Zeiten der Erreichbarkeit für sich und mit dem Arbeitgeber zu klären.

Social-Media-Manager benötigen Handlungsspielraum

Für mich als externen Dienstleister ist es wichtig, dass ich nicht jeden Post mit dem Unternehmen abstimmen muss. Das Vorgehen sieht so aus, dass ich im ersten Schritt ein übergreifendes Kommunikationskonzept oder eine Social-Media-Konzeption erstelle. Dabei geht es um Ziele, Zielgruppen, Themen und Kernbotschaften. Und natürlich auch um Punkte wie:

- Welcher Kanal erfüllt welchen Zweck?
- Wie oft poste ich?
- Wie spreche ich die Fans/Follower an?
- Innerhalb welcher Zeit reagiere ich?
- Welche Keywords oder Hashtags nutze ich?

Das Konzept wird vom Unternehmen freigegeben. Zudem erstelle ich einen monatlichen Redaktionsplan mit den Highlight-Themen, z.B. Messen oder Anlässen wie dem »Tag des Kaffees«. Auf dieser Basis texte ich Posts und stelle sie ein.

Natürlich schaut mein Ansprechpartner von Zeit zu Zeit auf die Seite oder den Account. In der klassischen PR trete ich in der Pressesprecherfunktion für Unternehmen auf. Es ist nur sinnvoll, dass man mir auch bei Social Media Vertrauen schenkt. So kann ich schnell und flexibel reagieren. Wichtig ist natürlich, dass ich das Unternehmen gut kenne und dass der Austausch mit meinen

Ansprechpartnern reibungslos und schnell funktioniert – gerade bei kritischen Themen.

Am Monatsende erhalten alle Kunden einen Monatsreport mit Auswertungen zu den Social-Media-Kanälen, z. B. zur Entwicklung der Fan- und Followerzahl, zur Interaktionsrate sowie zu Kritik oder Lob. Denn für meine Auftraggeber ist es nicht nur wichtig, Erfolge auf den Social-Media-Kanälen zu erzielen, sondern diese auch innerhalb des Unternehmens zu kommunizieren – z. B. gegenüber der Geschäftsführung, damit auch künftig ausreichende Mittel zur Verfügung gestellt werden.

Beschwerde- und Krisenmanagement

Viele Unternehmen haben Angst vor dem Schritt ins Social Web, weil sie denken, sie würden sich dadurch angreifbar machen. Was sie übersehen: Vielfach wird schon über das Unternehmen gesprochen – etwa in Gruppen, Foren oder auf Bewertungsplattformen. Wichtig ist für alle Unternehmen ein regelmäßiges Monitoring, um auf Fragen, Beschwerden oder handfeste Kritik zeitnah eingehen zu können. Ich unterstütze sie dabei.

Vermarktung der Social-Media-Kanäle

Angenommen, es gibt ein Social-Media-Konzept, intern wurde die nötige Überzeugungsarbeit geleistet, die Kanäle sind im Corporate Design gestaltet und werden regelmäßig befüllt. Allerdings müssen die Zielgruppen eines Unternehmens auch wissen, dass es im Social Web aktiv ist.

Ich setze für meine Kunden zahlreiche Maßnahmen um. Dazu gehören etwa die Buttons zu den Social-Media-Kanälen auf der Website. Oder ein Social Media Newsroom. Dabei wird der Pressebereich auf der Website erweitert – mit multimedialem Content, Anbindung der Social-Media-Kanäle und direkten Ansprechpartnern. Aber auch E-Mail-Abbinder, Newsletter oder Pressemeldungen nutze ich zur Vermarktung.

Hilfreiche Tools für das Social-Media-Management

Ehrlich: Ohne mein iPhone wäre ich aufgeschmissen. Das Smartphone verwende ich, um E-Mails zu schreiben, die Social Media

Accounts zu pflegen, Photos zu schießen und zu bearbeiten und um Filme zu drehen. Ferner dient es als Adressbuch, Terminkalender, Wecker, Taschenrechner und für vieles mehr.

Apps, die ich am häufigsten auf dem iPhone nutze, sind: Facebook, Facebook Seitenmanager, Twitter, Instagram, FourSquare, Camera+ zur Bildbearbeitung, WordPress und Dropbox. Dazu kommen noch Apps für die verschiedenen Messen, z. B. die Reisemesse ITB oder die Ernährungsmesse Anuga.

◀ **Abbildung 30-5**
Mein wichtigstes Hilfsmittel ist das iPhone.

Im Büro habe ich einen iMac mit *Photoshop* als Bildbearbeitungsprogramm für Fotos und *Final Cut Express 4* zum Schneiden von Filmen.

Für unterwegs nutze ich meist mein iPad, es ist leicht und handlich. Dort kann ich bequemer als auf dem iPhone E-Mails schreiben. Und auch viele Blogbeiträge entstehen darauf.

Recherchequellen

Social-Media-Kanäle sind auf Dauer angelegt. Eine der größten Herausforderungen für diejenigen, die die Kanäle pflegen, ist wohl die kontinuierliche Produktion von Content, der zum Unternehmen bzw. zur Marke passt, für die Fans und Follower einen Mehrwert bietet und zur Interaktion einlädt. Dabei muss man nicht immer um sich selbst kreisen, sondern kann auch auf interessante Artikel oder Studien verweisen.

Ich liebe *Twitter* als Recherchequelle. Dort habe ich mir verschiedene Listen zusammengestellt: mit klassischen Medien, Blogs nach verschiedenen Themengebieten und Social-Media-Experten. Denn ich folge auf Twitter rund 3.300 Menschen – da fällt es manchmal schwer, den Überblick zu behalten. Hilfreich ist auch die Suche nach Stichwörtern oder Hashtags, also mit # gekennzeichneten Schlagwörtern.

Auch auf *Facebook* habe ich Listen angelegt, z. B. für Reise- oder Foodblogs. So kann ich immer gezielt schauen, was es hier für neue Beiträge gibt.

Abbildung 30-6 ▶
Listen auf Facebook

> **Tipps zum Anlegen von Facebook-Listen**
>
> - Bei interessanten Seiten auf »Gefällt mir« klicken.
> - Darunter öffnet sich ein Fenster. Dort »Zur Interessentenliste hinzufügen« auswählen.
> - Bestehende Liste auswählen oder »Neue Liste« erstellen.
> - Bei einer neuen Liste einen sprechenden Namen wählen und kennzeichnen, wer die Liste sehen soll: öffentlich, Freunde oder nur ich.
> - Über »Liste verwalten« kann man die Liste später noch bearbeiten.

Bei den Blogs nutze ich zudem *Bloglovin* als Reader. Dort habe ich einerseits meine eigenen Blogs angemeldet, so dass andere ihnen folgen können und immer auf die neusten Beiträge aufmerksam werden. Auf der anderen Seite sammle ich dort meine Lieblingsblogs aus den Bereichen Reise, Food und Lifestyle.

Newsletter habe ich zunehmend zurückgefahren. Wichtig für mich bleibt weiterhin der wöchentliche *PR-Journal-Newsletter* mit den aktuellen Infos aus dem Kommunikationsbereich. Auch die Newsletter von *w&v*, *Futurebiz* oder *Lead Digital* erhalte ich weiterhin.

Social-Media-Manager vernetzt

Was ich wichtig finde, ist der enge Kontakt zu den anderen Akteuren in der Social-Media-Szene. Ich halte viele Vorträge und treffe die anderen auf Kongressen, wie dem *Kommunikationskongress*, der depak-Fachtagung *Social Media Relations* oder den *Social Media Praxistagen* der scm (school for communication and management).

Ein Pflichttermin ist die *re:publica* in Berlin, die 2013 insgesamt 5.000 Konferenzgäste hatte. Weiterhin stehen bei mir auf dem Programm Bloggerkonferenzen wie *TBEX* und *The Hive* (für europäische Blogger) oder *Blogst* (für deutsche Blogger).

Dazu kommen Barcamps zu den unterschiedlichsten Themen – wie z. B. das *Community Camp*, das *Touristik Camp* oder das *Facebook Camp*. Gerne gehe ich auch zum *Twittwoch*, der in verschiedenen Städten stattfindet.

Auf Facebook bin ich Mitglied in unterschiedlichen Gruppen, z. B. für Blogger, Social Media Women oder im DPRG-Arbeitskreis *Mar-*

kenkommunikation, den ich leite. Auch auf Xing und LinkedIn bin ich in verschiedenen Gruppen, aber ich empfinde die auf Facebook als besser. Dort tauschen wir uns offen und ehrlich aus, und es werden auch schon mal Fragen gestellt, die sich sonst niemand zu fragen traut.

Zeitmanagement in der digitalen Ära

Wie ich alle Aufgaben unter einen Hut bekomme? Manchmal wünschte ich wirklich, ich hätte drei Köpfe und sechs Hände. Ein 36-Stunden-Tag wäre auch nicht schlecht. Was mir immer hilft: eine klassische To-Do-Liste mit den wichtigsten Punkten.

Und ich nehme es mit der Trennung zwischen Berufs- und Privatleben nicht so streng. Abends auf dem Sofa oder am Wochenende im Café gehe ich etwa auf Facebook, um nach Kundenseiten zu schauen, aber auch, um mich mit Freunden zu verabreden. Zu vielen Kunden, Kollegen und Netzwerkpartnern habe ich ein freundschaftliches Verhältnis – das wirkt sich auch auf die Qualität der Arbeit positiv aus.

Zusammenfassung:
5 Tipps für Social-Media-Manager

1. Social Media kosten Ideen und Zeit – und das nicht zu knapp. Diese Investition ist wichtig, damit sich Erfolge zeigen.
2. Den klassischen 8-Stunden-Tag gibt es für Social-Media-Manager selten. Wer jedoch flexibles, abwechslungsreiches Arbeiten mag, für den ist dieser Job genau das Richtige.
3. »Learning by Doing« sollte jeder für sich betreiben: mutig sein und auch mal Neues ausprobieren. Denn der Charme an Social Media ist, dass ich sehr schnell Feedback bekomme.
4. Ich fand auch den theoretischen Rundumschlag durch die Social Media Akademie sehr hilfreich. Potenzielle Kunden schauen allerdings weniger auf Zertifikate als auf Arbeitsproben.
5. Verbände, Konferenzen, Facebook-Gruppen und Twitter sind hilfreich, um sich mit anderen Social-Media-Managern auszutauschen und sich gegenseitig zu unterstützen.

Seit meinem ersten Job hat sich mein Berufsbild immer wieder verändert. Das macht es für mich so spannend. Bisher habe ich mich nie gelangweilt. Und gerade im Social-Media-Bereich gibt es immer wieder neue Entwicklungen – das hält meine Liebe zu diesem Job frisch.

Über die Autorin

Anja Beckmann ist die Inhaberin von Red Mod Communications (Köln).

Vernetzen statt bewerben

In diesem Kapitel:
- Die verlorene Generation
- Nicht für die Uni, sondern für das Leben
- Geld sparen mit Social-Media-Recruiting
- Die Jagd nach den Köpfen

Von Thomas Knüwer
kpunktnull, Indiskretion Ehrensache

Zusammenfassung: Was Bewerber für Social-Media-Jobs beachten sollten.

Website: www.kpunktnull.de

Blogs: www.indiskretionehrensache.de, www.gotorio.de

Twitter: @tknuewer

Die verlorene Generation

»Ich bin auf Facebook.« Das war's. Mehr hatte der Bewerber als Qualifikation nicht vorzuweisen.

Wir waren auf der Suche nach einem Junior-Mitarbeiter mit dem Schwerpunkt »Social Media« für die Digital-Marketing-Abteilung eines großen Kunden. Die kurze Bewerbung klang ordentlich, eine »hohe Leidenschaft« für das Social Web bringe er mit, hatte jener frische gekürte Bachelor behauptet.

Im Gespräch war davon nicht mehr viel übrig außer jenem Profil im größten aller Social Networks. Warum machte er nicht mehr im Netz, wenn die Leidenschaft angeblich so hoch ist? Verblüffende Antwort: »Man muss ja vorsichtig sein, mit seinen Daten.«

Mühsam hielt ich meinen Kopf davon ab, krachend auf den Tisch zu knallen. Stattdessen signalisierte ich jenem Herrn mit gebotener Höflichkeit, über andere Betätigungsfelder nachzudenken.

Solche Szenen erleben Unternehmen wie Dienstleister ständig. Sie sind auf der Suche nach Digital-Marketeers, aber finden nur zögerliche Facebooker. Das betrifft nicht nur die Junior-Positionen: Mehrere global tätige, deutsche Konzerne versuchten während des Jahres 2012 leitende Positionen im digitalen Marketing zu besetzen – erfolglos. Über Restrukturierungen der entsprechenden Abteilungen wurden die Aufgaben dann anders verteilt.

Warum ist das so? Und was muss sich ändern?

Aus meiner Sicht prallen derzeit drei Entwicklungen aufeinander:

1. Die Ex-Technologie-Nation

Deutschland bezeichnet sich gern als Technologie-Nation. Tatsächlich aber hängt der Wirtschaftsstandort im Bereich der digitalen Technologie weit zurück – nicht nur hinter den USA, sondern genauso hinter Großbritannien, Skandinavien oder Osteuropa. So listet der von WWW-Erfinder Tim Berners-Lee ins Leben gerufene Web-Index (der Indikatoren wie Infrastruktur, Nutzung durch die Bevölkerung und wirtschaftliche Bedeutung zusammenführt) Deutschland nur auf Rang 16 hinter Irland oder der Schweiz (mehr dazu unter *http://thewebindex.org*).

Da passt es ins Bild, dass viele Unternehmen Social Media verschlafen haben. Nun erwachen sie langsam und versuchen mühsam aufzuholen.

Entsprechend sollen mit einem Schlag ganze Digital-Marketing-Abteilungen aus dem Boden gestampft werden. Intern finden sich dafür selten geeignete Kandidaten – wo sollten die auch herkommen?

2. Keine Nachwuchsförderung

Marketing funktioniert seit Jahren so: Es wird ein Produkt entworfen, die zugehörige TV- und Print-Kampagne geplant, und anschließend werden die Point-of-Sale-Maßnahmen designt. Und wenn am Ende noch ein paar Tausend Euro übrig bleiben, darf eine Online-Agentur Vorschläge unterbreiten, die fast immer in Facebook-Gewinnspielen münden, bei denen es ein iPad zu gewinnen gibt.

So wird kein Nachwuchs ausgebildet: Weder wirkt digitales Marketing attraktiv für die Karriereplanung, noch gibt es Möglichkeiten, in diesem Bereich Kompetenzen zu entwickeln. Weil dies zu lange für praktisch alle Großunternehmen in Deutschland galt, fehlt es quer über alle Hierarchiestufen an qualifizierten Arbeitskräften – erst recht für Leitungsfunktionen.

3. Die skeptische Generation

Hinzu kommt schließlich ein temporäres Problem. Wir erreichen langsam das Ende einer für die digitale Welt verlorenen Generation. Die Bachelor-Absolventen des Jahres 2013 waren junge Teenager, als die Dotcom-Blase platzte. Vielleicht war es die Enttäuschung und der Ärger ihrer Eltern über das Internet und seine Unternehmen, vor allem über die Verluste am Neuen Markt, der deutsche Vertreter dieser Generation skeptischer werden ließ angesichts digitaler Technologien als Altersgenossen in anderen Ländern. Viele Mittzwanziger sind jedenfalls weit weniger online-affin, als man vermuten möchte.

Nicht für die Uni, sondern für das Leben

Diese Skepsis dürfte sich in den folgenden Jahrgängen legen. Das allein aber macht noch keine guten Marketeers. Denn es gibt auch ein Ausbildungsdefizit an den Hochschulen: Sie hängen in Sachen Digitales Marketing noch weiter zurück als die Unternehmen. Dafür genügt nur ein Blick auf die Homepages der Lehrstühle. Jene des *Institute of Electronic Business*, eines Ablegers der Berliner Universität der Künste, wirkt wie im letzten Jahrhundert programmiert. Oder der Lehrstuhl für Marketing & Medien der Uni Münster: »The department team is fascinated by the new media of the second or even third generation such as Facebook, YouTube or Twitter«, lobt man sich selbst. Doch diese Medien, bei denen anderorts auf der Seite das Wort »social« in Anführungszeichen gesetzt wird, für die eigene Arbeit zu nutzen – so weit reicht die Faszination dann nicht.

Und die Ergebnisse der Forschung? Behalten die deutschen Wissenschaftler für sich. Während ihre Kollegen aus der angelsächsischen Sphäre sich mit der ganzen Welt austauschen, geht es um Social Media, beschränken sich die germanischen Forscher auf gedruckte Fachmagazine und Tagungen, bei denen sie auf ihresgleichen treffen. Entsprechend hoch ist ihre Strahlkraft – sie tendiert gegen null.

Die Studierenden sind also auf sich angewiesen. Doch was hält sie davon ab, es besser zu machen, als ihre Dozenten? Sie könnten zum Beispiel Folgendes tun:

1. Eintauchen

Wer seine berufliche Karriere im digitalen Marketing sucht, der braucht generellen Fortschrittsoptimismus. Dazu gehört eben auch, die Plattformen des Social Web nicht zurückhaltender zu nutzen als die Durchschnittsbevölkerung – sondern erheblich offensiver. Nur so ist der Marketeer der Zukunft gerüstet für das weiterhin hohe Innovationstempo in Digitalien. Dies ist auch ein guter Lakmus-Test für die eigene Karriere. Wer von einem neuen Dienst hört und sich nicht anmeldet, weil er heiß darauf ist, diesen zu testen, sondern weil er das Gefühl hat, dass er sich anmelden muss – der sollte sich andere Betätigungsfelder suchen als das digitale Marketing.

2. Aufsaugen

Es sollte selbstverständlich sein, sich über Trends zu informieren – auch wenn die entsprechenden Websites, Zeitschriften und Bücher nicht Teil der offiziellen Studienliteratur sind. Nachrichtenaggregatoren wie *Techmeme* oder *Rivva* gehören dabei ebenso zur Pflichtlektüre wie die Innovationszeitschrift *Wired* oder die Bücher von Clay Shirky oder Jeff Jarvis.

3. Mitreden

Die Königsdisziplin des Social Web heißt: Weblog. Eines zu starten ist ganz simpel, im Extremfall dauert es auf Tumblr weniger als zwei Minuten. Zeit und Leidenschaft aber kostet es, die Seite am Leben zu halten. Denn wer ein Blog betreibt, lernt längere Texte zu schreiben, seine Gedanken schriftlich zu ordnen und – steigen die Leserzahlen – sich der Diskussion zu stellen. Ein Blog ist das härteste Training und gleichzeitig das beste Manifest für den Willen, tatsächlich im digitalen Marketing etwas bewegen zu wollen.

4. Vernetzen

Die digitale Wirtschaft ist offen und kommunikationsbereit wie keine andere Branche. Kein Wunder: Über das Social Web liest man ständig voneinander – entsprechend steigt der Wunsch, sich persönlich zu treffen. So gibt es in Deutschland über 50 Barcamps jährlich, und die *re:publica* in Berlin ist mit über 4.000 Teilnehmern zur größten Digital-Konferenz Europas geworden. Hinzu kommen Branchentreffs wie die *Marketing2* in Hamburg oder die *Content Marketing Conference* in Köln. Und natürlich gibt es ständig kleinere Treffen quer durch Deutschland wie den *Twittwoch*, *Mobile Monday* oder *Tweetups* (siehe Kasten).

> **Die wichtigsten Treffpunkte der digitalen Szene**
>
> Keiner Industrie sind persönliche Treffen so wichtig wie der Web-Branche. Auf Barcamps, Konferenzen oder Meetups können Bewerber Kontakte knüpfen und Unternehmen nach potenziellen Mitarbeitern forschen. Die wichtigsten Treffs:
>
> - Barcamps in Deutschland: *http://barcamps.net*
> - Die *re:publica* ist Europas größte Web-Konferenz: *www.re-publica.de*
> - Um Internet und Business dreht sich die *Le Web* in Paris und London: *www.leweb.co*
> - So etwas wie die *CeBIT* des 21. Jahrhunderts ist die *SXSW* in Austin mit über 30.000 Teilnehmern: *www.sxsw.com*
> - Quer durch Deutschland treffen sich digitale Marketeers bei *Twittwochs*: *http://www.twittwoch.de/*

Eine abgeschlossene Clique digitaler Avantgardisten? Im Gegenteil. Wer Lust auf Kontakte hat, findet sie hier schneller als anderenorts – und er kann sie via Social Web wesentlich leichter am Leben erhalten als bisher per Mail und Telefon.

Wer so ein Netzwerk aufbaut, profitiert später davon im Beruf. Denn dank Social Media ist es ja eben möglich, eine hohe Zahl schwacher Verbindungen aufrechtzuerhalten – zum ersten Mal in der Geschichte der menschlichen Gesellschaft. Und diese schwachen Verbindungen lassen sich aktivieren, egal ob bei der Suche nach einem Praktikum, einer Stelle oder beim ersten Projekt des Arbeitgebers. Nicht jeder aus dem Netzwerk wird dafür zur Verfügung stehen – doch es existiert ein größerer Hebel.

Geld sparen mit Social-Media-Recruiting

Solche gut Verdrahteten brauchen dann auch später keine Stellenportale zu durchforsten: Sie werden den suchenden Unternehmen ohnehin auffallen. Denn vor allem Großkonzerne mit einem steten Bedarf an neuen Mitarbeitern sind dabei, ihr Recruiting umzustellen – und dabei setzen sie ebenfalls auf schwache Verbindungen.

Denn bisher galt für die Personalabteilung häufig: aus den Augen, aus dem Sinn. Hoffnungsvolle Talente absolvierten ein Praktikum und mussten sich selbst im Gedächtnis des möglichen Arbeitgebers halten. Dies geschah fast immer über die Abteilung, in der das Praktikum stattfand – und die galt es nun beständig zu kontaktieren oder besser: zu nerven.

Via Social Media sind es nun die Personaler selbst, die jene schwache Verbindung halten. Vorbildlich demonstriert dies BMW auf Facebook (*www.facebook.com/bmwkarriere*): Das dreiköpfige Team postet Praktikums- und Stellenangebote quer über alle Abteilungen und Fachfelder, beantwortet ebenso aber auch Fragen der Nutzer selbst. Und das in bemerkenswerter Schnelligkeit. Über 130.000 Fans hat die Seite bereits. Eine beeindruckende Zahl, denn wer möchte schon ständig Stellenanzeigen in seinen Nachrichtenstrom gepostet bekommen, wenn er nicht gerade auf der Suche nach einem Job ist?

Langfristig wird sich die Personalsuche vor allem bei Positionen verändern, die einen Hochschulabschluss erfordern. Werden offene Stellen bisher ausgeschrieben, wird künftig vor allem der bestehende Pool bekannter Kandidaten durchsucht – denn bei ihnen ist das Risiko geringer, einen Fehlgriff zu tätigen.

Die Jagd nach den Köpfen

Doch was sollten Unternehmen tun, die noch nicht über diese im Laufe der Zeit gewachsenen Verbindungen verfügen?

Viele verlassen sich auf spezialisierte Personalberatungen. Ohne dies verallgemeinern zu wollen – es scheint auch hier ein Marktdefizit zu geben. Der beste Headhunter kann keine Top-Kräfte herbeizaubern, wenn es schlicht keine gibt. Aus diesem Grund hören wir von unseren Kunden her gedämpfte Begeisterung über diese Dienstleister.

Sinnvoller, günstiger und zukunftstauglicher dürfte es sein, das Verhalten der Bewerber spiegelverkehrt kopieren. Auch Unternehmensvertreter sollten sich vernetzen und umhören. Denn nur dann können sie einschätzen, ob ein Bewerber für eine Stelle im Digital-Marketing tatsächlich die nötige Kompetenz mitbringt. Zusätzlich werden sie schon recht schnell nicht mehr auf die üblichen Ausschreibungen angewiesen sein: Die meisten Positionen in diesem Feld werden inzwischen über persönliche Kontakte vergeben mit der simplen Frage »Kennst Du jemand?«.

Reicht dies nicht, so bieten sich auch für Stellenanzeigen neue Wege an. Relativ klar ist: Anzeigen in Zeitungen sind fruchtlos. Denn wenn ich eine Person ausschließlich über eine gedruckte Stellenausschreibung erreiche, dann ist sie definitiv nicht geeignet für einen Job im Digital-Feld.

Noch wenig erprobt ist dagegen die Schaltung von Stellenanzeigen außerhalb der üblichen Job-Plattformen. Doch berichten Unternehmen von guter Resonanz nach dem Platzieren ihrer Gesuche in Blogs wie der *Karrierebibel* (*www.karrierebibel.de*). Warum also nicht mal eine entsprechende Anzeige bei blogorientierten Vermarktern wie *Stilanzeigen* schalten (*stilanzeigen.net*)?

Letztlich werden sich derzeit bei den allermeisten Personalverantwortlichen die Bewerbungen – konventionell zugesandt oder in Form ausgedruckter PDF – stapeln. Wie soll er oder sie nun erkennen, ob ein Kandidat geeignet ist oder nicht?

Auch hier hilft selbstverständlich Medienkompetenz. Schließlich kann sich der Entscheider dann selbst über die Online-Aktivitäten des Bewerbers kundig machen. Als simpler Rahmen könnte auch die folgende Checkliste dienen:

Checkliste für Personaler

Je mehr Fragen zum Bewerber mit »Ja« beantwortet werden können, desto geeigneter ist er für eine Position im digitalen Marketing.

- Nennt der Bewerber seine Social-Media-Profile in der Bewerbung explizit?
- Ist der Bewerber aktiv (und nicht nur angemeldet) auf folgenden Plattformen?
  - Facebook
  - Twitter
  - Pinterest
  - Instagram
  - Flickr
  - Xing
  - LinkedIn
  - Google+
  - YouTube
  - Vimeo
- Betreibt der Bewerber ein eigenes Blog?
- Produziert er oder sie einen eigenen Podcast?
- Geben Sie seinen Namen bei Google ein. Landen Einträge vorne, die sich auf ihn beziehen? Vielleicht gar seine Social-Media-Präsenzen oder von ihm betriebene Seiten?
- Befindet er sich auf Twitter in aktiver Kommunikation zu Themen außerhalb privater Interessen?

Bei Unternehmen ohne große, digitale Aktivitäten entsteht dann beim Vorstellungsgespräch eine ungewöhnliche Situation. Standardfragen zum Werdegang sind problemlos abzuarbeiten. Doch seien wir ehrlich: Wenn es um das Fachgebiet geht, fehlt beim Arbeitgebervertreter auch schon mal das Grundlagenwissen, um zu beurteilen, von was der Kandidat redet.

Dies aber lässt sich auch zum Vorteil nutzen. Schließlich wird ein gehöriger Teil der Arbeit des Neuen künftig daraus bestehen, andere Abteilungen des Hauses in das digitale Zeitalter mitzunehmen, ihnen zu erklären, warum was wie passieren sollte. Also kann er gleich damit anfangen. Der Personaler könnte zum Beispiel ein iPad mitbringen, es ihm reichen und Fragen stellen wie »Welches ist ihr Lieblings-Mem?«, »Sind Ihnen jüngst digitale Kampagnen aufgefallen?« oder »Wer ist ihr Lieblings-YouTuber?«.

Die Sicherheit, mit der ein Kandidat dann Seiten ansurft und mit der er die Angebote erklärt, liefert einen Einblick in das künftige Arbeiten – und der mögliche Arbeitgeber in spe lernt gleich noch etwas dazu.

Zum Autor

Thomas Knüwer ist Gründer der digitalen Strategieberatung *kpunktnull* in Düsseldorf, die Kunden wie Henkel, die Deutsche Post oder die Keksfabrik Hans Freitag in allen digitalen Fragen berät. Sein Medien- und Marketingblog *Indiskretion Ehrensache* gehört zu den bekanntesten Blogs in Deutschland. Knüwer studierte Betriebswirtschaftslehre in Münster und Berkeley, bevor er ein Volontariat an der Georg von Holtbrinck Schule für Wirtschaftsjournalisten absolvierte. Danach arbeitete er 14 Jahre lang u. a. als Ressortleiter und Reporter für das Handelsblatt. Privat bloggt er über Reisen, Essen und Wein bei Gotorio.

Wir lieben Bloggen!
Food, Interior, Crafting, Travel – Lifestyle zum Mitlesen

In diesem Kapitel:
- Warum bloggt ihr eigentlich? Impulse und Motive
- Wie alles begann: Vom Leser zum Blogger
- Bloghosting: Auf welcher Plattform ist mein Blog zu Hause?
- Willkommen im Bloggeralltag: Von Ideen, Posts und Kooperationen
- Die eigene Erfolgskurve: Eine ganz individuelle Formel
- Unser Rezept, damit das Bloggen langfristig Spaß macht

Von Christin von Dahlen
sonsttags

und Ulrike Dittloff
Lykkelig

Zusammenfassung: Wir sind zwei von mehreren Tausend Lifestyle-Bloggern in Deutschland. Auf unseren Blogs »Lykkelig« und »sonsttags« schreiben wir über Food, Reisen und DIY. In diesem Artikel erzählen wir von der Kreativität, die viele Blogger verbindet und von der besonderen Begeisterung am Schreiben und Teilen von Ideen. Wir geben einen kleinen Einblick in den Blogger-Alltag und verraten Tipps für den eigenen Blogstart.[1]

Blog:
http://sonsttags.de

Blog:
http://meinlykkelig.blogspot.de/

Facebook:
http://www.facebook.com/sonsttags

Facebook:
http://www.facebook.com/MeinLykkelig

Pinterest:
http://pinterest.com/christinchen/

Pinterest:
http://pinterest.com/riki/

Instagram:
http://instagram.com/sonsttags

Instagram:
http://instagram.com/rikevonlykkelig

---

1 Da es in der Blogger-Welt völlig üblich ist, sich mit »du« anzusprechen, wurde in diesem Kapitel abweichend von allen anderen Kapiteln des Buchs ebenfalls »du« als Anrede gewählt.

Abbildung 32-1 ▶
Das Blog http://sonsttags.de

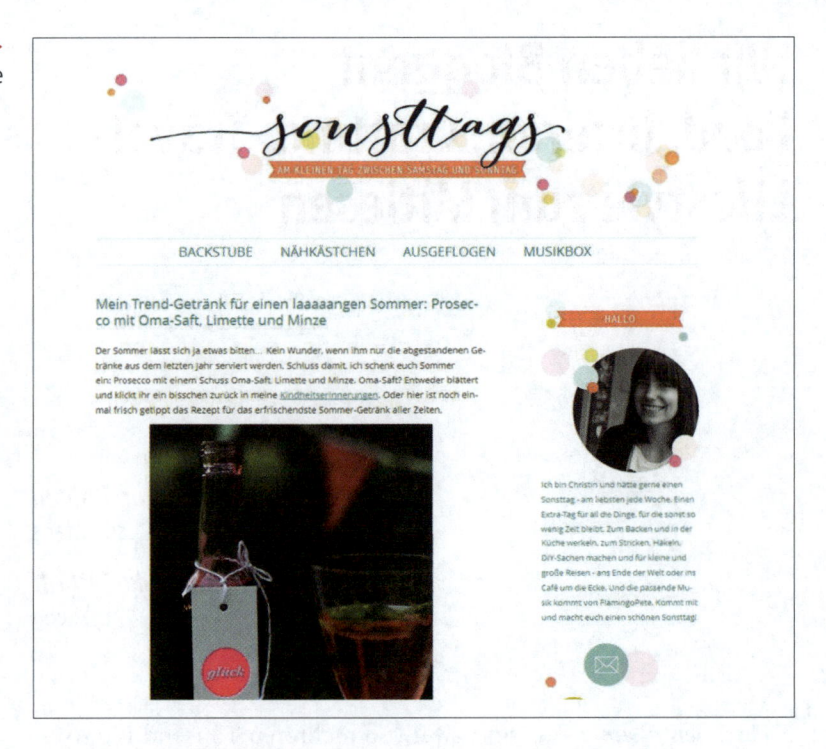

Warum bloggt ihr eigentlich?
Impulse und Motive

Es gibt eine Frage, die Bloggern immer wieder gestellt wird: »Warum bloggst du eigentlich?« Das haben wir auch sechs Lifestyle-Blogger in Deutschland gefragt. Und das sind ihre Antworten:

Clara von »tastesheriff« (www.tastesheriff.com)

»Ich blogge, da ich für viele Dinge brenne, die ich unbedingt teilen möchte. Zudem freue ich mich jeden Tag über den Austausch mit meinen Lesern und das direkte Feedback auf meine Leidenschaft!«

Elodie von »Madame Love« (www.madame-love.com)

»Ich blogge, weil ich damit meine Kreativität ausleben kann. Inneneinrichtung, Blumen und Fotografie waren schon lange meine Leidenschaften, bevor ich angefangen habe zu bloggen. Durch mein Blog kann ich meine Leidenschaften kombinieren und mit anderen teilen. Für mich ist Bloggen ein bisschen wie Reisen. Das Schönste, finde ich, ist die Vorfreude und die Vorbereitung. Wenn ich zum Beispiel Blumen für einen Blogpost kaufe, denke ich schon darüber nach, wie ich die Blumen stylen und fotografieren werde.«

Katharina von »Valentinas Kochbuch« (www.valentinas-kochbuch.de)

»Bloggen ist der tollste Job für schreibende Kreative wie mich. Es bedeutet Freiheit, um die eigenen Ideen zum Fliegen zu bringen. Mir gefällt, dass die Bloggerei unmittelbar, schnell und ständig in Bewegung ist, weil die Entwicklung des Webs keine Sekunde still hält. Worauf ich auch nicht verzichten möchte: Teil des kommunikativen Blogger-Netzwerks zu sein. Wen hätte ich alles sonst nicht kennengelernt – nicht auszudenken.«

Julia von »Philuko« (www.philuko.blogspot.com)

»Einfach, aber wahr – es macht mir Riesenspaß! Mit dem Bloggen beginnt mein Tag. Es ist wie ein Ritual – meine erste Tat am Morgen ist entweder das Knipsen von Fotos oder das Verfassen eines Textes. Erst danach beginne ich mit meiner »richtigen« Arbeit. Außerdem ist Bloggen irre spannend. Völlig unerwartet passieren die tollsten Dinge. Zuletzt meldete sich eine Zeitschrift, die einen Bericht über mich machen wollte! Solche Überraschungen liebe ich.«

Igor von »Happy Interior Blog« (www.happyinteriorblog.com)

»Das Bloggen ist für mich ein kreativer Ausdruck meiner Persönlichkeit. Mein Blog visualisiert meine Ideen, Inspirationen und ist Teil einer lebhaften Community. Das Teilen einer gemeinsamen Leidenschaft mit den Lesern und anderen Bloggern stärkt die Community und resultiert sehr oft in echten Freundschaften.«

Dani von »Klitzeklein« (www.klitzeklein.wordpress.com)

»Es macht mir unheimlich viel Freude, meine Interessen mit den Lesern zu teilen. Ein Satz wie: 'Dank Deiner Torte war die Feier ein Kracher!' lassen mein Herzchen maximal hüpfen.«

Die Frage nach dem Warum lässt sich in einem Satz zusammenfassen: Bloggen ist Kreativ-Sein, Bloggen ist Teilen, Bloggen macht Spaß. Um es mit einem Bild zu sagen: Es ist, wie sich ein Kuchenrezept auszudenken, loszubacken und dann den Kuchen mit den besten Freunden zu verspeisen, anstatt ihn allein zu essen.

Abbildung 32-2 ▶
Das Blog http://meinlykkelig.blogspot.de/

Wie alles begann: Vom Leser zum Blogger

Am 28. August 2011 erschien der allererste Post auf Ulrikes Blog »Lykkelig«. Ein großer Tag für einen Blogger, wenn all die Ideen aus dem Kopf plötzlich im Web sichtbar werden. Seitdem ist Lykkelig zu einem beliebten Ort geworden, der viele köstlich gezauberte Ideen zeigt und damit immer mehr Leser inspiriert – manche von ihnen sogar so weit, einen eigenen Blog starten zu wollen, wie anderthalb Jahre später »sonsttags« von Christin.

Aber wie starte ich einen Blog? Am Anfang steht die Idee oder persönliche Motivation: Ich esse gerne Kuchen, ich entdecke gerne neue Cafés in meiner Stadt, ich liebe es zu reisen, Einrichtung ist für mich das Größte – und am allerliebsten erzähle ich davon. Beim Bloggen ist die Leidenschaft für etwas gleichzeitig mit der Bereitschaft verbunden, die eigenen Ideen und Kreativität mit anderen zu teilen. Denn Bloggen ist Austausch und damit das Gegenteil von »alles für sich behalten«.

Wenn die Idee für den eigenen Blog im Kopf konkret wird und der Entschluss für einen oder mehr Themenbereiche gefasst ist, stellt sich die nächste Frage: Wie soll mein Blog heißen? Es gibt ein paar Aspekte, die am besten bei der Namenssuche beachtet werden:

- Der Name ist ein Aushängeschild.
- Der Name erklärt in Kürze, worum es auf dem Blog geht.
- Der Name bleibt in Erinnerung.
- Der Name stellt einen Bezug zum Blog her.
- Der Name ist individuell und sollte im Idealfall nicht schnell verwechselt werden.
- Die Schreibweise des Namens ist eindeutig.
- Die Idee, die hinter dem Namen steckt, lässt sich in einem Satz zusammenfassen.
- Der Name lässt sich tanzen. Das ist ein Scherz! Nimm den Blognamen nicht zu ernst. Irgendwann fühlt sich der Name einfach richtig an.

Nächster Schritt: Wie soll es auf dem Blog aussehen? Das Layout ist die Visualisierung des Namens oder der Idee. Wie das virtuelle Wohnzimmer eines Living-Blogs, die Landkarte eines Reise-Blogs, die Küche von »Lykkelig« oder die DIY-Kiste von »sonsttags«. Wir finden den eigenen Geschmack dabei viel wichtiger als Trends. Blogs sind vielmehr wie ein Zuhause, das jeder sich schön einrichtet, aber manchmal auch wieder verändern möchte. Ob und wie häufig sich das Layout ändert, entscheidet jeder Blogger selbst – Ulrike hat beispielsweise seit über eineinhalb Jahren das gleiche Layout bei »Lykkelig«. Wer sich mit Grafikprogrammen nicht so gut auskennt, aber ein eigenes Logo für seinen Blog möchte, holt am besten einen Experten dazu.

Bloghosting: Auf welcher Plattform ist mein Blog zu Hause?

Nach dem Layout ist vor der Technik, und diese ist für viele am Anfang totales Neuland – das war sie auch für uns. Wer weiß schon auf Anhieb was HTML, CSS, Gadgets, Widgets, WordPress, Plug-Ins oder Themes sind? Durchblick im Technik-Dschungel verschaffen schlaue Freunde – oder schlaue Foren. Es gibt so viele Blogger wie Foren. Wir haben uns selbst durch mehrere gelesen. Für aktuelle Antworten auf die brennenden Fragen finden Suchmaschinen die aktuellsten Foreneinträge.

Die größte Entscheidung in Sachen Technik steht am Anfang: Auf welcher Plattform soll der Blog gehosted werden? Die gängigsten Anbieter sind *Blogger* und *WordPress*. Beide Plattformen sind grundsätzlich kostenlos. WordPress ist Open Source (offener

Quellcode), d.h., dass jeder Blogger das Programm für sich umschreiben kann. Dafür sind Programmierungskenntnisse von Vorteil, aber kein Muss, und auch hier helfen Foren beim Reinfuchsen. Blogger gehört zu Google und ist auch ohne Vorkenntnisse nutzbar. Beide Plattformen bieten Designvorlagen (Themes), die individualisiert werden können. Obwohl die Wahl der Plattform am Ende Geschmackssache ist, lohnt es sich, gut zu recherchieren und eine Nacht darüber zu schlafen, denn einmal eingezogen, bleibt der Blog meistens dort – also ist dies insgesamt eine langfristige Entscheidung. Lykkelig ist bei Blogger zu Hause, sonsttags bei WordPress.org. In Abgrenzung zu WordPress.com ist sonsttags auf WordPress.org selbstgehostet. Wer nur Bahnhof versteht, dem empfehlen wir einen Klick auf Google: »Blogger vs. Wordpress«. Und kein Stress: Es gibt kein Richtig und kein Falsch. Große Blogger gibt es auf beiden Plattformen.

Vor dem Online-Start ist eine Auseinandersetzung mit den rechtlichen Bedingungen im Internet empfehlenswert. Dazu gehört in jedem Fall die Impressumspflicht. Vorlagen und Impressums-Generatoren gibt es online – einfach zu finden über Suchmaschinen.[2]

Tipp Da sich die rechtlichen Anforderungen an das Impressum ändern können, am besten nach aktuellen Ergebnissen suchen und nicht einfach von einem anderen Blog abschreiben.

Willkommen im Bloggeralltag: Von Ideen, Posts und Kooperationen

Ein Bloggerleben ist bunt: Ideen suchen und finden, sich für Neues begeistern, schreiben, fotografieren, weitersagen, austauschen. Und, ja, das kostet viel Zeit. So wie jedes Hobby.

Wie lange wir für einen Post brauchen, lässt sich nicht pauschal sagen. Das hängt davon ab, wie lange die Vorbereitungen dauern: kochen, backen, basteln, eine Veranstaltung besuchen. Aber auch: Wie ist das Licht zum Fotografieren, ist der Kopf voller frischer Ideen zum Texten? Wir finden es wichtig, sich selbst nicht stressen zu lassen; es gibt keinen Fahrplan, wie oft neue Blogposts erscheinen oder wie lang sie sein müssen. Der Prozess der Ideenfindung ist manchmal kniffelig. Manche Ideen sind sofort da, andere wollen

---

2 Anm. von Annika Busse &Malina Kruse-Wiegand: Wir können zum Thema Recht das Buch von Thomas Schwenke empfehlen, das ebenfalls beim O'Reilly-Verlag erschienen ist: Schwenke, Thomas: »Social Media Marketing & Recht«, Köln 2012

erst gefunden werden. Auch hier ist die Erfolgsformel: Nicht stressen lassen, denn Ideen gibt es eigentlich an jeder Ecke. In Rezeptbüchern und Magazinen, auf Pinterest, auf anderen Blogs, auf Reisen, im Austausch mit anderen. Wie dann im nächsten Schritt aus einer Idee ein Post entsteht, ist unterschiedlich und hängt vom Thema des Blogs, der Bildsprache und dem individuellen Blogger ab.

Manchmal sind es einfach knallpinke Himbeeren, die beim Gemüsemann so inspirierend locken, dass sie mit einem Griff im Einkaufskorb landen und mit dem nächsten zwischen Mehl, Ei, Zucker und Butter verbacken werden. Der Text und die Bilder dazu erzählen eine persönliche Geschichte, denn Himbeerkuchen gibt es schon wie Sand am Meer. Die Geschichte animiert zum Nachbacken – oder die Gewissheit, dass Rezepte des Lieblingsfoodbloggers eben immer funktionieren.

◀ **Abbildung 32-3**
Himbeerkuchen-Rezept auf www.sonsttags.de

Ein Blog ist kaum noch eine Art Online-Tagebuch für den Blogger selbst, sondern wird vielmehr von vielen anderen gelesen. Das bringt viel Freude, aber auch ein bisschen Arbeit: Kommentare und Fragen von Lesern oder Kooperationsangebote von Marken und Unternehmen beantworten. Auch selbst andere Blogs lesen und kommentieren, wobei sich das nicht nach Arbeit anfühlt.

Die Zusammenarbeit mit Unternehmen bzw. Marken eröffnet gleichzeitig die Möglichkeit, das Hobby zu monetarisieren – eine Entwicklung, die in den USA, Großbritannien und Australien schon deutlich weiter fortgeschritten ist als in Deutschland. Das können verschiedene Maßnahmen sein: Banner schalten, Kooperationen, Sponsored Posts, Affiliate Links. Das kann ein netter Nebenverdienst sein, reicht aber bei den meisten Blogs nicht aus, um die Miete zu bezahlen. Welcher Stellenwert solchen Kooperationen eingeräumt werden, ist jedem Blogger selbst überlassen. Das Produkt und Thema sollte aber auf jeden Fall zum Blog passen.

Gut vernetzt: alle Kanäle nutzen

Wie finden die Leser den Weg zum Blog? Wie bei allem, was wir online suchen, geht der Weg kaum an Google vorbei. Daher ist eine Definition von Suchbegriffen für die eigenen Bloginhalte sinnvoll. Die Lesbarkeit der Texte sollte davon aber nicht geprägt sein, denn sonst wird ein Post schnell hölzern und irritiert die Leser. Es helfen Tools, Freunde oder Foren, die sich mit Suchmaschinenoptimierung auskennen und den eigenen Blog optimieren. Außerdem liegt der Schlüssel im Mix aus verschiedenen Social-Media-Kanälen. Dabei kann jeder für sich selbst entscheiden, mit welchen Kanälen er sich am wohlsten fühlt, welche er eventuell auch privat am liebsten nutzt. Hier eine Auswahl mit den wichtigsten Funktionen:

Facebook: Eine eigene Fanseite zum Blog ermöglicht die direkte Verbindung zum Leser. Viele User nutzen Facebook als Newsfeed und erfahren hier automatisch von neuen Blogposts. Likes geben ein schnelles erstes Feedback und gleichzeitig eine Größenordnung der Interaktion mit den Lesern. Durch das Teilen von Posts wird die Reichweite viral erweitert.

Twitter: Mit 140 Zeichen und Hashtags ermöglicht Twitter den Austausch zu blogrelevanten Themen. Durch Backlinks können Follower auf den Blog gelangen.

Pinterest: Die digitale Pinnwand gibt einen Einblick in die Interessen und den Geschmack des Bloggers – auch über die Blogthemen hinaus. Außerdem lassen sich hier Fotos via Backlink verbreiten.

Instagram: Die Foto-Sharing-App kann einen Blick hinter die Kulissen liefern, zum Beispiel durch Making-of-Bilder zu einer Rezeptproduktion oder Fotos vom Besuch auf dem Wochenmarkt.

Bloglovin: Der Blogreader ist praktisch, um regelmäßig und gesammelt Updates von allen gern gelesenen Blogs zu bekommen.

(Blog-)Freunde, die als Erstes Fan auf Facebook werden, Posts kommentieren, teilen und auch im richtigen Leben vom Blog weitererzählen, erhöhen die virale Verbreitung und sind deshalb sehr wertvoll für den Blogstart.

Wir lieben Pinterest, weil es uns Spaß macht, Inspirationen auf eigenen Pinnwänden zu sammeln und zu teilen. Und auch auf geheimen Boards neue Stylings für das nächste Rezept auszuhecken. Und wir mögen Instagram zum Beispiel lieber als Twitter, so wie einer herzhaft lieber mag als süß.

▼ **Abbildung 32-4**
Das Pinterest-Profil von Lykkelig

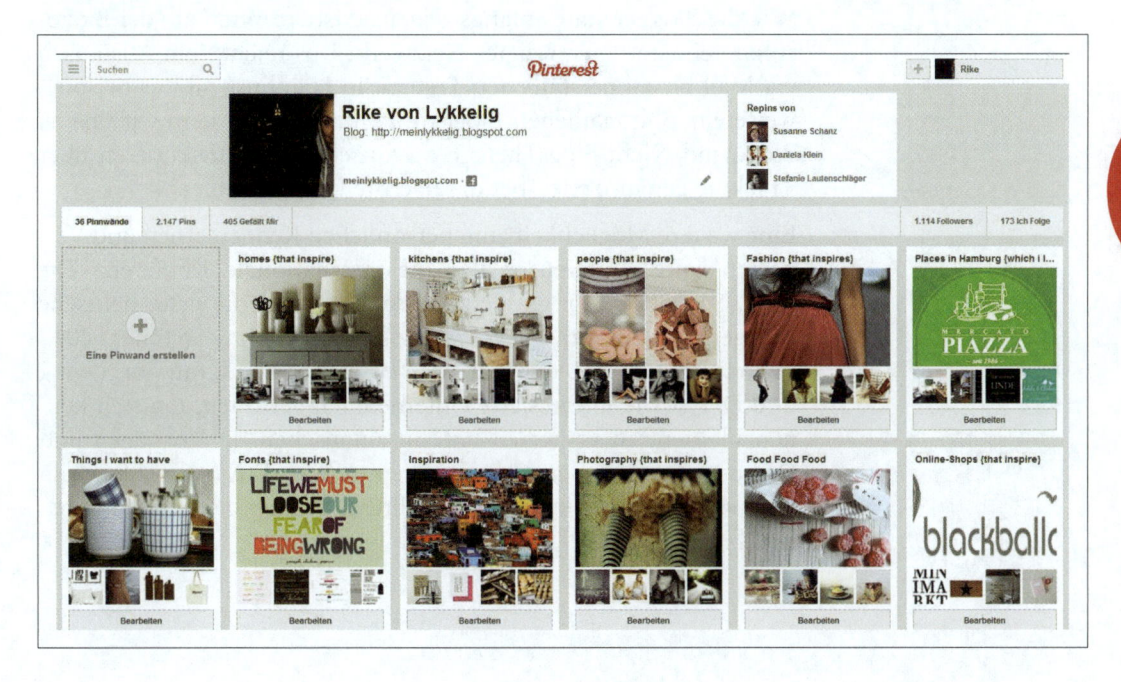

Abbildung 32-5 ▲
sonsttags bei Instagram

Bloggerfreunde: online meets offline

Wer denkt, Blogger bewegen sich ausschließlich in der digitalen Welt, in ihrer eigenen Küche oder am Basteltisch zu Hause, der irrt. Wie die Bloggerzitate anfangs zeigen, existiert innerhalb der Blogosphäre ein stark verzweigtes Netzwerk: Das reicht vom Austausch via Mail bis zu persönlichen Treffen. In Hamburg gibt es beispielsweise einen monatlichen Blogger-Stammtisch, bei dem wir uns zu Blog- und Nicht-Blog-Themen austauschen. Wir diskutieren über Tracking genauso wie über das nächste Urlaubsziel.

Eine weitere Möglichkeit zum persönlichen Kennenlernen und Vernetzen sind Konferenzen wie die internationale Konferenz *The Hive*. Seit 2012 gibt es hierzulande *BLOGST*, die erste deutsche Bloggerkonferenz (*www.konferenz.blogst.de*). Im Sommer 2012 haben sich dort 20 Blogger aus den Bereichen Food, Interior, Living und DIY sowie interessierte Unternehmen getroffen, um sich kennenzulernen, zu vernetzen und auszutauschen. In Vorträgen und Diskussionsrunden ging es um Themen wie SEO, »vom Blog zum Buch«, Advertising und PR, WordPress, Blogger oder Google Analytics.

Die eigene Erfolgskurve: Eine ganz individuelle Formel

Wann ein Blog erfolgreich ist, hängt von der eigenen Zielsetzung ab. Es kann zum Beispiel ein Erfolg sein, wenn der Lieblingsblogger das erste Mal auf dem eigenen Blog kommentiert hat. Genauso kann das Herz hüpfen, wenn bei Facebook eine bestimmte Marke geknackt ist.

Folgende Erfolgsfaktoren kann man z. B. über Web-Analyse-Tools wie das kostenlose *Google Analytics* messen:

- Visits
- Unique User
- Page Impressions
- Verweildauer
- Absprungrate (Die Absprungrate auf Blogs ist nicht mit der von Websites vergleichbar ist, weil Leser den Blog meist nur wegen eines Artikels besuchen – dafür aber regelmäßig. Ein One-Page-Visit ist daher kein schlechtes Zeichen.)
- Besucherquellen

Wir haben gejubelt, als das Magazin »Couch« unsere Blogs in seinem Heft bzw. online vorgestellt hat. Gute Voraussetzungen für eine Erfolgskurve sind: eine individuelle Idee, die hinter dem Blog steht, eine gute Prise Leidenschaft, ein Gespür für Texte und Bildstimmung und die Fähigkeit, dabei authentisch zu bleiben.

Unser Rezept, damit das Bloggen langfristig Spaß macht

- Finde *dein* Thema, über das du bloggen willst, das dich begeistert. Das sollte kein kurzfristiger Trend sein, bei dem dir nach fünf Posts die Ideen ausgehen.
- Halt die Augen offen, lass dich inspirieren und finde deinen Stil. Klar kannst du bei anderen Bloggern stöbern, aber sei einzigartig, und deine Leser werden deinen Blog lieben. Wenn du kopierst, lieben sie das Original.

- Tausch dich mit anderen Bloggern aus, vernetz dich. Im ersten Schritt über das Lesen und Kommentieren anderer Blogs. Im nächsten Schritt zum Beispiel beim persönlichen Kennenlernen auf Konferenzen.
- Lass dich nicht stressen, nicht von der Reichweite, nicht von der Häufigkeit der Posts. Auf deinem Blog bestimmst nur du.

Bloggen macht Spaß, es verbindet und es bereichert das Leben ungemein, das berichten fast alle Lifestyle-Blogger mit leuchtenden Augen. Wenn wir euch anstecken konnten, fangt einfach an. Und lasst euer Leben euren Blog inspirieren – nicht umgekehrt.

Die Autorinnen

Christin von Dahlen ist Diplom-Ökonomin mit sechs Jahren Berufserfahrung in der Kommunikationsbranche – auf Agenturseite bei Edelman und im Unternehmen bei Unilever und der Bauer Media Group. Seit Anfang 2013 bloggt sie auf *www.sonsttags.de*. Denn sie hätte gern einen Sonsttag, einen Tag zwischen Samstag und Sonntag für all die Dinge, für die sonst so wenig Zeit bleibt: Backen, Stricken und Selbermachen, kleine und große Reisen. In Sachen Blogs ist sie inzwischen auch beruflich unterwegs und bietet gemeinsam mit Ulrike mit ihrer Agentur BLOND&PONY Blogger Relations an.

Ulrike Dittloff hat Kommunikationswissenschaft in Münster studiert und danach knapp drei Jahre als PR-Beraterin bei Edelman in Hamburg gearbeitet. Parallel dazu hat sie im August 2011 ihren eignen Food-Blog gestartet: Auf »Lykkelig« (dt. *glücklich*) schreibt sie über all das, was sie glücklich macht – das sind in erster Linie Süßes und Herzhaftes. Mittlerweile arbeitet sie als freie Autorin und Beraterin für Unternehmen aus der Food-Branche. Außerdem bietet sie zusammen mit Christin mit ihrer Agentur BLOND&PONY Blogger Relations an.

Fazit und Erfolgsfaktoren aus Teil 3: Job-Profile im Social Web

In diesem Kapitel:
- Berufsbild Social-Media-Manager & Co
- Was geht gar nicht?
- Was geht gut?
- Und wie geht's weiter?

Berufsbild Social-Media-Manager & Co

Laut einer Umfrage auf *zeit.de*[1] bezeichnen sich in Deutschland aktuell mehrere Tausend Arbeitnehmer selbst als »Social-Media-Manager«. Darüber hinaus gibt es mitlerweile zahlreiche verwandte Berufsfelder wie Community-Manager, (Corporate-)Blogger, Social-Media-Personaler, Community-Manager, Crossmedia-Redakteure und noch viele, viele mehr. Dies ist uns auch beim Schreiben dieses Buches immer wieder deutlich geworden.

So bunt und vielfältig die Bezeichungen sind, so unterschiedlich sind auch die Arbeitsschwerpunkte und Betätigungsfelder. Zunächst ist ihnen allen nur eins gemeinsam: Sie beschäftigen sich hauptsächlich (oder sogar ausschließlich) mit der Kommunikation via und in Social Networks. Und: Die Social-Media-Arbeiter treten entweder für sich selbst oder ein Unternehmen bzw. eine Marke öffentlich in den Dialog mit anderen. Was dies für den Arbeitsalltag bedeutet, haben die Autoren in diesem Kapitel sehr nachvollziehbar, persönlich – und auch mit einer Portion Selbstironie – beschrieben.

Die für uns daraus wichtigsten Punkte haben wir hier noch einmal zusammengefasst, hier und da mit einem kleinen Augenzwinkern.

Für alle, die noch nicht wissen, ob digitales Marketing oder Social Media etwas für sie ist, sei außerdem auf den Beitrag »Vernetzen statt bewerben« von Thomas Knüwer verwiesen. Der Journalist (und Blogger und Berater und vieles mehr) beschreibt, was aus seiner Sicht die Pflicht für angehende Social Media Marketeers ist, mit

---

[1] www.zeit.de/karriere/beruf/2013-02/quiz-social-media-berufe

handfesten Tipps für die Planung der eigenen Ausbildung. Bevor Sie dabei kalte Füße bekommen: Auch wir haben nach der Lektüre noch einmal gemerkt, wo wir potenziellen Nachholbedarf hätten. Denn das gehört auch zum Social-Media-Alltag – Mut zur Lücke und dabei dennoch die stetige Bereitschaft, immer wieder etwas Neues zu lernen.

Was geht gar nicht?

Im Internet ist alles möglich! Das mag stimmen, die folgenden Punkte sind aber auf jeden Fall schwierig, wenn Sie sich beruflich im Social Web austoben wollen:

Seinen Job nine to five machen: »Morgens nach dem Aufwachen [...] checke ich erst mal die verschiedenen Social-Media-Accounts.« (Anja Beckmann, Social-Media-Beraterin)

»Ich erinnere mich noch gut, wie ich um 4:00 morgens von Saigon aus meinem Community-Team beistand, weil ein negativer TV-Beitrag ausgestrahlt wurde.« (Vivian Pein, Community-Managerin)

Mit Selbstverständlichkeit beschreiben all unsere Autoren, dass Arbeit und Freizeit verschwimmen. Sie scheinen das allerdings gut zu finden. Aber: Wer sich geregelte Arbeitszeiten wünscht und eine klare Trennung zwischen Job und Freizeit anstrebt, der ist wahrscheinlich in einem anderen Arbeitsumfeld besser aufgehoben.

Eigenbrödler sein: »Wer denkt, Blogger bewegen sich ausschließlich in der digitalen Welt, in ihrer eigenen Küche oder am Basteltisch zu Hause, der irrt. [...] Es existiert innerhalb der Blogosphäre ein stark verzweigtes Netzwerk.« (Christin von Dahlen, sonsttags)

Social Media Professionals sind viel unterwegs. Sie schreiben, dass sie sich häufig mit Kollegen treffen und austauschen: online (in Fachforen, Facebook-Gruppen, Xing-Netzwerken) wie offline (Konferenzen, Barcamps). Sie beurteilen dies durchgehend als wichtig. Denn: Nur wer sich vernetzt, scheint nach Ansicht der meisten die Chance zu haben, bei innovativen Themen auf dem Laufenden zu bleiben und die eigene Lernkurve hochzuhalten. Wer lieber für sich ist, hat es daher wohl schwerer, mit den Kollegen mitzuhalten.

Erst posten, dann denken: »Das wirklich Private findet in Chats und geschlossenen Gruppen statt, via E-Mail, Telefon oder tatsächlich face-to-face.« (Jan-Paul Schmidt, Corporate Communications Manager und Markenbotschafter bei Scout 24)

Ein reflektierter Umgang mit den eigenen Daten im Netz ist umso wichtiger, je öffentlicher man ist. So finden sich z.B. einige Social Media Professionals auch unverhofft in diesem Buch wieder, da Jan Paul Schmidt im Kapitel »Markenbotschafter« ihre – natürlich öffentlichen – Tweets analysiert hat. Wer keine Lust hat, sich bei eigenen Boards oder Tweets die Frage zu stellen »Sind das Inhalte oder Bilder, die ich von mir in der Zeitung lesen wollen würde?«, der ist wohl auch für ein Unternehmen nicht der richtige Kommunikator.

Häufig den Arbeitgeber wechseln: »Social Media ist kein Thema, das Sie einfach an einen x-beliebigen Nachfolger übertragen können. Es muss eine Bereitschaft bestehen, das Thema aufzunehmen und es ein Stück weit zu leben.« (Robindroh Ullah, Personalmarketier)

Wer als Corporate Blogger oder Twitterer sein Unternehmen vertritt, der steht mit seinem Gesicht – und somit auch mit der eigenen Persönlichkeit – für den jeweiligen Arbeitgeber. Für den Bereich Unternehmenskommunikation gilt: Je höher Ihre eigene Reputation ist, umso besser für das Unternehmen. Natürlich sind Sie als Social-Media-Manager nicht verpflichtet, 10-Jahres-Verträge zu unterschreiben. Glaubwürdiger und authentischer wird Ihre Kommunikation aber, wenn Sie langfristig für ein Unternehmen sprechen.

10 Jahre den gleichen Job machen wollen: »Wer seine berufliche Karriere im digitalen Marketing sucht, braucht generellen Fortschrittsoptimismus. Dazu gehört eben auch, die Plattformen des Social Web nicht zurückhaltender zu nutzen als die Durchschnittsbevölkerung – sondern erheblich offensiver.« (Thomas Knüwer, kpunktnull, indiskretion ehrensache)

Diese Worte von Thomas Knüwer bedürfen eigentlich keiner weiteren Erklärung, sondern nur einer Ergänzung: Die Schlagzahl der Innovationen in der digitalen Kommunikation ist sehr hoch, somit verändern sich auch schnell die Berufsfelder. Vor 10 Jahren gab es beispielsweise noch keinen der Jobs unserer Autoren. Wer es daher anstrengend findet, sich jetzt auch noch »mit diesem Tumblr« auseinanderzusetzen (was beim Erscheinen dieses Buches ggf. schon wieder kalter Kaffee ist), der ist wohl besser in einem anderen Beruf aufgehoben.

Was geht gut?

Ohne Anspruch auf Vollständigkeit oder darauf, dass man nicht auch ohne diese Fähigkeiten als Social-Media-Manager »durchkommt«: Die folgenden Kompetenzen verbinden die Spezialisten, die in diesem Buch zu Wort gekommen sind.

Ein kreatives Allround-Talent sein: »Es braucht ein inneres Feuer fürs Jagen, fürs Sammeln und fürs Verwerten.« (Martin Radtke, Crossmedia Redakteur)

Die Arbeit im Social Web bedeutet bei all unseren Autoren, entweder selbst verschiedene Inhalte zu erdenken und zu erstellen (z.B. Texte, Bilder, Videos) oder zumindest die Arbeit von Agenturen oder Freelancern freizugeben und zu bewerten. Daher: Kreativität und ein Gefühl für den richtigen »Content« scheint unerlässlich. Und da verschiedene Kanäle bedient werden, gilt das nicht nur für Text, sonder verstärkt auch für Videos und Bilder.

Strukturieren können: »Authentizität, Transparenz und Spontaneität schließen Struktur und Planung nicht aus.« (Robindro Ullah, Personalmarketier)

Zu fast allen Jobs rund um Social Media gehört es zum Beispiel, mehrere Online-Profile zu betreuen, mehrere Kampagnen parallel zu steuern oder auch nebenbei noch als Speaker auf Konferenzen unterwegs zu sein. Projekt- und Zeitmanagement-Talent ist daher sehr wichtig, um bei einer Vielzahl von Redaktionsplänen und Terminen den Überblick zu behalten.

Sich offline vernetzen: »Social Media und insbesondere Blogger Relations haben etwas mit Netzwerken zu tun. Nicht nur online – auch im echten Leben.« (Harriet Weiler, Marketing Managerin PR und Social Media, TOM TAILOR GROUP)

Zugegeben, unsere Autoren sind natürlich auch Autoren geworden, weil sie in der Branche »bekannt« sind – und dies liegt wohl vor allem daran, dass sie sich viel vernetzen. Das Thema »voneinander lernen und Beziehungen aufbauen« ist aber für das ganze Berufsfeld wichtig, um up-to-date zu bleiben oder, wie im Fall der Blogger Relations, glaubwürdig zu sein. Als Pflichtveranstaltungen für die Vernetzung sind mehrfach in diesem Buch genannt worden: die *re:publica* (von der kommend wir übrigens gerade diesen Abschnitt schreiben), Barcamps sowie diverse, spezialisierte Stammtische (einfach die Suchmaschine befragen, was es in der eigenen Region gibt).

Eine Rampensau sein: »Es gibt Positionen, die ohne Netz-Öffentlichkeit gar nicht mehr denkbar sind.« (Jan-Paul Schmidt, Corporate Communications Manager und Markenbotschafter für Scout 24)

Gerade im Corporate-Communications-Bereich, in dem ein wichtiger Teil des Jobs die Kontaktpflege zu (Online-)Multiplikatoren ist, stärkt eine gewisse Bekanntheit und Reputation die Glaubwürdigkeit des Pressesprechers oder PR-Managers. Das geht nicht ohne einen gewissen Spaß an Öffentlichkeit: Ob als fleißiger Twitterer, durch Präsentationen bei Konferenzen oder den eigenen Blog.

Ein dickes Fell haben: »Sie müssen sich darauf einstellen, dass manche Menschen Sie, zumindest für den Moment, hassen werden.« (Vivian Pein, Community-Managerin)

Man wird in der Online-Kommunikation 1:1 mit den Meinungen von Kunden oder Fans konfrontiert. Das macht mit die Faszination von Social Media aus – Lob und Likes motivieren zusätzlich. Aber natürlich gibt es auch viel Kritik. Dieses sehr direkte Feedback muss man aushalten können, insbesondere auch, da es oft weniger differenziert ist, als man es sich vielleicht wünschen würde. Die mögliche Anonymität vor allem bei Blog-Kommentaren oder in Foren führt zusätzlich selten dazu, dass Menschen höflicher schreiben.

Und wie geht's weiter?

Was erwartet uns Social-Media-Arbeiter in den kommenden Jahren? Zunächst können wir positiv in die Zukunft blicken, was das Recruiting von Nachwuchskräften angeht. Social Media hat mehr und mehr Einzug in die Universitäten gefunden, Berufseinsteiger entscheiden sich bewusst für einen Job in der Online-Kommunikation, haben erste Erfahrungen durch Praktika gesammelt und sind darüber hinaus ohnehin ganz selbstverständlich als »Digital Natives« mit Facebook & Co aufgewachsen. Hier ein ganz persönlicher Eindruck von Malina: »Bei Tchibo haben wir Anfang des Jahres einen Junior Social Media Manger gesucht und mehrere Hundert Bewerbungen bekommen, darunter sehr viele sehr gute. Und dies lag nicht allein an der spannenden Stelle, sondern auch an der oben beschriebenen Entwicklung.«

Welche Kompetenzen müssen Social-Media-Arbeiter in den kommenden Jahren nun also mitbringen? Das kommt natürlich darauf an, in welchem Bereich sie arbeiten wollen. Generell werden Sie wohl weniger Pionierarbeit leisten müssen, weil Social Media einfach normaler Teil des Kommunikationsmix geworden ist. Daher unsere These: Es wird daher weniger »Rampensau« und dafür mehr »Projektmanagement« und »Vernetzer« gefragt sein.

Was bleibt zu sagen? Wir hoffen, dass die Leser dieses Buches sich nun entweder bestätigt fühlen, genau den richtigen Job als Social-Media-Verantwortlicher zu machen – oder weiterhin froh sind, dieses Feld anderen überlassen zu können.

Index

A

Agentur 136
Agentur Creative 360 94
AGOF (Arbeitsgemeinschaft Online Forschung) 148
Aktionsplanung
    Facebook 9
Analyse-Tools 139
Ask-Me-Anything 110

B

Barcamps 399, 441, 448
Beziehungspflege 131
Bit.ly 350, 411
Blog 11, 253
    Corporate Blog 93
    Erfolgsfaktoren 102
    Erfolgsmessung 463
    Impressum 458
    interne Blogs 25
    Redaktion 255, 458
    starten 93, 456
    Strategie 95
    Themes 457
    Umgang mit Kommentaren 100
    Vernetzung 256
Blogger 453
    Alltag 458
    Auswahl 224
    Beziehungsaufbau 229
    Blogger Relations 81, 179, 223
    Budget 234
    Erstkontakt 226
    Evaluation 234
    Food-Blogger 350
    Mode-Blogger 13
    Stolperfallen 235
    Treffen 182
Blogger-Relations 77, 179, 223, 433
    Event 13
Bloggertreffen 432, 462
Bloglovin 441, 461
Blogparade 257
Budget 18

C

Call to Action 121
Code of Conduct 46
Community Manager 397, 401
    Privatleben 405
Community-Management 73, 403
    Kritik 404
Consumer Journey 138
Content-Strategie 69, 83
Corporate Blog 93
Corporate Blogging 100
Crossmedia 408
    Aufgabenverteilung 418
    Crossmedia-Redakteur 408
    Organisation 416
Crowdbooster 109
Crowdsourcing 38, 183, 331

D

Dialog 73, 109, 403

E

Erfolgsmessung 19, 125, 143, 145, 146
Event-Kommunikation 211
    Fotos 218
    Live-Berichterstattung 217
    Nachberichterstattung 218
    Videos 219
    Vorberichterstattung 215

F

Facebook 114, 286, 309, 318, 343
    Antworten 350
    Anzeigen 322
    Anzeigentool 323
    App 288
    Aufwand 324
    Bilder 349
    Chronik 386
    Community-Management 283
    Connection Analysis Tool 157
    Content-Kooperationen 350
    Content-Strategie 57, 160, 276, 288, 312, 319, 349
    Edge Rank 320
    Events 216
    Fan-Anzahl 158, 325
    Gewinnspiele 10
    Hilfeseiten 384
    Insights 156, 320
    Listen 440
    Meldungsfrequenz einstellen 384
    Meme-Hijacking 277
    Multiplikation von Content 57
    Seamless Sharing 348
    Service-Anfragen 281
    Sponsored Posts 4
Facebook Connect 347
Facebook Insights 156, 320
Facebook Invite 348
Facebook-App 333
Facebook-Seite 4
    Betreuung 156
    Facebook-Karriere-Fanpage 379
    international 69
    Karriere-Fanpage 379
Flickr 30
Food-Blogger 352
FourSquare 432

G

Gamification 291
Gewinnspiele 60
Globale Kampagnen 121
Google Alerts 108
Google+ 16, 367

H

Hangouts 110
Hashtracking 109
HootSuite 88, 90, 108, 118

I

Imageschaden 242
Instagram 229, 461
Interaction Insights 138
Interne Kommunikation 25, 40, 88
Intranet 24, 40

K

Kennzahlen siehe KPIs
Klout Score 127
Kommunikationsstrategie 135
Konferenzen 43, 233, 425, 441, 449, 462
    Barcamps 399, 431, 438, 441
    BLOGST 462
    re:publica 44, 180, 441, 448
    The Hive 441, 462
Konsumentenerwartungen 141, 142
Kontrollverlust 24
KPIs 19, 102, 143, 145, 158
Krise 240
Krisenkommunikation 243, 249
    Checkliste 244
Krisenmanagement 438
Kundenservice 62, 436
Kurz-URL-Dienst 127, 350, 411

L

LinkedIn 88, 114, 380, 429
Live-Streaming 110

M

Markenbotschafter 46, 275, 363
Markenrecht 241
mashable 7, 166, 429
Media-Agenturen 18
    Kosten 18

Mehrsprachiges Netzwerken 116
Mode-Blogger 13
Monitoring 41, 138, 152, 321
   Dienstleister 437

N

Netiquette 28
Newsletter 335
Nischennetzwerke 343
Nutzungsstudien 149

O

Odnoklassniki 53

P

Personalisierung 130
Personalmarketing 379
   Facebook-Profil 380
   Fotos 389
   Interview 392
   Recruiting 449
Pinterest 345, 461
Podcast 4

Q

QR-Code 338

R

Redaktionsplan 72, 100, 256, 287, 305, 312, 324, 403, 410
Redaktionsplanung 12, 68, 83
Reddit 110, 429
Reporting 270, 438
Ressourcenplanung 17
Return on Engagement (ROE) 126
Return on Investment (ROI) 30

S

Salesforce Marketingcloud 109
Seamless Sharing 348
Shitstorm 179, 240
Simply Measured 109
Social Commerce 51
Social Media Guidelines 28, 46, 88
Social Media Listening 150, 153
Social Media Women 43, 66
Social Plug-Ins 326

Social Storm 239
SocialBro 109
Social-Media-Champions 117
Social-Media-Fortbildungen 434
Social-Media-Management
   Tools 108, 139, 438
Social-Media-Manager 23, 324, 431
   Arbeitsalltag 431
   Qualifikation 446
   Rekrutierung 40
Social-Media-Strategie 6, 35
   Benchmarks 37
   Definition 37
   international 51
   interne Kommunikation 61
Start-up 4
Storytelling 414
Surveymonkey 6

T

Thunderclap 124
Tracking 154
TweetReach 109
Twitter 32, 70, 302, 368
   Checkliste 206
   Corporate Accounts 303
   Kennzahlen 306
   Monitoring 306
   Tools 205
   Tweet 202
   Tweet (s) 369
   Twitter-Profil 370
Twitter Analytics 115
Twitterfall 111
Twitterwall 195

U

UNO-Social-Media-Kampagnen 124

V

VKontakte 53
Voting 335

W

Web-Index 446
Webmonitoring 28
Webradar 28
Wettbewerbsanalyse 138

Wireframe 97
WordPress 11, 457

X

XING 26

Y

Yammer 26
YouTube 15, 30, 263, 310
    Erfolgskriterien 15
    One-Channel-Strategie 265

Prozesse 268
Rechtemanagement 271
Reporting 270

Z

Zeitmanagement 405, 436
Zeitzone 131
Zensur 404
Ziele 39, 70, 107, 146, 150, 264
Zielgruppe 6, 75, 112, 136, 150, 175, 322, 346
Zielgruppenanalyse 138, 175

Über die Autoren

Annika Busse studierte Betriebswirtschaftslehre in Hamburg, Lüneburg und Frankreich. Nach Aufenthalten in Brüssel und Washington, DC, schloss sie ihre Doktorarbeit in Entwicklungspolitik ab. Gleichzeitig arbeitete sie mehrere Jahre in den internationalen Kosmetikkonzernen *Beiersdorf* und *Henkel & Schwarzkopf Professional*. Dort war sie u. a. für die Digitalstrategie und Social Media verantwortlich. 2012 gründete sie mit Andrea Noelle das Taschenlabel *beliya*.

Malina Kruse-Wiegand, Jahrgang 1982, ist Head of Social Media bei der Tchibo GmbH. Bevor sie 2009 in das Unternehmen kam, arbeitete die Kulturwissenschaftlerin (Studium in Bremen und Avignon) drei Jahre in der internationalen PR-Agentur Edelman.

Kolophon

Das Tier auf dem Cover von »Wir machen dieses Social Media« ist ein Monarchfalter (*Danaus plexippus*). Monarchfalter sind auffällig gefärbte Schmetterlinge, die zur Familie der Edelfalter (Nymphalidae) gehören. Auf den Flügeldecken erstreckt sich auf der Grundfarbe Orange eine schwarz-gestreifte und zu den Spitzen hin weiß-gepunktete Zeichnung. Der Hinterleib, Kopf und Thorax sind dunkel mit weißen Ringen und Punkten.

Bei der Paarung schmiegen sich die adulten Tiere Rücken an Rücken, die Flügel zur Sonne gespreizt. Das Weibchen legt danach die Eier auf die Unterseite von Seidenpflanzenblättern, die später der farbenprächtigen, gelb-schwarzen Raupe als Nahrung dienen. Die in den Seidenpflanzen enthaltenen Herzglycoside werden im Körper der Raupen und später auch in den ausgewachsenen Tieren angereichert. Das Gift ist nicht tödlich, aber für viele Fressfeinde ungenießbar. Tiere, die die Falter erbeutet haben, werden die leuchtende Farbe des Schmetterlings und der Raupe mit dem unangenehmen Geschmack assoziieren und in Zukunft meiden. Im Laufe der Evolution haben sich andere Schmetterlinge entwickelt, die genießbar wären, aber durch die Ähnlichkeit mit den Monarchfaltern (Mimikry) denselben Schutz vor Fressfeinden genießen wie diese.

Der Monarchfalter ist bekannt für seine weiten Wanderungsbewegungen. Beheimatet in den ganzen Vereinigten Staaten bis zur kanadischen Grenze, ziehen Millionen von Tiere im Herbst über 3000 Kilometer weit bis nach Mittel- und Südamerika. In den Überwinterungsgebieten sammeln sich die Falter und rasten gemeinsam auf bestimmten Bäumen. Hier wie auch in den Sommerrevieren saugen sie den Nektar der Seidenpflanzen.

Seit dem 18. Jahrhundert haben sich Monarchfalter von Amerika aus nach Osten (Madeira, Azoren) und Westen (Hawaii, Australien, Neuseeland) weit verbreitet.

O'REILLY IM SOCIAL WEB

Blog:
community.oreilly.de/blog

Facebook:
facebook.com/oreilly.de

Google+:
bit.ly/googleplus_oreillyverlag

Twitter:
twitter.com/oreilly_verlag

O'REILLY®

anfragen@oreilly.de • http://www.oreilly.de • +49 (0)221-97 31 60-0

Weitere Social Media-Titel in dieser Reihe

PR im Social Web
Marie-Christine Schindler & Tapio Liller
Das Handbuch für Kommunikationsprofis
2. Auflage, aktualisiert & erweitert
- Medienwandel und Web 2.0 verstehen
- Von Praktikern und Experten lernen
- Nachhaltige Strategien entwickeln

ISBN 978-3-86899-195-6, 456 Seiten, farbig
29,90 Euro (Print), 24 Euro (E-Book)

Kundenservice im Social Web
Andreas H. Bock
- Handbuch für Dialog-Profis
- Von der Strategie bis zur Umsetzung
- Mit Fallbeispielen und Checklisten

ISBN 978-3-86899-149-9, 240 Seiten
29,90 Euro (Print), 24 Euro (E-Book)

Social Media Marketing & Recht
Thomas Schwenke
- Lösungen für die häufigsten Rechtsfragen
- Abmahnungen vermeiden
- Checklisten und aktuelle Beispiele

ISBN 978-3-86899-142-0, 576 Seiten, farbig
29,90 Euro (Print), 24 Euro (E-Book), 39 Euro (Bundle)

Blogs Video & Online-Journalismus
Moritz »mo.« Sauer
2. Auflage
- Bloggen mit WordPress
- Video, Screencasting & Twitter
- Rechtliche Grundlagen

ISBN 978-3-89721-973-1, 432 Seiten
24,90 Euro (Print), 20 Euro (E-Book)

O'REILLY®

anfragen@oreilly.de • www.oreilly.de

Social Media im Querformat

ISBN 978-3-86899-234-2, 336 Seiten, farbig
17,90 (Print), 14,90 (E-Book)

ISBN 978-3-86899-964-8, 272 Seiten, farbig
17,90 (Print), 14,90 (E-Book)

ISBN 978-3-95561-121-7, farbig, 304 Seiten
19,90 Euro (Print)

ISBN 978-3-86899-851-1, farbig, 304 Seiten
19,90 Euro (Print), 16 Euro (E-Book)

O'REILLY®
anfragen@oreilly.de • www.oreilly.de